JN448250

백투더바이블 (나훔 · 하박국 · 스바냐)

BACK TO THE BIBLE

장종길 지음

김의원 박사 추천

Back to the Bible

by

JANG Jong-Gil

Copyright © 2012 by *JANG Jong-Gil*
Grisim Publishing Co.
Seoul, Korea

Back to the Bible

이 책의 주된 목적은

신학자들의 연구를 한 단계 끌어내리고,
일반 신도의 수준을 한 단계 끌어올려
누구나 쉽게 접근할 수 있도록
인도하려는 데 그 목적이 있습니다.

신앙생활을 오래하셨는데도
성경이 여전히 수학문제같이 어렵게만 느껴지시는
분들에게 도움을 줄 것입니다.

특히 일반 성도들에게는
성경에 대한 지식이 풍부하더라도
성경 전체를 조망할 수 있는 훈련이 부족합니다.

따라서 이 교재는
성경 본문에 충실하면서도
성경의 통일성을 견지하고 구속사적 해석의 원리를
적용하여 설명하려고 노력하였습니다.
그것은 곧 하나님의 위대하신 섭리를 이해하는
빠른 길이기도 하기 때문입니다.

무엇보다도, 이 교재는
누구나 성경에 친근해질 수 있도록
쉽게 접근했다는 것입니다.
그러므로
아주 자세한 해설과 자료보다는
전체적인 흐름을 잡으려
강해식으로 설명했습니다.

지금, 곧 연필을 들고 시작하십시오.
여러분의 가장 친한 친구가
옆에서 설명해 주는 느낌을 받을 수 있을 것입니다.

저자 장 종 길

4 추천사

현재 우리는 범세계적인 정보 시대에 살고 있습니다. 정보의 부재 시대는 이미 갔습니다. 원하는 분야에 대해 조회만 하면 얼마든지 많은 정보를 확보할 수 있습니다. 그래서 정보 홍수라는 말이 우리에게 익숙해져 있습니다. 그런데 막상 접수한 정보를 대하면 정보의 빈곤을 느끼지 않을 수 없습니다. 질적 수준에 문제가 있는 정보들 때문입니다. 사회가 이런 문제를 안고 속앓이를 하고 있음을 우리는 익히 알고 있습니다.

이른바 초고속 정보화 시대에 있는 교회도 풍부한 목회 자료와 이들 자료들의 질적 난해성 사이에서 많은 고민을 하고 있습니다. 현재 우리 한국 교회는 컴퓨터에 의한 자료보다는 출판물에 의한 자료 의존도가 아직은 높은 상태입니다. 그러므로 질적으로 우수한 자료의 출판이 시급하다 할 수 있습니다. 질적인 우수성의 기준 중 하나는 정보를 사용하는 현장 사역자들의 필요를 정확하게 이해하고 있는지의 여부입니다. 그 자료를 수집한 현장 사역자들이 친근성을 가지고 쉽게 사용할 수 있게 해야 합니다. 많은 번역서들이 이 문제를 안고 있음을 우리는 알아야 합니다. 단순한 소개 정도로 정보를 전달하는 것은 또 다른 문제, 즉 현장화라는 과정을 요구하기 때문입니다. 다른 하나는 자료의 신뢰성입니다. 정확한 정보를 적절하게 인용한 자료를 간직하는 것은 필수적인 도리입니다. 이것이 부족할 경우 선의의 피해자를 계속해서 낳을 수 있습니다.

추천자는 새로운 출판물, 새로운 정보를 접할 때마다 이런 염려로부터 해방될 수 있기를 늘 바라고 있는 사람 중의 한 명입니다. 그런데 본서는 이런 점으로부터 필자를 안심시키는 책이라고 봅니다. 우리 한국의 목회자들은 굵게 잘라 놓은 정보보다는 잘게 정리된 정보에 익숙합니다. 한국적인 상황이 특수하기 때문입니다. 확신하건대 이 책을 접하는 분들은 이런 면에서 공감할 것입니다. 또한 본서의 필자는 많은 출판 경험을 통해 인용되는 정보를 어떻게 사용해야 한국의 사역자들이 잘 활용할 수 있는지를 잘 알고 있는 분이라고 봅니다. 다른 책들이 외국의 좋은 내용을 단순히 알려주고 있는 반면에, 본서의 필자는 내용을 잘 요리해서 일정한 분야의 독자들이 효과적으로 사용할 수 있게 배려했다는 점이 본서의 장점이라 할 수 있습니다. 앞으로 출판 매체를 통해 정보를 제공하려는 분들이 참고하여 따라야 할 모델이라 생각하여 자신 있게 추천합니다.

김 의 원 박사 (전 총신대학교 총장)

金義援

5

"내가 공을 세우나 은혜 갚지 못하네"

- 따뜻한 봄을 기다리기에 겨울은 춥지 않다. 그래도 겨울은 너무 길어…
- 설규식 장로님, 교정, 늘 감사합니다.
- 말씀을 사랑하는 일꾼들, 배창남, 김상옥 장로님, 쉬지 마세요.
- 체질에 따라 음식섭취를 달리해야 한다고요? 김인철 목사님 감사합니다. 그래서 급히 방향 전환. '큰일났네… 고기는 먹으면 안 된다는데, 크크'

6 이 교재의 특징

본 교재는 무엇보다 성경 본문에 충실하려고 노력했다. 그러면서도 자칫 성경의 통일성을 놓치기가 쉬운 것을 감안, 언약 개념이 성경을 이해하는 데 중요한 요소라고 여겨, 성경 전체를 관통하는 언약의 흐름을 파악할 수 있도록 안내했다. 아래에 안내한 교재의 특징들을 잘 활용하면서 성경을 읽어나가면 성경을 보는 재미가 생겨날 것이다. 이 교재의 최선의 목표는 성경을 혼자 공부할 수 있는 수준

장별 제목

중심내용 : 본문의 내용이 무엇인가를 간단하게 숙지할 수 있도록 요약해 놓았다. 이 요약은 본 과에서 배울 내용을 한눈에 볼 수 있게 해준다.

도입 부분 : 본과에 들어가기 전에 지난 과에서 배운 내용을 간단히 이야기하고 이번 과에서 어떤 내용을 공부할 것인가를 안내했다. 이 부분은 음악에서 서곡(序曲)에 해당하는 부분으로 대단히 중요하므로 꼭 읽어야 한다. 그래야 전체의 흐름을 이해할 수 있기 때문이다.

본문개관 : 매장마다 본문의 내용을 간단하게 요약, 정리했다. 이 부분은 각 장을 정리하는데 도움을 준다.

확대경 : 본문에서 신학적인 정리 및 자세한 설명이 필요할 때는 확대 설명해 놓았다. 내용이 그리 쉽지 않기 때문에 깊이 있게 공부하지 않을 분은 그냥 지나가도 된다. 만약 리더가 있다면 안내를 받자. 그러나 확대경은 본문의 이해를 위해 꼭 필요한 신학적 내용의 요약 정리이다. 이 부분을 더욱 확대하여 교회에서 특강으로 해결하는 것도 좋은 방법이다.

까지 끌어올리는 것이다. 그것은 본인의 끊임없는 노력이 필요함은 두말할 나위가 없다. 너무 쉬운 것만 찾다 보면 우리의 믿음이 성장할 수 없다. 어려운 내용을 쉽게 설명하려고 노력했으나 한계가 있었다. 다만 성경(말씀) 동산에는 무궁무진한 보화가 있다는 사실을 알려주려고 애를 썼을 뿐이다. 말할 수 없는 보화를 캐내는 작업은 본인 스스로가 해야 한다. 안내자는 안내자일 뿐이다.

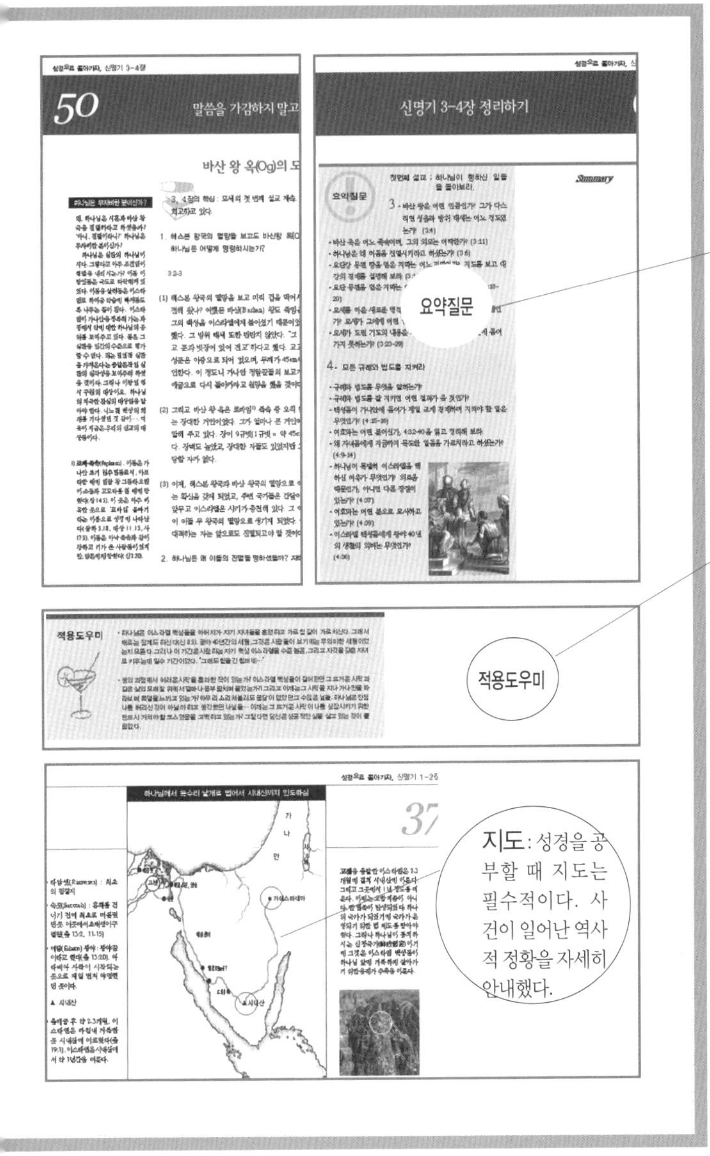

용어해설 : 본문에서 내용의 도움을 위해 꼭 설명이 필요한 부분은 간단하게 적어두었다. 최근에 발간된 주석성경에 이에 대한 해설이 잘 되어 있기에 꼭 필요한 것이 아니면 설명을 생략했다.

요약정리 및 질문 : 매과마다 요약 질문을 넣어 그 장의 내용을 정리했다. 질문을 통해 내용을 정리해보자. 리더는 숙제로도 활용할 수 있다. 더욱이 연구과제를 통해 신학적인 문제도 정립할 수 있겠다.

적용도우미 : 말씀이 우리의 삶에서 적용되지 못한다면 지식만을 자랑하는 공부가 되기 쉽다. 삶의 적용을 위한 내용을 실었다. 그러나 그 적용은 개인에 따라 달라질 수 있다. 본문에 대한 정확한 이해가 먼저 선행되어야 하고, 또한 그 말씀이 우리 삶에 적용되어야 한다. 각자가 더 추가적인 적용을 이끌어내자.

질문식 문제 및 해설: 본 교재는 먼저 질문을 하고 그 질문에 해설을 하는 식으로 정리하되 전체의 흐름을 강해식으로 전개했다. 따라서 차례대로 답을 적어 간다면 성경 본문의 내용을 아주 쉽게 이해할 수 있을 것이다.

8 이 교재를 사용하시는 분들을 위하여

혼자 공부하시는 분에게

첫 째 물론, 성경공부를 하기 전에 기도하셔야지요! 본문을 잘 이해하게 해달라고 성령님께 지혜를 부탁하세요.

둘 째 오늘 배울 본문을 정독하면서 여러 번 읽으십시오. 혹시 영어 성경을 보신다면 함께 읽으십시오. 그리고 필요한 부분에는 구문분석을 소개했습니다. 내용의 흐름을 이해하는 데 도움을 줄 것입니다.

셋 째 이 교재는 문제를 먼저 던지고, 그에 대한 해설을 소개했습니다. 그런데 그 해설을 먼저 읽어보려는 유혹에서 벗어나야 성공합니다. 반드시 본인의 말로 답을 쓰십시오. 그리고 설명을 참고하세요.

넷 째 이 교재의 설명이 부족하신 분은 간단한 주석 또는 강해서를 참고하십시오. 그러나 이 교재의 주 목적이 전체의 흐름을 잡는 것이고, 또 너무 자세한 주석은 진도에 방해를 가져오기에 많이 생략했습니다.

다섯째 혼자 공부하시다 이해가 잘 안 가는 문제는 여백에다 기록했다가 나중에 교역자의 안내를 받으십시오.

여섯째 꼭 한 번에 한 과씩 진도를 나갈 필요는 없습니다. 맛있는 뷔페에 가서는 정량보다 더 많이 먹는 것처럼 여러 과를 하셔도 됩니다. 따라서 이 교재가 어떤 사람에게는 몇 주나 몇 달이 걸릴 수 있고 어떤 사람에게는 더 걸릴 수도 있습니다.

일곱째 그 날 배운 내용을 주위 사람들에게 교재를 보지 않고 설명해 보십시오. 물론 완전히 자기 것으로 소화해서 자신의 말로 전달하셔야 합니다. 정 그럴 상대가 없다면, 자녀나 친구에게, 그래도 없으면 이불 속에서라도 혼자 중얼거려보세요. 그 효과가 배로 나타날 것입니다.

여덟째 소개된 성경 구절을 다 찾아 적으신다면 그보다 더 좋은 효과는 없겠지요. 그렇지 못하더라도 소개된 성경 구절은 꼭 찾아보아야 합니다. 아주 반드시.

아홉째 Close up은 어떤 사람에게는 너무 어렵겠지만, 어떤 사람에게는 도움이 될 것입니다. 잘 활용하시면 이해에 큰 도움이 될 것입니다. 책 소개는 필요하신 분을 위해 안내했습니다.

열 째 분명한 것은 이 교재가 반드시 완전하다는 것은 아닙니다. 성경에서 보다 풍성한 꼴을 얻게 하기 위한 기초과정일 것입니다. 보다 깊은 연구는 자기 스스로 하셔야 합니다. 꼭 부탁드리는 것은 잘 성장하셔서 교회에서 성경을 지도하는 교사가 되기를 바랄 뿐입니다. 노력하십시오.

9

구역공부 교재로 사용하시는 분들께

첫 째 구역의 활성화가 교회부흥의 첩경임은 누구나 다 아는 사실입니다. 그러나 말씀 중심으로 모이는 모임이 아니면, 그 모임이 계속 불타오를 수 없습니다. 인위적인 열심은 곧 시들해지기 때문이니까요.

먼저, 교재를 나누어 주시고 집에서 숙제를 해오게 하십시오. 성경 구절을 적어오게 하되 바쁜 사람은 성경을 찾아보았다는 증거로 성경 페이지 숫자라도 적어오게 하세요. 물론 안 해 오는 분에게는 벌금을 물리세요. 집에서 이 교재를 사용하시는 방법은 앞의 내용을 참고하십시오.

둘 째 만약 당신이 인도자라면, 앞에서 '혼자서 공부하는 사람에게' 말했던 내용대로 하십시오. 철저히 준비하셔서 속이 후련하게 해주셔야 합니다. 자세한 설명보다는 그 본문이 의미하는 내용을 아주 간단하고 알기 쉽게 설명해 주셔야 합니다.

셋 째 구역 모임은 시간을 그리 길게 잡을 수는 없을 테니까, 짧은 시간 내에 그 내용을 소화할 수 있도록 지도자나 지도를 받는 분들이 미리 준비를 잘 해오셔야 합니다. 그래서 구역 모임에서는 중요 내용을 토론, 요약해 주는 방법이 나을 것입니다. 물론 잘 이해가 안 되는 부분은 지도자가 설명해 주셔야 합니다.

넷 째 나머지 재미나는 프로그램은 지도자가 안내하십시오. 이 교재에 나와 있는 삽화를 예쁘게 색칠해 오게 하는 방법도 그 하나일 것입니다. 또는 좋은 책을 선정, 그 내용을 서로 소개하는 방법도 있을 것입니다.

성경공부 모임의 교재로 사용하시는 분들께

첫 째 우선 앞의 내용을 참고하십시오. 성경공부 시간이 얼마나 되는지 잘 모르겠지만, 물론 집에서 각자 충분히 공부를 해오게 하시는 것이 효과적입니다. 주로 교역자나 전문 성경공부 지도자가 인도하게 되겠기에 보다 깊은 토론을 할 수 있을 것입니다.

둘 째 그러나 어느 한 주제를 가지고 너무 깊은 토론을 하는 것은 유익하지 못합니다. 더욱이 교역자가 없는 성경공부 모임에서는 너무 깊은 토론을 하지 않는 것이 좋습니다. 이런 문제는 교인 전체를 대상으로 강사를 모시거나 본 교회 교역자의 특강으로 해결하는 것이 좋습니다.

셋 째 그보다는 성경 전체의 맥을 잡아 가는 것이 효과적입니다. 우리의 논쟁거리는 신학자들 사이에서도 논쟁이 되는 것이 대부분입니다. 만약, 성경공부 모임에 처음 참석하는 분이 있다면 더더욱 비효과적입니다. 많은 지식의 습득보다 성경 본문이 전하려는 핵심 메시지가 무엇인지를 알려고 노력하십시오.

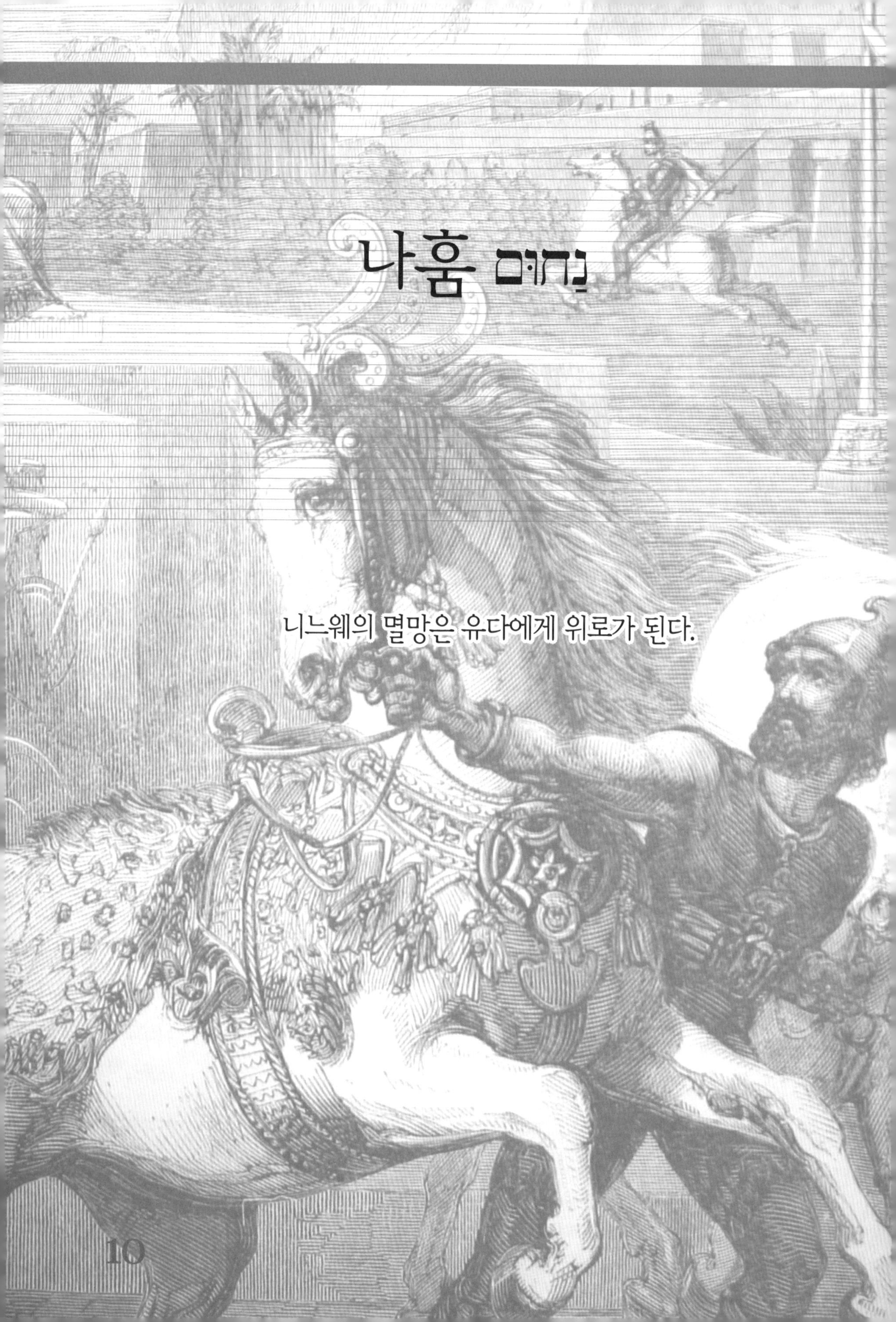

나훔 נַחוּם

니느웨의 멸망은 유다에게 위로가 된다.

동방의 망나니, 앗수르에 대한 멸망 선포

요나 선지자의 니느웨에 대한 멸망 선포를 듣고
앗수르는 한동안 잠잠했었다.
연약한 왕들의 등장으로 앗수르의 팽창 정책도 잠시 중단되었다.
그러나 앗수르는 다시 교만해지기 시작했다(나 1:9, 11).
결국 앗수르에 의해 북이스라엘은 역사에서 사라졌다. 주전 722년에.
다메섹과 사마리아가 멸망당하는 동안
남유다는 반앗수르 연합세력에 가담하지 않은 덕분에
그 지역에서 당한 엄청난 재난을 피할 수 있었다.
그러나 봉신(封臣)으로서 더욱더 큰 고난을 감수해야만 했다.
앗수르는 당시 천하가 두려워하는 군사대국이요, 잔인하기로 악명이 높았다.
피정복 국가의 지도자들은 처형당하기 전에 온갖 수난을 겪으며 죽어가야 했다.
앗수르 왕 산헤립은 유다를 두 차례나 공격했다.
북이스라엘이 망한 지 약 20여년 만의 일이다.
그러나 유다는 함락되지 않았다. 히스기야 왕 때의 일이다.
히스기야 왕이 죽고, 유다는 가장 악한 왕 므낫세가 등장한다.
므낫세는 그가 왕으로 있는 동안 앗수르에 절대 충성했다.
유다의 왕으로 아합과 같은 죄를 지었다고 평가받은 인물은 므낫세가 유일했다.

히스기야와 대립했던 산헤립은 자기 아들에게 살해 당하고
뒤이어 에살핫돈이 등장했다.
그는 애굽을 정복하는 등 팽창 정책을 계속했고
그 과정에서 주변국은 공포에 떨어야 했다.
이후 앗수르의 잔인함은 아슈르바니팔(주전 669-627) 왕 때에 최고조에 달했다.
앗수르에 대한 반란도 계속되었으나 앗수르는 무자비하게 진압했다.
마침내 하나님은 나훔 선지자를 통해 앗수르의 멸망을 선포하신다.
앗수르 군대의 비인간성과 악행들에 대해 이렇게 증거한다.

- 나훔 2:12 "수사자가 그 새끼를 위하여 먹이를 충분히 찢고 그의 암사자들을 위하여 움켜 사냥한 것으로 그 굴을 채웠고 찢은 것으로 그 구멍을 채웠었도다."

아슈르바니팔이 죽은 후 앗수르는 급격히 쇠퇴했다.
따라서 앗수르는 바벨론의 공격을 받는다.
압제와 잔인함과 우상숭배와 악행의 대명사 앗수르는
나훔 선지자의 예언대로
신흥 바벨론과 메대 연합군에 의해 주전 612년에 최후를 맞았다.

CONTENTS 나훔

주제: 니느웨에 대한 하나님의 심판

나훔서 프로필

- 언제 누가 썼을까? · 14
- 앗수르 치하에서 북이스라엘의 멸망과 유다가 처했던 상황 · 14
- 나훔 선지자는 왜 앗수르의 멸망을 선포하게 되었을까? · 17
- 앗수르, 동방의 망나니 · 20
- 그렇다면 앗수르가 (정복민에게) 행한 악행은 어느 정도였을까? · 22
- 나훔서 주제 · 24 / 개요 · 25
- 나훔서 분해 · 27

1장

- 니느웨에 대한 하나님의 심판(1:2-15) · 31
  질투하시는 하나님 · 32
  그렇다면 누가 능히 그 분노하심 앞에서 설 수 있겠는가? · 35
- 하나님을 대적하는 자들에 대한 심판(1:9-11) · 38
  앗수르의 운명 · 39

[1장] : 앗수르는 주변국을 공포로 몰아넣었던 동방의 망나니였다. 하나님은 자신의 백성을 징계하기 위해 몽둥이로 앗수르를 사용했으나 이들은 너무 교만했고 또한 잔인했다. 앗수르의 침공으로 인해 유다는 기를 펴지 못했다. 하나님은 앗수르에 대한 심판을 선언하셨다. 인간의 눈으로 앗수르는 영원할 것 같았으며, 이들이 망한다는 것은 있을 수 없는 일로 보였다. 그러나 하나님은 니느웨의 진멸을 선포하며 유다를 위로하신다. 그 진노를 막을 자가 없다. 이제 2장에서는 그 니느웨가 철저하게 멸망하는 모습을 보여주고 있다.
(본문설명, 44면에서)

도표 (1) : 북이스라엘 패망 후 남유다와 앗수르의 관계 · 15
(2) : 디르하가(애굽 제 25왕조, 누비아 왕조)는 어떤 인물일까? · 18
(3) : Close-up 앗수르 제국의 최후 항전 · 49
(4) : 아슈르바니팔의 테베 공격(주전 663년) · 72

2장
- 피의 도성, 니느웨의 붕괴(2:1-7) · 48
  '파괴하는 자'는 누구인가? · 48
  패망하는 앗수르의 비극의 모습 · 53
- 니느웨의 폐허(2:8-10) · 54
  니느웨 멸망의 처량함 · 55
- 이제, 사자의 굴이 어디냐? · 56

3장
- 화로다! 피의 도성이여(3:1-7) · 62
  니느웨 성이 침공당하는 모습 · 64
  니느웨 성이 이런 참화를 받게 된 원인 · 65
  니느웨 성은 비참하게 망할 것이나 동정받을 이유는 전혀 없다. 왜? · 68
- 네가 어찌 노아몬보다 낫겠느냐(3:8-11) · 69
  난공불락 도시 노아몬(테베) · 71
- 니느웨는 뿌리째 뽑힐 것이다(3:12-19) · 73

▶ 나훔서 2장에서는
니느웨의 멸망에 대한 예언이
생생하게 드러나 있다.
공격을 받는 니느웨
주민들의 도망과 도성의 공허함
세상을 놀라게 했던 앗수르의 위용은
여호와의 진노 앞에 무너져내릴 것이다.

▶ 요나서에서는 요나 선지자가 하나님의 자비를 드러냈다. 그러나 나훔서에서는 세상의 모든 죄인들에 대한 하나님의 심판을 알렸다.
요나서 3:10은 하나님의 자비와 용서에 초점을 두었으나, 나훔서 3:1-8은 모든 사악함에 대한 하나님의 법적인 진노를 드러낸다. 피의 도성 니느웨, 그들은 자신들의 죄 때문에 합당한 벌을 받게 될 것이다.
(본문, 58면에서)

▶ 앗수르의 멸망은 곧 유다의 구원이다. 물론 앗수르가 멸망당하자 유다가 바로 해방된 것은 아니다. 훗날 남은 자들이 여호와께로 돌아올 것이요, 궁극적으로는 이상적인 다윗계 왕의 통치 하에 유다와 결합하게 될 것이다(이사야 11장). 하나님은 자기 백성을 징계하기 위해 앗수르를 도구로 사용하셨지만(사 10:24), 그 악랄함과 교만 때문에 여호와의 진노가 앗수르로 옮겨갈 것이다(사 10:25-26).
(본문, 78면에서)

나훔서 프로필

1. 언제 누가 썼을까? (저자 : 나훔, נחום)

• 70인역에서는 요나서 다음에 나훔서가 위치했다.

(1) 저자에 관하여는 "엘고스 사람 나훔"(1:1)이라는 것 외에 알려진 것이 없다.
- 이름의 뜻 : '위로, 위안'

(2) 엘고스의 위치는? (정확히 알 수 없다. 그러나 다음과 같은 여러 주장이 있다.)

- 제롬(Jerome) : 갈릴리 한 지방 마을 (지금의 El-Kauze라고 추정)
- '가버나움'이라고 주장하기도 한다. (왜냐하면 가버나움이란 뜻이 '나훔의 마을'이기 때문 - 그러나 훗날에 나훔을 기념하기 위한 이름일 가능성이 많다.)
- 이라크(앗수르)의 모술(Mosul) 근처라고 주장하는 사람도 있다. 한 무덤에 대한 전설이 있기 때문이다. 그렇다면 그는 앗수르로 잡혀간 포로의 후예일 것이다.
- 유다의 서남쪽: 블레셋과 애굽의 접경 지역, 지금의 예루살렘과 가자 중간 지점 – 대체로 이 견해를 따르고 있다.[1]

1) 김희보, 구약나훔서 주해, 총신대학교출판부, 서론.

2. 잠깐, 앗수르 치하에서 북이스라엘의 멸망과 유다가 처했던 상황을 살펴보자.

(1) 나훔 선지자는 니느웨(앗수르)에 대한 하나님의 심판을 전하고 있다. 당시 앗수르는 천하가 두려워하는 군사대국이요, 잔인하기로 악명 높은 국가였다. 8세기 중엽, 앗수르는 그들의 통치가 애굽까지 미치는 광대한 제국을 건설했다. 앗수르의 침공 과정에서 주변국들은 악명 높은 잔인함으로 치를 떨어야 했다.

(2) 이스라엘이 남북으로 갈리고, 죄악으로 치닫자 하나님은 앗수르를 몽둥이로 사용하셔서 이스라엘을 징계하곤 하셨다. 북이스라엘은 하나님의 언약에 충실하지 못했고, 또한 우상 숭배(혼합주의 신앙)로 하나님의 심판을 받았다(왕하 17:20-23). 백성 중 상당수가 앗수르 동쪽 먼 곳으로 강제 이주 당했고, 나라는 역사에서 사라졌다.

• 왕하 17:18 "여호와께서 이스라엘에게 심히 노하사 그들을 그의 앞에서 제거하시니 오직 유다 지파 외에는 남은 자가 없으니라 19 **유다도 그들의 하나님 여호와의 명령을 지키지 아니하고 이스라엘 사람들이 만든 관습을 행하였으므로**"

(3) 열왕기 기자는 남유다라고 더 낫지 못했다고 증언한다(왕하 17:19*). 그러나 유다는 선한 왕 히스기야와 요시야의 등장으로 그 멸망이 지연되고 있었다.

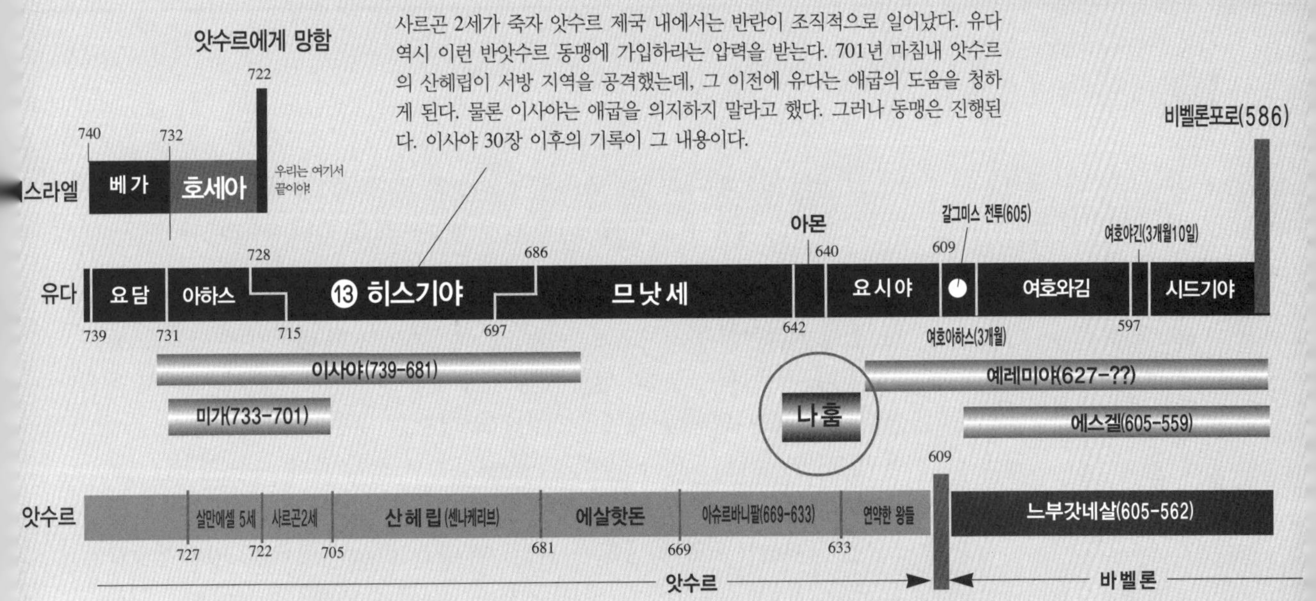

북이스라엘 패망 후 남유다와 앗수르의 관계

(4) 북이스라엘이 망할 때, 남유다에서는 아하스가 왕으로 있었다. 아하스는 북이스라엘의 베가가 왕으로 있은 지 17년째 되던 해, 즉 20세에 왕위에 올라 16년을 치리했다. 그는 여호와 보시기에 정직하게 행하지 아니했다.[1] 따라서 국력은 심히 약해졌다. 그러므로 여호와께서 아람 왕의 손에 넘기셨다고 했다(대하 28:5*). 북쪽은 이스라엘과 다메섹, 서쪽과 남쪽에서는 블레셋과 에돔의 공격이 그치지 않았다.

(5) 북이스라엘을 멸망시켰던 앗수르 왕 살만에셀 5세는 사마리아 성을 정복한 직후(또는 정복기간에?) 죽는다. 그리고 그 후계자인 사르곤 2세(722-705년)가 왕위를 계승했다. 사마리아가 정복 당한 후 팔레스틴 지역에는 아직 반란이 계속되었다. 따라서 사르곤 2세는 즉각 반격을 시작하여 해안을 지나면서 가사와 라비를 점령했다. 사르곤은 가사를 돕기 위해 출정했던 애굽군을 격파했다(라비 전투). 720년이 되어서야 사마리아가 최종적으로 정리되었다.

(6) 다메섹과 사마리아가 멸망하는 동안 남쪽의 유다 왕 아하스는 반(反)앗수르 연합세력에 가담하지 않은 덕분에 그 지역에서 당한 엄청난 재난을 피할 수 있었다. 그러나 유다는 앗수르의 봉신으로 더 큰 고난을 감수해야만 했다. 다행히 남유다는 그 악명 높은 아하스에 이어 그의 아들 히스기야가 등장하여 나라가 다시 회복되기 시작했다. 히스기야는 이사야와 미가 같은 선지자들의 영향을 받아 선정을 베풀게 된다. 히스기야는 등극하자 앗수르의 그늘에서 벗어나려는 정책을 펼친다. 그는 하나님 보시기에 정직히 행한 자였다(왕하 18:5).

1) 아하스의 악행
- 이스라엘 왕들의 길로 행하여 바알들의 우상을 부어 만들고(대하 28:2)
- 또 힌놈의 아들 골짜기에서 분향하고
- 여호와께서 이스라엘 자손이 보는 앞에서 쫓아내신 이방 사람들의 가증한 일을 본받아 그의 자녀를 불사르고(3절)
- 또 직접 산당과 작은 산 위와 모든 푸른 나무 아래에서 제물을 잡아 이방 신에게 제사를 드리며 분향했다(4절).

- 대하 28:5 "그러므로 그의 하나님 여호와께서 그를 아람 왕의 손에 넘기시매 그들이 쳐서 심히 많은 무리를 사로잡아 다메섹으로 갔으며 또 이스라엘 왕의 손에 넘기시매 그가 쳐서 크게 살륙하였으니"(5절)

▶히스기야는 단독 통치를 하면서부터(715년, 사마리아가 망한 지 6년째 되는 해) 반앗수르 정책을 펴기 시작했다. 사르곤이 죽고난 후 앗수르 제국 내에서는 적극적인 반란 운동이 일어났는데, 팔레스타인과 수리아 온 지역에서도 대규모의 반란 세력이 연합체를 형성했다.

두로 왕을 포함한 베니게(페니키아) 도시들, 아스글론, 에그론 등이 반란 동맹에 가담했다. 블레셋 지역에서는 아스돗과 가사가 참여치 아니했다. 모압, 에돔, 암몬도 초기에는 동맹에 가담했던 것으로 보인다.

히스기야의 업적에 대해서는 이사야 36-39장과 역대하 31장에 잘 기록되어 있다. 이런 선한 행동 때문에 하나님은 그를 형통케 하셨다(대하 31:20-21).

(7) 히스기야가 앗수르에 반기를 들자 앗수르의 산헤립은 유다 변방을 초토화시켰다. 물론 사르곤이 통치하고 있는 동안은 히스기야는 친(親)앗수르 정책을 유지시켰다. 사르곤은 국내의 일로 서방 세계에 눈을 돌리지 못했다. 따라서 유다는 사르곤 2세의 남은 통치 기간(712-705년)에는 앗수르로부터 특별한 간섭을 받지 아니했다. 그러나 사르곤의 죽음(아주 먼 곳으로 원정 도중, 심각한 패배로 전사했다)은 앗수르의 통치 하에서 신음하던 정복지역의 나라들이 반란을 일으키는 도화선이 되었다. 물론 유다에도 변화가 일어났다.[1] 히스기야도 반앗수르 연합 세력에 가담했기 때문이다. 이사야 선지자가 바빠지기 시작했다. 그는 히스기야에게 메시지를 선포했다. 어떤 메시지? 이사야 30장의 이야기이다.

(8) 결국 앗수르의 산헤립은 주전 701년에 제1차 공격을 감행했다. 히스기야 왕 14년이라고 했다(왕하 18:13). 라기스를 점령한 산헤립은 세 장수들(왕하 18:17, 다르단, 랍사리스, 랍사게)로 하여금 예루살렘을 공격케 했다. 이들은 유다의 견고한 성읍들을 공격해 점령하고(46개 성읍), 200,150명을 사로잡아 갔다고 한다. (앗수르의 산헤립 왕의 비문 기록의 주장. 여기서도 주전 701년이라고 언급. 그러나 이렇게 많은 포로로 잡아갔다는 기록은 신빙성이 없다.)

히스기야는 신하를 라기스로 보내어 앗수르 왕에게 항복하겠다는 뜻을 전한다. 이때 이사야 선지자는 히스기야에게 끝까지 항쟁하라고 격려했으나(사 8:9-15, 10:24-26) 말을 듣지 않고 항복했다. 유다는 상당한 전쟁 배상금을 물어야 했다[은 300 달란트, 금 30달란트; 은(銀)은 약 10톤, 금(金)은 약 1톤 정도]. 급해진 히스기야는 성전의 금은까지 벗겨주면서 배상금을 충당해야 했다(왕하 18:15-16).

(9) 앗수르 왕 산헤립은 자국 내에서 일어난 반란을 진압하기 위해 갑자기 귀국했다. 주전 689년에 바벨론의 반란을 진압하고, 다시 서쪽으로 눈을 돌려 주전 688년경 제2차 침공을 단행했다. 앗수르가 유다를 재침공하자, 이사야는 여호와의 심판의 도구였던 앗수르의 오만함을(왕하 18:17이하) 더 이상 볼 수 없어 앗수르의 심판을 선언한다(사 10:5-19, 14:24-27, 31:4-9).

이사야는 지금까지 히스기야의 반앗수르 정책에 제동을 걸었지만, 이제는 히스기야 왕의 편을 들어 앗수르의 공격에 흔들리지 말라고 격려한다. 히스기야는 이사야의 말대로 여호와를 신뢰했고, 결국 도성은 함락되지 않았다. 그 뒤로 이사야의 메시지는 나타나지 않는다.

나훔 선지자는 왜 앗수르의 멸망을 선포하게 되었을까?

1. 나훔 선지자는 어느 때에 그의 예언 활동을 시작했을까?

(1) 물론 정확한 연대는 확실히 알 수 없다. 나훔 3:8에 "네가 어찌 **노아몬**보다 낫겠느냐 그는 강들 사이에 있으므로 물이 둘렸으니 바다가 성루가 되었고 바다가 방어벽이 되었으며"라는 말씀에서 '노아몬'은 아슈르바니팔 왕에게 멸망을 당한 애굽의 큰 도성인 '테베'(Thebes)를 가리킨다. 나훔 선지자는 주전 663년에 일어난 '테베'의 멸망을 과거사로 기록하고 있다. 그리고 주전 612년의 앗수르의 멸망을 미래사로 이야기 하고 있다. 그렇다면 나훔의 활동 연대는 주전 663년과 612년 사이가 될 것이다. 학자들은 나훔의 사역 연대를 주전 650-620년으로 보기도 한다. 이때는 스바냐 선지자가 사역한 때이기도 하다(주전 636-626년).

(2) 산헤립의 예루살렘 공격(제 1, 2차) 사건과 결과는 앞에서 이미 살펴보았다. 어쨌든 반(反)앗수르 세력들은 앗수르의 느슨한 틈을 타[사르곤은 그의 남은 통치 기간(712-705) 외국정복을 하지 않았던 것 같다] 앗수르의 통치에서 벗어나기 위해 재빠른 결정을 내렸다. 이때 이들의 원군(援軍)이 된 것은 애굽이었다. 그렇다면 그 강력한 산헤립과 대립하려 했던 애굽의 왕은 누구였을까?

(2) 당시 애굽은 25왕조가 통치하고 있었다. 유다와 관련된 애굽의 왕조를 아주 간단하게 살펴보면 아래와 같다.

- 22왕조, 23왕조: 델타 지역의 매우 제한된 지역을 통치했다.
- 24왕조: 남부 사이스(Sais)에서 득세했고,
- 25왕조는 이보다 더 남쪽에서 득세했다. 그러나 737년경에는 25대 왕조의 누비아 왕인 피앙키(Piankhy)가 남부 애굽의 전 지역을 통치하게 되었다. 그러면서 계속 북진하여 하부 애굽(Lower Egypt)을 장악한다.
- 그러나 24왕조의 테프낙트가 다시 하애굽의 주도권을 잡는다. 이때 22왕조의 오소르콘 4세(성경에는 '소'[1])로 언급)는 그의 봉신이었을 것이다.
- 25왕조의 피앙키가 죽은 후, 사바코(Shabako)가 앗수르의 사르곤 2세의 침공에 대항해서 북진한다. 그러나 블레셋의 왕자를 사르곤에게 넘겨줌으로써 위기를 넘긴다. 그는 702년까지 통치했다.
- 사바코 다음에 **피앙키의 아들인 셰빗쿠(Shebitku)가 왕위에 오른다. 이 왕**

1) 왕하 17:3 "앗수르의 왕 살만에셀이 올라오니 호세아가 그에게 종이 되어 조공을 드리더니 4 그가 애굽의 왕 소에게 사자들을 보내고 해마다 하던 대로 앗수르 왕에게 조공을 드리지 아니하매 앗수르 왕이 호세아가 배반함을 보고 그를 옥에 감금하여 두고 5 앗수르 왕이 올라와 그 온 땅에 두루다니고 사마리아로 올라와 그 곳을 삼 년간 에워쌌더라."

18 디르하가는 어떤 인물일까?(왕하 19:9)

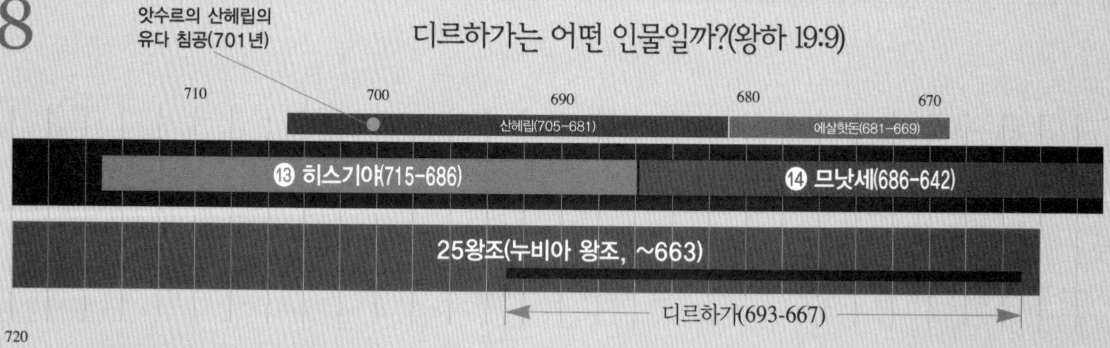

디르하가(693-667?): 구스는 애굽의 지배 하에 있다가 주전 1000경에 독립하고, 715-663년경에는 도리어 애굽을 통치했다. 디르하가는 당대의 영웅이었다. 그는 테베에서 693-667년까지 26년간 통치했다고 한다. 그렇다면, 701년에 일어난 산헤립의 예루살렘 침공 사건과 일치하지 않는다. 디르하가의 나이가 전쟁을 수행하기에는 너무 어리기에(701년에 14~18세?) 공격한 것이 아니라 위협했다고 주장한다. 따라서 어떤 학자는 그때 디르하가의 나이가 20~21세라고 주장하는 사람도 있다. 그 정도 나이라면 얼마든지 직접 전투를 지휘할 수 있었다고 주장한다.

▲ 왕하 19:9 "앗수르 왕은 구스 왕 **디르하가**가 당신과 싸우고자 나왔다 함을 듣고 다시 히스기야에게 사자를 보내며 이르되 10너희는 유다의 왕 히스기야에게 이같이 말하여 이르기를 네가 믿는 네 하나님이 예루살렘을 앗수르 왕의 손에 넘기지 아니하겠다 하는 말에 속지 말라."

이 산헤립과 맞서려고 북진한 왕이다. 세빗쿠가 도착할 무렵에는 이미 히스기야가 산헤립에게 조공을 약속했을 것이다.

- 그러나 지금까지 승승장구했던 산헤립은 히스기야에게 애굽의 그 어떤 도움도 갖지 말라고 (랍사게를 통해) 경고 및 회유를 했다(왕하 19:9-13). - 이 때가 히스기야와 산헤립이 대립하고 있던 때이다.

(3) 위의 설명을 보면, 애굽의 제25왕조의 피앙키의 아들인 세빗쿠(Shebitku)가 유다를 도우려 출정했다. 그러나 하나님은 이사야 선지자를 통해 애굽은 상한 갈대 지팡이니 그들을 의지하지 말라고 하셨다(왕하 19:9*을 읽어보라). 세빗쿠와 **디르하가**는 앗수르를 더 이상 공격하지 못하고 후퇴했다. 하나님께서 기적적으로 산헤립의 군대를 물리쳐 주셨기 때문이다. 이사야의 예언대로(사 37:6이하) 앗수르 군대는 18만 5천 명이 죽고 물러간다.

2. 유다에게 패한 앗수르 왕 산헤립은 어떻게 되었을까?

(1) 앞에서도 이미 언급했듯이 산헤립에 이어 에살핫돈(681-669년)이 대신하여 왕이 되었다. 에살핫돈은 어린 나이에 왕위에 올랐으나 그는 나중에 매우 강력한 왕이 되었다.

(2) 새로 등극한 에살핫돈은 계속해서 애굽을 정복하려 했다. 애굽이 반앗수르 세력의 맹주(盟主) 역할을 하고 있었기 때문이다. 즉 앗수르는 계속해서 서쪽으로의 팽창 정책을 폈다. 이 팽창 정책에 적수가 애굽의 제25왕조였다. 이 왕조와 앗수르의

관계는 3장에서 추가 설명하기로 하자.

3. 이후 앗수르의 상황은 어떻게 되어 갔을까?

(1) 앗수르 역시 제국 내에서 끊임없이 일어나는 도발에 대처해야 했는데, 특히 바벨론은 힘든 상대였다. 새로 등장한 아슈르바니팔(668-627년)은 제국 내 여러 곳에서 일어나는 소요를 잠재우기는 했지만 국력이 흔들릴 만큼의 어려움을 겪어야 했다. 따라서 멀리 떨어진 애굽을 제어하기에는 너무 역부족이었다.

(2) 아슈르바니팔의 말년은 모든 반란 국가들을 무자비하게 평정한 후였기에 대체로 조용했다. 따라서 큰 도서관을 짓는 등 괄목할 만한 사업을 벌였다. 그러나 그가 죽자 앗수르는 크게 흔들리기 시작했다. 따라서 앗수르는 바벨론의 공격을 받는다. 메대(메디아)도 바벨론과 연합하여 앗수르를 공격했다. 아슈르바니팔이 죽은 후 20년도 안 되어 앗수르는 역사에서 사라진다.

(3) 아슈르바니팔이 죽자 앗수르는 급속히 약해졌다. 다음 왕은 아슈르에텔일라니(627-623년)이었고, 신숨리실(623년)은 바벨론에서 몇 달간을 통치했을 뿐이다. 그 다음 등장한 왕이 신사르이스쿤(623-612년)이었는데, 이 왕은 앗수르에서 권력을 잡았고 남부에서도 '신숨리실'을 승계하려 했으나 갈대아인 나보폴라살(이 왕이 바벨론의 초대 왕이 된다)에 의해서 저지당해 실패한다. 나보폴라살은 바벨론의 군대를 통솔하고 있던 앗수르의 장군인 신사르이스쿤에 의해 3년 일찍 시랜드(Sealand, 해변가 왕조, 습지가 많은 페르시아만 일대)의 관리로 임명받았다. 나보폴라살은 신사르이스쿤에 반기를 들고 이들과 접전해 승리를 거둔다. 그는 626년 11월 23일, 공식적으로 바벨론 왕으로 등극한다.

- 산헤립(705-681)
- 에살핫돈(681-669)
- 아슈르바니팔(668-627)
- 아슈르에텔일라니(627-623)
- 신숨리실(623)
- 신사르이스쿤(623-612)
- 아슈르우발릿 2세(612-609)

6. 앗수르의 마지막 과정을 잠깐 설명해 보자.

(1) 앗수르에 대해 반기를 들었던 나보폴라살은 점차로 그 영역을 확대해 나갔다. 그는 메대 왕 키악사레스와 동맹을 맺는다(양가 사이에 결혼관계로). 이들 연합군에 의해 수도 니느웨는 점령당한다(612년).

(2) 급해진 앗수르의 마지막 왕은 그들의 정부를 하란으로 이주시킨다. 그러나 나보폴라살은 하란을 점령, 1년간 통치했으며, 609년에는 하란을 재탈환하려고 시도했던 앗수르와 애굽 동맹군을 격퇴했다. 나보폴라살은 북쪽 국경지대를 잠재우기 위해 우라라트를 상대해야 했다. 유일하게 남은 앗수르의 요새 갈그미스는 나보폴라살의 아들이자 군대장관인 느부갓네살에 의해 점령된다. 이제 앗

수르는 역사에서 사라졌다. 앗수르는 주전 609년에 남은 끈마저 끊어져버린다.

▶ 이렇게 앗수르의 여러 왕들, 즉 사르곤 2세, 산헤립, 에살핫돈, 그리고 마지막으로 강력했던 왕 아슈르바니팔(668-627년)로 이어지는 팽창 정책으로 앗수르의 서쪽 지역과 애굽은 엄청난 전란(戰亂)에 휩싸이곤 했다. 유다 역시 이런 전쟁 과정에서 앗수르에게 당한 그 고통이 상상을 초월했을 것이다. 하나님은 이 당시에 많은 선지자를 투입하셨다. 게다가 남유다는 자신들의 죄로 인해 북이스라엘에 이어 그 멸망을 자초하고 있었다.

▶ 남유다는 다행히 요시야 왕이 등장하여 그 멸망이 늦춰지고 있었다. 그러나 므낫세의 악정으로 인해 유다를 심판하기로 작정하신 하나님은 그 뜻을 철회하지 않으셨다.[1] 이후 유다가 어떻게 멸망을 향해 곤두박칠쳤는가는 계속되는 하박국서에서 살펴보기로 하자. 나훔서에서는 앗수르가 왜 멸망의 대상이 되었는가를 중심으로 설명하고 있다.

1) 요시야의 개혁운동도 완전하지는 못했다. 비교적 선한 왕이었던 요시야와 훌륭한 예언가가 있었음에도 불구하고 유다의 죄악은 계속되었다. 요시야 왕 18년에도 완전히 제거되지 못한 우상들이 있었다. 왕의 의지가 있었다 해도 개혁을 싫어하는 백성들에게는 소용없는 일이었다. 따라서 예레미야는 계속 유다의 멸망을 선포했다.

앗수르, 동방의 망나니

1. 우리는 앗수르가 이스라엘 민족과 연관되면서 얼마나 많은 고통을 안겨주었나를 열왕기서에서 읽을 수 있다.

(1) 앗수르의 팽창은 하나님의 선민 이스라엘과 관계가 있다. 하나님의 백성이 범죄했을 때 이웃 나라는 이스라엘을 징계하는 도구가 되었다. 하나님께서 이방을 일으켜 자신의 백성을 징계하는 막대기요 몽둥이로 쓰셨다. 그러나 지금 앗수르의 멸망을 선포하는 것은 앗수르의 교만과 죄악 때문이었다.

(2) 한 나라를 치게 하시는 것은 하나님의 뜻이었다. 그런데 진노의 몽둥이인 앗수르가 하나님의 뜻을 어기고 있다. 앗수르는 허다한 나라를 파괴했다. 따라서 하나님은 동방의 망나니 앗수르를 벌하시겠다고 선언하신다. 이사야가 선포했던 다음 구절을 읽어보자.

- 사 10:5 “앗수르 사람은 화 있을진저 그는 내 진노의 막대기(셰베트, שֵׁבֶט) 요 그 손의 몽둥이(맛테, מַטֶּה)는 내 분노(자암, זַעַם, 노여움, 분개)라 6내가

그를 보내어 **경건하지 아니한 나라를 치게 하며** 내가 그에게 명령하여 나를 노하게 한 백성을 쳐서 탈취하며 노략하게 하며 또 그들을 길거리의 진흙 같이 짓밟게 하려 하거니와 [7]그의 뜻은 이같지 아니하며 그의 마음의 생각도 이같지 아니하고 다만 그의 마음은 허다한 나라를 파괴하며(샤마드, שָׁמַד)[1] 멸절하려 하는도다…[12]그러므로 주께서 주의 일을 시온 산과 예루살렘에 다 행하신 후에 앗수르 왕의 완악한 마음의 열매와 높은 눈의 자랑을 벌하시리라."

(3) 앗수르의 죄악은 "예루살렘 신상"(하나님)에까지 도전했다(사 10:10-11*). 그들은 자긍했고(사 10:5-10), 하나님의 뜻을 대적했다(사 10:7). <그러므로> 앗수르를 징계하시겠다고 선언하신다(사 10:12-14). 하나님은 자기 백성의 징계와 정화를 위해 앗수르를 사용하시려 했는데, 이들은 하나님의 뜻에 어긋나게 행동했다. 즉 앗수르는 자신들이 역사의 주인처럼 행세했다는 말이다. 지금까지는 하나님의 백성을 징계하기 위해 앗수르를 도구로 사용하셨지만, 그러나 그 진노는 앗수르에게로 옮겨갈 것이다(사 10:14-26). 특별히 산헤립의 유다 공격은 끈질기고 잔혹했다.

(4) 앗수르의 유다 공격에 대한 모습이 그려져 있다(사 10:28-32). 이제 그 진노를 앗수르에 부으실 것이다.

- 사 10:24 "그러므로 주 만군의 여호와께서 이르시되 시온에 거주하는 내 백성들아 앗수르가 애굽이 한 것처럼 막대기로 너를 때리며 몽둥이를 들어 너를 칠지라도 그를 두려워하지 말라 [25]내가 오래지 아니하여 네게는 분을 그치고 그들은 내 진노로 멸하리라 하시도다 [26]만군의 여호와께서 채찍을 들어 그를 치시되 오렙 바위에서 미디안을 쳐죽이신 것 같이 하실 것이며 막대기를 드시되 바다를 향하여 애굽에서 하신 것 같이 하실 것이라 [27]그 날에 그의 무거운 짐이 네 어깨에서 떠나고 그의 멍에가 네 목에서 벗어지되 기름진 까닭에 멍에가 부러지리라."

(5) 앗수르의 교만을 어떻게 구체적으로 표현하고 있는가를 읽어보라(사 10:13이하). 이들은 마치 도끼가 찍는 자에게 자랑하고 톱이 켜는 자에게 큰 체하고, 막대기가 드는 자를 움직이려 했음 같았다고 했다. 앗수르는 처음에는 조공을 받는 것에 만족했지만, 이제는 정복국가로 변신, 많은 민족들을 초토화시키는 정책을 썼다.

1) 샤마드 - '파괴하다, 전멸(근절)하다, 멸망하다'라는 뜻이다. 이 단어는 항상 복수나 하나님의 심판을 다루는 구절에서 나온다.

- 사 10:10 "내 손이 이미 우상을 섬기는 나라들에 미쳤나니 그**들이 조각한 신상들이 예루살렘과 사마리아의 신상들보다 뛰어났느니라** 11 내가 사마리아와 그의 우상들에게 행함 같이 예루살렘과 그의 우상들에게 행하지 못하겠느냐 하는도다."

22

앗수르가 (정복민에게) 행한 악행은 어느 정도였을까?

1. 앞에서 이야기한 바대로 앗수르 제국은 주전 9세기부터 7세기에 걸쳐 매우 강성했다. 이 기간 동안 앗수르는 주변 국가들을 끊임없이 침략했다. 따라서 많은 민족들이 공포에 떨어야 했다. 이 나라의 수도는 니느웨이다. 나훔서의 주제가 이 니느웨에 대한 하나님의 심판이다. 니느웨는 어떤 도시인가 잠깐 살펴 보자.

(1) 성경에 앗수르의 수도 니느웨의 멸망을 외친 곳이 많이 있다.[1)]
니느웨가 성경에 처음 언급된 곳은 창세기 10:11-12이다.

• 창 10:8 "구스가 또 니므롯을 낳았으니 그는 세상에 첫 용사라 9그가 여호와 앞에서 용감한 사냥꾼이 되었으므로 속담에 이르기를 아무는 여호와 앞에 니므롯 같이 용감한 사냥꾼이로다 하더라 10그의 나라는 시날 땅의 바벨과 에렉과 악갓과 갈레에서 시작되었으며 11그가 그 땅에서 앗수르로 나아가 **니느웨**와 르호보딜과 갈라와"

(2) 고대 니느웨의 유적에 대한 광범위한 고고학적 발굴 결과는 선사(先史)시대로부터 그곳에 거주민이 있었음을 보여준다. 샴쉬-아닷 1세(주전 1800년경)와 함무라비 통치시대에 신전 재건과 미화(美化) 작업이 있었다는 사실을 근거로 그 도성은 이스타르(Ishtar)의 성전지역으로 중요한 곳이었다고 한다. 살만에셀 1세 때(주전 1260년경) 앗시리아의 부(富)가 회복되면서 니느웨는 중심지가 되었고 왕의 거처 중 하나가 되었다. 아카드 왕국의 왕인 '나람-신'의 비문이 이곳에서 발견되었다.

또 이 성의 이름은 함무라비 법전 서문에도 나타나 있다. 니느웨는 중기 앗시리아 제국 시대(주전 14-12세기)에 여러 왕들에 의해 수도로 사용되었다. 이스타르 신전도 사르곤 1세의 후계자인 마니쉬투스(주전 19세기)에 의해 세워졌다. 산헤립 왕(주전 705-681년)은 대리석으로 벽을 입힌 70개가 넘는 방과 날개 달린 황소와 스핑크스가 양 옆을 지키는 거대한 왕궁을 건설했다. 또 아슈르바니팔 왕(주전 669-633년)이 설립한 거대한 왕립 도서관도 있었다. 니느웨는 주전 612년에(완전 멸망은 609년에) 메대와 바벨론 연합군에 의해 함락되었다.

2. 앗수르는 북이스라엘과 남유다를 직접 공격하거나 속국으로 만들어 괴롭혔다.

1) 사 10:12-19, 14:24-25, 30:31-33, 31:8-9; 겔 32:22-23; 습 2:13-15; 슥 10:11)

(1) 앗수르는 가장 잔인하고, 가장 부도덕하고, 가장 강력한 힘을 갖고 있었고, 세상에서 가장 우상 숭배가 심했던 나라들 가운데 하나였다고 한다. 잔인했던 왕들의 기록들을 간단하게 살펴보자(두란노 BKC 강해주석, 아모스-오바댜-요나-미가-나훔, 228면 이하에서 정리)

사진: 성을 파괴하는 전투장면 부조(浮彫)

• 앗수바니팔 2세(883-859)의 자랑

옛날에는 미탄니 왕국의 일부에 지나지 않았던 호전적인 앗수르는 독자적으로 고대에서 최강국을 만들어냈다. 특히 주전 7세기에는 아슈르바니팔이 이집트에서 지금의 이란 땅에 이르는 광대한 제국을 지배하고 있었다. 왕은 몸소 군사를 이끌고 전장에 나갔다. 아슈르바니팔은 또한 신관(神官)이기도 했으며 학자이기도 했다. 그는 많은 신전을 세웠고, 막대한 수의 서적도 수집했다. 그리고 서기의 도움을 빌어 자기의 무용담을 숱하게 저술했다. 그가 남긴 각문(刻文)은 니느웨에 있던 그의 유적에서 많이 발굴되었다.

"나는 산꼭대기를 강습하여 탈취했다.…그들의 피로 온 산을 염색하니 마치 붉은 천 같이 되었다.…나는 적들의 머리를 베어 그 도성 도처에 기둥처럼 쌓아놓았다. 어린 아이들과 여자들은 불 속에 제물로 만들어주었다." "…나는 그 친구의 살가죽을 벗겨서 성벽에 쭉 깔아붙였다."

또한 포로들의 몸을 산 채로 동강낸 일이며 시체들을 낟가리처럼 쌓아올린 일을 그의 정복기사에서 기록하고 있다. (Luckenbill, *Ancient of Assyria and Babylonia*)

• 살만에셀 2세(859-824)의 자랑

"나는 그 도시 한 정면에 잘린 목들로 피라미드를 쌓았다. 어린애들과 여자들은 불살라 없애버렸다."

• 산헤립(705-681)의 잔인성

"나는 양을 잡듯이 그들의 목구멍을 절단해 버렸다…."

• 아슈르바니팔(668-627)의 잔임함 : 포로 적장에게 - "예리한 손칼을 그 친구의 턱에 쑤셔넣었다…"

• 에살핫돈(681-669)의 교만함 : "나는 강력하다, … 나는 앗수르 신과 나부 신과 마르둑 신에 의해 피택된 하나뿐인 왕이다."

(2) 그러므로 나훔 선지자는 니느웨를 가리켜 '피의 성'(עִיר דָּמִים)이라고 했다. 앗수르가 얼마나 잔인하고 많은 민족들을 약탈했는가를 보여주는 말이다.

나훔서의 주제

1. 나훔서의 중심 주제는 무엇인가?

(1) 나훔이 선포한 예언의 중심 주제는 분명하다. 앗수르는 북왕국 이스라엘의 많은 백성들을 끌고 갔다. 본서의 주제는 '**니느웨에 대한 하나님의 심판**'이다. 왕이신 여호와께서 자기 백성을 이렇게 취급하는 잔인한 앗수르에 대해 심판하실 것임을 말씀한다.

(2) 앞에서 살핀 대로 앗수르는 많은 나라들을 괴롭히고 핍박한 군사대국이요, 철저한 침략주의 국가였다. 비록 하나님께서 앗수르를 심판의 도구로 사용하셨지만 결코 그대로 내버려두지 않으실 것이다. 이런 심판은 많은 나라들을 공포에 몰아넣고 잔악한 행위를 한 앗수르에 대한 보응이다. 지금 고통 중에 있는 남유다에게는 니느웨에 대한 심판이 적지 않은 '**위로**'가 되었을 것이다.

2. "여호와는 질투하시며 보복하시는 하나님"(나 1:2)이라고 했다. 감히 누가 하나님의 분노 앞에 서겠는가? (1:6)

(1) "자기를 대적하는 자에게는 진노를 품으시는" 하나님이시다. 요나 선지자는 니느웨에 가서 심판을 선포했었다. 그때 니느웨 백성들은 철저한 회개를 했다. 그러고 나서 약 140-150년이 지난 후 니느웨는 다시 한 번 멸망의 심판을 선고받는다. 니느웨가 다시 범죄했기 때문이다. 이들은 무자비한 정복과 우상 숭배와 거짓 신들을 섬겼다. 이들에게 내릴 심판은 정당한 것임을 보여주고 있다.

(2) 나훔서는 여호와는 '질투하시며 보복하시는 하나님'(אֵל קַנּוֹא וְנֹקֵם)이라고 했다. '질투하다'(칸노, קַנּוֹא)라는 말은 '열심이다'(be zealous)를 의미하기도 한다. 전사(戰士)로서의 열심을 가리키는 말이다. 하나님의 통치를 우습게 여기는 앗수르에게(=하나님과 그의 백성을 대적하는 자의 상징) 하나님만이 참다운 역사의 주인공이심을 보여주려 하신다. 이 잔인하고도 포악한 통치자의 죄악을 결코 용납치 않으신다는 사실을 보여주고 있다. 물론 여기서 하나님의 복수의 개념은 하나님의 거룩과 공의의 관점에서 이해되어야 한다.

3. 앗수르의 멸망은 곧 하나님의 백성의 구원이다.

(1) 하나님은 이렇게 말씀하신다. "그들이 강하고 그 수가 많을지라도 망하여 없어

질 것이다"(나 1:12, 쉬운성경). 당시 상황에서 앗수르가 망한다는 것은 생각조차 할 수 없었다. 워낙 강대한 나라였기 때문이다. 그러나 하나님은 앗수르의 멸망을 선포하시고 계신다.

(2) "유다야, 내가(=여호와께서) 너를 심판했지만 다시는 너를 심판하지 않겠다"(1:12하). 원수들의 멸망은 곧 하나님의 백성들의 구원임을 본서에서 자주 보여준다(1:7, 12, 13, 15).

(3) 그렇다면 하나님의 백성들은 어떻게 해야 할 것인가?

나훔 선지자는 오직 정의(공의)의 근원되시는 하나님만을 의지하며 바라보라고 말한다. "유다 백성아, 너의 절기를 지키고 하나님께 맹세한 것을 지키라" (1:15). 원수들이 진멸된 뒤에야 새로운 평화의 질서가 도래할 것이다. 피의 도성, 니느웨. 거짓말이 가득하고 강포가 가득하고 살육이 떠나지 않는 그곳을 심판하실 것이다. 하나님께서는 그들이 아무리 강해도 '노아몬(테베)보다 강하겠느냐'(3:8)고 반문하신다. 노아몬은 강물에 둘러싸여 있었다. 강이 곧 방어벽이었으며, 강물이 곧 성벽이었지만 결국 정복되지 않았는가?! 주께서 노하시면 아무도 살아남지 못한다(1:6). 앗수르는 역사에서 사라질 것이다.

나훔서 개요

1. 나훔서는 전문이 시문(詩文)으로 되어 있다. 왜 산문(散文)으로 쓰지 않고 시(詩)로 썼을까?

(1) 시(詩)는 산문이 하지 못하는 방식으로 우리에게 내용을 전달한다. 시는 강한 리듬을 준다. 시는 우리의 감정에 호소한다. 시는 상징과 음률(音律)을 통하여 우리의 상상력을 자극한다. 시는 압축된 언어로서 특별한 열정을 표현할 수 있다. 나훔 3:2-4의 시문을 살펴보자.

3:2 휙휙 하는 채찍 소리,
웅웅 하는 병거 바퀴 소리,
뛰는 말,
달리는 병거,
3 충돌하는 기병,

번쩍이는 칼,
번개 같은 창,
죽임 당한 자의 떼,
주검의 큰 무더기,
무수한 시체여 사람이 그 시체에 걸려 넘어지니
4 이는
마술에 능숙한 미모의 음녀가 많은 음행을 함이라…

(2) 우리는 위의 예문에서 산문이 표현 못하는 강한 리듬을 볼 수 있다. 읽는 이로 하여금 전장(戰場)에 나와 있는 느낌을 갖게 한다. 구약성경의 상당 부분이 이렇게 시의 형태로 메시지를 전달하고 있다.

(3) 나훔서는 "이렇게 적절한 묘사와 어휘 그리고 강조법 등을 갖춘 법적인 선고문(심판 예언)이다. 언어는 시적(詩的)이며 은유법과 직유법, 선명한 영상 언어, 반복법 그리고 많은 구들 – 종종 스타카토 형식을 이룬다(3:2, 3 참조) – 이 빈번히 사용되고 있다."[1] 서론 부분은 하나님의 속성에 대한 찬양이고(1:2-8), 이어 유다에 대한 경고의 메시지가 나온다(1:9-15). 2장은 니느웨의 멸망에 대한 예언이 생생하게 나오고, 3장은 니느웨가 저지른 죄악에 대한 보복의 정당성을 언급하고 있다.

1) NIV성경 서론

2. 기록 목적 :

(1) 나훔서의 표제가 "니느웨에 대한 경고 곧 엘고스 사람 나훔의 묵시의 글"이라고 했다. '경고'(마싸, מַשָּׂא)라는 말은 '무거운 짐'이라는 뜻도 있다. 나훔서의 대부분의 말들이 악행을 거듭하고 있는 니느웨와 그 왕(3:18)을 향해 진술된 하나의 경고들이다(1:11, 14, 2:1, 3:5-17, 19). 즉 니느웨의 운명에 대한 위협적인 메시지이다.

(2) 이것은 또한 묵시(하존, חָזוֹן), 즉 선지자가 정신적으로 영적으로 직접 보았던 메시지였다(사 1:1, 옵 1:1).[2]

(3) 그러므로 나훔서는 니느웨의 멸망 선포와 아울러, 유다 백성에게 모든 것은 하나님의 섭리 아래 있음을 보여줌으로써 위로를 주기 위한 것이다.

2) 동사 '하자'(חָזָה)에서 유래. '보다(look, see), 준비하다(provide), 예언하다(prophesy).' 선지자가 이상 중에 어떤 신비적인 체험을 동반하여 본 계시를 말한다.

나훔서 분해

제 1장 하나님의 진노와 심판(1:1-15)
(1) 하나님의 진노를 막을 자 없다(1-6절)
(2) 하나님의 공의와 심판은 의인과 악인을 구별한다(7, 8절)
(3) 하나님의 원수들에 대한 심판과 성도의 구원(9-15절)

- 하나님의 백성을 대담하게 학대 : 너무 교만했다(나 1:9-11)
- 여호와는 강한 폭풍과 같은 모습으로 오신다(나 1:2-8)

제 2장 니느웨의 멸망의 모습(2:1-13)
(1) 적군들의 공격을 받는 니느웨(1-7절)
(2) 주민들의 도망과 도성의 공허(8-10절)
(3) 모든 것이 약탈되리라(11-13절)

제 3장 니느웨의 죄와 그의 피할 수 없는 운명(3:1-19)
(1) 화 있을진저 피의 성이여(1-7절)
(2) 너도 노아몬(테베) 같이 되리라(8-11절)
(3) 영원한 멸망의 노래(12-19절).

(by 김희보, 소선지서 나훔 주해)

▶초점 :
앗수르에 대한 이미 예비된 심판을 선언
앗수르의 잔인함, 우상 숭배, 압제와 악행으로 악명이 높았다. 무자비한 학대자의 손에서 고통 받는 모든 사람과 하나님의 백성들에 대한 구원을 언급한다.

- 하나님의 속성에 대한 찬양(1:2-8)

- 유다에 대한 경고의 메시지(1:9-15)
  - 나훔서는 하나님의 심판에 관한 언급이 적다. 왜 그럴까? - 심판이 이미 시작된 것으로 보았기 때문이다(나 1:12).
  - 여호와는 환난 날의 산성이시다(1:7)
  - 앗수르의 멸망은 곧 하나님의 백성의 구원이다(나 1:13). 그 결과 - 평화와 새로운 번성을 누릴 것이다(1:15, 2:2).
  - 하나님의 통치에 대한 열국의 도전이 계속되나 반드시 멸절당할 것이다(9-12절).

- 2장: 니느웨의 멸망에 대한 예언
  - 앗수르는 자신의 부와 군사적 힘을 자랑(나 2:9, 3:8-13)
  - 다른 나라들을 경제적으로 착취, 제국주의 정책을 펼쳤다(나 2:11-13, 3:1, 4).
  - 여호와는 반드시 보복하시겠다고 선언하신다. '만군의 여호와', '군대의 여호와'로 묘사했다(나 2:13, 3:5).

- 3장은 니느웨가 저지른 죄악에 대한 보복의 정당성을 언급하고 있다.
  - 열국에 대한 하나님의 심판은 당연한 것이다.
  - 하나님께서는 앗수르가 다른 나라에 행한 대로 되갚으실 것이다(나 2:3-10).
  - 살육과 수치를 당하게 하실 것이다(나 2:10, 3:3, 5-6, 11, 18-19).
  - 후손의 멸절(1:14), 무더기 죽음(3:3), 군사들의 낙담(3:13), 고칠 수 없는 상처(3:19).

28

당시 천하의 대국(大國), 앗수르
유다를 포함한 주변국들은 앗수르의 악랄함에 치를 떨었다.
앗수르의 팽창은 악으로 치닫는 족속들을 어거하기 위한
하나님의 통제 수단이기도 했다.
그러나 앗수르는 그 정도가 지나쳤다.
너무 교만했던 것이다.
하나님은 비록 노하기를 더디 하시지만
그렇다고, 범죄자를 처벌하지 않은 채 남겨두지 아니하신다.
아슈르바니팔의 악행은 최고조에 달했고,
주변국들은 더 이상 숨을 쉴 수가 없었다.
마침내 하나님은 나훔을 통해 앗수르의 멸망을 선포하신다.
피의 도성, 니느웨
거짓말이 가득하고, 강포가 가득하여
살육이 떠나지 않는 니느웨
“니느웨야, 네가 어찌 노아몬(테베)보다 낫겠느냐”
난공불락의 도시 노아몬도 사라졌는데,
하물며 니느웨가 어찌 하나님의 심판 앞에 설 수 있겠느냐!

하나님은 앗수르의 멍에에 시달리는
유다 백성을 위로하려고
나훔 선지자를 보내셨다.
앗수르가 망하는 것은 유다의 위로가 된다.

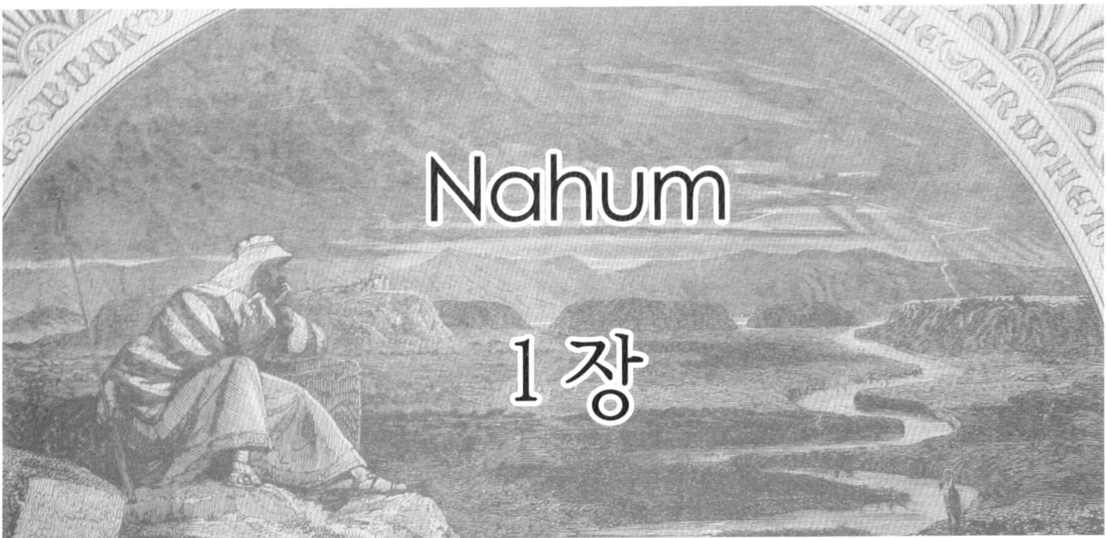

Nahum 1장

질투하시며 보복하시는 하나님

주전 8세기 앗수르는 주변 국가들의 '제1의 공적(公敵)'이었다. 그들의 침략성과 잔인함 때문이었다. 북이스라엘은 이미 앗수르의 손에 의해 역사에서 사라졌다(주전 722년). 하나님의 언약을 어기고 범죄했기 때문이었다. 이를 지켜보고 있던 남유다는 어떠했을까? 이사야서와 미가서에서 볼 수 있는 것처럼 유다 역시 북이스라엘의 부패를 닮아갔다. 하나님은 선지자를 통해 이스라엘의 회항(回航)을 촉구했다. 물론 유다는 주께로 돌아오는 길에 목숨을 걸지 않았다. 미가 선지자는 남유다에 닥칠 회오리바람을 예고했다.

앗수르의 사르곤 2세가 죽자 이를 빌미로 주변국에서는 조직적인 반란이 계속되었다. 물론 남유다 역시 이 반란에 참여했다. 자연히 애굽이 그들에게 힘을 밀어주고 있었다. 당시 이사야 선지자는 히스기야에게 앗수르의 도움을 거절하라는 메시지를 전한다. 마침내 앗수르는 서쪽 지역의 반란을 진압하기 위해 대대적인 침공을 감행했다. 유다 역시 공격을 받았다. 주전 701년의 일이다. 제2차 침략을 받아 예루살렘은 멸망 직전에 있었으나 하나님의 도우심으로 앗수르는 본국으로 철수하게 된다. 앗수르 군사 18만 5천 명이 죽는 기적이 일어났기 때문이다. 이후에도 앗수르의 공격은 계속되었다. 이런 모든 정복 과정에서 주변 국가들은 숨을 제대로 쉴 수 없었다. 이제 하나님은 나훔 선지자를 통해 동방의 망나니 앗수르(니느웨)의 멸망을 공개적으로 선포하신다. 한때 앗수르는 이스라엘의 범죄 때문에 몽둥이로 쓰이기도 했지만 그 과정이 너무 악랄했다는 데 문제가 있었다.

Outline 1

제 1장 하나님의 진노와 심판(1:1-15)
(1) 하나님의 진노를 막을 자 없다(1-6절)
(2) 하나님의 공의와 심판은 의인과 악인을 구별한다(7, 8절)
(3) 원수들에 대한 심판과 성도의 구원(9-15절)

제 2장 니느웨의 멸망의 모습(2:1-13)
(1) 적군들의 공격을 받는 니느웨(1-7절)
(2) 거민들의 도망과 도성의 공허(8-10절)
(3) 모든 것이 약탈되리라(11-13절)

제 3장 니느웨의 죄와 그의 피할 수 없는 운명(3:1-19)
(1) 화 있을진저 피의 성이여(1-7절)
(2) 너도 노아몬(터베) 같이 되리라(8-11절)
(3) 영원한 멸망의 노래(12-19절).

by 김희보, 나훔주해

1. 하나님은 어떤 분이신가?(1:2-8)

(1) 질투하시며, 보복하시는 하나님(2-3절상) 노하기를 더디 하시며, 권능이 크시며, 멸망 받을 자를 결코 내버려 두지 않으시는 하나님(3절)

(2) 자연 현상 속에 나타나는 창조주 하나님의 위대하신 권세(3절하 - 5절)
'회오리바람, 광풍, 구름, 바다' 등

(3) 심판과 사랑의 하나님(6절) : 누가 그 분노하신 하나님 앞에 서며, 누가 능히 그 진노를 감당하겠는가?

(4) 하나님은 우리의 산성이시며 은혜의 하나님이시다(7절). 하나님의 백성을 대적하는 자들을 철저히 괴멸시키실 것이다(8절).

2. 하나님의 백성을 괴롭힌 자들을 하나님은 어떻게 대적하실 것인가? (9-15절)

(1) 여호와를 대적하는 니느웨의 모든 책략은 모두 말라 버린 지푸라기처럼 이내 타버릴 것이다(9-11절).

(2) 니느웨의 멸망으로 말미암아 유다의 고통도 끝이 날 것이다(12-15절).

니느웨에 대한 하나님의 심판(1:2-15)

앗수르는 당시 남유다뿐만 아니라 주변 국가들에게 공포의 대상이었다. 주변국들은 앗수르인들의 정복욕과 그 잔인성 때문에 골머리를 앓았다. 요나 선지자가 전한 심판의 메시지를 듣고 이들은 한 때 조용했었다. 그러나 약 150여 년이 흐른 뒤에 니느웨는 또다시 심판의 메시지를 들어야 했다. 그들의 포악함으로 더 이상 하나님의 심판을 유예시키지 못했다. 나훔 선지자는 니느웨를 향해 '피의 도성'이라고 외치고 있다. 이제 심판이 시작되고 있다. 1장에서는 그 심판의 확실성을 전하고 있다.

1. 나훔 선지자는 이 책의 표제를 어떻게 표현하고 있는가?

1:1 니느웨에 대한 경고(마싸, מַשָּׂא)
곧 엘고스 사람 나훔의 묵시(하존, vision, חָזוֹן)의 글이라

(1) 선지자는 이 책의 기록 목적을 분명하게 언급하고 있다. '니느웨에 대한 경고'요 '묵시'라는 것이다. 따라서 나훔서는 니느웨의 멸망에 대한 언급을 많이 하고 있다. 개역성경은 '마싸'를 '중한 경고'라고 번역했다. 성경 다른 곳에서는 '마싸'를 '짐'(a burden)이라고도 번역을 했다.[1)]

(2) 그러나 이 단어는 '발언(utterance), 신탁(oracle)'을 의미하기도 한다. 이 단어는 잠 30:1, 31:1을 제외하고 예언적인 문맥에서만 나온다. 이사야는 이방 나라들에 대하여 메시지를 전할 때 이러한 경고의 형태를 사용했다.[2)] 이 메시지들은 성격상 대체로 위협적인 것이다. KJ는 'burden'이라고 번역했지만 대부분의 영역은 '신탁'(oracle)으로 번역했다. 본문의 내용상 이 말은 니느웨에게 무거운 비중을 갖는 경고라는 의미일 것이다.

(3) **묵시**(하존, vision, חָזוֹן) : '환상, 이상'이라는 말이다. 여호와께로부터 오는 환상을 묘사한다(미 3:6; 겔 12:24; 단 1:17). 이 단어가 예언서의 표제에 사용되었다(나 1:1; 사 1:1; 옵 1:1).

(4) **엘고스 사람**(אֶלְקֹשִׁי) : 나훔은 엘고스 사람이라고 했다. 그러나 엘고스의 위치는 확실히 알 수 없다. 그는 유다 지방 출신일 것이다.

1) 나귀(출 23:5), 노새(왕하 5:17), 낙타(왕하 8:9)와 같은 동물들의 등에 지워진 짐을 언급한다. 또 '들어올림'이란 의미로 사용되었다.

2) 이 단어는 사 13:1(바벨론); 사 14:28(블레셋), 사 15:1(모압); 사 17:1(다메섹), 사 19:1(애굽); 사 21:1(바벨론); 사 21:11(두마); 사 21:13(아라비아); 사 22:1(이상의 골짜기); 사 23:1(두로)에서 나온다. 그는 사 30:6(네겝 짐승)의 여섯 가지 화 가운데서도 이 단어를 쓴다.

2. 진노하시는 하나님 앞에 감히 누가 설 수 있겠는가? (1:2-6) 선지자는 하나님의 현현을 찬양 문체로 묘사하고 있다.

1:2 여호와는 — **하나님이시니라**
/질투하시며(קַנּוֹא) - 형용사
/보복하시는(נֹקֵם) - 형용사
여호와는 — **보복하시며(נֹקֵם)** - 칼 분사
진노하시되(=진노의 주, בַּעַל חֵמָה)
여호와는 — **보복하시며**
/자기를 거스르는 자에게
진노를 품으시며
/자기를 대적하는 자에게

(1) '**질투하는**'(칸노, קַנּוֹא) : 이 단어는 구약에서 2회 나온다(수 24:19; 나 1:2). 영역성경에서 jealous(질투하는)로 번역되었다. 하나님은 질투하는 하나님이시다(출 20:5). 본문에서는 이 단어가 하나님께 집중되는 열정적이고 삼킬 듯한 "열심"(zeal)을 뜻하는 말로 사용되었다. 이는 앗수르의 포악 때문에 하나님의 뜻을 행하고 그의 영광을 보존하는 행위를 수반하는 열정이다.

(2) **보복하다**(나캄, נָקַם) : '복수하다, 원한을 품다, 앙갚음하다' - 여기서는 분사로 사용되어 보복의 긴박성을 표현하고 있다. 죄악에 대한 하나님의 맹렬한 복수를 보여주고 있다. 물론 하나님의 복수의 개념은 하나님의 거룩과 공의의 측면에서 이해되어야 한다.

• 렘 42:18 "만군의 여호와 이스라엘의 하나님께서 이와 같이 말씀하시되 나의 노여움과 분을 예루살렘 주민에게 부은 것 같이 너희가 애굽에 이를 때에 나의 분을 너희에게 부으리니 너희가 가증함과 놀램과 저주와 치욕 거리가 될 것이라 너희가 다시는 이 땅을 보지 못하리라 하시도다."

(3) 하나님은 누구에게 보복하시는가? 하나님을 거스르는 자에게, 또한 하나님을 대적하는 자에게 보복하시며 진노를 품으신다. 하나님은 지금 자기 백성 유다를 위해 그 대적들에게 보복하신다는 것이다. 여호와는 진노(헤마, חֵמָה)의 주(바알, בַּעַל)이시다. '헤마'라는 말은 '야함'(יָחַם, 뜨겁다)에서 유래했는데, '열, 뜨거움, 격노, 분노, 노염' 등을 가리킨다.

이 단어는 불충실한 언약의 백성에 대한 하나님의 반응을 가리키기도 한다(신 9:19). 그의 뜻과 말씀을 위반하는 다른 열방에 대해서도 하나님은 격노를 퍼부으신다(렘 10:25; 나 1:2, 6). 일단 하나님이 '헤마'를 발하시면 그것의 원인을 심판하심으로써 하나님의 분노와 격분은 누구러뜨려지며 격감된다(렘 42:18*).

3. 이렇게 하나님은 대적을 향해서는 보복하시며, 진노를 품으시지만 또한 노하기를 더디하시는 분이시다.

1:3 여호와는 노하기를 **더디하시며**(아레크, אֶרֶךְ -참는, 노하기를 더디하는)
권능(코아흐, כֹּחַ)이 **크시며**
벌 받을 자를 **결코 내버려두지 아니하시느니라**(לֹא יְנַקֶּה)
여호와의 길은 회오리바람과 광풍에 (**있고**)
구름은 그의 발의 **티끌이로다**

(1) 앞 절에서 보여주듯이 하나님은 대적을 향해서 보복하시는 분이시라고 했다. 그렇다면 앗수르의 그 잔악한 행위에 왜 그 동안 침묵하셨을까? 그 이유는 "여호와는 노하기를 더디하시는 분"이기 때문이다. 앗수르는 벌써 징벌을 당해야만 했다. 그러나 하나님은 형벌을 늦추시며 오래오래 심판을 유보하신다(출 34:6; 민 14:18; 느 9:17; 시 103:8, 145:8; 렘 15:15; 욜 2:13; 나 1:3). '더디하다'라는 말 '아레크'는 '긴'(long)을 의미하며, '참을성 많은'(long-suffering), '노나 분노를 더디내다'라는 뜻으로 번역된다.

(2) '노하다'라는 말은 '아프'(אַף)는 '코, 콧구멍, 얼굴, 화'를 의미한다. 이 말은 하나님과 사람의 '분노'를 뜻하는 말로도 사용되었다(왕하 13:3). 또한 하나님은 권능이 크신 분이시다. 하나님의 능력은 그의 창조에서(렘 10:12, 32:17), 출애굽 사건에서(출 9:16, 15:6), 자신의 적을 정복하시며, 자신의 백성을 구원하시는 능력에서(사 63:1) 드러난다.

(3) 이제 우리는 그 하나님의 능력을 앗수르를 심판하는 과정에서 보게 될 것이다. 하나님은 "벌 받을 자를 결코 내버려두지 아니하실"(יְנַקֶּה[1] לֹא) 것이다. '나카'라는 말이 피엘형으로 쓰였다. **'결코' '진실로'** 용서하지 않으시겠다는 강조형이다(And the LORD will **by no means** leave the guilty unpunished. - NASB). 이 단어가 피엘형(강조능동)으로 쓰일 경우 그 주어는 언제나 여호와시다(렘 30:11, 46:28; 출 34:7). 하나님은 앗수르의 죄악을 결코 묵과하지 않으실 것이다. 지금은 요나가 메시지를 전할 때의 니느웨 사람들이 아니다. 여호와의 진노를 피할 수 없을 것이다. 과거에는 하나님께서 앗수르의 계속된 만행에도 참으셨지만 이제는 하나님의 자비와 용서가 그들에게서 거두어질 것이다.

1) 나카(נָקָה)의 피엘 부정사 미완료 / '비우다, 깨끗하다, 무죄로 하다.'

(4) 하나님의 위엄과 장엄하심, 그리고 무한한 권능은 자연에 대한 통치에서도 드러난다. 여호와께서 가시는 곳에는 회오리바람과 광풍이 일어난다. 회오리

바람(수파, סוּפָה)은 휘몰아치는 큰 폭풍을 말한다. 모든 것을 휩쓸어버리는 파괴력을 지닌 바람이다. 이 말은 파멸(잠 1:27, 너희의 두려움이 광풍 같이 임하겠고 너희의 재앙이 **폭풍(수파)** 같이 이르겠고 너희에게 근심과 슬픔이 임하리니), 또는 여호와의 심판의 상징 및 비유로도 사용되었다(호 6:7; 사 29:6).

광풍(세아라, שְׂעָרָה)은 폭풍(우)를 가리킨다. 하나님은 회오리바람과 광풍을 불러일으키신다(욥 9:17 참조). 이 둘은 자연계의 두렵고 파괴적인 힘들이다.

(5) "구름은 그의 발의 티끌(dust)이로다" - "구름은 발 밑에서 이는 먼지이다"(표준새번역). 여기 구름(아난, עָנָן)은 '빽빽한 한 덩어리로 된 큰 구름'을 가리킨다(출 19:9). 하나님의 발의 먼지를 시적(詩的)으로 하나님이 밟으시는 구름이라고 했다. 이렇게 하나님의 위대하심을 '구름이 그 발의 티끌이 되어버린다'고 표현했다(삼하 22:10; 시 18:9 참조).

4. 앞 절에 이어 4절에서도 자연 현상 속에서 나타나는 하나님의 위대하심을 언급하고 있다.

1:4 그는 바다를 **꾸짖어(גּוֹעֵר)** - 가아르(גָּעַר, 꾸짖다, 비난하다)의 칼 분사
그것을 **말리시며(וַיַּבְּשֵׁהוּ)** - 야베쉬(יָבֵשׁ, 말리다, 시들다)의 피엘 동사
모든 강을 **말리시나니(הֶחֱרִיב)** - 하라브(חָרַב, 황량하다)의 히필 동사
바산과 갈멜이 **쇠하며(אֻמְלַל)** - 우무랄(אֻמְלַל, 약한, 허약한)의 피엘 동사
레바논의 꽃이 **시드는도다(אֻמְלָל)** - 우무랄(אֻמְלַל)의 피엘 동사

(1) '꾸짖어'라는 말 '가아르'는 사람이 꾸짖거나(창 37:10; 룻 2:16), 하나님이 꾸짖는 것을 묘사한다(시 9:5; 사 17:13). 하나님은 홍해를 꾸짖어 거꾸로 말으시며 물과 파도의 정상적인 흐름을 막으셨다. 여기서는 분사형으로서 강한 생동감을 보여준다.[1] '말리다'(야베쉬)는 비가 부족하여 마르는 땅이나 수분 부족으로 말라가는 식물들을 가리킬 때 사용되었다. 여호와의 심판을 마른 장작이 타는 것에 비유했다(겔 20:47; 나 1:10, "**마른** 지푸라기 같이 탈 것이거늘"). 본문에서는 피엘형(강조 능동)으로서 하나님의 주권적인 사역을 강조하고 있다.

(2) '말리다'(하라브) - 여호와의 권능 중 하나는 바다와 강물을 말리시는 그의 능력이다(사 44:27, 50:2). 하나님은 이스라엘이 통과할 수 있도록 홍해를 말리셨다(시 106:9; 사 51:10).

1) 이 말에서 파생된 단어 '게아르'(גְּעָרָה)는 '비난, 힐책'이라는 뜻으로 강한 행동을 통해서 어떤 사람이나 사물을 저지, 좌절시키는 것을 말한다(창 37:10; 사 17:13; 시 107:9).

(3) 바산(Bashan, '매끄러운, 부드러운') - 남쪽은 얍복강을 경계로 하고, 서쪽은 갈릴리 바다를, 북쪽은 헤르몬 산에서 동쪽으로 뻗은 길을, 그리고 동쪽은 하우란 산맥을 경계로 한다.[1)]

갈멜 산은 길이 약 24㎞ 되는 일련의 구릉이며, 서북단은 지중해로 돌출한 갑(岬)을 이루고, 동남단은 사마리아 산지와 연결된다. 팔레스틴의 해안 평야를 가르는 쐐기 모양의 장벽과 같이 북쪽에 악고 평야, 남쪽에 샤론 평야를 사이에 두고, 북쪽 기슭을 기손 강이 흘러간다. 샤론 평야, 레바논, 바산, 길르앗은 풍요의 상징이었다(사 35:2; 렘 50:19; 미 7:14).[2)]

레바논은 오늘날 레바논 산과 일치하는 곳이다. 원래 이곳은 하나님께서 이스라엘에게 허락하신 곳이었으나 점령하지는 못했다(수 13:5). 레바논 역시 풍요의 상징이었다.

(4) 이렇게 바산과 갈멜, 그리고 레바논이 다 비옥하고 숲이 우거진 지역이지만 하나님의 심판은 이런 풍성한 곳도 마른 들로 만드실 것이다(사 33:9; 나 1:4). "그로 말미암아 산들이 진동하며(라아쉬, רָעַשׁ) 작은 산들이 녹고 그 앞에서는 땅 곧 세계와 그 가운데에 있는 모든 것들이 솟아오르는도다"(나 1:5). 누가 산을 움직일 수 있는가? 그러나 이런 산들마저도 전능자 앞에서는 진동할 수밖에 없다. 하늘, 땅, 이방 나라들이 하나님에 의해 흔들릴 것이다(학 2:6-7, 21). 그의 앞에서는 하늘이 떨며(욜 2:10), 땅이 진동한다. 살아 있는 피조물도 그의 앞에서 떨 것이다(겔 38:20).

5. 그렇다면 누가 능히 그 분노하심 앞에서 설 수 있겠는가?

1:6 누가 **능히** 그의 분노 앞에 **서며(יַעֲמוֹד)** - 아마드(עָמַד)의 미완료, '서다, 견디다'
누가 **능히** 그의 진노를 **감당하랴(יָקוּם)** - 쿰(קוּם)의 미완료, '솟아오르다, 일어나다'
그의 진노가 불처럼 **쏟아지니** - 니팔(수동형) 완료
그로 말미암아 바위들이 **깨지는도다** - 니팔(수동형) 완료, '파괴되다'

(1) 앗수르를 비롯하여 세상 나라는 마치 하나님이 세상에 안 계신 것처럼 행동한다. 그래서 사람들은 악을 행하기에 용감하다. "악한 일에 관한 징벌이 속히 실행되지 아니하므로 인생들이 악을 행하는 데에 마음이 담대하도다"(전 8:11). 그러나 하나님은 이런 모든 악행(소위 - 백성들의 지나간 행위들)들을 "절대로(결코) 잊지 않을 것"이라고 잘라 말하신다.

1) 모세의 노래(신 32:14)에는 "바산에서 난 숫양"에 관한 언급이 있으며, 시 22:12의 "바산의 힘센 소들"은 메시야의 악한 원수들에 대한 상징이다. 에스겔은 곡과 마곡이 전복되면 새들과 야수들이 백성들과 "바산의 살찐 짐승"들의 살과 피를 삼킬 것이라고 예언한다(겔 39:18).

2) 문학에서 갈멜은 자연의 아름다움의 대명사로 쓰이고 있다(아 7:5; 사 35:2). 또 샤론, 레바논, 바산 등은 여호와의 특별한 은총을 나타내는 팔레스틴의 한 지점으로서 기록되고 있다(렘 50:19; 미 7:14).

36

1) "어찌 땅이 떨지(라가즈, רָגַז, 흔들리다) 않겠느냐?" - '라가즈'는 문자적으로는 땅의 진동을 가리킨다(삼상 14:15). 또 하나님께서 심판하시려고 나타나실 때 세상 주민이 전율하는 것을 표현하기도 한다(사 64:2; 욜 2:1).

(2) 아모스 선지자 역시 수사학적 질문을 던지며, 이스라엘 백성에게 심판 때의 무서움을 같은 패턴으로 보여준다(암 8:8을 보자).

암 8:8 "이로 말미암아 땅이 떨지(라가즈, רָגַז, 흔들리다) 않겠으며[1]
그 가운데 모든 주민이 애통하지(아발, אָבַל) 않겠느냐
온 땅이 강의 넘침 같이 솟아오르며
애굽 강 같이 뛰놀다가 낮아지리라"

(3) 누가 **능히** 그의 분노 앞에 **서며**(Who can stand before His indignation?)
누가 **능히** 그의 진노를 **감당하랴**(Who can endure the burning of His anger?)

"누가…서며"와 "누가…감당하랴"는 서로 대구(對句)를 이룬다. 이런 수사학적 질문을 통해 인간의 악에 대해 진노하시는 하나님 앞에 설 자가 아무도 없다는 사실을 강조하고 있다. '서며'와 '감당하랴'라는 동사는 거의 같은 동의어로서 전자가 '계속해서 서 있다(아마드, עָמַד, stand), 견디다, 지탱하다'를 뜻하며, 후자는 '일어서다, 일어나다'(쿰, קוּם, rise, arise)라는 뜻을 갖고 있다.

• 렘 10:10 "오직 여호와는 참 하나님이시요 살아 계신 하나님이시요 영원한 왕이시라 그 진노하심(케체프)에 땅이 진동하며 그 분노하심(자암, זַעַם)을 이방이 능히 당하지 못하느니라."

(4) 피조물 그 어떤 것이든지 – 그 대상이 사람이든, 당시 온 세상을 공포로 몰아넣었던 니느웨와 그의 주민들이든 – 그의 진노 앞에 서 있을 자가 과연 누구이겠는가? 여기 '분노'(자암, זַעַם)라는 단어의 기본 개념은 화가 난 상태와 그러한 행동을 나타내는 강렬한 분노를 가리킨다. 대개 '분노(를 발하다)'로 번역하는데 사람보다는 하나님을 더 자주 언급한다(렘 10:10*).

(5) 하나님의 진노는 불과 같이 모든 것을 파괴하며 황폐케 한다. '쏟아지다'(나다크, נָתַךְ)는 '흘러나오다, 녹다'라는 의미이다. 여기서는 심판으로 금속을 녹이는 것 같이 그들을 녹일 것이라고 언급한다(겔 22:20-22, 24:11). 본문에서는 히필형(사역 능동)으로 쓰였는데, '용해하다, 녹다'(be melted)라는 의미이다. 그러니까 불 같이 뜨거운 하나님의 진노를 부으시니 그 결과로 녹아지는 것까지를 포함하는 말이다. 따라서 바위들까지도 산산조각나게 될 것이다. '깨어지다'는 깨어져 부스러져버리는 것을 말한다(break down). (And the rocks are broken up by Him. - NASB)

6. 이렇게 하나님은 대적자에게는 진노하는 전사(戰士)이시지만 자기 백성을 보호하시는 분이시다.

1:7 여호와는 **선하시며** (토브, טוֹב) - good
환난 날에 **산성이시라**(마오즈, מָעוֹז) - stronghold
그는 자기에게 피하는 자들을 **아시느니라**

(1) 토브(טוֹב)[1] – 하나님은 선하시다(The LORD is good, טוֹב יְהוָה). 자기 백성을 위하여 신실하시고 자비로우시다. 하나님은 니느웨에 대해서는 심판의 하나님으로, 무서운 전사로 다가가신다. 그러나 대적의 파멸이 곧 유다에게는 구원과 자유를 의미한다. 하나님은 환난 날에 오히려 자기 백성의 산성이 되신다. '산성'이란 단어 '마오즈'는 산(사 6:26), 항구(사 23:4), 신전(겔 24:25)과 같이 천연적이거나 인공적인 안전한 장소에 대해 사용되었다. 악인은 하나님을 피난처로 삼지 않고 부(재물)를 피난처로 삼는다(시 52:7). 하나님은 고난의 때에 은신처가 되신다(시 37:39; 렘 16:19).

1) 좋은, 기쁜(pleasant), 아름다운(beautiful), 유쾌한(delightful), 기쁜(glad), 즐거운 (joyful), 귀중한(precious), 옳은(correct), 의로운(righteous).

(2) 자기에게 "피하는 자들"(חֹסֵי) – 하싸(חָסָה)의 분사형(명사적 용법) – 이 단어는 바위(삼하 22:3), 힘(시 18:2) 그리고 요새(=안전한 피난처, 나 1:7)이신 하나님을 신뢰하는 사람에 대해 주로 사용되었다. 하나님께 도망치면 그 결과는 축복 받고(시 2:12), 구원 받는(시 17:7) 것이다. 하나님은 자기에게 피하는(=의뢰하는) 자를 아신다고 했다. '안다'는 말은 물론 단순한 '인식(認識)'을 의미하지 않는다. 그것은 하나님과의 인격적인 만남에서 생겨나는 것이다.

(3) 이렇게 하나님은 환난 날의 피난처요, 자기에게 피하는 자들을 돌보시는 분이다. 이에 비해 앗수르는 자신들의 요새와 군사력을 믿고 심히 교만했다.

7. 그러나 그들의 자랑이 얼마나 헛된 것인가를 보여주고 있다.

1:8 [But, 그러나, ו] - 한글역에서는 번역이 생략됨
그가 범람하는 물로 '그 곳'(어디?)을 **진멸하시고**
자기 대적들을 흑암으로 **쫓아내시리라**

(1) 여호와께 피하는 자는 구원을 받지만(7절), **그러나**[But, ו] 하나님을 대항하는 자는 망할 것이라는 대조이다. 여기서 '범람하는(עֹבֵר-분사) 물'(쉐테프, שֶׁטֶף)은 '홍수, 폭우'를 의미한다. 홍수는 하나님의 심판의 상징이기도 하며(단 9:26), 재난의 상징이기도 하다(시 32:6).

(2) 그렇다면 '그 곳'(메코마, מְקוֹמָהּ - 여성형, her place)은 어디를 가리킬까? NIV

는 니느웨라고 번역했다(he will make an end of **Nineveh**). 1:11, 14과 2:1을 참고해 보면 ‘그 곳’은 니느웨를 가리킴이 분명하다. 니느웨의 잔해는 지금도 남아 있다고 한다. 도시 한복판으로 고스르 강이 흐르고 있었는데, 그 강이 둑을 넘어 범람하자 니느웨는 쉽게 함락되고 말았다(나 1:8, 2:6, 8 참조).

“그가…진멸하시고”(יַעֲשֶׂה[1] כָּלָה[2]) : ‘끝장을 낼 것이다.’ 즉 완전한 파멸을 의미한다. ‘카라’라는 동사는 여러 곳에서 ‘진멸’이라는 의미로 사용되었다(느 9:31; 사 28:22; 렘 4:27, 5:18; 나 1:8).

1) :그가…진멸하시고 아싸(עָשָׂה)의 칼동사 미완료/“그가~하실 것이다.”

2) 카라(כָּלָה) - 종결, 완전한 멸망, 소모, 전멸

(3) 자기 대적들을 흑암으로 **쫓아내시리라**(יְרַדֶּף)
‘라다프’(רָדַף)의 피엘 동사 미완료로 그 뜻이 강조되어 있다. 하나님께서 자기 대적들을 **반드시** 쫓아내실 것이라는 말이다. 흑암(호세크, חֹשֶׁךְ)은 ‘무지, 악, 맹목(blindness), 심판’ 등과 같은 비유적인 의미를 지닌다. 즉 하나님 없이 살아가는 인간들의 영적 상태, 피할 수 없는 패배, 궁극적이고 영원한 심판을 가리킨다.

하나님을 대적하는 자들에 대한 심판(1:9–11)

1. 하나님은 하나님을 대적하는 앗수르에 대해 최종적인 선고를 내리신다. 당시 유다를 공포에 떨게 했던 앗수르의 책략은 무위로 돌아갈 것이다.

1:9 너희는 여호와께 대하여 **무엇을 ‘꾀하느냐’**(하솨브, חָשַׁב) - 계획, 평가, 계산하다
그가 온전히 **멸하시리니**[아싸(עָשָׂה)- 8절 참조]
재난이 ‘다시’(파아마, פַּעֲמָה) **일어나지 아니하리라**

(1) 여기서 ‘너희’는 누구를 가리키는가? 앗수르를 가리키는가? 아니면 유다를 가리키는가? 대체로 앗수르로 번역하고 있다. 그렇다면 당시 유다를 공격했던 앗수르 왕 산헤립의 계책을 말함일 것이다. 산헤립은 1, 2차에 걸쳐서 유다를 공격했으나 하나님의 도우심으로 결국은 철수하고 말았다. 18만 5천 명이 죽는 치명타를 입었기 때문이다. 이 일은 결국 여호와를 대적하여 일으킨 전쟁이었다.

(2) 이미 서론에서 살펴본 것 같이 산헤립은 철수해서 아들들에 의해 살해 당했다. 그러나 왕권은 또다른 아들에게 넘어갔다. 그가 에살핫돈이었는데, 그는 어린 나이에 등극했으나 후에 매우 강력한 왕이 되어 애굽을 공격했다. 에살핫돈은 다시 한 번 애굽을 공격하려 출정했으나 행군 도중 죽는다. 그러나 그의 아들 아슈르바니팔은 원정을 계속해 난공불락이라고 생각했던 노아몬(테베)을 점령했다. 11절의 "여호와께 악을 꾀하는 한 사람"이 산헤립을 가리킨 것인지 그의 후대 왕을 가리키는지 확실치 않으나 이들의 책략은 하나님을 대적하는 행위였음에 틀림없었다. 이런 전쟁 속에서 유다가 엄청난 타격 속에 빠져들었기 때문이다.

(3) "너희는 무엇을 꾀하느냐?"(מַה־תְּחַשְּׁבוּן[1])
앗수르는 '여호와를 대항하여'(אֶל־יְהוָה, against the LORD) - 여기서 '엘'(אֶל)은 여러 가지 뜻이 있으나 '~에 대항하여'(against)라는 의미로 해석한다. "원수들아(=앗수르), 너희는 야훼께 무슨 음모를 꾸미느냐?"(공동번역)

(4) "그가 온전히 멸하시리니" - 앗수르가 아무리 강하고 무수한 음모를 꾸며도 '온전히' 멸하실 것이다. '온전히'(칼라, כָּלָה)는 여기서 '완전한 멸망, 전멸'이라는 의미로 쓰였다(느 9:31; 사 28:22; 렘 4:27; 겔 11:13 참조). 하나님의 강한 행동을 나타난다. 하나님은 대적(=앗수르)을 끝까지 추격하실 것이다.

(5) "재난이 '다시'(파암, פַּעַם) 일어나지 아니하리라" - 하나님께서 앗수르를 온전히(칼라, an utter end) 멸하실 것이기에 이 거룩한 도시 예루살렘 안에서 다시는 재난이 일어나지 않을 것이다.

2. 대적 앗수르의 운명은 어떻게 되어갈 것인가?

1:10 for(키, כִּי) 가시덤불(시르, סִיר) 같이 **엉크러졌고**(사바크, סָבַךְ) - '섞어 짜다'
'술을 마신 것 같이'[2] **취한**[3] 그들은
마른 지푸라기 같이 모두 **탈 것이거늘**(=탈 것이다)

(1) 9절에서 예루살렘에 재난이 다시는 일어나지 않을 것이라고 했는데, 이제 그 이유를 설명한다(כִּי, 한글역에서는 번역이 생략되었다). 술을 마신 것 같이 취한 '그들'은 앗수르의 정복자들을 가리킨다. 그들은 가시덤불 같이 엉크러졌기에 마른 지푸라기 같이 타버릴 것이다. 하나님께서 그들을 신속하게 멸하실

1) 하솨브(חָשַׁב) - 피엘 동사 미완료, 2인칭 남성 복수형이다. / '생각하다, 계획하다, 판단을 내리다'라는 뜻이다.

남성 복수형이기에 여기서 '너희'는 앗수르를 가리킨다고 본다. 선지자가 유다를 가리킬 때는 여성형을 썼기 때문이다(1:12, 13, 14, 15).

2) 승리에 도취한 정복자들을 '술 취한 자'로 비유해 말하고 있다(렘 13:9, 13, 14; 합 2:5; 호 7:6).

3) 칼 수동분사 - 술 취하다(싸바, סָבָא)- 물릴 정도로 들이키다라는 뜻이다. 술고래, 대주가.

것을 말한다.

(2) 마른(야베쉬, יָבֵשׁ) 지푸라기 - 임박한 심판 아래 있는 니느웨를 묘사한다.

3. "여호와께 악을 꾀하는 한 사람"은 누구를 가리킬까?

1:11 여호와께(עַל־יְהוָה) 악을 꾀하는 한 사람이
너희 중에서(מִמֵּךְ - 원문에는 이 말이 맨 앞에 나온다) **나와서**
사악한 것을 '권하는도다'(야아츠, יָעַץ) - 충고(조언, 권면)하다, 고안하다

(1) 여기 '너희 중에서'란 '너희'란 누구를 가리킬까? NIV는 아예 '니느웨'를 보충하여 번역했다. "From you, O Nineveh." '너희'라는 원문이 2인칭 여성 단수로 쓰였기 때문인 것 같다.[1)]

(2) **여호와께**(עַל־יְהוָה) - '알' (עַל)은 'against'라는 말이다. 여호와께 대항하는 한 사람은 누구인가? 당시 유다를 괴롭혔던 앗수르 왕은 산헤립이거나 그 이후의 왕이었을 것이다. 악을 '꾀하는'(하샤브, חָשַׁב의 분사형)이라는 말은 '(음모 따위를) 꾸미다, 획책하다(=scheme)'라는 의미이다. 여기서 '악'(רָעָה)은 전쟁을 가리킨다.

(3) **사악**(벨리야알, בְּלִיַּעַל)[2)] - '무가치한, 무익한, 파멸'이라는 의미로 비열한 사람을 가리키기도 한다(삼상 25:25; 삼하 20:1). 본문에서는 '파멸(파괴)'을 의논하는 것을 말한다. 일차적으로는 산헤립에게 적용되는 말이지만 또한 하나님의 백성을 파괴하려고 준비하는 앗수르인, 즉 경건에 대항하여 일어나는 세상 세력의 전형을 가리킨다. 나훔 1:15에서는 '악인'으로 번역되었다. 즉 멸망의 사람, 파괴자를 진멸한 것을 묘사한다.

1) 본문의 ךְ-[thee]를 앗수르로 보려는 학자들이 많다. 그 이유는 앗수르를 가리켜 악한 '한 사람'(산헤립)을 생산한 여왕으로 보려했기 때문이다.

2) 신약에서는 벨리알을 가리켜 그리스도를 대항하는 하나의 인격체로 보았다(고후 6:15, 16). 그러나 구약에서는 많은 경우 '불량한 사람'을 가리켰다.

4. 앞에서는 앗수르를 향하여 말씀하셨으나 이제 유다에게 말씀하신다. 앗수르의 세력이 아무리 강하다하더라도 내가 낫질하듯 없애버리겠다고 선언하신다.

1:12 (이와 같이, Thus, כֹּה)
여호와께서 이같이 **말씀하시기를**
그들이 비록 강하고(솨렘, שָׁלֵם) 많을지라도(라브, רַב)
반드시(켄, כֵּן) 멸절을 당하리니(가자즈, גָּזַז)
그가 없어지리라(아바르, עָבַר)

[비록] 내가 (전에는) 너를 괴롭혔으나(וְעִנִּתִךְ)[1]
다시는(עוֹד) '너를 괴롭히지'(אֲעַנֵּךְ)[2] 아니할 것이라

(1) 앞절이 앗수르를 향하여 하신 말씀이라면 12, 13절은 유다를 향하여 하신 말씀이다. 앗수르가 비록(אִם) 강하고 수가 많을지라도 망하여 없어질 것이라는 선언이다. '강하다'는 말 '솨렘'(שָׁלֵם)은 '완전한, 안전한, 화목한'이라는 뜻이다. 따라서 KJ는 이 부분을 "Though they be quiet, and likewise many"라고 번역했다. "비록 그들이 고요하게 평안히 살면서 그 수효가 중다하게 번성할지라도" 반드시 멸절되리라는 뜻으로 이해했다. 그러나 한글역에서는 '강하고'(강장하고)라고 번역했다.

(2) '반드시'(וְכֵן -'yet thus') - 앗수르가 강하고 많을지라도 '그 상태 그대로(=반드시)' 멸절 당할 것이라는 말이다. '멸절을 당하다'(가자즈, נָגַז)라는 말은 니팔(일반동사 수동형) 완료형으로 쓰였다. '가자즈'는 '(양)털을 깎다'라는 의미이지만 니팔형에서는 '잘라버림을 당하다'라는 뜻으로 쓰여, 앗수르가 잘라버림(=파멸)을 당할 것을 묘사했다(사 7:20 참조).

(3) '그가 없어지리라'(아바르, עָבַר) - 여기서는 '소멸하다, 사라지다'라는 뜻이다. 앗수르가 유다에게 끝없는 고통을 주었지만 이제 앗수르는 역사에서 사라질 것이다.

(4) 비록(ו - Though로 번역한다 - KJ), '내가 (전에는) 너를 괴롭혔으나'(עִנִּתִךְ)[3] - 피엘형(강조 능동)에서는 '억지로~시키다, 강제로 복종시키려 하다, 벌하다' 또는 '~에게 고통을 가하다'라는 뜻이다. 물론 특별히 '연단을 위하여' 또는 '훈련으로' 괴롭게하는 것, 또는 낮추시는 것을 의미한다(신 8:2, 3, 16; 왕상 11:39; 시 88:7, 90:15).

5. 이제 하나님은 유다에게 지운 무거운 멍에를 벗기고 건져주실 것이다.

1:13 이제(וְעַתָּה) - 접속사 + 아타(עַתָּה)
'네게 지운'(מֵעָלַיִךְ)[4] 그의 '멍에'(모트, מוֹט)를
내가 **깨뜨리고**(샤바르, שָׁבַר) - 깨뜨려 산산조각 내다
네 결박(모세르, מוֹסֵר)을 '**끊으리라**'(나타크, נָתַק - 피엘 동사로 쓰였다.)

(1) '이제'(아타), 즉 지금 곧장이라는 의미이다. 앗수르의 무서운 멍에로부터 구

1) 아나(עָנָה)의 피엘 동사 완료형 / '괴롭히다, 압제하다, 낮추다' / 피엘 동사로 쓰일 때에는 '강제로 복종시키려 하다'라는 의미이다.

2) 아나(עָנָה)의 피엘 동사 미완료 보통 단수/2인칭 여성 단수.

3) 아나(עָנָה)의 피엘 동사 완료형으로 '괴롭히다, 천하게 하다'라는 뜻이다.

4) מִן עַל / from upon you. עַל은 다양하게 번역되는데, 가장 흔히 '~의 위에' '~에 대해서' '~의 곁에' '~에 관하여' 등등의 뜻으로 쓰인다. 위로부터 괴롭게 압박하는 것을 제거한다는 의미가 있다.

원 받을 날이 임박했음을 알리는 말이다. 여기서 '멍에'라는 말 모트(מוֹט)는 '멍에 막대기'를 말한다. 그 멍에를 '깨뜨려 산산조각 내시겠다'는 말씀이다. '깨뜨리다(샤바르, שָׁבַר)'가 칼 동사로 쓰일 때는 하나님이 동사의 주어인 경우가 많다. 하나님께서 자기 백성을 이방에게 속박된 상태에서 해방시킬 것이라는 의미이다.[1)]

1) 렘 28:2, "내가 바벨론의 왕의 멍에를 꺾었느니라"; 겔 30:21- 바로 왕; 암 1:5 -다메섹; 렘 49:35 -엘람; 사 14:25 -앗수르인들; 렘 28:11 -느부갓네살.

(2) 네 결박(모세르, מוֹסֵר) - 굴레, 속박의 줄을 의미한다.

(3) '끊으리라'(אֲנַתֵּק) -나타크(נָתַק)의 피엘 동사 - '뽑아내다, 뿌리째 뽑다'라는 의미이다. 피엘 동사로 **'반드시'** 뿌리째 뽑아버리겠다는 말이다. 당시 앗수르의 세력이 너무 막강했기에 그들이 망한다는 것은 상상하지도 못했다. 그러나 하나님은 그 일을 반드시 실행하실 것이다. 산헤립의 군대는 2차에 걸쳐 예루살렘을 공격했으나 하나님의 예언과 같이 18만 5천 명이 죽는 참화를 당하고 퇴각했다(사 37:36). 산헤립은 본국으로 돌아갔으나 결국은 그의 아들들의 손에 피살되었다(사 37:38; 왕하 19:37).

6. 이제 하나님은 앗수르 왕을 향하여 그의 왕조가 멸망할 것을 선포하신다.

1:14 (And, וְ) 나 여호와가 네게 대하여 **명령하였나니**(צִוָּה) - 피엘 동사 완료형
네 이름이 다시는 전파되지 않을 것이라
내가 네 신들의 집에서 새긴 우상과 부은 우상을 **멸절하며**
네 무덤을 준비하리니

견고딕은 주동사

중고딕은 종속동사

//이는(이유, כִּי, for)
네가 쓸모 없게 되었음이라

(1) '네게 대하여'(עָלֶיךָ) : 여기서 '네게'는 누구를 가리킬까? 대명사 어미(ךָ-)가 2인칭 남성 단수로 앗수르를 가리킨다. '명령하였다'는 피엘(강조 능동) 동사로 그 뜻이 강조되어 있다. '전파되다'(자라, זָרַע)라는 말은 '씨를 뿌리다'(scater seed, sow)라는 의미이다. 여기서는 니팔(일반 수동)형으로 쓰였는데, 니팔형은 여자가 임신하거나(민 5:28) 아이를 잉태하는 것을 나타낸다. 즉 '후손이 있으리라'라는 말이다. 본문이 부정형이므로(לֹא) '네 이름을 전파해줄 후손이 없으리라'라는 뜻으로 봄이 좋을 것이다. NIV, JB, NEB는 이런 뜻으로 해석했다.[2)] NIV - "You will have no descendants to bear your name."

2) 김희보, 소선지서주해, 나훔, 총신대학교출판부, 214면. 이사야 14:20을 읽어보자.

(2) '멸절하다'라는 말 '카라트'(כָּרַת)는 '잘라(베어)내다, 언약을 자르다(맺다)' 라는 의미이다. 문자적 의미 외에도 '뿌리째 뽑다'(root out), '제거하다'라는 의미가 있다. '새긴 우상'(페셀, פֶּסֶל)은 주로 나무나 돌에 새긴 우상으로 사람의 형상 또는 짐승의 형상으로 되어진 것들이다(출 20:4; 레 26:1; 신 4:16; 삿 7:13, 18:17-18). '부은 우상'(맛세카, מַסֵּכָה)은 금속으로 부어 만든 우상을 말한다(예; 여로보암의 금송아지, 출 32:4; 왕상 14:9). 하나님은 앗수르의 신전에 있는 우상들을 뿌리째 뽑아버리실 것이다.

(3) **"네 무덤을 준비하리니"**

'준비하다'(숨, שׂוּם)라고 번역된 말은 '세우다, 배치하다, 만들다'라는 의미이다. 즉 "내가 네 무덤을 설치하겠다(준비하겠다)"라는 뜻이다. 문장의 흐름을 보아 "내가 네 무덤을 폐허로 만들겠다"로 봄이 좋을 것이다. 하나님은 앗수르 왕조를 멸하고, 왕의 신전에 있는 우상들을 파괴하실 것이다. 뿐만 아니라 왕실 무덤을 더럽히실 것이라고 선언하신다. 그들은 무덤이 훼손당하는 일을 크게 수치스럽게 여겼다. 사람이 죽을 때 제대로 매장된다는 것은 당시 문화권에서 매우 중요한 의미를 가졌기 때문이다. 이렇게 하심으로써 하나님은 앗수르를 향한 강한 경멸감을 드러내신다.

(4) 이렇게 하시는 이유가 무엇이라고 했는가? (이유, כִּי, for)

"네가 쓸모 없게 되었음이라"(=되었기 때문에)[1]

이 구절을 NIV는 '비열하다, 미천하다'(for you are vile)라는 의미로 해석했다. '칼랄'(קָלַל)은 '가볍다, 미천하다, 비루(卑陋)하다'라는 뜻이다. 경멸한다는 의미가 나타나 있다.

1) 개역: "네가 비루함이니라" 칼랄(קָלַל) - 하찮다, 보잘것없다. 가볍다.

(5) 이 예언은 어떻게 성취되었을까?

당시 예루살렘을 공격했던 앗수르 왕 산헤립은 18만 5천 명의 군사를 잃고 니느웨로 철수했다. 거기서 앗수르의 니스록(바벨론의 우상으로 독수리 머리를 한 인간의 형상)의 묘에 경배할 때에 그의 아들 아드람멜렉과 사레셀(사 37:38)에 의해 죽임을 당한다. 그의 아들들은 왕위를 차지하기 위해 아비를 죽였으나 또다른 아들 에살핫돈에 의해 쫓겨 아라랏 땅(아르메니아 땅)으로 도망했고, 에살핫돈(681-669)이 대신하여 왕이 되었다(37절). 이 왕은 바벨론을 중수하여 그곳에 머물렀고, 671년에는 애굽을 정복하기도 했다.[2]

2) 동교재, 열왕기하, 231면.

7. 이제 앗수르는 역사에서 사라질 것이지만 하나님의 백성 유다는 다시 회복의 날을 내다보게 된다. 물론 죄로 인한 형벌을 치룬 후에...

1:15 볼지어다(힌네, הִנֵּה) - **[히브리 성경은 2:1]**
아름다운 소식을 알리고
화평을 전하는 자의 발이 산 위에 (**있도다**)
유다야 네 절기를 **지키고** 네 서원을 **갚을지어다**
//(이유, כִּי, for)
악인[1]이 진멸되었으니(=때문에)
그가 다시는 네 가운데로 통행하지 아니하리로다 하시니라

(1) 힌네(הִנֵּה) - '보라, 자'(look, see!)라는 의미로 주의를 환기시키는 말이다. 상황의 급박성, 즉 '바로 여기'를 강조한다. '자, 산 위를 바라보라!'고 외치신다. 산 위에 아름다운 소식을 전하는 사자가 나타났기 때문이다.

(2) "아름다운 소식을 알리고"(מְבַשֵּׂר) - 바사르(בָּשַׂר - 소식을 가져오다, 전하다)의 피엘 동사 분사형이다. 피엘형(강조 능동)에서는 승리에 대한 좋은 소식을 전하는 것에 사용되었다(사 52:7). 이 예언은 메시야를 바라보는 예언이다. 그리스도는 우리에게 화평을 전하시며 이루신 분이시다(골 1:20; 엡 2:17, 18). 그리스도 자신이 평강(화평)이시기도 하다(사 9:6; 마 5:5; 슥 9:10).

(3) 유다는 앗수르의 포악함으로 절기도 제대로 지키지 못했다. 그러나 앗수르의 패망으로 절기를 지킬 수 있게 될 것이고 서원도 갚을 수 있게 될 것이다(레 22:31, 27:2, 8 참조). 그 이유는 악인이 더 이상 유다를 통행하지 않을 것이기 때문이다. 악인은 진멸될 것이다. 여기서 '악인'(벨리야알)은 11절에 언급된 인물로 하나님의 백성을 파괴하려고 준비하는 앗수르인을 가리킨다.

[1장] : 앗수르는 주변국을 공포로 몰아넣었던 동방의 망나니였다. 하나님은 자신의 백성을 징계하기 위해 몽둥이로 앗수르를 사용했으나 이들은 너무 교만했고 또한 잔인했다. 앗수르의 침공으로 인한 유다는 기를 펴지 못했다. 하나님은 앗수르에 대한 심판을 선언하셨다. 인간의 눈으로 앗수르는 영원할 것 같았으며, 이들이 망한다는 것은 있을 수 없는 일로 보였다. 그러나 하나님은 니느웨의 진멸을 선포하며 유다를 위로하신다. 그 진노를 막을 자가 없다. 이제 2장에서는 그 니느웨가 철저하게 멸망하는 모습을 보여주고 있다.

1) 악인(벨리야알, בְּלִיַּעַל) '무가치'라는 말로 여기서는 '앗수르'를 가리킨다.

나훔서 1장 요약 정리

니느웨에 대한 멸망 선포

Summary

- 나훔서의 기록 목적을 무엇이라고 했는가? (1:1)
- 나훔은 어디 출신인가? (1:1)
- 선지자는 여호와를 어떤 하나님으로 묘사하고 있는가? (2절)
- 하나님은 '질투하는 분'이시다. 이는 어떤 뜻으로 쓰였는가? (2절)
- 하나님은 누구에게 보복하시며, 이 보복은 어떤 차원에서 이해되어야 하는가? (2절)
- 하나님을 진노하시는 분으로 묘사했다. 그렇다면 하나님은 왜 그 동안 앗수르의 악행에 침묵하셨는가? (3절)
- 앗수르가 패망한다는 것은 그 누구도 생각치 못한 일이었다. 그러나 하나님은 앗수르의 죄를 결코 용서치 않으실 것이다. 3절의 표현을 보라. 하나님의 위엄을 어떻게 표현하고 있는가? (3-4절)
- 하나님의 심판의 무서움을 어떻게 표현하고 있는가? (6절)

- 하나님은 대적에게 진노하시지만 자기 백성에게는 어떻게 대하시는가? (7절)
- '진멸'(8절)의 의미는?
- 대적 앗수르의 운명을 어떻게 말하고 있는가? (10절)
- 여호와께 악을 꾀하는 한 사람은 누구를 가리키는가? (11절)
- 앗수르에게 심판을 선포하신 하나님은 유다에게 어떤 위로를 주시는가? (12절)
- 앗수르의 멸망을 어떻게 묘사하고 있는가? (14절)
- 이 멸망 예언은 역사 속에서 어떻게 성취되었는가?
- 앗수르는 멸망할 것이나 유다는 다시 회복의 날을 기대한다. 그 회복의 날은 언제가 될 것인가? 근접 성취와 원접 성취의 시기를 말해 보라.

- 하나님은 악인을 언제까지나 내버려두지 않으신다. 하나님의 속성 때문이다.
- 주변국을 늘 공포로 몰아넣는 국가, 물론 하나님은 늘 그의 포악함을 눈여겨 보신다.
- 앗수르는 죄악 속에 빠진 하나님의 백성을 징계하기 위한 도구라던데... '어이쿠, 정신 차리자."
- 누가 능히 그의 분노 앞에 서며, 누가 능히 그의 진노를 감당하랴(1:6). 우리는 하나님을 너무 가볍게(?) 대하는 것 아냐? 이웃집 아저씨처럼.
- 세상은 하나님이 안 계신 것처럼 행동한다. 그래서 죄를 짓기에 용감하다. '믿는 사람들도 그런다던데, 뭘.'

Nahum 2 장

니느웨에 대한 심판의 묘사

앗수르는 주변국가들의 공포의 대상이었다. 전쟁 중의 잔인함 때문이다. 북이스라엘은 이미 앗수르에 의해 역사에서 사라져버렸다. 남유다도 앗수르의 손에서 비참한 상황을 맞아야 했다. 하나님은 앗수르를 죄악 속에 빠진 하나님의 백성을 징계하기 위한 도구로 사용하기도 하셨지만, 도를 넘는 교만과 잔안함 때문에 마침내 앗수르의 멸망을 선포하셨다.

나훔 선지자는 니느웨의 종말이 임박했음을 말하고, 이는 여호와께 대하여 악을 꾀한 대가라고 말한다(1:9-11). 하나님은 심판을 선포하시지만, 그렇다고 자비가 전혀 없는 분은 아니시다. 여호와 하나님은 노하기를 더디하시며(1:3), 선하시며, 환난 날에 산성이시다(1:7). 즉 여호와는 질투의 하나님이시며 악을 보복하시는 분이기 때문에(1:2) 죄인을 용납하지 않으시는 반면 사랑과 용서를 갖고 계신다.

이제 2장은 니느웨의 멸망이 나훔 선지자의 생생한 환상 속에 나타난다. 적군의 공격을 받아 무너져내리는 니느웨의 모습이 보인다(2:1-7). "니느웨 백성은 사로잡혀갈 것이고 여종들은 비둘기처럼 신음하고 슬픔에 싸여 자기 가슴을 친다"(2:7, 쉬운성경). 화려했던 니느웨는 폐허가 될 것이다. 모든 것은 약탈될 것이다(2:11-13). 이 예언은 어떻게 성취되었을까?

Outline 2

제 1장 하나님의 진노와 심판(1:1-15)
  (1) 하나님의 진노를 막을 자 없다(1-6절)
  (2) 하나님의 공의와 심판은 의인과 악인을 구별한다(7, 8절)
  (3) 하나님이 원수들에 대한 심판과 성도의 구원(9-15절)

제 2장 니느웨의 멸망의 모습(2:1-13)
  (1) 적군들의 공격을 받는 니느웨(1-7절)
  (2) 주민들의 도망과 도성의 공허(8-10절)
  (3) 모든 것이 약탈되리라(11-13절)

제 3장 니느웨의 죄와 그의 피할 수 없는 운명(3:1-19)
  (1) 화 있을진저 피의 성이여(1-7절)
  (2) 너도 노아몬(테베) 같이 되리라(8-11절)
  (3) 영원한 멸망의 노래(12-19절).

by 김희보, 나훔주해

피의 도성 니느웨의 붕괴(2:1-7)

- 니느웨 파멸 선고(1절) - 니느웨 성을 점령하기 위해 '파괴하는 자'가 올라온다.

- 강한 군대가 니느웨를 약탈하며 노략할 것이다(2-3절). - 이는 야곱의 영광을 회복시키시기 위해서이다.

- 니느웨 성은 얼마나 견고했을까? 성 주위에는 폭이 45m나 되는 거대한 해자(垓字 - 적의 공격으로부터 보호하기 위해 성 밖으로 둘러 판 못)가 있었고, 길이가 12.8km 가량 되는 성벽에는 15개의 성문이 있었다고 한다. 그러나 강들의 수문이 열리고 왕궁이 소멸될 것이다(6절).

니느웨의 폐허(2:8-10)

- 막강한 힘을 가졌던 앗수르는 피정복민으로부터 엄청난 보화와 재물을 수탈했다. 그러나 나라가 망하면서 그 부(富)도 함께 사라질 것이다(9-10절).

사자의 굴이 어디 있느냐?(2:11-13)

- 니느웨가 사자처럼 강력하다 할지라도 그러나 니느웨는 흔적도 없이 사라질 것이다. 그래서 조롱조로 수사학적 질문을 던진다. "이제 사자의 굴이 어디 있느냐?"

- 앗수르가 자랑하던 병거는 다 불태워버리실 것이다(13절).

48

피의 도성, 니느웨의 붕괴(2:1-7)

니느웨 성이 아무리 견고하더라도 그 성을 멸망시키려 작정하신 하나님의 선포를 피해갈 수 없다. 니느웨의 함락, 그것은 이스라엘에게 새로운 시대가 열리며 그 영광이 다시 회복됨을 의미한다(2절). 니느웨의 멸망이 너무 확실한 것이기에 나훔 선지자는 예언적 과거형을 써서 그 멸망을 직접 목격한 것처럼 서술하고 있다.

1) 푸쯔(פּוּץ) - '흩어지다, 분산하다, 넘쳐 흐르다'

1. 공격받는 니느웨, 그 성을 점령하기 위해 '파괴하는 자'(메피츠)가 치러 올라왔다. '파괴하는 자'란 누구를 가리킬까?

• '파괴하는 자'는 누구를 가리킬까?

2:1 파괴하는 자(메피츠, מֵפִיץ - 히필형 분사)[1]가
너를 치러(עַל־פָּנַיִךְ) **올라왔나니**
너는 산성을 '**지키며**'(나차르, נָצֹר - 칼 부정사)
길을 '**파수하며**'(צַפֵּה־ - 차파(צָפָה)의 피엘 동사 명령법)
네 허리를 **견고히 묶고**(묶으라! - 피엘 동사 명령법)
네 힘을 크게 **굳게 할지어다**(굳게 하라! - 피엘 동사 명령법)

• '너'는 누구를 가리킬까?

(1) '파괴하는 자'(The one who scatters) - 푸쯔(פּוּץ)가 히필형(사역 능동)에서는 '분산시키다'(사 28:25), (백성을) '흩어버리다'(신 4:27, 28:64)라는 뜻으로 쓰인다. 여기서는 히필형 분사로 '분산시키는 자, 황폐케 하는 자'를 말한다.

(2) 그렇다면 이 인물은 역사상 누구를 가리킬까?
옆의 지도에서 볼 수 있듯이 옛 성읍 바벨론은 이미 나보폴라살에 의해 점령당했다(주전 626년에). 그후 성읍 앗수르는 메대 왕 키악세레스(Cyaxares)가 점령했다(614 B.C.). 그리고 앗수르의 수도 니느웨는 신흥 바벨론과 메대 연합군에 의해 멸망당했다(주전 612년). 앗수르는 최후의 방어책으로 수도를 하란으로 옮긴다. 그러나 나보폴라살은 하란을 점령 1년간을 통치했다. 앗수르 멸망 후 잔류민들이 하란 재탈환전을 벌였으나(609년과 605년 - 이것이 '갈그미스 전투'이다) 결국 역사에서 사라진다.

그렇다면, 여기 '파괴하는 자'는 메대 왕 키악세레스와 바벨론 왕 나보폴라살의 연합군을 가리킬 것이다. 어떤 학자는 이 인물이 히스기야 왕 때 예

from 동교재, 열왕기하, 261면

Close up

애굽의 바로 느고가 쓰러져가는 앗수르를 돕기 위해 출정한다(1차 출정). 이때 요시야 왕이 므깃도에서 그의 출전을 가로막고 나섰다가 죽임을 당한다(609년).

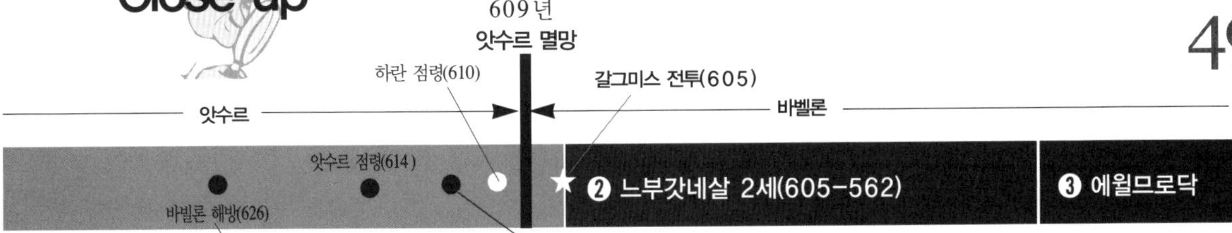

❶ 나보폴라살(626-605 B.C.)

니느웨 점령(612) : 신흥 바벨론과 메대 연합군에 의해 니느웨가 함락됨으로써 앗수르는 멸망한다. 앗수르는 수도를 하란으로 옮긴다. 그러나 나보폴라살은 하란을 점령 1년간을 통치했다. 앗수르 멸망 후 잔류민들이 하란 재탈환전을 벌인다(609년과 605년 - 갈그미스 전투)

[앗수르의 마지막 왕들]

- 산헤립(705-681)
- 에살핫돈(681-669)
- 아슈르바니팔(668-627)

  반란은 여기서부터 꿈틀대고 있었다. 이 왕은 통합된 앗수르와 바벨론을 통치하였다. ← 나훔의 메시지 선포

- 아슈르에텔일라니(627-623)
- 신숨리실(623)

  바벨론에서 몇 달간 통치

- 신사르이스쿤(623-612)

  앗수르에서 권력을 잡았고 남부에서도 '신숨리실'을 승계하려 했으나 갈대아인 ❶ **나보폴라살**에 의해서 저지당해 실패한다. 나보폴라살은 바벨론의 군대를 통솔하고 있던 앗수르의 장군인 신사르이스쿤에 의해 3년 일찍 시랜드(Sealand, 해변가 왕조, 습지가 많은 페르시아만 일대)의 관리로 임명받았다. 나보폴라살은 신사르이스쿤에 반기를 들고 이들과 접전해 승리를 거둔다. 그는 626년 11월 23일, 공식적으로 바벨론 왕으로 등극한다.

- 아슈르우발릿 2세(612-609)

  앗수르의 마지막 왕이다. 애굽에게 구원을 요청했다.

앗수르 제국의 최후 항전(抗戰)

바벨론군과 그 연합군이 하란 점령(B.C. 610)

❖바벨론군과 메대 연합군이 **니느웨** 점령(612 B.C.)

❖메대 왕 키악세레스가 앗수르 정복(614 B.C.)

❖ 수도 바벨론은 이미 나보폴라살에 의해 해방됨(626 B.C.)

앗수르의 마지막 왕, 아슈르우발릿 2세

앗수르의 수도 니느웨는 바벨론과 메대 연합군에 의해 점령당했다. 수도 앗수르는 메대가 이미 약탈한 후에 나보폴라살에 의해 함락당했다(614 B.C.). 그리고 후에 나보폴라살은 메대 왕 키악사레스와 동맹을 맺는다(양가 사이에 결혼관계로). 그리고 612년 메대와 연합하여 니느웨를 점령한다.

급해진 앗수르의 마지막 왕은 그들의 정부를 하란으로 이주시킨다. 그러나 나보폴라살은 하란을 점령 1년간을 통치했으며, 609년에는 하란을 재탈환하려고 시도하는 앗수르와 애굽 동맹군을 격퇴했다. 그러나 나보폴라살은 북쪽 국경지대를 잠재우기 위해 우라라트를 상대해야 했다. 유일하게 남은 앗수르의 요새 갈그미스는 나보폴라살의 아들이자 군대장관인 느부갓네살에 의해 점령된다. 이제 앗수르는 역사에서 사라졌다.

쓰러져가는 앗수르를 도우려 애굽의 느고가 출정한다

애굽의 바로 느고는 옛날에는 비록 원수지간이었지만 쓰러져가는 앗수르를 도우려 두 번에 걸쳐(첫번째는 609년, 두번째는 605년 갈그미스 전투) 출정한다(=아슈르우발릿 2세의 간곡한 청원으로). 새로운 강국 바벨론의 등장을 원치 않았기 때문이다. 예레미야는 그때의 일을 이렇게 예언한다. 예레미야 47장을 읽어보라.

- 렘 47:1 "바로가 가사를 치기 전에 블레셋 사람에 대하여 선지자 예레미야에게 임한 여호와의 말씀이라."

루살렘을 공격했던 앗수르 왕 산헤립이라고 보기도 한다.

(3) 너를 치러(עַל־פָּנַיִךְ) - 여기서 너는 '니느웨'를 가리킨다.1)

(4) '파수하며, 견고히 묶고, 굳게 할지어다'라는 말은 피엘(강조 능동형) 동사 명령법이다. 이 명령을 받는 자들이 앗수르라면, 역설적이요 조롱적인 말로 이해해야 할 것이다. 결국은 성을 굳게 지킬 수 없을 것이라는 말이다. 아무리 견고하게 성을 지킨다 해도 하나님은 그 성을 멸망시키겠다고 선언하셨다(나 1:15).

2. 야곱과 이스라엘, 즉 하나님의 백성은 다시 회복될 것이고, 회복된 영광의 자리로 나아가게 될 것이다. 이 일이 언제 이루어질 것인가?

2:2 //이는(for, כִּי) - 계속적인 이유를 설명
여호와께서 야곱의 영광(가온, גְּאוֹן)을 '회복하시되'(슈브, שׁוּב)
이스라엘의 영광(가온, גְּאוֹן) 같게 하시나니

//이는(for, כִּי) - 계속적인 이유를 설명한다
약탈자들이 '약탈하였고'(바카크, בָּקַק -무성하다, 비우다, 공허하게 하다. 칼 동사)
또 그들의 포도나무 가지를 '없이 하였음이라'(שָׁחַת -파괴하다, 멸망시키다)

(2) 2절은 1절, 즉 파괴하는 자가 앗수르를 치러 올라오는 그 이유를 설명한다. 앗수르를 치러 올라오는 이유는 첫째로, 야곱의 영광을 회복시키기 위함이다. 여기서 야곱과 이스라엘은 백성 전체를 지칭하는 유사어이다. '가온'(גְּאוֹן)은 '뛰어남, 높임, 위엄'이라는 의미이다. '회복하다'(슈브, שׁוּב)는 '(되)돌아오다, 선회하다'라는 의미로 여기서는 완료형으로 썼다(예언적 과거형). NIV는 미래형으로 번역했다. "The LORD **will** restore…"

(3) 계속적인 이유를 보자(이는, for, כִּי). '약탈하는 자'(분사형)와 '약탈하였고'라는 말은 같은 단어이다. 칼 동사는 '공허하게 하다, 황폐시키다'라는 의미이다. 그러니까 앗수르를 치는 이유는 앗수르가 이스라엘과 유다를 약탈했기 때문이라는 것이다. 또 포도나무 가지를 망쳐놓았기 때문이다. '없이 하였다'라는 말은 '솨하트'(שָׁחַת) 동사의 피엘(강조 능동) 완료형이다. 포도밭을 *완전히* 황폐시켜버린 잔인성을 강조하고 있다.

1) פָּנַיִךְ(thy face, 2인칭 여성, 단수) - 어미가 여성형이다(ךְ-). '성'(城)이란 말(עִיר) 이 여성형이다. 그러므로 여기서 '너'는 니느웨 성을 가리킨다. '앗수르'를 가리킬 때는 남성형이다.

3. 앗수르를 파괴시키려 오는 자의 병거는 어떠했을까?

2:3 그의 용사들의 방패(마겐, מָגֵן)는 **붉고**
그의 무사들의 옷도 '**붉으며**'(아담, אָדָם)
그 항오를 벌이는 날에 병거의 쇠가 **번쩍이고**
노송나무(베로쉬, בְּרוֹשׁ) 창이 **요동하는도다**

(1) '그'의 용사들 : 여기서 '그'는 누구를 가리키는가? '그'는 1절에 언급된 '파괴하는 자'를 가리킨다. 메대와 바벨론의 연합군을 지휘했던 키악세레스(Cyaxares)일 것이다. 앗수르 왕 아슈르바니팔(668-627)의 말년은 모든 반란 국가들을 무자비하게 평정한 후였기에 대체로 조용했다. 따라서 큰 도서관을 짓는 등 괄목할 만한 사업을 벌였다. 그러나 그가 죽자 앗수르는 크게 흔들리기 시작했다. 따라서 앗수르는 바벨론의 공격을 받는다. 메대(메디아)도 바벨론과 연합하여 앗수르를 공격했다. 결국 주전 612년에 앗수르의 수도 니느웨가 점령당했다. 당시 유다 왕은 요시야(640-609년)였는데, 그는 말년에 앗수르의 멸망(주전 612년)을 지켜볼 수 있었다.[1)]

(2) 그런데 이들 메대와 바벨론의 방패가 붉은 색이었다. 이는 고고학적으로도 확인된 것이라고 한다. 그들은 용감한 사람임을 나타내기 위해 붉은 방패를 사용했던 것 같다. 무사들의 옷도 붉었다고 했다. 그들의 용모에 두려움을 자아내게 하려고 붉은 색을 사용했을 것이다(겔 23:14, "그가 음행을 더하였음은 **붉은 색으로 벽에 그린 사람의 형상** 곧 갈대아 사람의 형상을 보았음이니").

(3) "그 항오(行伍)를 벌이는 날에"(בְּיוֹם הֲכִינוֹ①) - ① '쿤'(כּוּן)의 히필(강조 수동형) 부정사로 '견고히 하다, 안정하다, 확립하다, 채비가 되어 있다'라는 뜻이다. "항오를 벌이는 날에" - 병거가 무리지어 올 때에(표준새번역), '병거의 쇠'(=철갑)가 '번쩍인다'(에쉬, אֵשׁ - 불, fire).

(4) "노송나무 (창)"(베로쉬, בְּרוֹשׁ) - 사이프러스 나무, 전나무, 향나무. '창'이라는 말은 원문에 없다. '요동하다'(라알, רָעַל) - '무섭게 흔들릴 것이다'(shall be terribly shaken -KJ). 무사들의 거치른 공격 때문에 병거의 철이 햇빛을 받아 번쩍거렸다는 표현일 것이다.

4. 계속되는 4절에서 병거가 니느웨 거리를 무섭게 질주하는 모습을 그리고 있다.

1) 요시야 왕 말년, 사람들은 앗수르의 멸망을 지켜볼 수 있었다. 그렇다면 서쪽 지역(팔레스타인 및 수리아)에 평화가 찾아왔을까? 그러나 그것은 오산이었다. 역사가 늘 그래왔듯이 강대한 제국이 무너졌을 때, 그 공백에는 또다른 세력들의 각축장이 되었기 때문이다. 앗수르가 빠진 이 서쪽 지역의 실력자는 이제 애굽과 바벨론이었다. 애굽은 팔레스타인 및 수리아 지역에 대한 주도권을 차지하려고 마지막 쓰러져가는 앗수르와 동맹을 맺었다. 애굽은 새로 일어서려는 바벨론의 융성을 달가워하지 않았기 때문이다.

앗수르의 서북부 도성인 하란은 이미 바벨론에 의해 점령당했다. 그러나 앗수르는 다시 대오를 정비하여 하란을 재탈환하려 안간힘을 쓰고 있었다. 애굽의 바로 느고 2세(Neco II, 610-594)는 앗수르의 마지막 왕 아슈르우발릿 2세의 간곡한 청원으로, 쓰러져가는 앗수르를 도우려(옛날에는 비록 원수지간이었지만) 대군을 이끌고 유프라테스 강변의 갈그미스(Carchemish)로 진격했다. 느고(Necho)는 신흥 세력인 바벨론을 꺾어야겠다고 생각했기 때문이다.

당시 요시야 왕은 앗수르를 도우러 가는 애굽의 느고(Necho)를 가로막으러 출전했다가 전사한다.
<동교재, 왕하 259면에서 설명을 가져옴)

2:4 그 병거는 **미친 듯이**(하랄, הָלַל) 거리를 **달리며**
대로에서 **이리저리 빨리 달리니**
그 모양이 **횃불 같고 빠르기가(=더라)** 번개 같도다

(1) '거리'(후쯔, חוּץ) - '외부, 바깥쪽'이라는 의미로, '집밖'(outside), 또는 길거리'를 말한다. 니느웨 성읍으로 진입하는 길과 시내 거리를 말함일 것이다. 그 거리를 미친 듯이 병거가 달리고 있다. 니느웨 거리를 질주하는 것이 마치 미친 자와 같은 모양이다.

(2) '이리저리 빨리 달리니'- 솨카크(שָׁקַק- 돌아다니다, 돌진하다)의 히트피엘(재귀형 강조) 동사 미완료형으로 그 뜻이 강조되었다. '맹렬히 돌진하는' 모습을 보여주고 있다. '대로'(레호브, רְחוֹב)는 넓은 광장을 말한다. 그 광장을 이리저리 달리는 모양이 횃불 같고 달리는 모습이 번개 같다고 했다. '빠르다'(루쯔, רוּץ)는 문법적으로 폴렐형 동사로 매우 강조된 형태이다. 그 빠르기가 번개와 같다는 표현으로, 공포의 거리를 잘 묘사하고 있다.

5. 이런 엄청난 공격 앞에 앗수르 왕의 모습은 어떠할까?

2:5 그가(누구?)[1] 그의 존귀한 자들(앗디르, אַדִּיר)을 **생각해 내니**
그들이 **'엎드러질 듯이'** 달려서
급히 성에 **이르러** 막을 것을 **준비하도다**

(1) 여기서 '그'는 누구를 가리킬까? 내용의 흐름을 보아서는 앗수르 왕을 가리키는 것 같다. 그의 '존귀한 자들'은 누구인가? '앗디르'는 '위대한, 위엄 있는, 장엄한'이라는 뜻이다. 이 단어는 '용사'(삿 5:13), '통치자'(렘 30:21), 또는 '권능 있는 자'(사 10:34) 등 다양하게 번역되었다. 표준새번역은 '정예부대'로 번역했다. 아마 군대의 지휘관을 말하는 것 같다. 니느웨 성이 공격을 당하자 왕은 지휘관들을 불러 성벽을 방어하고 막을 것을 준비했을 것이다.

(2) 니느웨 성은 얼마나 견고했을까? 성 주위에는 폭이 45m나 되는 거대한 해자(垓字 - 적의 공격으로부터 보호하기 위해 성 밖으로 둘러 판 못)가 있었고, 길이가 12.8km 가량 되는 성벽에는 15개의 성문이 있었다고 한다.[2] '막을 것'(사카크, סֹכֵךְ) 이라는 말은 '막다(block), 덮다(cover)'라는 뜻이지만, 일부 학자들은 가죽으로 만든 방패로 보기도 한다. 성벽 위에 세워 적군으로부터 날아오는 돌이나 화살을 막는 데 사용되었다.

1) '그'를 앗수르의 왕으로 보는 사람도 있지만 이와 반대로 메대와 바벨론의 공격자라고 보기도 한다. 그렇다면, 바벨론 왕(1절에서 '파괴하는 자')이 지휘관들을 소집하여 급히 니느웨 성으로 보내어 공격을 위한 방어 장치를 하라는 뜻이 될 것이다. <김희보, 구약 나훔주해>

2) NIV 각주

(3) 앗수르의 수도 니느웨는 성 주변에 운하를 팠다. 그러나 니느웨가 공격받았을 때 소용이 없게 될 것이다.

산헤립은 수도를 니느웨로 옮기면서 도시 외곽의 고스르 강의 물을 막아두는 뚝을 설치하고 그곳을 저수지로 삼았다. 학자들의 보고에 의하면, 니느웨에서 조금 떨어진 곳에 설치된－두 개의 두꺼운 강상(江上) 성벽이 딸린－웅장한 이중 뚝이 니느웨 시의 강물 유량을 조절했다고 한다.[1)]

2:6 강들의 수문이 **열리고**(파타흐, פָּתַח) - 니팔(일반 수동형) 동사 완료형이다
왕궁이 **소멸되며**(무그, מוּג) - 녹다, 녹아버리다 / 니팔 완료형

(4) 그러나 메대와 신바벨론의 연합군은 주전 612년 여름, 수도 니느웨를 공격 함락시켰다. 그렇게도 강성했던 앗수르 대제국도 연합군에 의해 무너져내렸다. 그후 잔존 부대를 이끌고 북방의 하란으로 옮겨 이곳을 거점으로 제국의 재흥을 꾀하려 했으나 최후의 왕 아슈르우발릳 2세(주전 612-609년)의 이런 노력도 수포로 돌아갔다. 주전 609년의 일이다. 이후 제국은 바벨론(=갈대아), 메대, 리디아, 이집트 4강 구도로 재편된다.

1) 두란노 BKC 강해, 아모스~나훔, 232, 254면.

디오도투스의 기록에 의하면 포위 3년째 되던 해에 폭우가 내려 인근의 강이 범람하여 도시 일부가 잠기고 성벽 일부가 유실되었다고 한다. 크세노폰은 도시가 포위되었을 당시 엄청난 천둥(폭우를 동반 했을)이 있었다고 기록하고 있다. 또한 고스르 강도 폭우로 범람했거나 피괴되었을 가능성도 있다.

6. 한 나라가 망한다는 것은 비극이다. 앗수르(니느웨)도 마찬가지였다. 어떤 일들이 일어날 것인가?

2:7 **정한 대로** 왕후가 **벌거벗은(었으며)** 몸으로 **끌려가니**
그 모든 시녀들이 가슴을 **치며**
비둘기 같이 **슬피 우는도다**

(1) "정한 대로"(And Huzzab, וְהֻצַּב) : Huzzab(הֻצַּב)을 당시 앗수르의 왕후의 이름으로 보는 사람도 있다. KJ가 이렇게 번역했다. "And **Huzzab** shall be led away captive." 그러나 나짜브(נָצַב)의 호팔(사역 수동) 동사 완료형으로 본다. '나짜브'는 '서다, 똑바로 서다, 세우다, 설립하다, 고정하다'라는 의미이다. 그래서 NASB는 "And it is fixed:"('그것이 견고히 세워졌다')라고 했다. 그렇다면, 니느웨의 멸망은 결정적으로 선포되었다는 말일 것이다.

2) '벌가벗기다'(수치스런 뜻에서), 함축적으로는 (보통 옷이 '벗겨진' 포로들을) '끌고가다'라는 의미이다.

(2) "(왕후가) 벌거벗은 몸으로"(גֻּלְּתָה) - '갈라'(גָּלָה)[2)]의 푸알(강조 수동형) 완료이다. KJ는 벌거벗은 몸으로의 주어를 Huzzab(הֻצַּב)으로 보고(왕후의 이

름?) 그대로 번역했다. 그러나 NIV는 도성(the city)으로 보았다. "It is decreed that **the city** be exiled and carried away." 그러니까 도성을 의인화시켜 니느웨가 끌려가는 것으로 번역했다.

니느웨의 폐허(2:8–10)

1. 니느웨는 옛적부터 어떠한 곳이었다고 했는가?

8 (וְ, thought, And, But)[1] (=같을지라도 그러나)
니느웨는 예로부터 물이 모인 못 같더니
이제(וְהֵמָּה)[1] 모두 **도망하니** 서라 서라 (**하나**)
돌아보는 자가 **없도다**

1) waw(וְ) Though(비록 ~같을지라도)
이제(וְהֵמָּה) yet [they shall flee away]

두 개의 접속사(וְ)는 서로 연결되는 것으로 '~을지라도 ~, 그러나'로 번역한다.

(1) '예로부터'(מִימֵי) - '욤'(יוֹם)의 남성 복수 연계형이다.
'throughout her days' - NASB
[표준새번역]은 "생길 때부터"라고 번역했다.

(2) "물이 모인 못 같더니"(כִבְרֵכַת־מַיִם - was like a pool of water)
이 말이 비유적으로 쓰인 것인지, 아니면 많은 물질과 보화가 풍부하다는 뜻인지, 아니면 두 가지 뜻을 모두 말한 것인지 확실치 않다. 못(베레카, בְּרֵכָה)은 저수지를 말한다. 니느웨를 베레카에 비유했는데, 물은 윤택함과 풍요를 상징한다(사 49:10; 렘 31:9; 겔 34:26). 어쨌든 니느웨의 풍요함을 보여준다. [표준새번역]은 "물이 가득 찬 연못처럼 주민이 가득하였으나"라고 번역했다.

(3) 그러나 이제(וְהֵמָּה) - "비록~하였으나" "그러나 이제"라는 의미이다.
'헤마'(הֵמָּה)는 문법적으로 연장형(어미, ה ָ)으로 그 뜻을 강조할 때 사용한다. 그래서 '모두'라고 번역했을 것이다. '도망하니'(누스, נוּס)라는 말은 어떤 것이나 어떤 사람으로부터 급속히 멀어져 가는 것을 나타낸다. 실제적 위험이나 위협으로부터 도피를 의미하며(신 34:7; 삿 6:11), 기본적인 개념은 군사적인 것이다(레 26:36). 본문에서는 분사형으로 도망하는 모습의 생생함을 보여주고 있다.

(4) "서라 서라 (**하나**) 돌아보는 자가 **없도다**" - '서라(עִמְדוּ- 칼 동사 명령법), 서라' 하는 자가 누구인지 확실치 않다. 군대의 지휘관이거나 침략해 오는

적군인지도 모른다. '돌아보는 자'(파나, פָּנָה의 히필 동사 분사형)는 히필형으로 그 뜻이 강조되어 있다. 이 단어의 뜻은 '어떤 방향을 향하여 바꾸다'(신 2:3)라는 말이다.

2. 막강한 힘을 가졌던 앗수르는 피정복민으로부터 엄청난 보화와 재물을 수탈했다. 그러나 나라가 망하면서 그 부(富)도 함께 사라질 것이다.

2:9 은을 **노략하라**(칼동사 명령법)
금을 **노략하라**(칼동사 명령법)
그 저축한 것이 **무한하고**
아름다운 기구가 **풍부함이니라**

(1) 앗수르인의 무자비함과 잔학성은 당시 오리엔트 세계의 공포의 대상이었다. 특히 산헤립의 성읍(바벨론) 파괴는 철저했다. 도시 전체를 파괴하는 잔악함을 보였다. 앗수르 역사상 가장 현명한 왕이라고 일컫는 아슈르바니팔도 예외는 아니었다. 그는 바벨론을 통치하고 있던 왕인 형, 샤마쉬 슘 우킨이 자살한 뒤 그의 궁전을 약탈하고 살아남은 반란의 지도자들을 그들의 몸을 여러 동강으로 잘라 개, 돼지, 이리, 하늘의 새, 물속의 물고기에게 던져주었다고 전해진다.

(2) 살만에셀 3세(860-824), 아닷-니라리(805-782), 디글랏빌레셀 3세(745-727), 사르곤 3세(722-705), 산헤립(704-681), 에살핫돈(681-669) 등 수많은 왕들이 무수한 재물과 보화를 약탈해 갔다. 무력에 의한 정복 과정에서 엄청난 부가 앗수르 및 그의 왕실로 흘러 들어갔다. 그래서 니느웨의 은금 보유량은 그야말로 무한대의 수준이었다.

(3) 앗수르가 망하면서 이제는 상황이 거꾸로 되었다. 선지자는 승전하는 침입자에게 전리품을 수확하라고 촉구하고 있다. '노략질하다'(바자즈, בָּזַז) - 본문에서는 명령문으로 되어 있다. 이제는 반대로 앗수르가 늑탈당하게 되었다.

3. 니느웨 멸망의 처량함이 다음과 같이 표현되었다.

10 니느웨가 **공허하였고(בּוּקָה וּמְבוּקָה)**[1] - '공허하였고, 또 공허하였다'
황폐하였도다

1) 원문에는 '공허하였고, 또 공허하였다'라고 되어 있다. 두 번째 '공허하였다'는 번역이 생략되었다.

주민이 **낙담하여**
그 무릎이 **서로 부딪히며**
모든 허리가 아프게 (**되며**)
모든 낯이 빛을 **잃도다**

(1) 부카(בּוּקָה - 공허하였고), 그리고 + 메부카(מְבוּקָה) - '공허, 텅빈'이라는 뜻이다. '공허하였고, 또 공허하였다'는 말이다. '또 황무하였도다'[וּמְבֻלָּקָה (발라크, בָּלַק)의 푸알(강조 수동) 동사 분사형이다. '발라크'는 '황폐하게 하다, 헛되게 하다'는 뜻이다. 이사야 24:1과 나훔 2:10에서만 나온다. 그러므로, 본문의 뜻은 "니느웨[1]는 공허하였고, 또 공허하였고, 또 황무하였도다"라는 의미이다. 멸망당할 니느웨의 공허함을 극적으로 표현하고 있다.

1) בּוּקָה 여성 단수 - '공허' 여성 단수로 여기서는 니느웨를 가리킨다.

(2) 여기 '주민'이라고 번역된 말은 원문으로는 '레브'(לֵב - 마음, 의지, 속사람)라는 말이다. 주민 한 사람, 한 사람의 마음이 낙담했다는 의미로 '레브'를 사용한 것 같다. '낙담하다'라는 말 '마싸스'(מָסַס)는 '용해하다, 분해(해체)되다, 녹다, 약해지다'라는 의미로 니팔(일반 수동)형에서는 '녹다'라는 의미로 쓰인다. 용기나 힘을 잃고 약해지거나 무서워하는 것을 나타낸다(수 2:11*, 5:1).

• 수 2:11 "우리가 듣자 곧 **마음이 녹았고** 너희로 말미암아 사람이 정신을 잃었나니 너희의 하나님 여호와는 위로는 하늘에서도 아래로는 땅에서도 하나님이시니라."

(3) 무릎이 '서로 부딪치다'(피크, פִּיק) - '비틀거림(tottering), 휘청거림'이라는 뜻으로 구약성경에서는 여기서 단 한 번만 나온다. 허리가 '아프다'(할랄라, חַלְחָלָה)라는 말은 '훌'(חוּל - 괴로워하다)에서 유래했으며, '몸부림침, 괴로움, 고민, 공포'를 말한다.

이제, 사자의 굴이 어디냐? (2:11–13)

1. 나훔 선지자는 조롱섞인 물음으로 더 이상 니느웨는 존재하지 못할 것이라고 선포한다.

2:11 이제 사자(אֲרִי)의 굴(마온, מְעוֹן)이 **어디냐**
'젊은 사자'(케피르, כְּפִיר)가 먹을 곳이 **어디냐**
전에는 수사자 암사자가 그 새끼 사자와 함께 거기서 **다니되**[2)]
그것들을 두렵게 할 자가 없었으며

2) '전에는 다니되'(הָלַךְ-칼 동사 완료형) - 여기서 과거형은 예언적 과거형이다. 선지자가 미래에 일어날 일이지만 하나님의 말씀은 확실하게 이루어질 것이므로 과거형으로 썼다.

(1) '이제 -어디냐'(아이예, אַיֵּה) - 의문부사로 '어디에'(where)를 의미한다. 사자는 죽어도 살던 굴이 남아 있다. 그러나 니느웨는 그 흔적조차도 없이 사라질 것이라는 말이다. 그래서 조롱조로 수사학적 질문을 던진다. 여기서 '사자의 굴' 은 앗수르를 비유한다. '사자'라는 말 '아리'(אֲרִי)는 '젊은 사자'를 말한다.

(2) 수사자(아리, אֲרִי)가 암사자(라비, לָבִיא)와 그 새끼(구르, גּוּר) 사자들을 위해 먹이를 사냥하러 다녔지만 그것들을 두렵게 할 자가 없었다. '두렵게 하다'는 말(하라드, חָרַד)은 여기서 히필형(사역 능동)으로 쓰여 그 뜻이 강조되어 있다.

2:12 수사자가 그 새끼를 위하여 먹이를 충분히 **찢고**(분사)
그의 암사자들을 위하여 **움켜**(피엘 동사 분사형)
사냥한 것으로 그 굴을 **채웠고**
찢은 것으로 그 구멍을 (**채웠었도다**)

(3) 앗수르는 사자와 같이 주변 국가들을 잔인함으로 억눌렀다. 사자들은 잡아온 사냥감으로 굴을 가득 채우고 갈기갈기 찢은 고기로 사자굴을 가득 채웠다. 수사자가 그 새끼들을 위하여 먹이를 갈기갈기 찢는다. '찢고'라는 말은 분사형으로 움킨 것을 찢는 잔인한 모습을 나타내고 있다. '움켜'(하나크, חָנַק)라는 말도 피엘 분사형으로 그 잔인성을 생생하게 묘사하고 있다.[1] 앗수르의 왕들이 행한 악행들이 마치 수사자가 행한 것과 같았다는 것이다. 사자가 사냥한 것으로 굴을 채우는 것처럼 앗수르의 왕들이 많은 나라들로부터 수탈해 온 노획물을 궁중에 쌓아 두었다.

1) '교살하다' 이 단어가 피엘형으로 쓰일 때는 '목졸라 질식시키다, 교살하다'를 의미한다.

2. 그러나 이제 니느웨는 역사에서 영원히 사라질 것이다.

2:13 만군의 여호와의 **말씀에(=하시기를)**
/(보라!, הִנְנִי) 내가 '네 대적이 되어'(אֵלַיִךְ)
네 병거들을 불살라 연기가 되게 하고
네 젊은 사자들을 칼로 멸할 것이며
내가 또 네 노략한 것을 땅에서 끊으리니
네 파견자의 목소리가 다시는 들리지 아니하리라 하셨느니라

(1) '보라!'라는 말이 본문 앞에 나와 있다. 큰 심판을 선포하시려고 주목하라고

말씀하신다. 하나님은 니느웨를 향해 적의(敵意)를 드러내신다. '네 대적이 되어'(אֵלַיִךְ)에서 '엘'(אֶל)은 '~에 대하여'(against)를 의미한다. 어떤 사물이나 사람을 향한 움직임을 말한다. 앗수르는 지금 하나님의 대적이 되었다. 하나님은 그를 향한 분노를 드러내신다.

(2) "만군의 하나님"(야훼 쯔바오트, יְהוָה צְבָאוֹת) - '만군'(쩨바아, צְבָאָה)이라는 말은 '군대, 전쟁, 천군'이라는 말이다. 특히 전쟁을 위해서 조직된 무리(군대, hosts)를 가리킨다. 이 성호(聖號)는 '전쟁의 하나님'으로서의 명칭이다. 이 이름은 여호와가 이스라엘의 군대의 진정한 우두머리임을 확증해 준다. 원수의 손에서 자기 백성을 구원해 내시려는 '언약의 하나님'이시다.

(3) 이 언약의 하나님께서 앗수르가 자랑하던 병거(레케브, רֶכֶב)를 다 불태워버리실 것이다. '불살라'라는 말은 히필 동사 완료형으로 하나님의 주권적인 뜻이 강조되어 있다. 하나님은 니느웨의 "젊은 사자들"을 멸하실 것이다. 그들이 노략한 물건들은 파괴시키실 것이다. '끊으리니'는 히필 동사로 하나님의 주권적인 역사가 있을 것을 보여준다. 또 그들이 보낸 파견자(말아크, מַלְאָךְ - 대사, 사자, 전령), 즉 사신들의 목소리가 다시는(오드, עוֹד) 들리지 않을 것이다. 그들이 보낸 사신들은 항복을 요구하거나 공물을 수탈하기 위해 보낸 자들이다(왕하 18:17-25 참조).

▶ 나훔서 2장에서는
니느웨의 멸망에 대한 예언이
생생하게 드러나 있다.
공격을 받는 니느웨
주민들의 도망과 도성의 공허함
세상을 놀라게 했던 앗수르의 위용은
여호와의 진노 앞에 무너져내릴 것이다.

▶ 요나서에서는 요나 선지자가 하나님의 자비를 드러냈다.
그러나 나훔서에서는 세상의 모든 죄인들에 대한 하나님의 심판을 알렸다.
요나서 3:10은 하나님의 자비와 용서에 초점을 두었으나,
나훔서 3:1-8은 모든 사악함에 대한 하나님의 법적인 진노를 드러낸다. 피의 도성 니느웨, 그들은 자신들의 죄 때문에 합당한 벌을 받게 될 것이다.

나훔서 2장 요약 정리

니느웨의 멸망의 모습

- 파괴하는 자가 너(=앗수르)를 치러왔다고 했다. '파괴하는 자'란 누구를 가리키는가?
- 니느웨는 몇 년에 누구의 손에 의해 멸망 당했는가?
- 앗수르가 최후를 맞는 과정을 지도를 보고(49페이지) 설명해 보라.
- 앗수르가 멸망할 때 남유다를 통치하고 있던 왕은 누구인가? 그는 어떻게 하다 전사하게 되었는가?
- '파괴하는 자'가 앗수르를 치러 올라오는 이유를 무엇이라고 했는가? (2절)
- 앗수르를 파괴하러 오는 자들의 병거와 옷이 어떤 색깔인가? (3절)
- 병거가 니느웨 성읍을 질주하는 모습을 어떻게 표현하고 있는가? (4절)
- 이런 맹렬한 공격 앞에 앗수르 왕은 어떤 모습을 보이는가? (5절)
- 니느웨 성은 얼마나 견고했을까?
- 앗수르의 수도 니느웨는 성벽 주변에 운하를 팠다. 그러나 이런 방어체계도 아무 소용이 없게 되었다. 그 이유가 무엇인가? (6절 참조)
- 니느웨가 망할 때 왕후와 여인들의 모습을 어떻게 묘사하고 있는가? (7절)
- 니느웨는 예로부터 어떠한 곳이었다고 했는가? (8절)
- 앗수르는 피정복민으로부터 엄청난 보화와 재물을 수탈했다. 모든 나라가 조공도 바쳐야 했다. 앗수르의 부와 사치가 얼마나 컸었을까? 그러나 이제는 적국에게 패배함으로써 그 반대 입장에 서게 될 것이다. 9절의 표현을 읽고 설명해 보라.
- 니느웨가 당하는 멸망의 처량함을 어떻게 표현하고 있는가? (10절)
- "이제 사자의 굴이 어디냐?"라는 수사학적 질문을 하게 된 배경은 무엇인가? (11-13절)

Summary

- 강대국이 영원한 강대국이 될 수 없었음을 우리는 역사를 통해서 잘 알고 있다. 강대한 제국 앗수르가 하나님의 심판을 받아야 했던 주요 이유는 무엇일까?
- 당시 강대국 앗수르의 운명도 하나님의 전능하신 주권 속에 있었다. 그러나 자신들이 망할 때까지는 그런 사실을 잘 알지 못한다.
- 강력한 무기인 병거도 하나님 앞에 연기처럼 사라진다. 그들의 교만과 죄악과 우상 때문에.

Nahum 3장

교만한 자를 낮추시는 하나님

나훔 선지자는 니느웨의 파멸을 선고하고 있다. 이제 거꾸로 강한 군대가 니느웨를 강탈하며 노략할 것이다. 2장에서는 그 정당성을 언급하고 있다. 아무리 앗수르가 사자처럼 강하다 할지라도 도성은 철저하게 파괴될 것이다. 3장에서도 니느웨를 향하여 재앙을 선포한다. 앗수르는 자신들의 힘으로 온 세상을 지배하고 있다고 착각했다. 하나님은 이제 그런 교만함과 망상을 깨뜨려버리실 것이다. 나훔 선지자는 거짓과 포악이 가득한 니느웨의 악랄함을 표현하여 '피의 성'(עִיר דָּמִים)이라고 불렀다.

나훔 선지자가 메시지를 선포할 즈음 앗수르는 애굽까지 지배하는 최고의 국력을 자랑했다. 그들의 통치는 언제까지나 계속될 수 있다고 생각했다. 그러나 하나님은 철저하게 그들을 응징할 것이며 온 세상의 구경거리가 되게 하실 것이다. "네가 어찌 노아몬(테베)보다 낫겠느냐?"(8절) 그 누구도 테베가 공격 당하여 망한다는 것은 생각조차 하지 않았다. 그만큼 난공불락의 도시였기 때문이다. 그러나 그 성읍도 앗수르의 공격 앞에 무너졌다. 니느웨 성읍 역시 군사적으로 잘 방어 체계를 갖추었지만 어찌 노아몬보다 낫겠느냐는 것이다. 아무리 강력한 군사력을 갖춘 앗수르라도 하나님의 심판 앞에 당당히 설 수 없다. 결국 니느웨는 뿌리째 뽑힐 것이다. 앗수르의 "모든 산성들이 무화과나무의 처음 익은 열매가 흔들기만 하면 먹는 자의 입에 떨어짐과 같을 것이라"고 했다.

Outline 3

제 1장 하나님의 진노와 심판(1:1-15)
- (1) 하나님의 진노를 막을 자 없다(1-6절)
- (2) 하나님의 공의와 심판은 의인과 악인을 구별한다(7, 8절)
- (3) 하나님이 원수들에 대한 심판과 성도의 구원(9-15절)

제 2장 니느웨의 멸망의 모습(2:1-13)
- (1) 적군들의 공격을 받는 니느웨(1-7절)
- (2) 주민들의 도망과 도성의 공허(8-10절)
- (3) 모든 것이 약탈되리라(11-13절)

제 3장 니느웨의 죄와 그의 피할 수 없는 운명(3:1-19)
- **(1) 화 있을진저 피의 성이여(1-7절)**
- **(2) 너도 노아몬(터베) 같이 되리라(8-11절)**
- **(3) 영원한 멸망의 노래(12-19절).**

by 김희보, 나훔주해

앗수르의 교만

(1) 앗수르는 얼마나 교만했던지 하나님이 아닌 자신들이 역사를 주관한다고 착각했다. 하나님은 이사야 선지자를 통해 앗수르의 심판을 이미 여러 차례 경고 했었다(사 10:5-27).

(2) 물론 앗수르의 교만은 수그러들지 않았고, 산헤립, 에살핫돈, 아슈르바니팔 2세로 이어지는 침공은 늘 주변 국가를 공포로 몰아넣었다. 특히 하나님의 백성 유다는 그 악랄함의 공포에서 벗어나지 못했다.

(3) 하나님은 나훔 선지자를 일으켜 그 최후 통첩을 전한다. 피의 성 니느웨는 거짓과 폭력과 압제로 인해 하나님의 심판이 도래할 것이라고 선언하신다(3:1).

(4) 니느웨는 다른 이들을 노예로 삼으며(3:1), 잔학(殘虐)을 일삼았다(3:19).

(5) 이제 하나님은 그들을 벌거벗겨 그 부끄러운 곳을 왕국들이 보게 하실 것이다(3:5). 그래서 만국의 조롱거리가 되게 하실 것이다(6절).

(6) 무엇보다 니느웨 성을 나약하게 만들어 파멸시키실 것이다. 가장 안전하다고 자랑했던 노아몬(테베)도 멸망 당했는데, 너희 니느웨가 그들보다 강하냐고 반문하신다(3:8).

(7) 이제 니느웨의 영광은 그들의 교만으로 인해 역사에서 영원히 사라질 것이다.

화로다! 피의 도성이여!(3:1–7)

나훔 선지자는 피의 도성, 거짓이 가득하고 포악이 가득하며 살육이 떠나지 않는 니느웨를 향하여 재앙을 선포한다. 니느웨는 그들 자신의 죄와 강포 때문에 멸망받을 수밖에 없다는 것이다. 니느웨는 주변국들을 착취하고 약탈해서 그 위에 세워진 '피의 도성'이다. 앗수르가 망한다는 것은 당시 그 누구도 생각지 못했다. 그만큼 강력한 국가였기 때문이다. 그러나 하나님은 나훔 선지를 통해 그들의 죄악을 폭로하고, 그 끝이 가까이 왔음을 선포하신다.

1. 나훔 선지가 니느웨 성을 향해 외친 첫 마디가 무엇인가?

원문에는 מְלֵאָה(가득하며) פֶּרֶק(포악) כַּחַשׁ(거짓)으로 되어 있다.

3:1 **화 있을진저**(호이, הוֹי) - 오! 화로다
피의 성이여(עִיר דָּמִים)
그 안에는(콜, כֹּל 모두, 전체) 거짓(궤휼, 카하쉬, כַּחַשׁ)이 **가득하고**
포악(강포, 페레크, פֶּרֶק)이 가득하며
탈취(늑탈, 테레프, טֶרֶף)가 **떠나지 아니하는도다**

• 사10:5 "앗수르 사람은 화 있을진저 그는 내 진노의 막대기요 그 손의 몽둥이는 내 분노라 6 내가 그를 보내어 경건하지 아니한 나라를 치게 하며 내가 그에게 명령하여 나를 노하게 한 백성을 쳐서 탈취하며 노략하게 하며 또 그들을 길거리의 진흙 같이 짓밟게 하려 하거니와 7 그의 뜻은 이같지 아니하며 그의 마음의 생각도 이같지 아니하고 다만 그의 마음은 허다한 나라를 파괴하며 멸절하려 하는도다."

(1) '호이'는 큰 슬픈 일이나 죽음을 선포할 때 사용하는 감탄사이다. '아, 슬프다!, 오! 화로다!'라는 의미이다(렘 22:18, 34; 사 1:4, 24; 왕상 13:30; 암 5:16). '피의 성'이라는 말에서 '피'가 복수로 되어 있다. 많은 피를 흘렸다는 말이다.

(2) 왜 '피의 성'(the bloody city)이란 오명(汚名)이 붙었을까?

앗수르 군대의 잔인성 때문이다. 앗수르의 많은 왕들이 포악했지만 특히 아슈르나시발 2세(주전 883-859)는 잔악했다고 한다. 앗수르는 한동안 약체기에 있었는데 아슈르나시발 2세가 등장하면서부터 약체에서 벗어나 서서히 강국으로의 기지개를 켜기 시작했다. 그 이유가 어디 있을까? 앗수르가 다시 부상한 것은 하나님의 백성 이스라엘의 죄와 무관치 않다. 이스라엘이 남북으로 분열되어 죄악 속에서 허우적거릴 때 하나님은 이스라엘을 징계하시기 위해 앗수르를 몽둥이로 준비하고 계셨다(사 10:5*).

(3) 그렇게 잔악했던 아슈르나시발 2세의 기록을 살펴보자.[1]
▶ 님루드에서 발견되었고, 지금 대영박물관에 소장되어 있는 왕의 입상(立像)

1) 아래에 소개되는 내용은 대세계사(1), 정한출판사(1976년), 1권에서 발췌한 것이다.

에는 미소의 그림자가 없으며, 거기에는 추호도 연민의 정이나 인정미를 느낄 수 없다. 신관 같은 전능(全能)이 허용된 전제 군주의 위엄과 힘과 존대함이 있을 뿐, 매부리코와 날카로운 눈은 새를 노리는 맹금(猛禽)을 연상케 한다.

고대의 제국 건설자들의 대부분은 판도를 확대하고 반란을 진압함에 있어서 피정복자에게 공포심을 불어넣는 정책을 취하였다. 앗수르의 여러 왕은, 특히 그 잔악성으로 알려져 있는데, 그 중에서도 아슈르나시발 2세는 유명하다. 그의 기록은 잔악성을 남김없이 묘사하고 있다.

"나는 산의 모든 봉우리를 습격하여 이를 빼앗았다. 험준한 산중에서 나는 그들을 죽이고, 피로써 산들을 붉게 양털과 같이 물들였다. 그 밖의 시체로써 모든 산의 골짜기와 절벽을 덮었다. 나는 그들의 전리품과 소유물을 탈취하였다. 나는 그 병사들의 목을 자르고 그것을 쌓아올려 그들의 도시(都市)를 향하여 기둥을 만들었다. 젊은이도 처녀들도 불 속으로 던졌다. 나는 도시의 문을 향하여 기둥을 세웠다. 그리고 반란의 주모자들의 가죽을 모조리 벗겨, 그 가죽으로 기둥을 감았다. 또 어떤 자는 기둥 속에 넣어버렸으며, 어떤 자는 말뚝에 꽂아 기둥 위에 세우고 또 다른 자는 기둥 주위의 말뚝에 결박하였다. 또 나의 영토 내에 수많은 자의 가죽을 벗겨 그것을 벽에 발랐다. 나는 반역한 관리들, 궁정의 신하들의 수족을 잘랐다."

이것은 그의 기록에 일부에 불과하다. 반란의 소식을 들으면 무더운 여름에도 3, 4백 킬로미터의 길을 달려가 토멸(討滅)할 수 있었던 이 왕은 반란 지역의 징벌에 있어서 철저한 잔학 행위를 자행하였다. 이리하여 앗시리아인은 '앗시리아의 이리'라는 이름으로 공포의 대상이 되었다. 그는 또 지중해 방면으로 원정하였는데 그의 잔학성을 두려워한 페니키아 각 도시의 왕들은 앗시리아군이 접근하면 재빨리 곡물을 바쳐 환심을 사기에 애썼다고 한다.…

아슈르나시발 2세의 아들이 살만에셀 3세(858-824)이다. 그는 통치 첫해에 '홍수의 유프라테스강을 건너 낙일(落日)의 바다(=지중해)를 향하여 전진하여 무기를 바다에서 씻었다'고 기록하고 있다.

(4) 살만에셀 3세는 동쪽으로 진출해 바빌로니아를 합병한다(850년). 그리고 다시 서쪽으로 진출하여 시리아(=하사엘이 통치)를 포위한다(841년).[1] 그러나 이스라엘을 포함한 팔레스틴을 진정으로 공격한 것은 디글랏빌레셀 3세였다(746-728년). 그후 이스라엘의 수도 사마리아는 살만에셀 5세(727-722년)에게

1) 살만에셀 3세가 싸운 수많은 회전(會戰) 중 가장 알려진 것은 시리아 내륙의 상업 도시 왕국인 다메섹을 맹주로 한 이스라엘, 암몬 등 12개 도시국가가 가담한 반앗수르 동맹군과 싸운 '카르카르 전투'이다. 이때 북이스라엘은 아합이 통치하고 있었다. 이 부분은 동교재, 열왕기상, 331-332면을 참고해 보자.

정복당한다. 그러나 정복 직전에 죽었기 때문에 사르곤 2세(722-705)가 정복 사업을 완수한다. 이렇게 앗수르의 왕들은 정복 야욕을 끊임없이 불태웠다. 이만큼 앗수르 왕들의 잔악상을 살펴보고 다시 본문으로 돌아가 보자.▲

(5) "거짓(궤휼, 카하쉬, כַּחַשׁ)이 가득하고"
'카하쉬'는 '거짓말, 거짓, 속임, 상징적으로 위선'이라는 뜻이다. '포악'(강포, 페레크, פֶּרֶק)은 '약탈, 노략질'을 말한다. 최고의 부를 누렸던 니느웨 전체가 거짓과 약탈이 일상화 되었을 것이다. "탈취(테레프, טֶרֶף)가 떠나지 아니하는도다." '테레프'는 '먹이, 음식, 탈취물'이라는 뜻이다. 니느웨(앗수르)의 죄악됨을 표현하고 있다.

2. 다음 구절은 적국들이 니느웨 성을 공격하는 모습을 그리고 있다. 니느웨가 점령당할 때의 모습이 생생하게 표현되고 있다.

(1) 이 시구(詩句)는 앗수르가 점령당하는 모습을 그린 것인가, 반대로 앗수르가 다른 나라들을 공격하는 모습을 표현한 것인가? 이 단락이 "화 있을진저 피의 성이여"라는 말로 시작하고 있음을 볼 때, 니느웨가 적국에게(= 메대 + 바벨론 연합군) 점령당하는 것으로 보는 것이 좋을 것 같다.[1)]

3:2 휙휙 하는 채찍 소리(שׁוֹט[2)] קוֹל),
웡웡 하는 병거 바퀴 소리,
뛰는[3)] 말,
달리는(라카드, רָקַד)[4)] 병거,

3:3 충돌하는(알라, עָלָה)[5)] 기병,
번쩍이는[6)] 칼,
번개 같은 창,
죽임 당한 자의 떼,
주검의 큰 무더기,
무수한 시체여
사람이 그 시체에 **걸려 넘어지니**

(2) 거짓과 포악이 가득하여 '피의 성'이라 일컫는 니느웨 성이 이제는 거꾸로 점령군의 발밑에서 참화(慘禍)를 맛보게 된다. 채찍 소리가 들리고, 병거 바퀴 소리가 지축을 흔든다. 기마병들이 서로

1) 그러나 앗수르의 군대가 이방 성읍들을 정복했던 것의 한 예를 그려주고 있다고 보는 학자들도 많다.

2) 쇼트 - '매, 채찍, 재앙' (scourge, whip, 왕상 12:11, 12:24; 대하 10:11-12)

3) 다하르 - 질주하다, 돌진하다. / 이 단어는 구약성경에서 단 한번 나온다.

4) 깡충깡충 뛰다, 뛰어다니다. (열광적으로)

5) 올라가다, 오르다 / 히필 분사형으로 강한 사역적인 뜻이 있다.

6) 라하브(לַהַב) - 불꽃, 화염, (무기의) 날, 끝 / 여기서는(무기의) 날로 칼의 날을 가리킨다(삿 3:22).

부딪친다. '충돌하다'라는 말 '알라'(עָלָה)는 '올라가다, 오르다'라는 뜻이다. 여기서는 히필(사역 능동) 분사형으로 기병들이 말들을 공중으로 뛰어 오르게 한다는 강한 사역적인 뜻이 있다(렘 51:27 참고).

(3) 주검의 '큰 무더기'(코베드, כָּבֵד) - '무거움, 참혹함, 맹렬함, 다수' 등의 뜻이 있다. 여기서는 '무수함'이라는 뜻이다. '쌓이고 쌓인 많은' 시체의 무더기를 말한다.

(4) 공포에 질린 생존자들이 안전을 위해 도망가지만 그 시체들 위에 걸려 넘어진다. 이렇게 니느웨의 마지막이 너무나 비참하다. 그러나 앗수르가 다른 민족에게 저지른 악행에 비하면 그 어떤 동정심도 가질 수 없다. 앗수르도 이와 같은 방법으로 다른 민족과 도시들을 초토화시켰기 때문이다.

3. 그렇다면 니느웨가 이런 참화를 받게 된 그 이유가 무엇인가?

3:4 이는
마술에 능숙한 미모의 '음녀가' 많은(מֵרֹב)[2] '음행'[1]을 함이라
그가 그의 음행으로
여러 나라를 미혹하고
그의 마술로 여러 족속을 미혹하느니라

(1) 하나님께서 니느웨를 멸망시키시려는 또 하나의 이유는 영적 간음이다. 그러므로 가장 악한 행동을 가리켜 음녀(=기생)의 음행으로 비유했다. 이 음녀 앗수르는 마술에 능숙했다고 했다. 여기서 '마술'(케세프, כֶּשֶׁף)이란 유혹하고 타락시키는 데 큰 영향을 미치는 것을 비유적으로 사용한 말이다. 음녀로 의인화 시킨 니느웨에 대해 사용하고 있다.

(2) 이세벨에게 음행과 술수가 많다고 했다. "요람(=북이스라엘의 왕)이 예후를 보고 이르되 예후야 평안하냐 하니 대답하되 네 어머니 이세벨의 음행(זְנוּן 우상숭배, 간음, 매춘)과 술수(케쉐프, כֶּשֶׁף)가 이렇게 많으니 어찌 평안이 있으랴 하더라"(왕하 9:22). 이 말은 바벨론에 대해서도 사용되었다(사 47:9, 12).

(3) 유다 왕 아하스도 앗수르의 이런 유혹에 빠져 죄를 지었던 것 같다(왕하

1) 음녀가 음행을 : זוֹנָה② זְנוּנֵי①
두 단어가 같은 말이다.

① 자나(זָנָה)의 남성 복수 연계형
② 칼, 분사 여성 단수.

2) רֹב(multitude) + מִן

• 왕하 16:7 "아하스가 앗수르 왕 디글랏 빌레셀에게 사자를 보내 이르되 나는 왕의 신복이요 왕의 아들이라 이제 아람 왕과 이스라엘 왕이 나를 치니 청하건대 올라와 그 손에서 나를 구원하소서 하고"

16:7). "또 안식일에 쓰기 위하여 성전에 건축한 낭실과 왕이 밖에서 들어가는 낭실을 앗수르 왕을 두려워하여 여호와의 성전에 옮겨 세웠더라"(왕하 16:18). 앗수르가 얼마나 자신들이 믿는 우상을 통해 다른 민족에게 악 영향을 끼쳤는지 유다 왕 아하스에 대한 기록을 통해 볼 수 있다.

▶ 앗수르의 도움으로 아람과 이스라엘의 손에서 벗어나게 된 아하스는 현재 다메섹에 와 있는 앗수르 왕을 찾아갔다. 앗수르는 정복지인 이곳에다 그들이 믿는 신의 제단을 설치했다. 아하스는 이 우상의 제단을 보고 너무 좋았던지 설계도를 그려 예루살렘에 있는 제사장 우리야에게 보냈다.

대제사장 우리야는 왕이 다메섹에서 돌아오기 전에 서둘러 앗수르인들이 섬기는 우상의 제단을 본따 제단을 완성했다(왕하 16:11). 다메섹에서 돌아온 아하스는 자기를 공격한 아람 백성들이 섬기던 신들에게 제사했다. 그 이유를 이렇게 말하고 있다. 즉 "아람 왕들이 섬긴 신들이 그들(앗수르)을 도와주는 것을 보니, 그 신들에게 제사하면 나도 그 신들이 도와주겠지"(대하 29:23).

아하스는 하나님 전의 기구들을 모아 파괴했다. 성전문들을 닫고 예루살렘 구석마다 단을 쌓고 또 유다 각 성읍에 산당을 세워 다른 신에게 분향했다(대하 29:24-25절). 성경 본문을 자세히 읽어보도록 하자(왕하 16:10-20). 물론 이로인해 하나님은 진노하셨다. 아하스가 죽었으나 열왕의 묘실에 들이지 아니하고 예루살렘 성에 장사했다. 이어 그의 아들 히스기야가 대신하여 왕이 된다. (동교재, 열왕기하 182면에서)

(4) 앗수르는 이렇게 그 음행으로 열국을 미혹하고 그 마술로 여러 족속을 미혹했다. 일단 이런 유혹에 따르게 되면 다음은 그들을 이용하여 나라들을 정복했다. 유다 왕 아하스도 이와 같은 술수에 말려든 것이다. 이렇게 열국을 통치하는 술수 중에 하나가 마법과 마술이었다. 앗수르인들은 미래를 점치고, 수도 없이 많은 주문(呪文)들을 사용했다. 또한 새나 동물이나 구름의 움직임, 간밤에 꾼 꿈 등에서도 징조를 읽곤 했다고 한다.

(5) 여러 족속을 '미혹하다'(마카르, מָכַר)라는 말은 '열국을 파는 자'(Who sells nations)란 뜻이다. 어떤 학자는 그 뜻을 앗수르가 포로들을 파는 시장처럼 되었다는 말이라고 보았다. 공동번역은 이 부분을 "마술을 부려 뭇 족속을 팔아 먹던 것아"라고 번역했다. 이렇게 여러 민족들을 대적하여 악행을 저질렀던 앗수르는 그것이 전능자 하나님을 대적하는 일이라는 것을 알지 못했다.

4. 약소국을 철권과 음행 및 마술로 짓이겨버리던 앗수르, 하나님은 이제 그들을 공중분해해서 버리시기로 작정하신다.

3:5 보라(Behold, הִנְנִי)
내가 네게 말하노니(אֵלַיִךְ)[1] - 내가 너를 치겠다 - 표준새번역
'만군의 여호와'(יְהוָה צְבָאוֹת)의 말씀에
네 치마를 **'걷어 올려'**(가라, גִּלֵּה - 피엘 동사)
네 얼굴에 이르게 하고(네 얼굴 위로)
네 벌거벗은 것(마아르, מַעַר)[2]을 나라들에게 **'보이며'**(라아, רָאָה- 히필형)
네 부끄러운 곳(카론, קָלוֹן)[3]을 뭇 민족에게 (**보일 것이요**)

1) 엘(אֵל) - ~에 대하여, ~에 반하여, against / 전치사+대명사 어미 2인칭 여성 단수 / 개역성경 - "내가 네 대적이 되어서" / I am against you - NASB

2) 마아르 - 드러난, 노출된 곳, 벌거벗음, 외음부

3) 부끄러움, 수치, 불명예

(1) "내가 네게 말하노니"라고 번역한 말은 'toward thee!'이다. 자, 보라! 이제는 니느웨를 향하여 얼굴을 향하셨다는 말이다. 물론 심판을 선포하시기 위해서이다. KJ는 "I am against thee."라고 번역했다.

(2) '만군의 여호와'(야훼 쯔바오트, LORD of hosts) - '쯔바오트'는 '군대들(armies), 만군(hosts), 무리' 등으로 번역되었다. NIV는 'LORD Almighty'(전능자 주)로 번역했다. 이 성호(聖號)는 원수를 멸하는 '전쟁의 하나님'으로서의 명칭이요, 또 택한 백성들을 원수의 손에서 구원해 내시리라는 '언약의 하나님'의 명칭이다.

(3) '치마를 걷어 올려'라는 표현은 여성이 당하는 가장 큰 수치를 가리킨다(사 47:1-3; 겔 16:37을 읽어보자). 여기서는 피엘형(강조 능동)으로 하나님의 강한 능력과 주권을 나타낸다(I **will** lift your skirts - NIV). 하나님께서 *반드시* 이 일을 이루시겠다는 의지의 표현이 담겨 있다. '보이며'(라아, רָאָה)라는 동사도 히필형(사역 능동)으로 강한 뜻이 담겨 있다(I **will** show).

5. 하나님은 그녀(니느웨)의 벌거벗은 몸을 드러냄으로써 수치스럽게 만들고 이제는 그녀를 오물에 집어던지실 것이다.

3:6 내가 또 '가증하고 더러운 것들'(쉬크쯔, שִׁקֻּץ)을
네 위에 **던져**(솨라크, שָׁלַךְ - 히필 동사 완료)
능욕하여(나벨, נָבֵל - 피엘 동사 완료)
너를 구경 거리가 **되게 하리니**

(1) 쉬크쯔(שִׁקֻּץ)는 '몹시 싫은 것'을 말한다. 여기서는 인간의 배설물을 말할 것이다. 이 단어는 항상 우상 숭배 행위와 관련하여 사용되며 하나님 보시기에 가증한 것이라는 뜻으로 우상 그 자체를 언급하거나 또는 우상 숭배 의식과 관련된 것을 언급할 때 쓰인다. 우상은 일반적으로 가증한 것이라고 언급하고 있다(렘 16:18; 겔 5:11, 7:20; 대하 15:8). 가증한 것은 우상뿐만 아니라 우상에 예배하는 자들도 우상같이 가증하여진다고 했다(호 9:10).

(2) 내가 '던지다'라는 말 '솨라크'(שָׁלַךְ)는 '내던지다, 세게 던지다, 집어던지다'라는 뜻으로 여기서는 히필(사역 능동)형 동사로 쓰였다. 강한 하나님의 주권적인 권세를 나타낸다(I **will** cast).

• 겔 28:17 "네가(=두로) 아름다우므로 마음이 교만하였으며 네가 영화로우므로 네 지혜를 더럽혔음이여 내가 너를 땅에 던져 왕들 앞에 두어 그들의 구경 거리가 되게 하였도다 18 네가 죄악이 많고 무역이 불의하므로 네 모든 성소를 더럽혔음이여 내가 네 가운데에서 불을 내어 너를 사르게 하고 너를 보고 있는 모든 자 앞에서 너를 땅 위에 재가 되게 하였도다."

(3) '능욕하다'(나발, נָבֵל) - 여기서는 피엘(강조 능동)형으로 쓰였다. 피엘형에서 '불명예롭게 하다, 수치스럽게 하다, 경멸하다'라는 의미로 나타난다. 본문에서 보는 바와 같이 하나님께 반항하는 자를 수치스럽게 하신다. 그래서 많은 사람들에게 구경 거리가 되게 하실 것이다(겔 28:17-18*).

6. 니느웨의 멸망을 동정할 자는 아무도 없다. 과거의 악행 때문이다.

중고딕체는 종속동사

3:7 (그 때에) 너를 보는 자가
다 네게서 도망하며(나다드, נָדַד) 이르기를
니느웨가 황폐하였도다
누가 [그것을] 위하여 애곡하며
내가 어디서 너를 '위로할 자'(comforters, מְנַחֲמִים)[1]를 구하리요 하리라

1) 나함(נָחַם) - '위로하다, 참회하다, 뉘우치다' / 피엘(강조형), 분사 남성 복수.

(1) '도망하다'(나다느, נָדַד) - 니느웨가 멸망하는 모습을 바라보던 구경꾼들도 다 도망한다. 그 모습이 너무 공포스럽기 때문이다. '나다드'라는 말은 '방황하다, 퍼덕거리며 날다'라는 의미도 있다. 이 말이 3:17에서는 '떼를 지어 날다'라는 뜻으로 사용되었다.

(2) 니느웨의 멸망에 대해 그 어느 국가도 애통해 하지 않는다. 니느웨가 멸망한 것은 마땅하고도 의로운 하나님의 심판이다. 따라서 아무도 그들을 위해 동정하지 아니할 것이다(사 51:19; 렘 15:5). 하나님은 그런 민족을 동정해서는 안 되며 하지도 않을 것이라고 말씀하신다(렘 48:7; 나 3:7). '구하다'(바카쉬, בָּקַשׁ) - '찾다, 요구하다, 묻다.' 여기서는 피엘형으로 '알기 위해 묻거나 발견하기 위해 찾다'라는 의미로 쓰였다. 어느 누구도 니느웨의 운명을 애곡해 주지 않을 것이다.

네가 어찌 노아몬보다 낫겠느냐(3:8-11)

1. 당시 앗수르는 천하가 두려워하는 군사 강국이었다. 자웅을 겨루었던 애굽도 앗수르의 침공 앞에 무릎을 꿇어야 했다.

3:8 네가 **어찌 낫겠느냐**(야타브, יָטַב의 칼 동사 미완료)[1]
/노아몬보다
/그는 강들 사이에 있으므로
/물이 둘렸으니 바다가 성루가 되었고
/바다가 방어벽이 되었으며

(1) 어찌 '낫겠느냐'(야타브, יָטַב) - 이 단어가 칼 동사에서는 '잘 되다, 성공하다'라는 의미로 쓰인다. 본문에서는 '잘(적절히) 놓여 있다(위치하여 있다)'라는 의미이다. 즉 니느웨가 노아몬보다 어찌 (지정학적으로) 잘 위치하여 있겠느냐는 말이다.

(2) 니느웨 성도 군사적으로 방비를 잘 갖춘 도시일 터이지만 어찌 노아몬과 비교가 되겠느냐? 그렇다면 노아몬은 어떤 난공불락의 도시였을까?

노아몬(נֹא אָמוֹן) - '노'(נֹא)는 '아몬 신[2]의 성(城)'을 의미한다(겔 30:14-16에서는 '노'나라로 언급됨). 애굽 제18왕조의 수도였다. 그리스 명칭으로 '테베'(Thebes), 히브리 명칭으로 '노'이다. '노'(נֹא)의 멸망에 대해서는 렘 46:25-26에서도 언급되었다("만군의 여호와 이스라엘의 하나님께서 말씀하시니라 보라 내가 **노의 아몬**과 바로와 애굽과 애굽 신들과 왕들 곧 바로와 및 그를 의지하는 자들을 벌할 것이라 26내가 그들의 생명을 노리는 자의 손 곧 바벨론의 느부갓네살 왕의 손과 그 종들의 손에 넘기리라 그럴지라도 그 후에는 그 땅이 이전 같이 사람 살 곳이 되리라 여호와의 말씀이니라.")

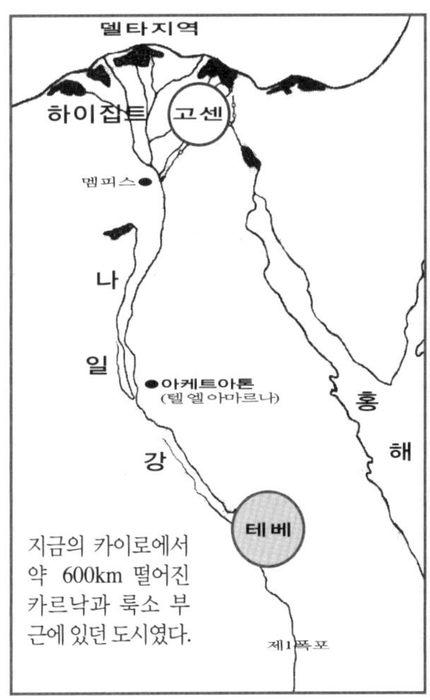

지금의 카이로에서 약 600km 떨어진 카르낙과 룩소 부근에 있던 도시였다.

노아몬은 힉소스 왕조를 몰아내고 등장한 애굽의 제 18 왕조 때부터 크게 발전했다. 그 도성에는 20,000의 병거가 있었고, 또 100개의 성문이 있었다고 헬라 시인 호모(Homer)의 시에 기록되어 있다.

1) תֵיטְבִי + הֲ(의문불변사) 의문사 + 칼 동사 미완료 2인칭 여성 단수

2) 아몬신은 태양신을 말한다.

2. 본문에서는 노아몬이 얼마나 천혜의 방어조건이 갖추어져 있었는가를 보여준다. 결코 정복당하지 못할 성읍이라고 모두 생각했을 것이다.

(1) "노아몬(=테베)은 강들 사이에 있으므로"
테베는 강물에 둘러싸여 있어서 강이 곧 방벽이며, 강물이 곧 성벽이라고 했다. '강들 사이에'(בַּיְאֹרִים)라는 말은 '예오르'(יְאֹר)의 복수로서 '도랑, 운화 같은 수로, 또는 나일 강'을 가리킨다. 테베는 나일 강의 물 줄기가 도시를 두르게 했기에 천혜의 방어진지를 구축한 셈이었다.

(2) 물이 "둘렸으니"(사비브, סָבִיב) - '주변, 둘레에' - '둥근 부분을 둘러싸고 있는 것'을 말한다. 적들이 이 도시를 공격하려면 수많은 운하를 건너야 했다. 그래서 "바다가 성루(헬, חֵיל, 성벽, 요새)가 되었고 바다가 방어벽(호마, חוֹמָה, <성>벽, 담)이 되었으며"라고 했다.

1) כּוּשׁ עָצְמָה וּמִצְרַיִם
Ethiopia (was) her strength, and Egypt (too)

3. 노아몬은 이렇게 천혜의 방어 조건이 있었다. 그러나 테베가 무엇보다 강력했던 것은 주위에 동맹국들이 그들을 지지하고 있었다는 점이다.

3:9 구스(쿠쉬, כּוּשׁ, Ethiopia)와 애굽은[1]
그의 힘이 강하여 끝이 없었고
붓과 루빔이 그를 돕는 자가 되었으나

(1) 테베는 구스에서 가장 유명한 도시였다. 구스는 오늘날 이집트 남부, 수단, 이디오피아 북부에 해당하는 지역이다. 당시 이 지역은 구스에 종속되어 있었다. 구스와 애굽은 테베의 강력한 힘이 되었다. 그 힘이 강하여 끝이 없었다고 했다.

(2) 게다가 붓(푸트, פּוּט)과 루빔(Lubim)이 노아몬의 동맹국이었다. '붓'은 함의 셋째 아들의 후손들로서(창 10:6) 아프리카, 특히 리비아 지역에 거주했다. 이들은 전쟁에 매우 용맹한 용사들로 알려졌다. 그래서 여러 나라의 용병으로 고용되었다(겔 27:10; 나 3:9; 렘 46:9). 루빔은 애굽의 서편 북아프리카 주민을 말한다(=리비아인).

(3) 이렇게 노아몬을 '돕는 자'(에즈라, עֶזְרָה), 즉 동맹국들은 동서남북 사방에 둘러 있었다. 노아몬이 멸망 당한다는 것은 있을 수 없었다.

4. 그러나 난공불락의 도시 노아몬도 비참하게 무너져 내렸다. 어떻게 멸망했을까?

3:10 그가 [또한, גַּם] **포로가 되어(בַשֶּׁבִי) 사로잡혀(לַגֹּלָה) 갔고**
그의 어린 아이들은 [~또한, גַּם] 길 모퉁이 모퉁이에
'메어침을 당하여 부서졌으며' (יְרֻטְּשׁוּ - 푸알 동사 미완료)
그의 존귀한 자들은 제비 뽑혀 **나뉘었고**
그의 모든 권세자들은 사슬에 **결박되었나니**

(1) 천혜의 방어 조건, 강력한 군사력, 끈끈한 동맹국들이 있었음에도 불구하고 테베는 앗수르의 침공에 비참하게 무너져내렸다. 그들은 포로로 끌려갔을 뿐만 아니라 또한 그의 자녀들도 길모퉁이에서 내동이쳐졌다. '메어침을 당하여 부서졌으며' 라는 말은 라타쉬(רָטַשׁ-내동이쳐 부수다)의 푸알(강조형 수동태) 미완료이다. '내동댕이침을 당해 부서지다'라는 의미이다(사 13:16; 호 13:16; 나 3:10). 앗수르가 얼마나 철저하게 정복 활동을 펼쳤는가를 알 수 있다.

(2) '존귀한 자들'[1]은 계급이 높은 귀인들을 말한다(사 3:5, 23:8, 9; 시 149:8). 그런데 이런 사람들도 점령군에게 제비 뽑혀 종으로 분배되었다. 모든 '권세자' (개역, 대인)들도 사슬에 묶여 포로로 잡혀갔다.

1) 카바드, כָּבַד의 니팔 분사형 / 무겁다, 힘겹다, 존경하다, 존귀하다 / 니팔(수동)형에서는 '존경받는, 영광스러운' 뜻으로 쓰인다.

5. 그렇다면, 테베를 공격한 앗수르 왕은 누구였을까?

(1) 다음 면의 도표를 보면서 당시 상황을 살펴보자. 아래의 설명은 동교재, 열왕기하, 244-245면에서 가져온 것이다. 또 서론에서 이미 자세히 설명했다. 그래도 다시 정리해 보자.

(2) 남유다는 히스기야에 이어 므낫세(686-642)가 통치하고 있었다. 주전 8세기에 비해 앗수르의 평화(*pax Assyriaca*) 아래 있었던 주전 7세기의 처음 7, 80년은 이 지역에서 다소 평온한 시기였다. 므낫세의 재위 초기에 앗수르는 산헤립이 통치하고 있었다. 이때 앗수르는 최고의 전성시대를 구가하고 있었다. 므낫세의 선왕(先王) 히스기야는 이런 앗수르에 대항했지만 결국 실패했다. 물론 앗수르 제국 역시 끊임없는 반란으로 인해 골치가 아팠다. 북서쪽에서는 아나톨리아, 동쪽과 남동쪽에서는 바벨론, 엘람, 아리비아가 반란을 일으켰다. 서쪽과 남쪽에서는 페니키아, 블레셋, 애굽(에디오피아) 등이 앗수르를 괴롭혔다. 앗수르는 이들을 잔인하게 진압했다.

Close-up

아슈르바니팔의 테베 공격(주전 663년)

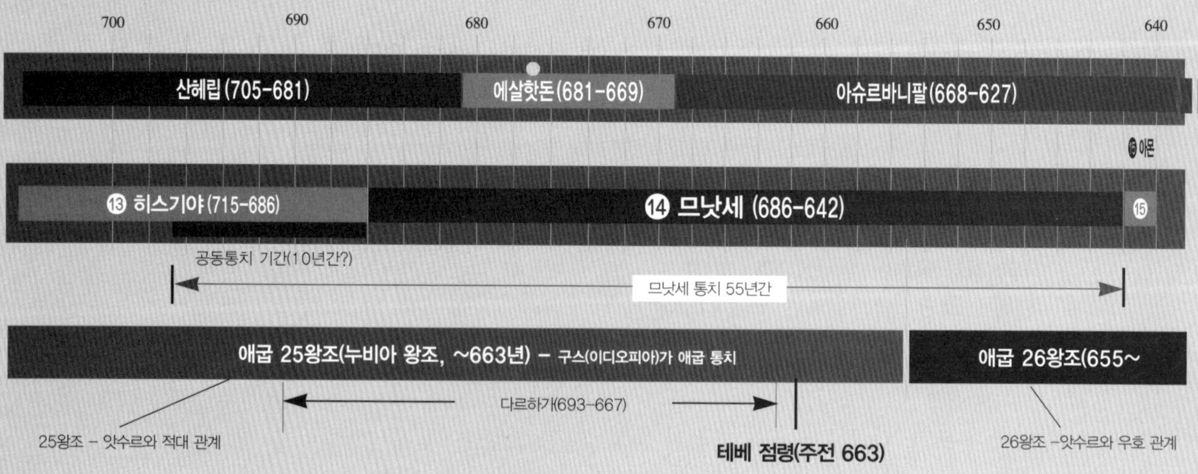

애굽의 제25왕조

1) **디르하가(693-667?)**: 구스는 애굽의 지배 하에 있다가 주전 1000년경에 독립하고, 715-663년경에는 도리어 애굽을 통치했다. 디르하가는 당대의 영웅이었다. 그는 테베에서 693~667년까지 26년간 통치했다고 한다.

(3) 앗수르의 산헤립은 예루살렘을 공격했으나(2차 공격, 주전 688년경) 대패하여 급히 철수했다. 그러나 그는 몇몇 아들에 의해 살해 당했다(왕하 19:37). 그리고 나이 어린 에살핫돈이 왕위를 잇는다. 그는 나중에 매우 박력 있는 통치자가 되었다. 에살핫돈은 부왕이 파괴해 버린 바벨론 도성과 마르둑 신전을 복원했다. 그는 국내 사정이 좋아지자 애굽 정복에 힘을 썼다. 왜냐하면 서쪽 지역의 맹주인 애굽이 주변 나라에 영향을 끼쳐 앗수르에 대항했기 때문이다. 마침내 674/3년, 애굽을 공격했고(이때는 승리하지 못했지만), 671년에는 디르하가를 참패시키고 멤피스를 점령했다.

(4) 애굽의 제25왕조(누비아 왕조) 저항은 계속되었는데, 앗수르 군대가 철수하자, 남부로 도피했던 **디르하가**[1]가 다시 반란을 일으켰다. 병들어 있었던 앗수르의 에살핫돈은 다시 한 번 애굽을 공격했으나 행군 도중 죽는다. 그러나 그의 아들이자 왕위 계승자인 아슈르바니팔(668-627)은 원정을 계속해서 마침내 승리를 이끌어냈다(667년경). 디르하가는 남부로 도망했다가 664년경에 죽는다.

(5) 반란에 가담했던 군주들은 니느웨로 끌려가 처형당했고, 사이스(Sais)의 군주 느고(Neco)는 그의 아들 프사메티쿠스(Psammenetichus)와 함께 목숨을 건지고 복위되었다. **그러나 디르하가의 후계자 Tanutamum이 계속 소요를 일으키자 앗수르의 군대는 테베에 이르러 그 도시를 점령하고 파괴했다.** 따라서 므낫세를 편들던 25왕조는 끝나게 되었고, 26왕조가 등장하게 되었다. 26왕조는 앗수르와 우호관계에 있게 된다. 이런 상황에서 므낫세는 앗수르에 반항할 생각조차 갖지 못하게 되었을 것이다.

- 22왕조, 23왕조: 델타 지역의 매우 제한된 지역을 통치
- 24왕조: 남부 사이스(Sais)에서 득세했고,
- 25왕조는 이보다 더 남쪽에서 득세했다. 그러나 737년경에는 25대 왕조의 누비아 왕인 피앙키(Piankhy)가 남부 애굽의 전 지역을 통치하게 되었다. 그러면서 계속 북진하여 하부 애굽(Lower Egypt)을 장악한다.

6. 다시 본문으로 돌아가자. 본문 11절을 읽어보자. 누구에게 주시는 말씀인가?

3:11 너도 [또한, גַּם] **'술에 취하여'**(쇠카르, שָׁכַר) **숨으리라**(아람, עָלַם)
너도 [또한, גַּם] 원수들 때문에 피난처를 **찾으리라**(바카쉬, בָּקַשׁ)

(1) "You too"(גַּם־אַתְּ) - 여기서 '너'는 물론 니느웨(=앗수르)를 가리킨다. 즉 너, 니느웨도 또한 노아몬처럼 될 것이라는 뜻이다. 여기서 '쇠카르'라는 말은 비유적으로 재앙으로 무력하여 비틀거리는 열방에 대해 사용되었다(렘 25:27, 51:21; 사 29:9, 49:26; 나 3:11).

(2) '숨으리라'(아람, עָלַם) - 니팔(일반 동사 수동형) 분사로 쓰였다. '숨겨진 자'란 뜻이다(one who is hidden).

(3) '찾으리라'(바카쉬, בָּקַשׁ)의 피엘(강조 능동) 동사 미완료로 쓰였다. 이 말의 뜻은 어떤 사물이나 사람을 아주 열심히 찾는 것을 의미한다. 결국 니느웨도 대적들 때문에 피난처를 찾게 될 것이라는 뜻이다.

니느웨는 뿌리째 뽑힐 것이다(3:12-19)

1. 그렇게 견고했던 니느웨 성은 자신들의 교만으로 인하여 흔들어 떨어지는 익은 열매 같이 될 것이다.

3:12 네 모든 산성들(복수형)은 - '니느웨뿐만 아니라 다른 성들도'
무화과나무의 처음 익은 열매가
흔들기만 하면
먹는 자의 입에 **떨어짐과 같으리라**

(1) 모든 '산성'(미브짜르, מִבְצָר - 요새, 성채) - 니느웨는 물론이고 모든 성들과 성채들도 모두 점령당할 것이다.

(2) 이 성들이 얼마나 쉽게 점령당할 것인가를 비유로 설명하고 있다.
무화과의 첫 열매는 여름 전에 열리는 것으로(렘 24:2) 제일 좋은 열매이다. 그래서 사람들이 즐겨 찾는다고 한다(사 28:4; 호 9:10). 그러나 그렇게 익은 열매는 흔들기만 해도 떨어진다. 니느웨가 마치 흔들기만 하면 먹는 자의 입에 떨어지는 열매 같을 것이라는 말이다.

2. 니느웨 성을 지키고 있는 군인들이 마치 무기력한 여인들과 같이 될 것이다.

3:13 [보라!, הִנֵּה] 네 가운데 장정들은 **여인 같고**
네 땅의 성문들은 네 원수 앞에 '넓게 **열리고**' (נִפְתְּחוּ② פָּתוֹחַ①)[1]
빗장들은 **불에 타도다**

1) 파타흐(פָּתַח) - '열다, 해방시키다, 자유롭다, 벗어나다'
① 칼동사 절대형
② 니팔(수동) 동사 완료형

같은 어근을 사용하여 그 뜻을 강조하고 있다. '반드시' 라는 말이다. 아무리 방비를 해도 '반드시; 열린다' 는 말이다.

(1) '보라'(힌네, הִנֵּה) - 한글 번역에서 생략되었다. 주의를 환기시키는 감탄사이다. '장정들'은 '(너의) 백성'(עַמֵּךְ-thy people)이라는 말이다. 이 구절에서 동사가 생략되었으므로, '보라! 네 백성들은 너희 중의 여인들'이라고 번역할 수도 있고, '네 백성들을 보라! 너희 중에 여인들!'이라고 할 수도 있다. 그러므로 해석이 서로 달라질 수 있다. 즉 '성중의 모든 사람들이 아무런 힘이 없는 연약한 여인 같이 되리라.'는 말인가? 아니면 오직 여자들만 남아 있다는 뜻인가? (김희보)

(2) NIV는 '너의 백성'(עַמֵּךְ)이란 말을 '너의 군대'로 의역했다.
- NIV - Look at your **troops** — they are all women!
- RSV - Behold, your **troops** are women in your midst.
- NASB - Behold, your **people** are women in your midst!
- 칠십인경은 '여자 같이'(ὡς γυναῖκες)라고 번역했다.
- 표준새번역(개정)은 "네 군인들을 보아라. 그들은 모두 여자들이다!"라고 번역했다.

(3) 성문들은 활짝 열려 있고, 성문 빗장은 불에 타버렸다. 여기서는 완료형을 써 과거로 표현했지만 '예언적 과거형'이다. 비록 앞으로의 일이지만 이미 성취된 것 같이 확실한 것을 선포하는 말이다(shall be set wide).

3. 다음 14절은 다분히 풍자적이다. 나훔은 니느웨에게 적의 포위공격에 대비하여 방어벽을 구축하라고 촉구한다.

3:14 너는 물을 **길어** 에워싸일 것을 (**대비하며**)
너의 산성들을 **견고하게 하며**
진흙에 **들어가서** 흙을 **밟아** 벽돌 가마를 **수리하라**

(1) '너는 물을 길어라' - 명령형으로 되어 있다(שַׁאֲבִי־לָךְ). 전쟁이 나면 먹고 마실 물이 절대적으로 필요하다. 적군이 먼저 물길을 끊어버릴 것이기 때문이다. 산성들도 '견고하게 하라'(חַזְּקִי) - (하자크, חָזַק의 피엘<강조형> 동사 명령법이다.) 피엘형은 '수선하다'(repair)라는 의미로 사용된다(왕하 12:5이하). 튼튼하게 수축하라는 말이다.

(2) '들어가라, 밟으라, 수리하라' 모두 명령형이다. 특별히 '수리하라'(הַחֲזִיקִי)는 히필(사역 능동) 동사로 강조의 뜻이 있다.

4. 그러나 이런 노력에도 불구하고 니느웨의 노력은 물거품이 될 것이다. 그 이유를 다음과 같이 설명한다.

3:15 거기서(샴, There, שָׁם)
불이 너를 삼키며
칼(헤레브, חֶרֶב)이 너를 베기를(תַּכְרִיתֵךְ - 히필 동사 미완료)
느치가 먹는 것 같이 하리라
네가 느치 같이 스스로 많게 할지어다
네가 메뚜기 같이 스스로 많게 할지어다

(1) 니느웨 성을 견고하게 수축한다 하더라도 소용이 없음은 그 성이 곧 무너져 없어질 것이기 때문이다. '거기서'(שָׁם) - 어디에서? 앞 절에서 말한, 즉 '성을 수축하고 견고하게 한 거기에서' 불이 니느웨를 삼킬 것이다. '삼키다'(아칼, אָכַל)는 어떤 사물, 또는 사람을 파멸시킨다는 의미를 함축하는 비유로 쓰인다. 가뭄, 불, 전쟁, 질병 등이 삼켜 버린다는 의미이다.

(2) 느치(옐레크, יֶלֶק) - 어린 메뚜기를 말한다. 여기서는 비유적으로 사용되었다. 메뚜기들이 작물을 순식간에 먹어치우듯이 불과 칼이 니느웨를 삼킬 것이다.

(3) 선지자는 조롱하는 말투로 니느웨 백성에게 메뚜기 떼처럼 번식하라고 말한다(16-17절).

3:16 네가 네 상인(상고, merchants)을 하늘의 별보다 많게 하였으나
느치(황충, 옐레크, יֶלֶק)가 날개를 펴서 날아감과 같고

3:17 네 방백(미네자르, מִנְזָר)은 메뚜기 같고
너의 장수(티프싸르, טִפְסַר)들은
큰 메뚜기 떼가 추운 날에는 울타리에 깃들였다가
해가 뜨면 날아감과 같으니 그 있는 곳을 알 수 없도다

(4) 여기서 메뚜기를 상인(상고)들에 비유하고 있다. 니느웨의 상인들은 앗수르 군대의 보호를 받으면서 많은 물자와 상품으로 무역을 했다. 티그리스 강을 끼고 그런 무역이 가능했다. 그러나 이제 나라가 망했기에 그런 영화는 다시 없을 것이다. 마치 메뚜기 떼가 땅을 황폐하게 하고 날아감 같을 것이다.

(5) 방백들과 장수들(아마 감독관들과 국가 기관의 서기관들?)도 마찬가지가 될 것이다. 니느웨 성읍 안에서 한때 안전함을 느꼈던 지도자들도 – 서늘한 밤이 지나고 해가 다시 따뜻하게 비추자마자 날아가 버리는 메뚜기 떼처럼 – 아무도 모르는 곳으로 달아나 버릴 것이다.

5. 이제 나훔 선지자는 앗수르 왕에게 최후의 메시지를 전하면서 예언을 마무리 한다.

3:18 앗수르 왕이여(מֶלֶךְ אַשּׁוּר)
네 목자가 '자고'(눔, נוּם) - 꾸벅꾸벅 졸다'
네 귀족은 누워 쉬며
네 백성은 산들에 흩어지나
그들을 모을 사람이 없도다

(1) 여기서 '네 목자'(Thy shepherds, רֹעֶיךָ)는 왕을 모시며 항시 왕의 상담역을 하는 고문 같은 사람이었을 것이다. 그런데 이런 충신이 그 앞에서 '꾸벅꾸벅 졸고' 있다는 것이다. 귀족(아디르, אַדִּיר)은 권위 있는 사람으로 꼭 귀족뿐만 아니라 군의 지휘관이나 수령을 말하기도 한다(대하 23:20).

(2) 이런 지도자들이 깊은 잠에 빠져 있다. 니느웨가 완전히 멸망 당하여 그 백성들을 모을 사람이 없게 될 것이다. 이렇게 니느웨 성의 지도자들은 일은 하지 않고 잠만 자는 목자요, 그의 백성을 방치할 수밖에 없는 목자들로 비

유하고 있다.

3:19 네 상처는 고칠 수 없고
네 부상은 중하도다
네 소식을 듣는 자가 다 너를 보고 손뼉을 치나니
//이는(for)
그들이 항상 네게 행패를 당하였음이 아니더냐 하시니라

(3) 선지자는 앗수르 왕을 치명상 입은 자로 묘사한다. 니느웨의 멸망 소식을 듣고 다 손뼉을 친다. 그 이유가 무엇인가? 계속 압제를 당했던 민족들이 앗수르의 멸망을 어찌 기뻐하지 않겠는가?! 주변 모든 민족들이 앗수르의 교만과 악랄함에 희생자들이 아닌가!

▶ 앗수르의 심판은 하나님에 의해서 이루어진다.

1. 앗수르는 주변 국가들을 늘 공포로 몰아넣었던 악랄한 국가였다. 그런데 하나님은 이제 앗수르가 역사에서 사라질 것을 선포하신다. 하나님의 공의가 인간의 역사 속에서 여전히 흐르고 있음을 보여준다. 범죄한 나라는 비록 하나님의 백성이라 할지라도 심판에서 제외되지 못한다.

2. 이렇게 여호와 하나님은 구원과 심판으로 다스리시는 만국(萬國)의 주이심을 보여준다. 하나님은 인내로써 앗수르의 불의를 참으셨으나 이제 더 이상 미룰 수 없는 심판의 확실함을 선포하신다. 하나님은 모든 나라의 죄악에 대해 언제까지나 인내하지 않으신다. 본서는 만국의 죄악에 대한 하나님의 인내의 극한(極限)을 보여주신다.

3. 앗수르에 대한 심판은 나훔서에만 언급된 것이 아니다. 특히 이사야 선지자는 앗수르의 심판을 계속해서 언급하고 있다.[1] 그렇다면 이사야서에서 말하는 앗수르의 죄악은 무엇인가? (사 10:5-34).

(1) 앗수르는 그릇된 길로 가는 국가를 어거하기 위한 진노의 몽둥이였다. 한 나라를 치게 하는 것이 하나님의 뜻이었으나(앗수르가 심판의 도구였다, 사 10:5-6을 읽어 보라*), 앗수르는 그 도를 넘어섰다. 앗수르는 허다한 나라를 파괴했다.

1) 사10:5-19, 14:24-27, 17:12-14, 18:4-6, 30:27-33. 31:5-9, 37:21-35.

• 사 10:5 "앗수르 사람은 화 있을진저 **그는 내 진노의 막대기요 그 손의 몽둥이는 내 분노라 6 내가 그를 보내어 경건하지 아니한 나라를 치게 하며** 내가 그에게 명령하여 나를 노하게 한 백성을 쳐서 탈취하며 노략하게 하며 또 그들을 길거리의 진흙 같이 짓밟게 하려 하거니와"

• 사 10:15-19
15 "도끼가 어찌 찍는 자에게 스스로 자랑하겠으며 톱이 어찌 켜는 자에게 스스로 큰 체하겠느냐 이는 막대기가 자기를 드는 자를 움직이려 하며 몽둥이가 나무 아닌 사람을 들려 함과 같음이로다
16 그러므로 주 만군의 여호와께서 살진 자를 파리하게 하시며 그의 영화 아래에 불이 붙는 것 같이 맹렬히 타게 하실 것이라
17 이스라엘의 빛은 불이 되고 그의 거룩하신 이는 불꽃이 되실 것이니라 하루 사이에 그의 가시와 찔레가 소멸되며
18 그의 숲과 기름진 밭의 영광이 전부 소멸되리니 병자가 점점 쇠약하여 감 같을 것이라
19 그의 숲에 남은 나무의 수가 희소하여 아이라도 능히 계수할 수 있으리라."

(2) 앗수르는 하나님의 뜻을 대적했다(사 10:7). 이사야 10:8-11을 읽어보자. 앗수르 왕이 얼마나 교만하게 떠들어 댔는가? 앗수르 왕은 나중에는 예루살렘과 그 신상들도 멸망시키지 못할 까닭이 없다고 하면서 교만을 떨었다. 계속해서 앗수르 왕은 이렇게 떠들어댔다. "그의 말에 나는 내 손의 힘과 내 지혜로 이 일을 행하였나니 나는 총명한 자라 열국의 경계선을 걷어치웠고 그들의 재물을 약탈하였으며 또 용감한 자처럼 위에 거주한 자들을 낮추었으며 14내 손으로 열국의 재물을 얻은 것은 새의 보금자리를 얻음 같고 온 세계를 얻은 것은 내버린 알을 주움 같았으나 날개를 치거나 입을 벌리거나 지저귀는 것이 하나도 없었다."(사 10:13-14)라고 했다.

(3) 도끼가 찍는 자에게 자랑하고 톱이 켜는 자에게 큰 체하고 막대기가 드는 자를 움직이려 했음 같았다(사 10:15). 앗수르는 처음에는 조공만 받았지만 후에는 정복국가로 피정복민을 초토화시켜 버리는 정책을 썼다. 십자가형(刑)이 이때부터 생겼다던가? 이제 앗수르는 황폐함을 당할 것이다. 이사야 선지자의 선포를 보라(사 10:15-19).

(4) 앗수르의 멸망은 곧 유다의 구원이다. 물론 앗수르가 멸망당하자 유다가 바로 해방된 것은 아니다. 훗날 남은 자들이 여호와께로 돌아올 것이요, 궁극적으로는 이상적인 다윗계 왕의 통치 하에 유다와 결합하게 될 것이다(이사야 11장). 하나님은 자기 백성을 징계하기 위해 앗수르를 도구로 사용하셨지만(사 10:24), 그 악랄함과 교만 때문에 여호와의 진노가 앗수르로 옮겨갈 것이다(사 10:25-26).

(5) 나훔 선지자의 예언대로 앗수르는 아슈르바니팔(668-627) 치세 말년에 제국 내의 광범위한 지역에 스키타이인의 침입과 약탈이 있어 앗수르 제국의 군사, 행정 기구는 이미 그 본래의 기능을 상실하고 있었다. 아슈르바니팔 사후 왕위 계승으로 말미암은 내분 속에서 대제국 앗수르호의 침몰은 더욱 가속화 되었다. 마침내 주전 612년, 니느웨는 메대와 바벨론의 연합군에 의해 점령당하고 만다. 앗수르가 어떻게 최후를 맞았는가는 이미 서론에서 자세히 다루었다. 서론에서 앗수르 멸망 과정을 다시 한 번 읽어보고 나훔서 공부는 여기서 접기로 하자.

나훔서 3장 요약 정리

Summary

니느웨의 멸망

- 나훔 선지자가 니느웨를 향해 외친 첫 마디는 무엇인가? (1절)
- 니느웨가 왜 '피의 성'이란 오명이 붙었을까?
- 앗수르의 잔악성에 대해 말해 보라. 특히 아슈르나시발 2세의 잔악성에 대해 설명해 보자. (교재)
- 2, 3절에는 적국의 군대가 니느웨를 함락하는 광경을 시로 생동감 있게 묘사했다. 앗수르가 다른 민족을 점령할 때도 이런 모습이었을 것이다.
- 니느웨가 이런 참화를 받게 된 이유는 무엇인가? (4절)
- 니느웨가 어떤 방법으로 열국들을 유혹하고 점령했을까? 유다 왕 아하스가 어떻게 이런 유혹에 넘어갔는가를 교재를 보고 설명해 보라. (왕하 16:7이하를 읽고)
- 이런 악랄한 앗수르를 어떻게 공중분해 시키실 것인가? 5-6절을 읽고 설명해 보라.
- 니느웨의 멸망을 동정할 이유가 전혀 없다. 그 이유가 무엇인가? (7절)
- "네가 노아몬보다 어찌 낫겠느냐"란 말이 나오게 된 동기는 무엇인가? 노아몬은 어떤 곳을 말하는가? 노아몬은 어떤 방어력을 갖추고 있었는가?
- 특히 노아몬이 강력했던 또다른 이유는 무엇인가? (9절)
- 왜 노아몬과 니느웨를 비교하고 있는가?
- 난공불락의 도시 노아몬이 어떻게, 어떤 이유로 멸망을 당했는가? 이때 노아몬을 공격한 앗수르 왕은 누구였는가?
- 니느웨가 어떻게 무너질 것인가? 무슨 비유를 들어 설명했는가?(12절)
- 니느웨가 아무리 노력을 해도 멸망을 피할 수는 없다. 나훔 선지자는 무슨 비유를 들어 니느웨를 조롱하고 있는가? (16-17절)
- 나훔 선지자가 앗수르 왕에게 던진 최후의 말은 무엇인가? (18절)

하박국 חֲבַקּוּק

2:3 이 묵시는 정한 때가 있나니 그 종말이 속히 이르겠고 결코 거
짓되지 아니하리라 비록 더딜지라도 기다리라 지체되지 않고
반드시 응하리라

2:4 보라 그의 마음은 교만하며 그 속에서 정직하지 못하나 의인
은 그의 믿음으로 말미암아 살리라

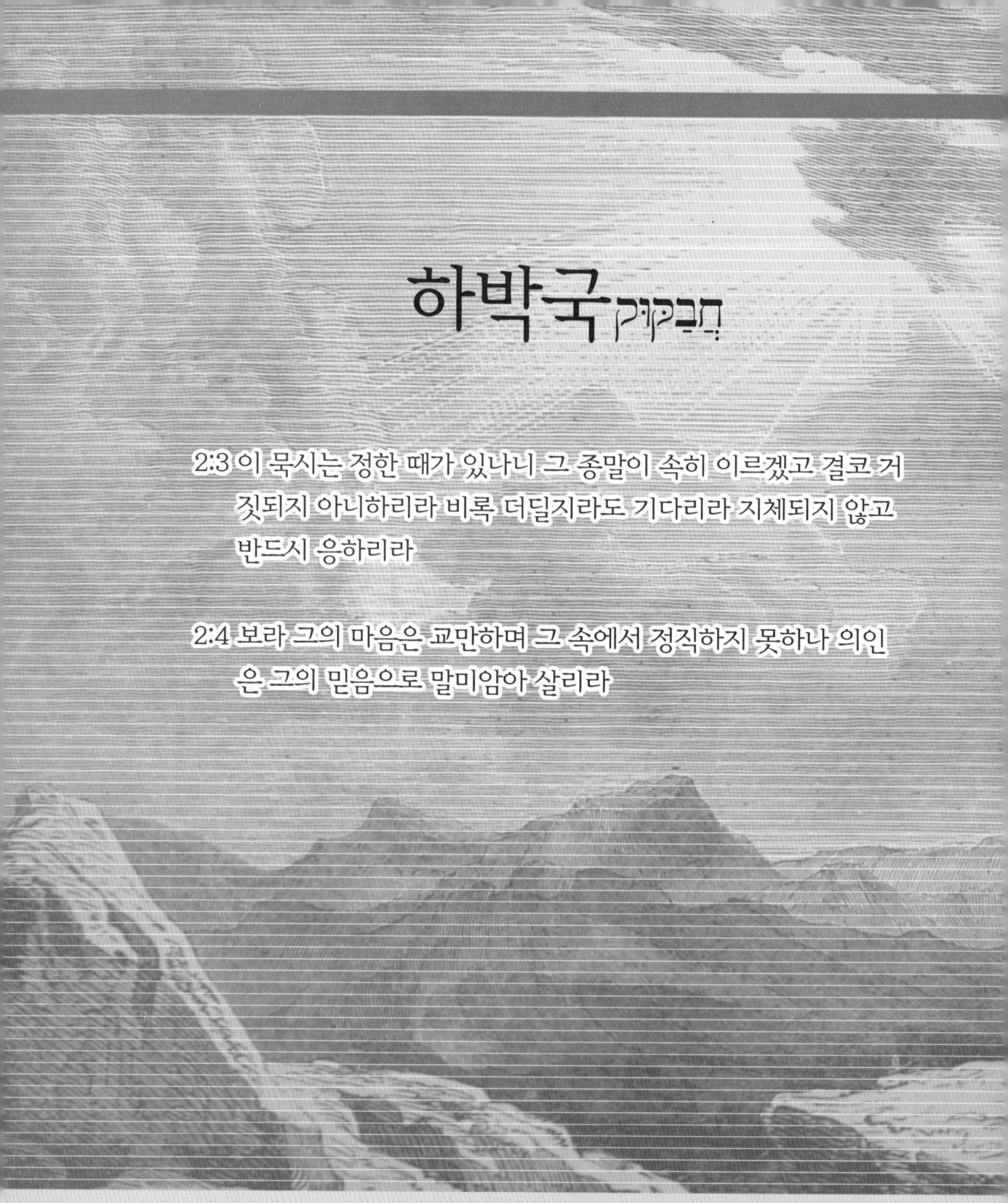

3:11 "날아가는 주의 화살의 빛과 번쩍이는 주의 창의 광채로 말미암아 해와 달이 그 처소에 멈추었나이다."

주전 609년, 어느 날

주전 609년 어느 날, 유다 공동체의 개혁을 이끌었던 선한 왕, 요시야는
쓰러져가는 앗수르를 돕기 위해 출전하는 애굽의 바로 느고를 저지하기 위해
므깃도로 출전했다가 전사한다.
요시야가 등장할 무렵, 국제 정세가 크게 요동치고 있었는데,
앗수르의 그늘 밑에서 꿈틀대던 바벨론이
드디어 독립을 선포했기 때문이다.
바벨론이 급부상하게 되었고, 강성했던 앗수르는 내란에 휩싸이게 된다.

유다는 종교개혁을 일으켰던 요시야의 죽음으로
다시 므낫세의 시대로 역주행을 시작했다.
요시야의 강력한 개혁정책은 외적 조치들로만 만족하게 되었고
유다 공동체의 근본적인 정신 상태를 개혁하지 못했다.
그래서 유다는 다시 긴 수렁에서 허덕이게 되었다.
요시야의 뒤를 이은 여호아하스는 3개월만에 왕위를 폐위당하고,
애굽으로 끌려가 죽임을 당한다.
애굽은 여호아하스의 형 여호야김을 꼭두각시로 앉혔다(주전 609-597년).
과중한 공물을 부담해야 했던 여호야김은
그 조공을 바치기 위해 국민 각 사람의 힘대로 액수를 정하고
은과 금을 징수했다(왕하 23:35).
그 와중에서도, 그는 왕궁을 더 크게 짓겠다고 백성들을 곤고케 했다.
백성들은 다시 옛길로 돌아섰고, 악인들이 득세하기 시작했다.
예루살렘은 다시 창기(娼妓)가 되어 갔다.

"어찌하여 내게 죄악을 보게 하시며, 패역을 눈으로 보게 하시나이까
겁탈과 강포가 내 앞에 있고, 변론과 분쟁이 일어났나이다
이러므로 율법이 해이하고 정의가 전혀 시행되지 못하오니
이는 악인이 의인을 에워쌌으므로 정의가 굽게 행하여짐이니이다."

선지자 하박국은 하나님께 이렇게 항의(?)한다.
"어찌하여, … 그리고 한 번 더 어찌하여…"
하나님의 놀라운 대답이 그에게 주어졌다.
그러나, 그 내용 때문에 하박국은 다시 한 번 놀란다.
아니, 무슨 말씀을 주셨길래…

CONTENTS 하박국

주제: 의인은 믿음으로 살리라(하나님의 구원을 기다리는 신앙)

하박국서 프로필

- 언제 누가 썼을까? · 84
  하박국 선지자의 활동 시기 · 84
- 요시야의 죽음과 소용돌이치는 정국 · 87
  요시야가 등장했을 때 주변 상황 · 88
- 요시야가 죽은 후 유다의 상황 · 90
- 하박국 선지자의 몸부림 · 92
- 하박국서 개요 · 95

하박국서 1장

- Outline · 98
- 언제까지 들어주지 않으시렵니까? (1:2-4) · 99
  선지자의 첫 질문 (1:2-4) · 100
- 하나님의 답변 (1:5-11) · 103
- 하박국의 두 번째 질문(1:12-17) · 108

• 하나님의 응답은 유다를 징계하기 위해 갈대아를 일으키실 것이라고 선언하신다. 이에 하박국은 더욱 놀란다. 하박국은 어떻게 하나님의 백성이 그들보다 더 악한 바벨론에게 비참한 상황을 맞게 되는가 하는 문제로 탄원한다. 바벨론은 이미 여러 나라들을 점령하고 포악한 행동을 일삼기 시작했다. 왜 하나님은 이런 악한 백성을 그대로 보고만 계시는가? 하나님은 악인이 의인을 삼키는 동안 방관하고 계신다고 생각했다. (본문 112면에서)

도표(1) : 하박국 선지자의 활동 시기 · 85

하박국서 2장

- Outline · 115
- "이 묵시는 정한 때가 있나니"(2:1-4) · 116
  묵시의 내용 · 118
  의인들과 악인들의 결과 비교(2:4) · 120
- 오직 의인은 그의 믿음으로 말미암아 살리라(롬 1:7) · 123
- 바벨론에게 내리는 징벌과 저주(2:5-20) · 125
  첫 번째 '화' 선포 · 126
  두 번째 '화' 선포 · 129
  세 번째 '화' 선포 · 130
- 물이 바다를 덮음같이 · 133
  네 번째 '화' 선포 · 134
  다섯 번째 '화' 선포 · 136

하박국서 3장

- Outline · 142
- 주의 소문에 놀랐나이다(3:2) · 143
- 하나님은 어떤 모습으로 오실 것인가?(3:3-7) · 145
- "내가 본즉"(3:7-15) · 147
- "승리 선포(3:16-19) · 153

- 하박국서를 마무리하며 · 158

▶ 하박국이 살고 있던 유다 공동체에는 악인이 의인을 에워싸고 있어 공의(정의)는 사라졌고, 겁탈과 강포만이 횡행하고 있었다. 그런데 어찌하여 공의로우신 하나님께서 그들을 징벌하지 않고 내버려 두시는가, 이 문제로 하박국은 갈등하고 있었다. 그는 이 문제로 하나님께 질문했고, 하나님은 그에게 응답하셨다. "…오직 하나님께만 소망을 두는 의인들은 패역한 시대 속에서도 용기를 잃지 말고, 믿음으로 살아가야 한다"는 음성을 듣는다.
(본문 157면에서)

하박국서 프로필

1. 누가 썼을까? (저자 : 하박국, חֲבַקּוּק)

(1) 저자에 관하여는 하박국서 외에는 알려진 것이 없다(1:1, 3:1).

1:1 "선지자 **하박국**이 묵시로 받은 경고라"
3:1 "시기오놋에 맞춘 선지자 **하박국**의 기도라"

(2) 하박국에 대해 몇 가지 전설이 있다.

- 어떤 랍비는 열왕기하 4:16에 나오는 '호베게트'(חֹבֶקֶת)[1]와 연관시킨다. 이 단어의 뜻과 열왕기하 4:16에 나오는 '안으리니'(호베게트)라는 말이 같기 때문에 하박국을 수넴 여인의 아들이라고 주장했다.

- 어떤 랍비는 하박국이 성루 위에 있었기 때문에(합 2:1) 이사야가 말한(사 21:6) 파수꾼이었다고 주장한다.

- 외경(外經) '벨과 용'(*Bel and the Dragon*)에는 "하박국이 추수하는 자들에게 고기와 야채를 넣은 수프를 주기 위해 들판으로 나가던 중, 한 천사가 찾아와서 그에게 그 수프를 바벨론의 사자굴 속에 있는 다니엘에게 갖다 주라는 명령이 나온다. 하박국은 천사에게 자기는 바벨론에 가본 적도 없고 또 사자굴의 위치도 모른다고 대답했다. 그러자 천사는 자기의 머리카락으로 하박국을 들어올려서 그를 사자굴에 내려놓는다. 다니엘이 그 수프를 먹은 후에 천사는 하박국을 도로 제자리에 데려다 준다."(W.B.C 주석, 서론) / 물론 역사성이 희박하다.

(3) 3:19을 읽어보면("…이 노래는 지휘하는 사람을 위하여 내 수금에 맞춘 것이니라") 하박국은 성전에서 노래하던 찬양대원으로 레위의 후손인 것으로 보인다(3:1 참조). 또 3장에는 '셀라'(סֶלָה)[2]라는 음악 술어가 몇 차례 나타난다(3:3, 9, 13).

2. 하박국 선지자의 예언 활동 시기는 언제일까?

(1) 하박국서의 저술 연대 역시 학자들마다 다양하게 주장한다. 이 부분의 도표는 이미 나훔서 서론에서 자세히 다루었지만 다시 한 번 살펴보기로 하자.

---

1) 하바크(חָבַק) - '포옹하다, 끌어안다'라는 뜻의 분사형.

- 왕하 4:16 "엘리사가 이르되 한 해가 지나 이 때쯤에 네가 아들을 **안으리라**(חֹבֶקֶת) 하니 여인이 이르되 아니로소이다 내 주 하나님의 사람이여 당신의 계집종을 속이지 마옵소서 하니라 17여인이 과연 잉태하여 한 해가 지나 이 때쯤에 엘리사가 여인에게 말한 대로 아들을 낳았더라."

2) 셀라 - 전문 음악 용어로 아마도 억양법, 또는 음의 장단을 조절하는 휴지(休止)를 가리킬 것이다.

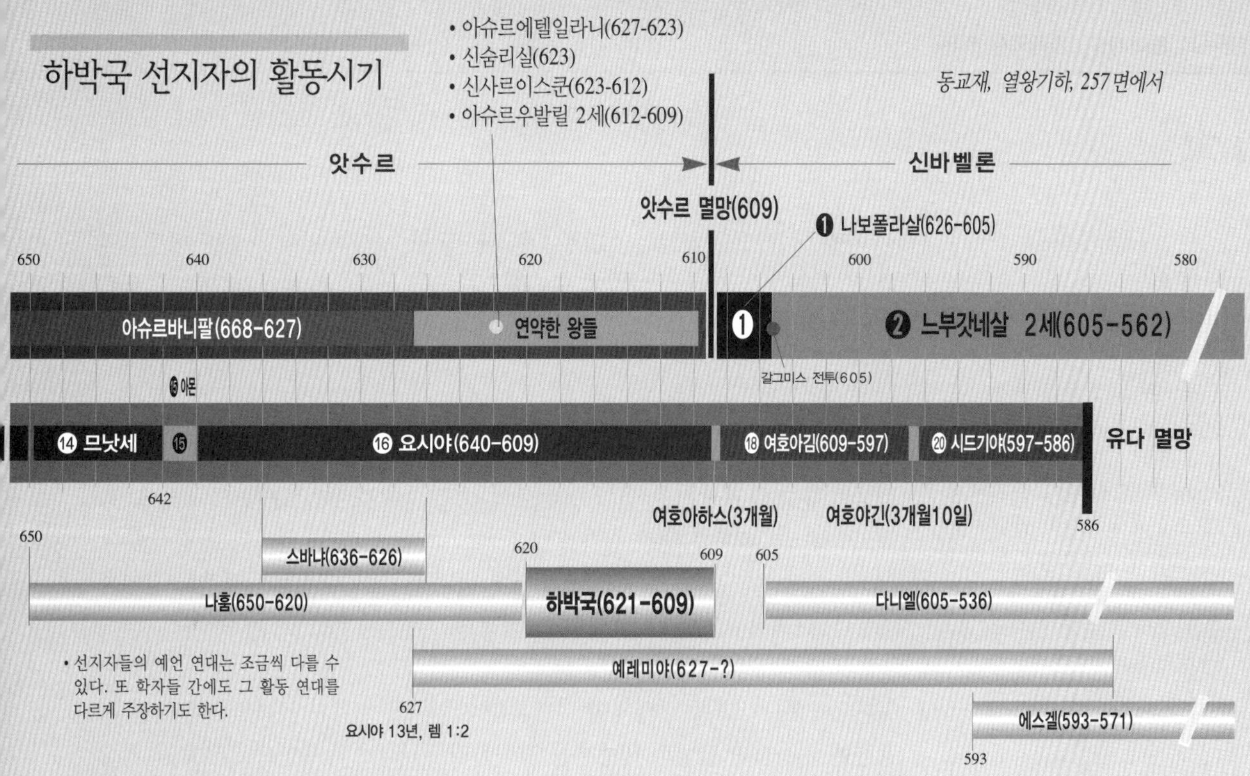

(2) 하박국 1장 6절에 보면 하나님께서 "갈대아 사람을 일으켰나니"라는 말씀이 나온다. 여기 '갈대아'란 신바벨론(Neo-Babylonian)을 말하는 것으로 본래는 바벨론 남쪽 한 지역을 차지하고 있었으나 신바벨론 시대에는 바벨론 전체를 '갈대아'로 불렀다.

• 합 1:6 "보라 내가 사납고 성급한 백성 곧 땅이 넓은곳으로 다니며 자기의 소유가 아닌 거처들을 점령하는 **갈대아 사람**을 일으켰나니."

(3) 하박국 선지자가 활동하던 때가, 갈대아 사람(카시딤, כַּשְׂדִּים)이 일어난 시기라면(합 1:6), 신바벨론 제국이 앗수르로부터 독립하던 주전 626년 이후로 볼 수 있을 것 같다. 그렇다면 그의 활동 시기는 위의 도표에서 볼 수 있는 것처럼 남유다의 요시야 왕의 통치 말년 쯤이었을 것이다.

(4) 먼저, 앗수르를 멸망시키고 등장한 신-바벨론 이야기부터 시작하기로 하자. 그렇게도 강성함을 자랑했던 앗수르 대제국도 바벨론과 메대 연합군에게 수도 니느웨가 무너졌다(주전 612년)[1]. 앗수르는 잔존 세력을 이끌고 하란을 거점으로 제국을 다시 일으키려 했다. 그러나 아슈르우발릿 2세(612-609년)의 이런 노력도 수포로 돌아갔다(주전 609년). 따라서 주변국들은 잠시 동안 신-바벨론(=갈대아), 메대, 리디아(지금의 터키 지역), 애굽 등 4강으로 재편되어 숨고르기를 한다.

1) 이 때 이미 나라는 망했지만 하란에서 최후 항전을 벌인다.

3. 앗수르의 멸망과 바벨론의 등장 과정은 동교재, 열왕기하, 259면 이하에서 자세히 설명했다. 그 내용을 아주 간단하게 살펴보자.

'고(古)바벨론'

고(古)바벨론의 등장: 아모리인들에 의하여 정복된 수메르의 도시 중 하나가 바빌론이다. 현재 바그다드로부터 남쪽으로 약 90km 지점, 당시에는 별로 중요하게 보이지 않던 이 도시에 스무아부라는 족장이 1850 B.C.(데이비드 롤은 1667년 주장)에 아모리 왕조를 창설한다. 이 왕으로부터 헤아려 6대째의 왕이 그 유명한 **함무라비**이다. 이 왕에 의해 바빌론은 메소포타미아 전토를 제패한다(1750 B.C. / David 롤은 1569 B.C.를 주장). 그는 라르사의 왕인 림신(Rim Sin)을 패배시켰다. 그 후에도 그의 정치적 영역을 확대시켜 앗시리아를 복속시킨다. 부유한 새 제국은 매우 강력하여 그 수도인 바빌론의 주변이 바벨론으로 알려지게 되었다. 바벨론 제1왕조는 약 300년 동안 지속되었다. (동교재, 열왕기하 259면에서)

(1) 신-바벨론이라고도 부르는 이유는, 함무라비 왕 이래의 역사가 있는 바벨론의 고도(古都)를 부흥하여 여기에 도읍을 정하였고, 피지배 계급의 민족은 오랜 전통을 가진 바빌로니아인이 대부분을 차지하였기에 신-바벨론 왕국이라고 부른다.

(2) 신-바벨론의 초대 왕 나보폴라살(626-605 B.C.)은 갈대아족 출신이다. 그는 바벨론의 군대를 통솔하고 있던 앗수르의 장군인 신사르이스쿤에 의해 일찍 시랜드(Sealand, 해변가 왕조, 습지가 많은 페르시아만 일대)의 관리로 임명받았다. 그러나 나보폴라살은 신사르이스쿤에게 반기를 들었고 이들과 접전해 승리를 거둔다. 그리고 626년 11월 23일, 공식적으로 바벨론 왕으로 등극한다.

(3) 물론 초기에는 그 통치 영역이 바벨론의 시외에도 미치지 못하였으나 매년 정복전을 거듭하며 남방의 바벨론을 장악한다. 그후 오직 북방으로 영토를 확장하는데 주력했다. 그리고 점차 앗수르 지역으로 침입, 앗수르군을 두 강 상류 지방으로 물리쳤다. 나보폴라살은 마침내 동방 산지에 웅거한 메대 왕 키악세레스와 동맹을 맺고(주전 614년), 앗수르의 수도 니느웨를 점령했다(주전 612년). 앗수르는 나훔 선지자의 예언대로 이들 연합군에 의해 멸망당하고 만다. 그래서 이 지역을 니느웨를 경계로 북쪽은 메대가, 남쪽은 갈대아 왕국(=바벨론)이 차지하게 되었다.

(4) 앞에서 여러 번 언급한 바와 같이 수도 니느웨가 점령당한 후 앗수르의 잔존 세력은(아슈르우발릿 2세, 612-609년) 그들의 정부를 하란으로 이주시켰다. 나보폴라살은 하란을 점령 1년간을 통치했으며, 609년에는 하란을 재탈환하려고 시도했던 앗수르와 애굽 동맹군을 격퇴시켰다. 나보폴라살은 북쪽 국경지대를 잠재우기 위해 우라라트를 상대해야만 했기 때문에 유일하게 남은 앗수르의 요새 갈그미스는 나보폴라살의 아들이자 군대장관인 느부갓네살이 점령한다.

(5) 신흥 바벨론은 메대와의 동맹 관계를 유지하면서 시리아를 수중에 넣으려고 했다. 그러나 바벨론의 숙적은 애굽이었다. 새로운 세력인 바벨론의 등장을 달갑게 여기지 않던 애굽의 바로 느고는 옛날에는 비록 원수지간이었지만 쓰러져가는 앗수르를 도우려 두 번에 걸쳐(첫 번째는 609년, 두 번째는 605년 갈그미스 전투) 출정한다(=아슈르우발릿 2세의 간곡한 청원으로). 이른 바 그 유명한 갈그미스 전투가 벌어진다. 물론 바벨론의 느부갓네살의 승리로 끝난다. 이런 복잡한 국제 정세 속에서 유다의 요시야 정부는 어떤 어려움을 겪었을까?

요시야의 죽음과 소용돌이치는 정국

<아래의 설명은 동교재, 열왕기하 21장 이하의 내용을 그대로 가져와 정리한 것이다. 이 부분을 이미 공부하신 분은 지나쳐도 된다. 요시야 왕 전후를 아는 것이 하박국의 내용을 잘 알 수 있기에 다시 소개한다.>

1. 요시야 왕은 반앗수르적인 입장에 있었다. 왜 그랬을까?

(1) 요시야는 앗수르가 망하는 것이 유다의 독립을 위해서 유익하다고 판단했을 것이다. 그래서 앗수르를 도우려고 북진하는 애굽을 저지하고자 므깃도로 출정한다. 애굽의 느고는 요시야 왕에게 사람을 보내어 자신과 맞서서 싸우지 말 것을 권면했다.[1)] 그러나 요시야는 변장을 하고 나가 싸웠다(609년). 하지만 그는 화살을 맞고 그곳에서 전사(戰死)한다(왕하 23:29, 30*).

1) 요시야는 하나님께서 애굽의 느고를 시켜서 하시는 말씀을 듣지 아니했다(대하 35:22).

• 왕하 23:29 "요시야 당시에 애굽의 왕 바로 느고가 앗수르 왕을 치고자 하여 유브라데 강으로 올라가므로 요시야 왕이 맞서 나갔더니 애굽 왕이 요시야를 므깃도에서 만났을 때에 죽인지라."

(2) 므깃도에서 애굽의 북진(北進)을 막으려던 요시야 왕이 애굽의 느고 2세에 의해 죽임을 당하자(609 B.C.) 유다의 지방 귀족들은 요시야의 둘째 아들인 여호아하스를 왕으로 삼았다. 보수주의 유다 집단에서는 이 후계자가 요시야의 정책을 계속하여 주기를 바랐을 것이다. 그러나 3개월뿐이었다. 왜냐하면 요시야 왕을 죽인 바로 느고(Pharaoh Necho)가 여호아하스를 제거하고 애굽으로 끌고 가서 죽였기 때문이다(왕하 23:34). 바로 왕 느고는 대신 여호아하스의 형인 엘리야김(Eliakim)을 왕으로 삼았다. 그리고 그의 이름을 여호야김으로 고쳤다.

(3) 유다 백성은 오랫동안 므낫세(686-642, 55년간)의 악정으로 인해 고통을 받아왔었다(왕하 21:1-18; 대하 33:1-20). 악정(惡政)을 펼쳤던 므낫세가 죽고, 그의 아들 아몬이 등장했으나 2년 만에 고관들로 짐작되는 몇몇 왕족들에게 암살당하고 만다. 아몬은 므낫세의 뒤를 이어 왕위에 올랐으나(642-640년) 2년간 부왕의 타락한 정치를 답습하는 데 불과했다. 므낫세와 아몬은 혼합신앙을 따른 것이 아니라 한 걸음 더나아가 전적으로 우상 숭배로 나아갔다. 므낫세에게 압제 당하던 사람들이 새로 등극한 왕조차 같은 길을 가는 것을 좋게 보지 않은 것 같다. 결국 아몬은 통치 2년 만에 궁중 신하들의 반역으로 죽었다.

(4) 이런 반역은 앗수르의 속국과 같은 처지에 환멸을 느꼈을 반앗수르파의 조종이 있었거나 아니면 므낫세에게 압제당한 사람들의 사주가 있었을 것이다. 국민(지방민, עַם־הָאָרֶץ)이 아몬 왕을 살해한 사람들을 다 죽이고 어린 요시야를 왕으로 옹립했다. 8살에 등극한 요시야는 31년간을 통치했는데(640-609년), 이

미 그의 배후에는 경건한 인물들이 많이 있었다. 이들에 의해 유다는 다시 궤도를 수정, 상승곡선을 그리게 된다. 요시야의 치리 기간은 유다 창건 이래 가장 행복했던 시기라고 볼 수 있다. 앗수르의 그늘에서 벗어났기 때문에 그는 남방만 아니라 북방 이스라엘의 바알 우상까지도 없애는 정화 운동을 벌였다. 요시야의 개혁 작업에 대한 내용은 여기서 다 언급할 수 없다.

2. 요시야가 등장했을 때 주변 상황은 어떠했을까?

▶ 요시야의 행적에 대해서는 스바냐서에서 다시 다뤄질 것이기 때문에 여기서는 간단하게 그의 공과를 살펴보기로 하자. 아래 내용은 동교재, 열왕기하, 250면에서 가져온 것이다.

(1) 요시야(640-609년)가 등장할 때, 국제 정세가 크게 변하기 시작했다. 늘 앗수르 그늘에서 기를 펴지 못했던 바벨론이 급부상하게 되었고, 강성했던 앗수르는 내란에 휩싸이게 된다. 이 무렵 앗수르는 아슈르바니팔이 다스렸으나 나이가 들었고, 그래서 그의 아들 신사르이스쿤과 공동 통치를 하게 된다.[1)]

(2) 역대하 34:3a "아직도 어렸을 때 곧 왕위에 있은 지 팔 년에 **그의 조상 다윗의 하나님을 비로소 찾고.**" - 이 구절을 보면, 유다는 요시야가 등극한 지(633/2년) 얼마 안 돼서 이미 앗수르의 그늘에서 벗어난 것같다. 요시야는 재위 8년(633/2년)에 이미 앗수르의 공식적인 제의(祭儀)를 거절했고, 그리고 12년에는(629/8), 신사르이스쿤이 앗수르 왕위에 오를 때를 같이하여, 온갖 우상 숭배에 대한 제거 조치를 취했다. 그리고 재위 18년에 성전을 수리하다가 율법책이 발견되었다(622년). 요시야는 율법책이 발견되기 이전에도 이미 개혁에 손을 대고 있었다. 그러나 이 율법책이 발견됨으로써 그의 개혁 작업은 방향성을 부여받게 되었고 개혁에 더욱 박차를 가하게 되었다.

(3) 이제 더 이상 앗수르가 유다에 대한 간섭을 할 처지가 못 되었다는 것을 보여준다. 유다가 앗수르의 손에서 벗어나기는 했지만,[2)] 이번에는 애굽에 종속되는 위치로 나아가게 된다. 물론 이 당시 애굽은 팔레스타인 지역을 합병할 생각은 없었고, 주로 상업 활동에 주력하고 있었다. 어쨌든 요시야 시대에는 외세에 크게 시달리지 않게 되었다. 따라서 요시야는 개혁정책을 단행할 수 있었다. 초기에는 므낫세가 썼던 정책을 전면 부정하는 것이었다. 그는 앗수르의 영향하에 있었던 제의(祭儀)들을 모두 제거하려 했을 것이다. 그의 개혁은 민족주의적인 면도 있었다. 따라서 비(非)이스라엘적인 것은 계속 제거해 나갔을 것

1)
- 산헤립(705-681)
- 에살핫돈(681-669)
- 아슈르바니팔(668-627)
- 아슈르에텔일라니(627-623)
- 신숨리실(623)
- **신사르이스쿤**(623-612)
- 아슈르우발릿2세(612-609)

- 대하 34:3 "(요시야가 왕이 된지) 제십이 년에 유다와 예루살렘을 비로소 정결하게 하여 그 산당들과 아세라 목상들과 아로새긴 우상들과 부어 만든 우상들을 제거하여 버리매"

2) 유다는 주전 622년경 앗수르 제국의 신에 대한 숭배를 공식적으로 파기하였다.

이다.

(4) 요시야가 어떤 개혁정책을 폈쳤는가에 대해서는 동교재, 열왕기하 253면 이하를 참조해 보자. 조부(祖父) 므낫세의 정책을 뒤엎은 요시야의 개혁 정책은 앗수르에 짓눌려 살던 유다 백성들에게는 새로이 되찾은(앗수르의 약체로 인한) 독립과 함께 새로운 소망을 갖게 하기에 충분했다. 요시야는 개혁정책을 중단 없이 밀고 나갔다. 요시야는 자신과 온 백성이 참여해서 언약 갱신 의식을 가졌다(왕하 23:1-3). 이 엄숙한 언약을 통해 신명기 율법은 사실상 국가의 기본법으로 인정되었다. 앗수르의 손에서도 벗어났기에 요시야는 북부 이스라엘 영토도 장악할 수 있었다. 그가 추구한 개혁정책은 주로 종교적인 문제였으나 그의 정책은 나라 전체가 바로 서는 데 많은 영향을 미쳤을 것이다. 나라가 이제는 정상 궤도에 올라섰다고 볼 수 있었다.

(5) 그러나, 그의 개혁 운동이 모든 사람들에게 환영을 받은 것은 아니다. 개혁은 예루살렘을 유일한 합법적 성소로서 인정하게 되었다. 이러한 제의(祭儀)의 집중 조치는 일부 사람들의 격렬한 반발을 불러오게 했다. 특히 여호와의 산당에서 일했던 성직자들은 당연히 지금까지 누려왔던 자신들의 특권을 박탈당한데 대한 반발을 가져왔다(왕하 23:9). 지방에 있었던 산당의 폐지는 백성들에게도 불편하다는 느낌을 갖게 했다.

(6) 심각한 문제는 이런 강력한 개혁 정책이 외적 조치들로만 만족하려는 경향을 띠었다는 점이다. 이런 외적인 개혁 정책들은 민족의 정신적 삶에 깊은 영향을 미치지 못하면서, 이제는 그 무엇에 의해서도 침범할 수 없는 평화가 이루어졌다는 그릇된 의식이 생겨나기 시작했다. 이런 율법에 대한 의식은 오히려 그릇된 안보관만을 굳게 심어주게 되었다. 백성들은 외적 개혁들을 통해 여호와의 요구가 충족되었다고 생각했다(렘 6:13이하). 이런 심각한 부작용 때문에 많은 선지자가 등장한다. 백성들은 선지자들의 말에 귀를 기울이지 않게 되었다. 이들은 진정한 삶의 변화는 없고 단지 제의 활동만을 활발하게 하는데 그치고 있었다(렘 6:16-21). 예루살렘에 성전이 있는 동안 유다는 망하지 않을 것이라는 착각에 빠졌다.

3. 어쨌든 요시야가 등장해서 므낫세와 아몬 왕의 악정으로 피폐해진 국가를 다시 굳건하게 세워놓았다. 그런데 이 요시야 왕이 므깃도에서 전사(戰死)한 것이다.

(1) 요시야의 죽음은(609년) 유다 멸망을 더욱 부채질했다. 그가 죽은 후 등장한 왕

들은 요동치는 국제 정치에 대처하지 못하고 바람 앞에 촛불 같은 존재가 되었다. 요시야가 죽은 후 23년이 지나서 유다는 바벨론에 의해 망하게 된다. 눈물의 선지자 예레미야 역시 이 몰락 과정을 지켜보아야만 했다.

요시야와 예레미야

• 예레미야가 부름받은 것은 요시야 제13년이다(렘 1:2). 그러나 예레미야는 요시야의 개혁을 거의 언급하지 않는다. 그가 요시야의 개혁을 지지하였던 것은 분명하다. 초기 단계는 더욱 그러했다. 그러나 그 결과에 대해서는 만족할 수 없었던 것이 분명하다. 요시야의 개혁은 외부적인 것만을 너무 지나치게 다루었고, 사람들의 마음은 건드리지 않고 그냥 내버려 두었기 때문이다(렘 5:1-5 참조). 더욱이 예레미야는 요시야의 비극적인 죽음에 대해 사실상 침묵하고 있다. 역대기 기자는 예레미야가 요시야의 죽음을 어떻게 생각했다고 기록하고 있는가? (대하 35:24, 25) / 윌리엄 S. 라솔, 구약개관

요시야가 죽은 후 유다의 상황

1. 앗수르가 망하고 세상은 바벨론의 나라로 바뀌었다. 그러나 바벨론은 아직 서쪽 지역에 손을 쓰지 못한다. 따라서 애굽은 재빨리 수리아 지역과 팔레스틴 지역을 완전 장악하게 된다.

(1) 유다는 요시야 왕이 죽은 후 그의 둘째 아들 여호아하스를 왕으로 세웠다(609년, 요시야의 세 아들 - ① 엘리야김, ② 여호아하스, ③ 시드기야). 애굽 왕 느고는 여호아하스(='살룸'으로 알려져 있음)가 마음에 들지 않았을 것이다. 아마 충성스럽지 못하다고 생각했던 것 같다. 게다가 유다가 반역을 일으킬지도 모른다고 생각한 느고는 여호아하스를 애굽으로 끌고가 죽게 만든다. 그의 죽음은 예레미야가 예언한 그대로였다(렘 22:11). 여호아하스 역시 하나님 보시기에 악한 일을 행했기 때문이었다(왕하 23:32).

(2) 애굽은 여호와하스를 끌고가 결국은 죽게 만들고 그의 형인 엘리야김을 왕으로 앉히고 그의 이름을 '여호야김'으로 고쳤다. 여호야김(=엘리야김)이 왕이 될 때에 25세였다. 그는 예루살렘에서 11년간 통치했는데 그 역시 "그의 조상들이 행한 모든 일을 본받아 여호와 보시기에 악을 행하였더라"(왕하 23:36)고 했다. 이 여호야김도 쇠사슬에 묶여 바벨론으로 끌려간다(대하 36:6). 여호야김은 아마 자기가 형이면서도 동생 여호아하스가 왕이 된 것을 불만으로 여겨 애굽 왕 바로 **느고**에게 모략적인 충동질을 했을 것이다. 그런 와중에서도 여호야김은 왕궁을 더 크게 짓기 위해 백성들에게 고역을 시켜 많은 피를 흘리게 했다(왕하 24:4; 렘 22:13-19).

(3) 여호야김(Jehoiakim)은 바로의 명령을 이루기 위해 백성 각 사람의 힘대로 액수를 정하고 은과 금을 징수했다(왕하 23:35). 후일에 에스겔 선지는 여호아하스와 여호야김을 가리켜 "사람을 삼키는 사자새끼"라고 했다(겔 19:1-4).여호야김은 많은 의인의 피를 흘렸다. 특히 선지자 우리야를 죽였다(렘 26:20-23). 예레미야도 죽이려 했으나 예레미야는 하나님의 보호하심으로 살았다(렘 26:24, 36:26). 특히 예레미야가 받은 계시의 두루마리를 불태웠다(렘 36:23).

(4) 여호야김은 11년간 왕위에 있으면서 죄악된 일을 많이 저질렀으며(왕하 24:3, 4) 그의 정책도 애굽을 섬기다 또 바벨론을 섬기는 등 불안정했다. 그러다가 비참한 죽음을 맞게 된다(렘 22:18-19).[1)]

(5) 물론 여호야김은 바벨론의 지배로부터 벗어나려고 몸무림쳤다. 바벨론의 느부갓네살이 애굽을 정복하는 데 실패하자(601년) 이에 용기를 얻어서였을까, 유다는 독립을 위한 투쟁을 한다. 그러나 역부족이었다. 화가 난 느부갓네살은 갈대아인, 수리아인, 모압인, 암몬인으로 구성된 부대를 유다에 파견한다(왕하 24:1-2*).

(6) 여호야김이 죽고 뒤를 이어 그의 아들 여호야긴(Jehoiakin)이 18세의 나이로 왕위에 올랐으나(왕하 24:6) 그 역시도 여호와 보시기에 악한 일을 했다. 여호야긴이 즉위한 지 3개월 뒤 바벨론 왕 느부갓네살이 다시 예루살렘을 포위하여 점령한다(왕하 24:10-17). 느부갓네살은 여호야긴을 비롯하여 황후, 왕자, 신복 등 나라의 유력한 자들을 많이 끌고 갔다. 그 중에는 용사 7천과 기술자 1천 명이 포함되었다(왕하 24:15). 나라가 완전 폐허화되었다. 게다가 느부갓네살은 여호와의 성전에 있던 기구들을 빼앗아 바벨론으로 가져가 자기 왕궁에 두었다(대하 36:6-7). 그리고 솔로몬이 성전에서 사용했던 금그릇도 다 깨뜨려버렸다.

(5) 여호야긴을 잡아가고 대신 그의 숙부요, 요시야의 아들인 시드기야(맛다니야)를 왕으로 세웠다.

▲ 위에서 요시야 왕의 죽음 전후를 간단하게 살펴보았다.

유다의 이러한 죄악으로 인하여 하나님은 이들을 징계하기로 확정하셨다. 하박국 1:6에 "갈대아 사람을 일으켰다"고 하신 말씀은 유다를 징계하시기 위한 것이었음을 볼 수 있다. 따라서 하박국은 갈대아 세력이 일어나기 시작한 때부터(주전 620년), 특히 여호야김 시대를 중심으로 활동한 선지자였다고 생각된다.

1) 이 한심한 여호야김의 행동을 꾸짖은 예레미야의 경고를 들어보자.

악한 짓을 통해 왕궁을 짓고 / 속임수로 다락방을 올리며 / 자기 이웃에게 일을 시키고도 그 품삯을 주지 않는 사람은 저주를 받을 것이다. 그는 '내가 살 왕궁을 크게 짓고 다락방들도 넓게 만들어야지' 하며 왕궁을 크게 짓고… 벽에는 백향목을 입히고 / 붉은색을 칠한다. / 네 집에 백향목이 많다고 해서 / 네가 위대한 왕이 되겠느냐? / 네 아버지는 / 먹고 마시는 것으로 만족했다…(렘 22:13-15, 쉬운성경).

• 왕하 24:1 "여호야김 시대에 바벨론의 왕 느부갓네살이 올라오매 여호야김이 삼년간 섬기다가 돌아서 그를 배반하였더니 2여호와께서 그의 종 선지자들을 통하여 하신 말씀과 같이 갈대아의 부대와 아람의 부대와 모압의 부대와 암몬 자손의 부대를 여호야김에게로 보내 유다를 쳐 멸하려 하시니."

하박국 선지자의 몸부림

1. 하박국은 지금 어떤 문제로 몸부림치고 있는가?

(1) 하박국보다 조금 앞서 사역했던 선지자들(아모스, 호세아, 미가, 이사야)은 사회의 불의를 보았고 이를 강력히 비난했다. 그리고 하나님께서 그들의 죄를 심판하실 것이라고 선언했다. 하박국 역시 동일한 죄를 보고 당황한 나머지 절망 속에 빠졌다. 악인이 득세하고 의인이 핍박 받는 현실을 보고 왜 하나님은 백성의 죄에 대해서 침묵하시는가 이해할 수 없었다. 하박국은 하나님께 "어찌하여", "어느 때까지"라고 질문한다.

(2) 여기에 대한 하나님의 대답이 있다. 그것은 유다의 간악함을 징계하시기 위해 갈대아인을 일으키시겠다는 것이었다(1:5-11). 그러나 하박국에게는 고민이 한 가지 더 생겼다. 그것은 '갈대아인들의 간악함이 지나쳐 열국을 살륙하게 내버려 둠은 어찜인가' 하는 문제였다.

(3) 하박국은 하나님께 반복적인 질문을 던짐으로써 하나님께서 어떻게 역사를 주관하는가에 대한 새로운 이해를 얻게 된다. 그가 고민하던 모든 문제의 해결을 얻고 그는 큰 기쁨으로 환난을 극복하는 새로운 결단을 내린다. 하나님의 응답은 악인의 영구한 번영을 거절하신다는 것이다. 하나님의 악인에 대한 심판이 더디게 보일지도 모른다. 그러나 그것은 도래할 것이다(2:3). 악인을 황폐케 하실 것이다(2:5). 결국 하박국과 다른 모든 사람들이 취해야 할 태도는 '믿음'의 자세라는 사실을 깨닫는다(2:4). 의인은 오직 믿음으로 살아야 한다는 것이다.

2. 하박국은 다른 선지자들처럼 우상 숭배에 대해 언급하지 않았다. 그 이유는 무엇일까?

(1) 서론에서 살펴본 것처럼 요시야의 종교개혁으로 말미암아 복구된 새로운 성전에서 새로운 제사를 드렸다. 요시야의 개혁운동은 아주 철저했다. 남방 유다에서는 솔로몬 때부터 있었던 모든 우상과 산당들을, 북쪽에서는 여로보암 1세 때부터 세웠던 우상들을 훼파해버렸다.

(2) 대제사장 힐기야가 율법책을 발견했다(왕하 22:3-23:3). 요시야는 서기관 사반에게 힐기야가 발견한 그 율법책을 주어 읽게 했다(왕하 22:10). 그것을 듣자 왕

은 옷을 찢으며 회개했다. 요시야는 이 민족에게 닥친 재앙의 원인을 이 율법책에서 발견했다. 그는 여호와의 성전에서 발견된 율법책을 통해 하나님의 백성들이 언약적 불순종을 행하고 있다는 사실을 깨달았다.

(3) **유다 전역에 정화 작업** : 므낫세가 세웠던 바알과 아세라와 하늘의 일월성신(뭇 별들)을 위하여 만든 모든 기구들을 불사르고 우상 숭배를 주관했던 제사장들을 그 자리에서 다 쫓아냈다(왕하 23:5). 또 아세라 상을 찍어 예루살렘 바깥 기드론 시내로 가져다가 거기서 불사르고 빻아서 가루를 만들어 그 가루를 평민의 묘지에 뿌렸다(왕하 23:6). 이제 요시야는 공적인 개혁과 함께 각 가정에 있던 우상들을 제거하는 작업에도 착수했다.

(4) 신접한 자(영매, 靈媒)와 박수(점쟁이, 마술사, wizard, spiritist)와 드라빔과 우상과 모든 가증한 것을 다 제거하였다. "이는 대제사장 힐기야가 여호와의 성전에서 발견한 책에 기록된 율법의 말씀을 이루려 함이라"고 했다(왕하 23:24). 그의 재위 18년에, 즉 율법책이 발견된 해에 **유월절**을 지킬 것을 명령했다. 요시야는 유월절을 성대히 지키기 위해 자기가 가지고 있던 짐승들 가운데 양과 염소 3만 마리와 소 3천 마리를 주었다(대하 35:7-9*)

• 대하 35:7-9 "요시야가 그 모인 모든 이를 위하여 백성들에게 자기의 소유 양 떼 중에서 어린 양과 어린 염소 삼만 마리와 수소 삼천 마리를 내어 유월절 제물로 주매 8방백들도 즐거이 희생을 드려 백성과 제사장들과 레위 사람들에게 주었고 하나님의 전을 주장하는 자 힐기야와 스가랴와 여히엘은 제사장들에게 양 이천육백 마리와 수소 삼백 마리를 유월절 제물로 주었고 9 또 레위 사람들의 우두머리들 곧 고나냐와 그의 형제 스마야와 느다넬과 또 하사뱌와 여이엘과 요사밧은 양 오천 마리와 수소 오백 마리를 레위 사람들에게 유월절 제물로 주었더라."

(5) 열왕기 기자는 요시야에 대한 평가를 다음과 같이 언급하고 있다.

• 왕하 23:24 "요시야가 또 유다 땅과 예루살렘에 보이는 신접한 자와 점쟁이 드라빔과 우상과 모든 가증한 것을 다 제거하였으니 이는 대제사장 힐기야가 여호와의 성전에서 발견한 책에 기록된 율법의 말씀을 이루려 함이라 25 **요시야와 같이 마음을 다하며 뜻을 다하며 힘을 다하여 모세의 모든 율법을 따라 여호와께로 돌이킨 왕은 요시야 전에도 없었고 후에도 그와 같은 자가 없었더라.**"

(6) 요시야의 이런 부흥 정책으로 위대한 인물들이 많이 배출되었다. 다니엘, 에스겔, 에스라, 느헤미야, 스룹바벨, 학개, 스가랴 같은 인물들은 예루살렘이 다시 회복되는 데 큰 역할을 했던 인물들이다.

3. 이런 요시야 왕이 므깃도 전투에서 전사했다. 그 뒤로 유다는 다시 이전 상황으로 돌아가고 말았다.

(1) 이것이 유다 멸망 직전, 하박국 사역 당시의 모습이다. 모처럼 요시야 왕이 등장하여 부흥했으나 그가 죽은 후 유다의 통치자들은 전보다 더욱 악해졌다. 여호야김이 그 악정의 대표적 인물이었다. 율법책을 불사르고 의인들은 오히려 큰 박해를 받았다.

(2) 하박국의 1:3, 4의 말씀은 이런 배경 하에서 나온 말이다.

• 1:3 "어찌하여 내게 죄악을 보게 하시며
패역을 눈으로 보게 하시나이까
겁탈과 강포가 내 앞에 있고
변론과 분쟁이 일어났나이다

4 이러므로 율법이 해이하고
정의가 전혀 시행되지 못하오니
이는 악인[1]이 의인을 에워쌌으므로
정의가 굽게 행하여짐이니이다."

1) 여기서의 악인은 유다 내부의 악인을 가리킨다.

하박국서 개요

제 1부 신앙의 고민과 해답(1장, 2장)

제 1장 선지자의 질문과 하나님의 답변

서론 : 표제(1:1) -
"선지자 하박국이 묵시로 받은 경고라."

1. 선지자의 첫 질문(1:2-4)
공의의 하나님이 왜 악인을 징벌치 않으시는가?
2. 하나님의 답변(1:5-11)
때가 오면 벌하리라. 바벨론이 그 몽둥이라.
3. 선지자의 둘째 질문(1:12-17)
거룩하신 하나님이 어찌하여 더러운 것을 들어 쓰십니까?

▶ 선지자의 고민은 무엇인가?
- 악인이 의인을 에워싸고 있고, 재판이 잘못 진행되고 있습니다.
- 겁탈과 폭력과 다툼과 싸움이 그치지 않고 있습니다.
- 율법이 해이하고 정의가 전혀 시행되지 않고 있습니다.
- 그런데 어찌하여 하나님은 그들을 징벌하지 않으십니까?

▶하나님의 답변
- "보라 내가 사납고 성급한 백성…갈대아 사람을 일으켰나니"(1:6, 3:14 참조)
- 즉 유다의 악인들은 바벨론 군대에 의해 망할 것이다.

▶ 선지자의 또 다른 질문은?
- 하나님은 자기 백성을 심판하시기 위해 바벨론을 택하신 사실을 이해할 수 없었다.

제 2장 하나님의 답변(계속)과 바벨론의 징벌

4. 하나님의 답변(2:1-4)
기다리라, 의인은 믿음으로 살리라, 바벨론을 반드시 멸하리라
5. 바벨론의 징벌(2:5-20)
서론 : 바벨론의 악(2:5)
A. 화 있을진저, 남의 것을 침략하는 자여(6-8절)
B. 화 있을진저, 자기를 위하여 불의의 이를 취하는 자여(9-11절)
C. 화 있을진저, 피로써 성읍을 건축하는 자여(12-14절)
D. 화 있을진저, 자기의 영광을 위하여 남의 수치를 드러내는 자여(15-17절)
E. 화 있을진저, 우상의 나라여(18-20절)

▶ 그 어떠한 환난과 고민이 있어도 "의인은 믿음으로 살아야 함"을 보여주시고 뒤이어 바벨론의 멸망을 언급하셨다.

▶ '화 있을진저'(호이, הוֹי)라는 말로 바벨론을 저주하며 멸망을 선포하신다.

때가 되면 정의가 꼭 승리를 거두게 될 것이다. 이 메시지의 중요성 때문에 그것을 판에 기록하라고 하신다.

제 2부 신앙의 승리의 노래(3장)

제 3장 신앙의 승리

서론 : 표제(3:1)
시기오놋에 맞춘 선지자 하박국의 기도라

1. 부흥을 위한 선지자의 기도(3:2)
하나님의 나라의 부흥

2. 선지자의 예언적인 기도(3:3-15)
강림하시는 심판주 하나님

3. 신앙의 승리(3:16-19)
나의 발을 사슴과 같이, 나를 높은 곳으로 다니게…

by 김희보, 구약하박국 · 스바냐 주해

▶선지자는 하나님의 백성 유다는 자신들의 죄 때문에 하나님의 징계를 피할 수 없다는 사실을 잘 알고 있다. 그래서 하나님의 긍휼을 간구하면서 자기 나라와 민족의 부흥을 호소한다(3:2). 물론 여기서의 부흥은 죽었던 것이 다시 소성케 되는 것을 의미한다.

유다에게 내려질 심판은 너무 확실하다. 따라서 선지자는 하나님께 긍휼을 호소한다. "진노 중이라도 긍휼을 잊지 마옵소서."

Habakkuk

1장

의인이 핍박을 받고, 악인이 득세하고. 왜?

므낫세가 통치할 때부터 남유다는 이미 금이 가고 있었다. 마침내 하나님의 멸망의 심판 선고를 받는다. 다행히 요시야의 등장으로(주전 640-609년) 유다는 다시 상승곡선을 그린다. 조부(祖父) 므낫세의 정책을 뒤엎고 과감한 개혁정책을 펼쳤기 때문이다. 그러나 그러한 개혁정책도 한계에 부딪쳤다. 그의 정책이 모든 사람에게 환영을 받은 것이 아니었다. 결국 강력한 개혁 정책이 외적 조치들로만 만족하려는 경향을 띠었다. 민족의 정신적 삶에 깊은 영향을 미치지 못하였다. 따라서 진정한 삶의 변화는 없고 단지 제의 활동만을 활발하게 하는 데 그치고 있었다(렘 6:16-21). 더욱이 예루살렘에 성전이 있는 동안에 유다는 망하지 않는다는 그릇된 생각이 팽배했다. 그나마 개혁정책을 강력히 수행했던 요시야의 갑작스런 죽음으로(주전 609년) 나라는 이내 혼란으로 빠져들었다. 그를 이어 등장한 여호아하스는 3개월만에 애굽의 바로에게 폐위당하고 끌려간다. 대신 그의 형 여호야김을 왕으로 세웠다(주전 609-597년). 물론 유다는 애굽의 속국이 되었고, 애굽에 은 100달란트와 금 한 달란트를 벌금으로 물어야 했다. 문제는 여호야김이 애굽의 꼭두각시 왕으로 11년을 통치하는 동안 유다는 엄청난 수렁으로 빠져들었다는 것이다. 왕궁을 더 크게 짓기 위해 백성들에게 고역을 시키고, 선지자들을 죽이려 하는 등 악으로 치달았다. 백성들은 개혁 운동의 열기를 잃어가고 다시 옛길로 돌아섰다. 의인이 핍박을 받고 악인이 득세하는 세상이 지속되었다. 그런데도 하나님은 침묵하고 계시지 않는가! 하박국이 일어나 하나님께 질문한다. 왜? "…"

Outline 1

제 1부 신앙의 고민과 해답(1장, 2장)

제 1장 선지자의 질문과 하나님의 답변

서론 : 표제(1:1) -
1. 선지자의 첫 질문(1:2-4)
2. 하나님의 답변(1:5-11)
3. 선지자의 두 번째 질문(1:12-17)

제 2장 하나님의 답변(계속)과 바벨론의 징벌

4. 하나님의 답변(2:1-4)
5. 바벨론의 징벌(2:5-20)
서론 : 바벨론의 악(2:5)
A. 화 있을진저, 남의 것을 침략하는 자여(6-8절)
B. 화 있을진저, 자기를 위하여 부당한 이익을 취하는 자여(9-11절)
C. 화 있을진저, 피로써 성읍을 건축하는 자여(12-14절)
D. 화 있을진저, 자기의 영광을 위하여 남의 수치를 드러내는 자여(15-17절)
E. 화 있을진저, 우상의 나라여(18-20절)

1. 하박국 선지자가 하나님께 질문

(1) 첫 번째 질문 - "어느 때까지리이까?"

- 선지자는 여호와께 부르짖었다. 그렇게 간절히 부르짖었는데 하나님께서 듣지 않으셨다는 것이다. 그래서 언제까지 들어 주지 않으십니까라고 울부짖는다.

- 선지자가 하나님께 이렇게 간절히 울부짖은 것은 백성들의 '강포'(하마스, חָמָס) 때문이었다. 하박국은 죄악, 패역, 겁탈, 강포, 변론, 분쟁이 사회를 어지럽히고 있다고 탄식한다. 죄에 가득 찬 폭력이 난무했다. 권력 있는 자의 야만적이요, 무법적인 학대가 계속되었다. 그런데도 하나님은 이런 백성들에게 침묵하고 계신다는 것이 하박국의 첫 번째 질문의 이유가 되었다.

(2) 하나님의 답변(5-11절)

- 하박국의 질문에 하나님은 답을 주셨다. 그러나 하나님의 답변에 하박국은 더욱 놀라지 않을 수 없었다. "너희의 생전에 내가 한 가지 일을 행할 것이라."(5절).

- 그 놀라운 일이란 갈대아를 일으켜 그들로 하여금 유다를 징계하시겠다는 것이었다.

- 바벨론은 앗수르를 무너뜨리고, 주전 609년에 새로운 나라로 등장했다. 바벨론은 나보폴라살(626-605년)에 이어 느부갓네살 2세가 왕위에 올랐다. 바벨론은 사실상 느부갓네살의 나라였다. 그는 43년간을 통치하면서 강력한 팽창정책을 계속했다. 바벨론은 매우 사납고 성급하다고 했다.

- 하박국은 이런 하나님의 계획에 동의할 수 없었다. 어떻게 자기 백성을 징계하는 데 더 악한 민족인 갈대아를 일으켜 공격하게 하시는가? 바벨론은 우상 숭배의 나라요 자신들의 힘을 자신들의 신으로 삼는 자들이 아닌가? 예언과 같이 바벨론은 정말로 막강해 졌다.

(3) 그래서 선지자는 두 번째 질문을 한다.

- 하나님의 성취 방법에 혼란을 일으켰기 때문이다. "어찌하여 거짓된 자들을 방관하시며 악인이 자기보다 의로운 사람을 삼키는데도 잠잠하시나이까?"

언제까지 들어 주지 않으시렵니까 (1:2–4)

하박국은 여호야김(609-598년) 통치 하에서 유다 백성들의 간악함을 인하여 탄식하는 기도를 드리고 있다. 요시야 왕이 등장한 후 유다는 다시 한 번 상승곡선을 그리는 듯했다. 그러나 그가 죽은 후 유다는 또다시 깊은 수렁으로 빠져들었다. 백성들은 율법을 지키지 아니했으며, 제사장 자신들도 그 율법을 무시했고(렘 2:8 참조), 거짓 예언자들은 자기 생각이나 백성들이 듣기 원하는 달콤한 말씀들만 선포했다(렘 23:9-40). 유다 사회에서 정의가 사라졌다. 곳곳에 강포와 혼돈과 무질서가 난무했다. 그런데도 하나님은 침묵하고 계시지 아니한가!

1. ‘묵시로 받은 경고’란 무엇을 말하는가?

1:1 선지자 하박국이(הַנָּבִיא[1] חֲבַקּוּק)
‘묵시로 받은’(하자, חָזָה) **경고라**(맛사, מַשָּׂא)

(1) 하박국은 자신이 ‘선지자’임을 강조했다.[2] 하박국서에서 두 번 나온다(1:1, 3:1). 선지자들은 심판에 대한 예언, 특히 바벨론 포로 이전에는, 백성과 그들의 대표자들 혹은 백성의 무리에게 다가오는 심판(judgment)에 대하여 경고하는 것이 선지자들의 주 임무였다. 또한 구원에 대해 예언했다. 이들 선지자들은 하나님에 의하여 경고와 권고, 위로, 가르침과 조언을 하도록 부름을 받은, 말씀의 선포자를 말한다.

(2) 하박국은 성전에서 노래하던 찬양대 대원으로, 레위의 후손이라는 주장도 있다.[3] 하박국은 제의관리자였으며, 하박국서는 예배공동체를 위한 그의 중보기도이거나 예배공동체를 대표한 예언자의 불평에 관한 책이라고 주장되어 왔다.

그러나 악트마이어(E. Actemeier)는 그의 주석에서, 하박국은 백성들을 위해서는 기도했지만 제의와는 거의 상관이 없다고 주장한다. 악트마이어는 “하박국은 동시대인이었던 예레미야처럼(렘 15:15-18의 탄원과 19-21절의 대한 대답 참조) 자기도 제의구조와 전혀 무관한 방식으로 제의형식을 사용하고 있다. 그래서 하박국을 ‘제의예언자’로 칭하는 것은 정당화 될 수 없다”고 주장한다.[4]

(3) ‘묵시로 받은’(하자, חָזָה) - 이 말은 환상 중에 받은 계시의 말씀이란 뜻이

1) 정관사가 붙어 있다. ‘그 선지자’(the prophet)

2) 자신을 선지자라고 밝힌 경우는 스가랴 외에는 별로 없다(슥 1:1).

3) 두란노 HOW 주석, 김희보, 119면이하.

4) E. Actemeier, 현대성서주석, 나훔-말라기, 한국장로교출판사, 2002), 68-69.

1) 이 세 단어가 무엇에서 파생되었든지 간에 성경은 나비(nabi)가 하나님의 대변자를 의미한다고 상술하고 있다(출 7:1-2 참조: 출 4:16; 렘 23:16; 사 1:20; 슥 7:12; 암 3:8, 7:16).

다. '하자'(חָזָה)란 말은 '보다, 지각하다, 예언하다'라는 뜻으로 특별히 '환상 중에 보는 것'을 말한다. '선견자'(호제)라는 말이 이 단어에서 파생되었다. 구약성경에는 선지자를 지칭하는 용어가 3개가 나온다: 즉 "다윗 왕의 시종 행적이 **선견자**(=로에) 사무엘의 글과 **선지자**(=나비) 나단의 글과 **선견자**(=호제) 갓의 글에 다 기록되고"(대상 29:29).[1] 본문에는 '나비'(נָבִיא)로 쓰였다.

(4) **경고**(맛사, מַשָּׂא) - '맛사'란 '신탁, 예언, 무거운 짐'이란 의미이다. 이사야는 이방 나라들에 메시지를 전할 때 이러한 경고의 형태를 사용했다(바벨론, 블레셋, 모압 등). 여기서는 책망의 의미로 쓰였기에 경고로 묘사되었다.

선지자의 첫 질문(1:2-4)

2. 하박국 선지자의 탄식 중 첫 질문은 무엇인가?

1:2 여호와여
내가 **부르짖어도**(שִׁוַּעְתִּי) - 피엘 동사 완료
주께서 **듣지 아니하시니**
어느 때까지리이까(עַד־אָנָה) - 문장 맨 앞에 나와 있다.
내가 강포(하마쓰, חָמָס)로 말미암아 **외쳐도**(자아크, זָעַק)
주께서 **구원하지**(תוֹשִׁיעַ - 히필 미완료) **아니하시나이다**

(1) "어느 때까지리이까"(How long, עַד־אָנָה) - 문장 맨 앞에 나와 그 뜻이 강조되어 있다. '얼마나 오랫동안'이라는 의미이다. 사람들은 하나님께서 응답하시기까지 얼마나 오래 걸릴 것인지를 물었다(합 1:2; 시 13:1-2).

1) 시 72:12; 욥 19:7, 24:12; 사 38:13.

(2) 선지자는 여호와께 부르짖었다. '샤와'(שָׁוַע)의 피엘 동사로 쓰였다. (도와달라고) 아주 간절히 부르짖었다는 말이다.[1] 이 동사는 피엘형(강조 능동)으로만 쓰였는데, 그 행위가 강력함을 보여준다. 그렇게 아주 간절히 부르짖었는데 하나님께서 듣지 않으셨다는 것이다. 그래서 '언제까지 들어 주지 않으십니까' 라고 울부짖는다. 우리는 여호와께 부르짖을 수는 있으나 응답을 받지 못할 때가 있다(욥 19:7, 30:20; 시 18:41).

(3) 선지자가 하나님께 이렇게 간절히 울부짖은 것은 백성들의 '강포'(하마스, חָמָס) 때문이었다. '강포'란 단어는 거의 언제나 죄에 가득 찬 폭력과 관련

하여 사용되었다. 권력 있는 자의 야만적이요, 무법적인 학대를 의미한다 (미 6:12*; 습 1:9; 겔 7:11). 이 단어는 종종 극도의 악함을 나타내는 이름으로 나온다. 이것이 홍수의 원인이 되었다(창 6:11*). 유다가 왜 이렇게 극도로 악해졌는가는 서론에서 이미 살펴보았다.

(4) 강포 때문에 하나님께 외쳐도 듣지 않으셨다고 했다. '외치다'(자아크, זָעַק) 라는 말은 도움이 필요해서 부르짖거나 큰 소리로 부르는 것을 의미한다.

- 미 6:12 "그 부자들은 강포가 가득하였고 그 주민들은 거짓을 말하니 그 혀가 입에서 거짓되도다."
- 창 6:11 "그 때에 온 땅이 하나님 앞에 부패하여 포악함이 땅에 가득한지라."

3. 왜 하나님은 이런 간구에도 불구하고 침묵하시는가?

1:3 어찌하여 내게 죄악(간악, 아웬, אָוֶן)[1]을 **'보게 하시며'**(라아, רָאָה)
패역(아말, עָמָל)[2]을 **'눈으로 보게 하시나이까'**(나바트, נָבַט)
겁탈(쇼드, שֹׁד)[3]과 강포(하마스)가 내 앞에 **있고**
변론(리브, רִיב)과 분쟁(마돈, מָדוֹן)이 **일어났나이다**

(1) 여기서 이런 악을 행하는 자들은 누구를 가리키는가? 갈대아인인가, 아니면 하나님의 백성 유다를 가리킴일까? 4절의 내용을 볼 때 이들은 유다인을 가리키는 것이 분명하다. 서론에서 살펴본 대로 이런 상황이 여호야김 시대에 벌어지고 있었기 때문이다.

(2) 엘리야김(=여호야김)은 애굽의 바로가 세운 왕이다. 당연히 애굽에게 조공을 바쳐야 했다. 그는 바로의 명령을 이루기 위해 백성 각 사람에게 힘대로 액수를 정하고 은과 금을 징수(늑봉)했다고 했다(왕하 23:35). 또한 왕궁을 더 크게 짓기 위해 백성들에게 고역을 시켜 많은 피를 흘리게 했다(왕하 24:4; 렘 22:13-19을 읽어보자).[4]

(3) 하박국 선지자는 이 시대에 하나님의 공동체에 정의는 사라졌고 '죄악(=간악), 패역, 겁탈, 강포, 변론, 분쟁(=변론보다 강한 투쟁)'이 사회를 어지럽히고 있다고 탄식한다. "어찌하여… '보게 하시며'… '눈으로 보게'(목도하게) 하시나이까?" '나바트'(נָבַט)는 '주목해서 보다'(regard)라는 뜻이다.

1) 간악(iniquity) - 부정, 불법, 사악함, 공허, 악, 해악 등의 의미이다.

2) 패역 - 수고, 노동, 고생, 해악, 재해.

3) 폭력, 황폐, 대파괴, 멸망.

4) 여호야김은 많은 의인의 피를 흘렸는데 특히 선지자 우리야를 죽였다(렘 26:20-23). 예레미야도 죽이려 했으나 예레미야는 하나님의 보호하심으로 살았다(렘 26:24, 36:26). 특히 예레미야가 받은 계시의 두루마리를 불태웠다(렘 36:23). 요시야의 개혁 운동이 열기를 잃어가고 또 그 백성이 옛길로 다시 돌아섰다.

4. 유다는 이미 사회가 마비되었다. 하나님의 정의가 시행되지 못하고 있기 때문이다. "율법이 해이했다"는 말은 무슨 뜻인가?

1:4 이러므로(עַל־כֵּן) - 2절과의 연결이다. 즉 주께서 구원하지 아니하셨기 때문에
율법이 '**해이하고**'(푸그, פּוּג)[1]
정의(공의, 미쉬파트, מִשְׁפָּט)가 전혀 **시행되지 못하오니**
//이는(for, כִּי)
악인이 의인을 에워쌌으므로
//결과(עַל־כֵּן) : 정의(=공의)가 굽게 행하여짐이니이다

1) 푸그 - '마비되다, 무감각해지다(grow numb)'

(1) "이러므로"(Therefore)는 2절과 연결된다. 즉 주께서 구원치 않으셨기에 율법이 해이해졌다고 말한다. '해이하다'(푸그)라는 말은 '감각이 없다. 마비되다, 무력하다, 효력이 중단되다'라는 의미로 NIV는 '율법이 마비되었다'(the law is paralyzed)라고 번역했고, NASB는 '율법이 무시되었다'(the law is ignored)라고 번역했다.

(2) 유다의 불의가 얼마나 심각했는지는 동시대의 사역자 예레미야의 탄식에서 볼 수 있다(렘 9:3-6, 9:1-6, 12:1-4, 15:10, 20:7-8, 22:3, 13-17). 하박국은 당시 공동체 내에 정의(공의, 미쉬파트)가 전혀(아주, 네차흐, נֶצַח)[2] 시행되지 못하고 있다고 탄식한다. 하나님은 언약 공동체 내에 정의가 실현되기를 위해 율법을 주셨다. 여기서 율법은 '미쉬파트'라는 말로 그 의미가 다양하게 쓰였다. 그 범위는 법적인 판결에서부터 범 사회의 고정된 틀에까지 이른다. 그런데 이런 율법이 무시당함으로써 무기력한 것이 되고 말았다. 율법이 마비되었다고 했다. 즉 정의가 왜곡되어 전혀 시행치 못하게 되었다는 것이다.

2) '네차흐'는 '영속, 힘, 승리, 탁월'이라는 의미가 있다.

(3) 정의(공의)가 실행되지 못했던 이유는 무엇인가?

그것은 악인이 의인을 협박하거나 바르게 살고자 하는 의도를 꺾어버렸기 때문이다. 물론 하박국 당시에도 올바르게 살아가려는 의인들이 있었다. 그러나 이들이 사회를 개혁하지 못했다. 동시대에 사역했던 예레미야는 당시 사회가 얼마 패역했는가를 다음과 같이 언급하고 있다(렘 5:1-9).

- 렘 5:1 "너희는 예루살렘 거리로 빨리 다니며 그 넓은 거리에서 찾아보고 알라 너희가 만일 정의를 행하며 진리를 구하는 자를 한 사람이라도 찾으면 내가 이 성읍을 용서하리라…4 내가 말하기를 이 무리는 비천하고 어리석은 것뿐이라 여호와의 길, 자기 하나님의 법을 알지 못하니 5 내가 지도자들에게 가서 그들에게 말하리라 그들은 여호와의 길, 자기 하나님의 법을 안다 하였더니 그들도 일제히 멍에를 꺾고 결박을 끊은지라…7 내가 어찌 너를 용서하겠느냐 네 자녀가 나를 버리고 신이 아닌 것들로 맹세하였으며

내가 그들을 배불리 먹인즉 그들이 간음하며 창기의 집에 허다히 모이며 8
그들은 두루 다니는 살진 수말 같이 각기 이웃의 아내를 따르며 소리지르
는도다 9여호와의 말씀이니라 내가 어찌 이 일들에 대하여 벌하지 아니하
겠으며 내 마음이 이런 나라에 보복하지 않겠느냐."

(4) 그렇다면 여기서 언급하고 있는 악인은 누구인가?
어떤 학자는 여기 나오는 악인을 애굽이나 갈대아인을 가리킨다고 주장한다. 그러나 4절의 내용을 자세히 살펴보면 정의가 시행되지 못한 것은 적군의 침략 때문에 일어난 일이 아니다. 여기서 율법이 해이해졌다는 것은 악한 왕 여호야김 시대에 나타난 타락한 사회상을 보여주는 말일 것이다.

하나님의 답변(1:5–11)

1. 하박국은 이런 상황에서도 끊임없이 기도했음을 본다(1:2).

그러나 하나님은 기도에 응답하지 않으셨다. 선지자는 이런 사실에 대하여 하나님께 질문하고 있다. 왜 의인이 끝도 없이 어려움을 당해야만 하는가?

1:5 여호와께서 **이르시되**
너희는 여러 나라를 보고(רְאוּ–칼 동사 명령법, "보라", Behold!, Look!)
또 보고(הַבִּיטוּ– '나바트' (נָבַט) 히필 동사 명령법, Observe!)
놀라고(הִתַּמְּהוּ–히트파엘 동사 명령법)[1] 또 놀랄지어다(תְּמָהוּ–칼 동사 명령법)
//이유(for, כִּי)
너희의 생전에 내가 한 가지 일을 행할 것이라(=것이기 때문에)
//(비록) 누가 너희에게 말할지라도
너희가 믿지 아니하리라

[1] 같은 동사가 동반될 때는 강조의 뜻으로 해석한다. '놀라고, 크게 놀라라'는 뜻이다.

(1) 5-11절은 하박국의 질문에 대한 하나님의 답변이다. 하박국은 하나님께 자기로 하여금 '불의'를 보게 하셨다고 불평했다(1:3). 하나님은 하박국에게 무엇이라고 응답하시는가? 그것은 유다의 죄악을 벌하기 위해 한 가지 일을 행할 것인데, 그것이 바로 갈대아 사람을 일으키시겠다는 것이다.

(2) 하나님은 하박국에게 갑자기 열국(여러 나라들)을 보라고 명령하신다(라아, רָאָה). 이 동사의 칼 동사는 '주목하다', '바라보다'(look at), '보다'(see)라는 뜻으로 쓰인다. '나바트'(נָבַט)도 히필형에서 '보다, 유심히 바라보다'라는

• 시 10:14 "주께서는 보셨나이다(라아, רָאָה) 주는 재앙과 원한을 감찰하시고(나바트, נָבַט) 주의 손으로 갚으려 하시오니 외로운 자가 주를 의지하나이다 주는 벌써부터 고아를 도우시는 이시니이다."

뜻으로 쓰인다. 두 단어(라아, 나바트)는 종종 대구적으로 나타난다(시 10:14*, 22:17).

(3) "또 놀라고(타마, תָּמַהּ의 히트파엘 동사) 놀랄지어다(타마, תָּמַהּ의 칼 동사)" - 같은 어근의 동사가 연이어 올 때는 '크게 놀라라!'는 강조의 뜻이 된다.

2. 지쳐 있는 하박국에게 하나님은 새로운 일을 보여주신다고 약속하신다. '듣기는 들어도 깨닫지 못할 일'이란 무엇인가?

1:6 보라(For, lo, כִּי־הִנְנִי)
[내가] 갈대아 사람을 '일으켰나니' (מֵקִים-쿰, קוּם의 히필 분사형)
/내가 사납고 성급한 백성
곧 땅이 넓은 곳으로 다니며
자기의 소유가 아닌 거처들을 점령하는

(1) 보라(헨, הֵן) - 감탄사, '자 보라'(behold)를 의미한다.
갈대아인(카스딤, כַּשְׂדִּים) - 게셋(כֶּשֶׂד) 자손 - 아브라함의 동생 나홀의 아들의 이름이다. 게셋은 갈대아 사람의 조상이다. 왜 이들을 일으키시는가? 계속되는 구절에서 볼 수 있듯이 갈대아를 일으켜 전쟁 도구로 사용하실 것이기 때문이다.

(2) 바벨론은 사납고 성급한 백성이라고 했다. 바벨론은 이미 서론에서 살펴본 바와 같이 앗수르를 무너뜨리고(주전 609년), 그의 부친 나보폴라살(626-605년)에 이어 느부갓네살 2세가 왕위에 올랐다(주전 605년에). 그는 43년 동안 통치했다(605-562년). 사실상 바벨론은 느부갓네살 2세의 나라였다. 바벨론은 그가 죽은 후 20년도 안 되어서 페르시아에게 망했다.

(3) 유다는 이 때가 여호야김의 통치 시대였을 것이다. 그는 11년간 통치했다(609-597년). 그렇다면 바벨론의 세력이 매우 강력해져 이미 정복전을 펼치고 있었을 것이다. 그들은 매우 사납고(마르, מַר)[1] 성급하다(서두르다, 재촉하다)고 했다. 바벨론은 온 땅을 휘젓고 다니며 남의 땅을 정복하기 시작했을 것이다.

1) 마르, 여성형-마라 / 쓴, 고통, 비통 / 여기서는 무자비한 싸움으로 사람을 크게 해치는 행위를 가리킨다.

3. 바벨론 군대의 잔임함을 어떻게 표현하고 있나?

중고딕체는 종속동사

1:7 그들은 **두렵고**(=무시무시한 것) **무서우며**(=놀랍고 두려운 것)
당당함(미쉬파트, מִשְׁפָּט)[1]과 위엄(세에트, שְׂאֵת)[2]이
'자기들에게서 나오며' (야짜, יָצָא)[3]

(1) 바벨론 군대의 교만함이 잘 드러나 있다. 당당함(개역-심판)과 위엄(개역-위령, 威令)이 '자기들에게서 나온다' 는 말은 자신들 외에는 다른 권위를 인정하지 않는 다는 말이다. "무엇을 하든 마음 내키는 대로 하고 자기들이 하는 일을 스스로 옳다고 여긴다"(쉬운성경).

1) 여기서는 '권위, 위엄' 등을 가리킨다.

2) 높임(음), 위엄, 일어남

3) 나가다, 나오다, 이끌어내게 하다

1:8 그들의 군마는 표범보다 **빠르고**
저녁 이리보다 **사나우며**(하다드, חָדַד - 날카롭다, 예리하다)
그들의 마병은 먼 곳에서부터 빨리 달려오는 **마병이라**
마치 먹이를 움키려 하는 **독수리의 날음과 같으니라**

(2) 바벨론 군대의 말은 표범보다 빠르다고 했다. 표범이란 민첩하고 빠른 동물이다. 또 이리(제에브, זְאֵב)는 개과에 속하는 육식성 포유 동물 중에서 가장 큰 동물이다. 이리는 홀로 또는 떼를 지어 사냥을 한다. 이리들은 용감성, 난폭성, 탐욕 등으로 유명하다. 흔히 먹을 수 있는 분량 이상의 것을 죽여버리며 특히 양의 적이 된다.[4] 그런데 바벨론 군대는 저녁 이리보다 사납다고 했다. 이리는 저녁에 먹을 것을 잡으며 이튿날까지 남겨두지 않는다고 한다.

4) 이리는 고대 팔레스타인에서 잘 알려진 짐승이며, 주로 상징 및 비유적 의미로 사용되었다. 창 49:27에는 베냐민을 물어 뜯는 이리로, 렘 5:6에는 유다의 적을 사막의 이리로, 또한 겔 22:7에는 유다의 방백들을 포악한 이리로 묘사한다. 합 1:8에서 이리가 밤에 약탈하는 모습이 나오며, 습 3:3에서 이리를 예루살렘의 재판장에 비유한다.
<바이블렉스>

(3) 마병은 독수리가 먹이를 향해 내리 덮치는 것과 같다고 비유했다. 이들이 '먼 곳'(원방, 遠方)에서 달려온다고 했는데, 이는 바벨론을 가리킨다.

4. 유다는 결국 포로로 잡혀갈 것인데, 그 모습을 어떻게 표현하고 있나?

1:9 그들은(=갈대아인) 다 강포(하마스, חָמָס)를 행하러 **오는데**
앞을 향하여 **나아가며**
사람을 사로잡아 모으기를 **모래 같이 많이 할 것이요**

(1) '그들은 다'(All of them, כֻּלֹּה) - 갈대아 군대의 많음을 이렇게 표현했다. '강포'는 '폭력, 난폭, 부당행위, 불법, 악'을 모두 포함한 말이다. 노아 홍수로 인한 인류의 멸망은 인간의 '강포' 가 땅에 가득했기 때문이었다(창 6:13).

(2) "앞을 향하여 나아가며"(קָדִימָה③ פְּנֵיהֶם② מְגַמַּת①)

① 메감마 - 모임, 무리, 군세(forces)를 의미하며, 구약성경 여기에서 한번 나온다.

② 파님(פָּנִים - 얼굴, 면전, 표면, 앞에) 의 복수 연계형 / 대명사 어미 3인칭 남성 복수 - their faces

③ 카딤 + 방향표시 어미 '헤' - 전방, 또는 앞, 동풍, 동쪽.

이 구절의 영역 성경이 서로 다르다.

• NASB - Their horde of faces moves forward.
• NIV - Their hordes advance like a desert wind.

(3) 카딤(קָדִים) - '전방, 앞'이라는 뜻도 있지만 '동쪽, 동풍'이라는 뜻도 있다. 그래서 KJ는 '앞을 향하여' 라는 말을 '동풍 같이'(as the east wind)라고 번역했다. 그렇다면, "큰 무리가 동풍 같이 몰려와서 포로를 잡아 모으기를 모래 같이 하리라"라는 의미가 된다.

5. 바벨론 군대는 열왕을 멸시하고 통치자들을 비웃을 것이다.

1:10 (그리고 그들은 וְהוּא) 왕들을 **'멸시하며'** (칼라쓰, קָלַס) - 히트파엘형
방백을 **조소하며**(미스하크, מִשְׂחָק) - 조롱거리
모든 견고한 성들을 **비웃고**(사하크, שָׂחַק) - 경멸적인 웃음
흉벽[1]을 **쌓아**(차바르, צָבַר) 그것을 **점령할 것이라**

(1) (And they, וְהוּא)[2] - 누가 왕들을 멸시하는가? 물론 갈대아(바벨론)를 가리킨다. 바벨론이 유다를 공격하기 위해서는 그 앞에 여러 나라를 거쳐 온다. 그러나 바벨론의 강력한 군대 앞에 방패가 될 수 없다. 바벨론 군대는 열왕을 멸시한다. '멸시하다'라는 말이 히트파엘(재귀형, 강조) 동사 미완료로 그 뜻이 강조되어 있다.

(2) 왕들만 아니라 방백(고관, 통치자)들도 비웃음거리로 만들 것이다. 열국은 자신들의 성벽을 믿고 바벨론 군대와 맞서려고 하지만 그 역시 우습게 여길 것이다. 왜냐하면 바벨론 군대가 흉벽을 쌓아올려(=흙더미를 쌓아서) 성을 점령할 것이기 때문이다. 이런 전투 방법은 당시에 널리 사용되었다(왕하 19:32; 겔 27:17; 렘 6:6, 32:24, 33:4; 겔 4:2, 21:22, 26:8).

6. 바벨론이 궁극적으로 믿는 것은 무엇이었나?

1:11 이에(Then, 아즈, אָז) 바람 같이 **'급히 몰아'**(할라프, חָלַף) - 문두에 나옴
'지나치게 행하여'(아바르, עָבַר) 범죄하리라
그들은 자기들의 힘을
자기들의 신으로 **삼는 자들이라**

1) 아파르 - 마른 흙, 먼지 티끌.

2) 접속사 + הוּא / 3인칭 남성 단수이지만 갈대아를 가리킨다.

(1) '이에'(아즈, אָז)라는 부사는 '그때에, 그 당시에(then)' 또는 '그 후에'라는 뜻이다. 바벨론 군대가 이방 민족을 정복할 때에 그들의 모습이 어떠할까? 이들 정복자들은 바람(루아흐, רוּחַ)같이 '휩쓸고(闖蕩고) 지나가면서'(할라프, pass away, pass through) 많은 살육을 감행할 것이다.

(2) 이들은 정복과정에서 다른 나라 사람들의 마음속에 엄청난 공포심을 심어준다. 이들의 정복과정이 너무 지나쳤다고 했다.[1] 바람과 같이 팔레스타인을 휩쓸어 그 진군(進軍)이 신속하고(1:6 참조), 두렵고 무섭기 때문에(저녁 이리보다 사나우며, 7절) 그 어떤 나라도 이들을 제지하거나 대적할 수 없다.

(3) 하나님께서는 잠시 동안은 바벨론의 융성(隆盛)을 허용하시지만, 이들은 자신들의 힘을 (자신들의) 신으로 삼기 때문에 득죄(得罪)하게 된다. 지금 유다 공동체 내에서는 바벨론보다 더 악한(?) 불법들이 난무하고 있다. 유다는 정의의 사회가 되어야 했는데, 하나님의 명령을 거부하는 불법의 사회로 강포가 만연했다. 따라서 하나님은 바벨론의 융성을 허용하시고, 이들을 도구로 유다를 징계하실 것이다. 하나님의 율법을 무시하는 백성에게 바벨론은 하나님의 심판을 집행하는 적절한 도구가 된다.

(4) 이 예언과 같이 바벨론의 군대는 막강해졌다. 그들은 여호야김을 봉신으로 만들고 지금까지 애굽의 바로 느고에게 바치던(주전 601년) 조공을 바벨론에게 바치게 했다(3년 동안 바벨론에 조공을 바침). 이때 다니엘을 포함한 포로들을 끌고갔다(왕하 24:7). 이즈음 바벨론에서는 갑작스럽게 나보폴라살이 죽었다. 그의 아들 느부갓네살은 애굽의 느고를 쫓는 일을 중지하고 귀국해서 왕위에 오른다(605년 즉위).

(5) 느부갓네살은 여러 번의 서쪽 원정으로 주변의 많은 나라를 점령했다. 블레셋 도시 아스글론까지 점령했다(렘 47:5-7). 그는 이집트 변경에서 느고와 큰 전투를 벌였으나 양편에 주어진 막대한 손실로 인해 바벨론으로 되돌아갔다. 이런 과정에서 여호야김은 바벨론의 지배로부터 벗어나려고 몸부림쳤다. 바벨론의 느부갓네살이 애굽을 정복하는 데 실패하자(601년) 이에 용기를 얻어서였을까, 유다는 독립을 위한 투쟁을 한다. 그러나 역부족이었다. 화가 난 느부갓네살은 갈대아인, 수리아인, 모압인, 암몬인으로 구성된 부대를 유다에 파견하여 여호야김을 쳤다(왕하 24:2). 끝내는 바벨론이 예루살렘에 주둔하게 된다(주전 598년). 유다의 상황은 우선 여기까지만 이야기 하자.

1) '지나치게 행하다'(아바르, עָבַר)는 그 뜻이 다양하게 번역된다. '지나가다, 건너가다, 사라지다, 소멸하다. 성내다' 등. 그래서 [표준새번역]은 11절을 "그러나 제 힘이 곧 하나님이라고 여기는 이 죄인들도 마침내 바람처럼 사라져 없어질 것이다"라고 번역했다.

하박국의 두 번째 질문(1:12-17)

1. 지금까지 하박국은 하나님의 계획을 듣고 놀란다. 자신이 생각했던 방법과는 너무 달랐기 때문이다.

1:12 선지자가 **이르되**
여호와 나의 하나님(יְהוָה אֱלֹהַי), 나의 거룩한 이시여(קְדֹשִׁי)
주께서는 '만세 전부터' (מִקֶּדֶם)[1] 계시지 아니하시니이까
우리가 사망(무트, מוּת)에 이르지 아니하리이다
여호와여 주께서 그들을 두셨나이다(숨, שׂוּם)
//(목적: to, לְ) - 왜, 갈대아를 임명하셨을까?
심판하기 위하여(לְמִשְׁפָּט)
반석이시여
주께서 그들을 세우셨나이다(야사드, יָסַד-기초를 세우다.)
//(목적: to, לְ)
경계하기 위하여(to punish, 혼내주기 위하여)

1) מִ + קֶדֶם(케뎀) - '동편, 동부지역, 이전, 고대' 'from everlasting'

(1) 하박국은 하나님의 계획에 완전하게 만족하지 못했다. 그러나 이런 바벨론의 역할에 대해서는 이미 다른 선지자들, 즉 예레미야, 에스겔, 이사야에 의해서도 선포되었기에 그는 바벨론의 유다 공격이 결국은 징벌적인 요소가 있다는 것을 알았다. 따라서 영원히 사망에 이르지는 아니할 것이라고 고백한다.

(2) '여호와 나의 하나님' (יְהוָה אֱלֹהַי) - '여호와'(יְהוָה)란 이름은 '언약의 하나님'을 가리키는 말이다. 하나님께서는 자기 백성과 언약을 맺으시고 그것을 이루기까지 영원불변하신다. 물론 여기서 '나의'란 이스라엘 전체를 대표해서 하는 말이다. 다음 구절에 '우리'라는 말이 등장하기 때문이다.

(3) 하박국의 두 번째 탄식은 "주께서는 만세 전부터 계시지 아니하시니이까"라는 말로 시작한다. '만세 전부터'(מִקֶּדֶם)라는 단어는 '이전, 고대'를 의미하는 말로서 '옛날부터'(ancient time)로 번역하는 것이 더 좋을 것이다(시 74:12, 77:11).[2] 이스라엘 초기부터 하나님은 계셔서 이스라엘을 지키셨다는 것이다. 그러한 하나님이시기에 이스라엘을 사망에 이르게 하지 않으실 것이라고 단언한다. "우리는 죽지 않을 것입니다"(we will not die.- NIV).

2) 로버트 치츠홀름, 예언서, 강성열 역, 크리스챤다이제스트, 665. 이사야 45:21, 46:10에서는 일반적으로 오래된 것을 가리킨다. 다윗 시대를 포함하는(미 5:2; 느 12:46) 이스라엘 초기 역사를 가리킨다(시 74:12, 77:11). "하나님은 예로부터(케뎀) 나의 왕이라 인간에 구원을 베푸셨도다."

(4) 그렇다면 왜 그들(=갈대아)을 세우셨는가? 그것은 유다를 심판하시기 위해서

라고(to execute judgment, לְמִשְׁפָּט) 말한다. 여기 '미쉬파트'는 '심판' 이라고 번역했지만 심판이라고 보기 보다는 '징계' 라고 보는 것이 좋을 것이다. 유다의 간악함을(1:2, 3)을 징계하기 위해 바벨론을 세우셨다는 것이다.

(5) 하박국은 하나님을 거룩하신 분이요, 반석이라고 칭한다. 자기 백성을 보호하신다는 뜻에서 '반석'(쭈르, צוּר)이라고 했다. 반석이라는 것은 돌로 조각한 우상이라는 뜻이 아니라 전적으로 그를 의지할 수 있다는 말이다. 이는 언약 백성들의 변함없는 피난처가 되시는 하나님을 상징한다(삼상 2:2). 그는 신뢰할 수 있는 힘의 원천이며 모든 세대를 통해 견고히 존재하신다. 하나님은 구원의 반석이시다(신 32:4, 15, 18, 37; 사 17:10, 26:4, 30:29, 44:8).

(6) 또한 갈대아를 세우심은 경계하기 위해서이다(לְהוֹכִיחַ).[1] '야카흐'(יָכַח)는 '결정하다, 판단(심판)하다, 징계하다'라는 뜻으로 히필형(사역 능동)으로 쓰였다. 여러 가지 뜻이 있으나 여기서는 '징계하다, 견책하다'(=양육과 훈계)라는 뜻으로 사용되었다(시 141:5; 욥 13:10; 삼하 7:14; 시 6:2, 38:2). 유다를 바로 잡기 위하여, 또 책망하기 위하여 바벨론을 세우셨다. 즉 유다를 징계하여 이들을 순화시켜 하나님이 원하시는 삶의 방식을 따르게 하기 위한 것이라는 말이다. 하박국은 이제 하나님의 뜻을 이해할 수 있게 되었다.

1) 전치사 + 히필(사역 능동) 부정사 연계형

2. 그러나 하박국은 하나님의 약속의 성취 방법에 대해 혼란을 일으킨다. 어떻게 하나님의 백성의 죄악을 징계하기 위해 외국 군대를 동원하시는가?

1:13 주께서는 눈이 **정결하시므로**(테호르, טְהוֹר)
악을 차마 보지 못하시며 패역(아말, עָמָל)[2]을 차마 보지 못하시거늘
어찌하여(라마, לָמָּה)[3] 거짓된 자들을 **방관하시며**
악인이 자기보다 의로운 사람을 삼키는데도 **잠잠하시나이까**

2) 아말 - 수고, 노동, 고생, 해악, 재해.

3) '마'(מָה)는 '무엇?, 어떤?'이라는 말이다. 전치사 '레'(לְ)와 함께 쓰이면 '왜, 어째서'(창 25:22), '~않도록'(전 7:16; 단 1:10), '~때문에, ~이유로'(대상 15:13)를 의미한다.

(1) 하박국은 하나님을 어떤 분으로 묘사하고 있는가? '테호르'는 '순수, 청결, 깨끗한, 순수한'이라는 뜻이다. 이 단어는 '정'금의 경우처럼 물질적, 의식적, 윤리적 의미로 사용되었다. 이 단어는 부정함, 불결, 결함이 없는 것을 나타낸다. 영적 혹은 의식상의 깨끗한 상태를 묘사할 뿐만 아니라 순수한 물질을 사용하는 데도 사용된다. 여기서는 도덕적인 성결을 의미한다.

(2) '패역'(아말, עָמָל)이라는 말은 죄악, 악행, 사악 등으로 번역되었으나 원문은 악행으로 생긴 고통, 손해, 노고 등을 가리킨다(신 26:7; 시 90:10; 잠 24:2).

(3) 이렇게 거룩하시고, 영원하시며, 순수하신 하나님께서 어찌 더러운 바벨론을 들어 유다를 징계하신다는 걸까? 아무리 유다의 악이 크다 할지라도 어찌 악한 도구(=바벨론)를 들어 심판하실 수 있는가, 그것이 하박국이 이해할 수 없는 고민이었다.

- '거짓된 자들'은 '불성실한 자들'(개역 - '궤휼한 자들')을 말한다. 신실함이 없는 자, 반역하는 자들을 가리킨다.

- '방관하다'(나바트, נָבַט) - '나바트'는 '보다, 바라보다'를 의미한다. 여기서는 히필형(사역 능동)으로 쓰였는데, '주시하다, 눈여겨보다, 관찰하다, 관심을 보이다, 주의를 기울이다'라는 비유적 의미이다.

(4) 하박국 선지자는 그의 백성을 정결케 하기 위해(=연단하시기 위해) 바벨론을 사용하신다는 사실을 인정했다(12절). 문제는 악인이 의인을 삼키는 동안 하나님은 왜 침묵하시는가, 왜 하나님은 '거짓된 자들'을 바라만 보시는가? 하나님의 거룩한 속성으로 보아 이해할 수 없었다.

유다가 아무리 패역 속에서 살아간다 할지라도 그래도 야곱의 자손인데, 우상을 훨씬 더 숭배하고 사악한 갈대아인들을 통해 고통을 당하게 하실까? 이것은 악인이 자기보다 의로운 사람을 삼키는 것과 같은 일이다. 악한 민족 바벨론이 (그들보다는 조금) 착한 백성을 삼키어도 어찌 조용히 보고만 계십니까? 하박국의 눈에는 마치 하나님께서 세상에 대한 자신의 의로운 통치를 포기하시는 것처럼 보였다. 바벨론은 유다를 징계 정도가 아니라 아주 전멸시키는 것 같이 보였기 때문이다. 유다의 악한 압제자들에게 폭력을 쏟아 붓겠지만, 그 과정에서 의인까지 삼킴을 당하는 것은 어떻게 될 것인가?

물론 하나님께서 유다의 고통을 보실 뿐만 아니라 감찰하신다. 그리고 궁극적으로 모든 문제들을 떠맡으실 것이다. 다시 말해 이스라엘의 고통들은 하나님의 행동의 기회가 될 것이다(시 10:14).

3. 하박국은 바벨론이 포로를 다루는 것을 무엇에 비유하고 있나?

1:14 (And, וְ)[1] 주께서 어찌하여(본문에는 없다)
사람(아담, אָדָם)[2]을 바다의 고기 같게 하시며
다스리는 자 없는 벌레 같게 하시나이까

1) 본문에는 '어찌하여'라는 말이 없다. 그러나 'And'(וְ)라는 접속사를 넣어 앞절과 연결되는 것으로 보았다. KJ, YLT, ASV는 'And'를 넣어 번역했다.

2) 단수로 쓰였지만 사람 전체를 가리키는 집단적 용법이다.

(1) 유다 백성들을 통치자가 없이 우왕좌왕하는 물고기와 곤충에 비유하고 있다. 바벨론 사람들은 그물을 사용하여 바다에서 물고기를 자기 마음대로 건져올리는 어부와 같다.

1:15 그가 낚시로 모두(앞에서 말한 모든 사람) **낚으며**
그물로 **잡으며**[1] 투망으로 **모으고**[2]

그리고는(그러므로, עַל־כֵּן)
[그가] ─ 기뻐하고, 즐거워하여,
16 ─ 그물에 제사하며
─ 투망 앞에 분향하오니

//이는(이유: כִּי, for)
그것을 힘입어 소득이 풍부하고
먹을 것이 풍성하게 됨이니이다

1) 잡으며(가라르, גָּרַר) – (그물을) 끄는 것을 말한다.

2) 아사프(אָסַף) – 모으다, 거두어들이다. / 멸망시키기 위해 끌어 모은다는 개념이다.

(2) 낚시, 그물, 투망 등은 바벨론 정복자들이 유다 백성들을 끌어가기 위한 도구들을 상징한다. 당시는 포로민들을 끌어다가 노예 시장에 파는 일이 허다했다. 그 과정에서 많은 물질을 노획했을 것이다. 그리고는 기뻐하고 즐거워한다. 그리고 투망 도구인 그물에 제사한다.

(3) **제사하다**(자바흐, זָבַח) - '희생제물로 도살하다'를 의미한다. 본문에서는 피엘(강조형) 동사 미완료로 그 뜻이 강조되어 있다. '분향하다'(카타르, קָטַר) 라는 말도 피엘 동사로 쓰였다. 그물이나 투망은 바벨론의 무기를 상징한다. 이들은 전투에서 승리하고, 승리를 만들어 준 것에 대해 신으로 승격시키고 제사했다. 피정복민들에게서 거두어들인 엄청난 노획물로 인해 풍성해졌음이 제사 드리는 그 이유였다. 하박국은 이런 사실을 들면서 불평한다.

4. 그렇다면 이런 일이 언제까지나 계속될 것인가, 그것이 하박국의 고민이요 질문이었다.

1:17 [그러므로, הַעַל כֵּן]
그가 그물을 '떨고는' (=비우다, 꺼내다)
계속하여 여러 나라를 무자비하게 멸망시키는 것이
옳으니이까

(1) 하박국의 질문은 바벨론을 일으켜 유다의 사악함을 대체하는 것이 가한가 하는 것이었다. 하박국 선지자의 초반부의 질문은 유다의 사악함을 얼마나 더 참으실 것인가에 대한 것이었다(1:2). 그에 대한 하나님이 대답은 바벨론을 일으켜 유다를 징계하시겠다는 것이었다. 이에 놀란 하박국은 이를 인정하려 들지 않는다. 어떻게 하나님의 백성이 그들보다 더 악한 바벨론의 손에 의해 징계를 받아야만 하는가?

(2) "그가 그물을 '떨고는'(루크, ריק - 비우다, 꺼내다)"- 어부들은 고기를 잡은 후에는 그물에 있는 고기를 떨어낸다. 왜냐하면 또 다른 물고기를 잡기 위해서이다. 이런 행동이 마치 바벨론의 행동과 같다는 것이다. 바벨론은 한 민족을 정복해 살육을 저지르고 계속하여(타미드, תָּמִיד)[1] 여러 나라를 무자비하게 멸망시켰다. '이렇게 자기의 힘과 능을 우상으로 삼고 불의한 소득으로 자랑을 삼는 그들을 그대로 놔두는 것이 과연 옳으니이까?' 이것이 하박국 선지자의 고민이요 질문이었다. 압제자의 무례한 행동을 하나님은 언제까지나 보고만 계실 것인가? 하박국은 이런 항변을 한 후에 하나님께서 어떻게 답변하실 것인가를 간절히 기다리고 있다(2:1 참조).

1) '연속성, 계속'을 의미한다. 아무런 방해 없이 계속되는 것을 말한다.

▶ 1장을 정리하면서

• 유다의 죄악이 얼마나 컸을까? 남유다는 형제국인 북이스라엘의 멸망을 보고도 정신을 차리지 못했다. 하박국은 유다의 사악함에 놀라면서 하나님께서 얼마나 더 참으실 것인가에 대해 질문한다.

• 하나님의 응답은 유다를 징계하기 위해 갈대아를 일으키실 것이라고 선언하신다. 이에 하박국은 더욱 놀란다. 하박국은 어떻게 하나님의 백성이 그들보다 더 악한 바벨론에게 비참한 상황을 맞게 되는가 하는 문제로 탄원한다. 바벨론은 이미 여러 나라들을 점령하고 포악한 행동을 일삼기 시작했다. 왜 하나님은 이런 악한 백성을 그대로 보고만 계시는가? 하나님은 악인이 의인을 삼키는 동안 방관하고 계신다고 생각했다.

• 하박국의 질문은 오늘을 살아가는 우리에게도 동일한 질문이 된다. 하나님의 뜻대로 살아가려고 몸부림 치는 하나님의 자녀들에게 환난과 고난이 그치지 않음은 어쩐 일인가? 왜 악한 사람이 더 잘되고 잘 사는 것일까? 이 대답을 듣기 위해 하박국은 망대 위로 올라간다. 주께서 무엇이라고 말씀하시는가를 기다리고 있다. 2장에서 하나님의 음성을 들어보자.

하박국서 1장 요약 정리

하박국의 호소

Summary

- 하박국 선지자가 사역하던 당시의 국제 정세와 유다의 상황을 이야기 해보라.
- 당시 유다의 왕은 누구라고 추정되는가?
- 하박국 선지자가 하나님께 첫 번째 드린 질문의 내용이 무엇인가? 하나님은 왜 유다의 패역함에 침묵하시는가?
- 유다는 정의(공의)가 시행되지 못하고 있다고 했다. "율법이 해이했다"는 말은 무슨 뜻인가? (4절)

- 유다가 얼마나 부패했는가는 예레미야서에서도 볼 수 있다. 렘 5:1이하를 읽어보고 어떤 내용인가 말해 보라.
- 하박국의 첫번 째 질문에 하나님의 응답은 무엇인가? (5절)
- 갈대아는 어디를 가리키며, 그 등장 과정을 설명해 보라.
- 바벨론 군대의 잔인함을 어떻게 표현하고 있는가? (7절)
- 바벨론이 궁극적으로 믿은 것은 무엇인가? (11절)
- 바벨론의 느부갓네살 왕에 대해 조사 설명해 보자.
- 유다를 징계하기 위해 바벨론을 도구로 사용하시겠다는 하나님의 계획에 하박국은 어떤 태도로 나왔는가?

- 하박국의 두 번째 질문은 무엇이며, 왜 이런 질문을 하고 있는가? (12절 이하)
- 하박국은 바벨론이 포로를 다루는 것을 무엇에 비유하고 있는가?(14-15절)
- 유다를 징계하시려는 하나님의 계획에 하박국은 어떤 반응을 보였으며, 그의 고민과 질문은 무엇인가? (17절)
- 하박국 선지자가 하나님을 향해 질문하는 것은 하나님 앞에 불경건한 태도인가?

- 하박국 선지자의 질문은 오늘을 사는 우리에게도 해당된다. 악인이 더 잘 살고 있는 모습을 보며 우리는 어떤 생각을 하고 있는가? '구태여 착하게 살 필요가 있는가?' 그런 유혹에 빠질 수 있다.

- 우리는 대체로 하박국 선지자가 드리는 기도와 같이 하지 않는다. 일방적인 기도를 드리고 있다. 왜 우리는 하나님께 질문을 던지지 못할까? 불경하다고 생각해서일까, 성숙하지 못해서일까?

Habakkuk 2 장

이 묵시는 정한 때가 있나니…

선지자 하박국이 유다에서 메시지를 선포할 때도 역시 주변 정세가 어지러웠다. 선한 왕이라고 알려진 요시야의 통치가 멸망을 향해 달려가는 유다에게 제동을 걸었다. 그의 31년 통치는 유다로 하여금 다시 상승곡선을 그리게 했다. 그러나 그는 쓰러져가는 앗수르를 돕기 위해 출정하는 애굽을 저지하려다가 전사하고 만다. 물론 유다는 다시 멸망을 향해 내리막길을 치닫게 된다. 그후 그의 아들들이 등장했으나 이미 걷잡을 수 없는 형국이 되었다. 특히 여호야김의 통치시에 죄악이 성행했다. 우리는 동시대의 사역자 예레미야의 말씀 속에서 그 당시의 상황을 살펴볼 수 있다(렘 22:13-15).

이런 상황에서 유다 공동체 내에서는 정의가 사라졌다. 곳곳에 강포와 혼돈과 무질서가 난무했다. 의인들이 살아가기가 어려웠다. 하박국은 악인들의 발호를 그대로 방치하시는 하나님의 뜻을 이해하지 못했다. 마침내 그는 하나님 앞에 신정론에 대한 질문을 하게 된다. 그 질문의 핵심은 '왜, 하나님께서는 하나님의 백성들이 악하게 살아가는 것을 허용하셔서 의롭게 살아가려는 사람들이 고통을 당하게 하시는가?'하는 것이었다.

물론 하나님은 하박국의 질문에 그 대답을 주셨다. 그러나 하나님의 응답에 더욱 놀라지 않을 수 없었다. 하나님은 바벨론을 일으켜 유다를 징계하시겠다는 것이다. 유다 역시 악행을 거듭하고 있지만 바벨론은 더더욱 악한 족속이 아닌가?! "과연 그런 일이 옳은 일입니까?" 그는 성루에 올라섰다. 더 자세한 응답을 듣기 위해서였다.

Outline 2

제 1부 신앙의 고민과 해답(1장, 2장)

제 1장 선지자의 질문과 하나님의 답변

서론 : 표제(1:1) -
1. 선지자의 첫 질문(1:2-4)
2. 하나님의 답변(1:5-11)
3. 선지자의 두 번째 질문(1:12-17)

제 2장 하나님의 답변(계속)과 바벨론의 징벌

4. 하나님의 답변(2:1-4)
5. 바벨론의 징벌(2:5-20)
서론 : 바벨론의 악(2:5)
A. 화 있을진저, 남의 것을 침략하는 자여(6-8절)
B. 화 있을진저, 자기를 위하여 부당한 이익을 취하는 자여(9-11절)
C. 화 있을진저, 피로써 성읍을 건축하는 자여(12-14절)
D. 화 있을진저, 자기의 영광을 위하여 남의 수치를 드러내는 자여(15-17절)
E. 화 있을진저, 우상의 나라여(18-20절)

- 하박국 선지자는 유다의 죄악과 무법과 불의의 만연에 경악하고 있다. 그래서 하나님께 질문한다. “왜 이런 악인들을 그대로 내버려 두십니까?”

- 하박국의 질문에 대한 하나님의 응답은 직선적이며 매우 간단했다. “바벨론이 쳐들어와 유다를 징벌할 것이다”(1:5-11).

- 하박국은 더욱 더 큰 고민에 빠졌다. 그는 선하신 하나님께서 “어떻게 더 사악한 자를 들어 하나님의 백성을 징벌할 수 있는가?” 하는 문제로 고민하지 않을 수 없었다.

- 그래서 이번에는 성루에 올라갔다. 하나님의 답변을 듣기 위해서였다. 바벨론을 일으켜 유다를 징벌하시려는 계획이 어찌 가능할 수 있겠습니까?

- 하나님은 그의 질문에 응답하셨다. 그리고 그 응답의 중요성을 말씀하신다. ‘지나가는 모든 사람들이 그것을 쉽게 읽을 수 있도록 평범한 문체로 판 위에 새기라.’

- 하나님이 주신 묵시는 정한 때가 있다고 했다. 그래서 그 종말이 속히 이르겠다고 말씀하신다. 비록 더딜지라도 결코 거짓되지 않을 것이다.

- 지금은 그런 악한 자들이 판을 치는 시대이다. 그러나 바벨론(악인들)의 멸망(종말의 때)은 확실하다. 그렇다면 의인들은 그 종말의 때를 어떤 태도를 가지고 살아야 할 것인가?

- 하나님은 악인들과 의인들을 비교하신다. “보라, 그들의 마음은 교만하며, 정직하지 못하다. 그래서 이들의 멸망은 필연적이다.”

- 그러나, 이렇게 악인들이 판을 치는 세상에서라도 “의인은 믿음으로 살아가야 한다”고 말씀하신다. 즉 바벨론의 통치하에서 악인들이 득세해 엄청난 고난 속에서 있더라도 하나님의 백성된 자들은 매순간 하나님의 능력을 붙잡고 인내하며 살아가야 한다는 것이다.

- 2:5-20에서 바벨론에게 내리는 징벌과 저주가 선포되어 있다. ‘화 있을진저!’라는 말로 시작되는 다섯 개의 저주가 선포되었다.

"이 묵시는 정한 때가 있나니"(2:1–4)

하박국은 바벨론을 일으켜 유다를 징계하시겠다는 하나님의 계획을 수긍할 수 없었다. 그래서 그는 두 번째 질문을 드린다. "바벨론이 계속하여 여러 나라를 무자비하게 멸망시키는 것이 옳으니이까?" 그리고 하나님께서 어떻게 말씀하시는가 듣기 위하여 성루에 올라섰다. 하나님께서 무엇이라고 응답하셨을까?

1. 하박국 선지자는 성루에 올라갔다. 하나님의 답변을 듣기 위해서이다.

2:1 내가 내 파수하는 곳에 **서며**(아마드, עָמַד)
성루(마초르, מָצוֹר)[1]에 **서리라**(야짜브, יָצַב 의 히트파엘 미완료)
그가 내게 무엇이라 말씀하실는지
기다리고(차파, צָפָה) **바라보며**(라아, רָאָה)
나의 질문에 대하여
어떻게 대답하실는지 [보리라 하였더니 - 원문에 없음]

(1) 하박국은 두 번째 질문에 더 관심이 있었다. 그래서 그 부당성을 길게 논증했다. 그런 일이(바벨론을 일으켜 유다를 징계하시려는 계획) 어찌 가능한가 물었고, 이제 그 대답을 듣기 위해 그는 파수하는 곳(파수대)에 서 있다. 파수대는 높은 곳에서 사방을 살피며 감시하기 위하여 만든 곳이다. 성루(마초르, מָצוֹר)는 주로 성벽 위에 세워진 높은 파수대를 가리킨다.

(2) 하박국은 파수꾼이다. 다른 선지자들도 파수꾼으로 불렸다(사 21:6-12; 겔 3:17-21, 33:1-9; 호 9:8). 파수꾼(차피트, צְפִית)은 성루에 올라 가서 사방을 둘러보며, 경계하며, 주시하는 일을 한다. 그래서 파수꾼은 성벽 위에 배치되었으며, 국가에게 어떤 위험이 있을 때마다 급히 알릴 책임을 가지고 있었다(삼상 14:16; 삼하 18:24; 왕하 9:17-20). 이 일이 너무 중했기 때문에 자신의 임무를 수행해 내지 못할 경우 종종 사형에 처하기도 했다. 선지자의 직무가 때로는 이러한 어법으로 묘사된다(겔 3:17, 33:7; 렘 6:17; 합 2:1).[2]

(3) 물론 여기서의 파수대가 실제의 파수대라기 보다는 상징적인 의미로 사용되었을 것이다. 어쨌든 하박국은 파수꾼의 역할을 철저히 수행하고 있다. 그는 하나님의 음성을 듣기 위해 기다리고 바라본다고 했다. '기다리다'(차파,

1) '마초르'는 포위 공격을 위해 둘러쌈, 포위공격, 방벽, 보루, 참호를 의미한다. 성벽을 말하지만 주로 성벽 위에 세워진 파수대(=성루)를 말한다.

2) 에스겔에게 하나님은 말씀하신다: "인자야 내가 너를 이스라엘 족속의 파수꾼으로 세웠으니 너는 내 입의 말을 듣고 나를 대신하여 그들을 깨우치라"(겔 3:17). 에스겔이 그들에게 하나님의 경고를 주지 못한다면 그는 그들의 생명을 책임져야 했다. 그러나 만일 그가 충성스럽게 그 메시지를 선포한다면 백성들의 반응과는 상관 없이 그 이상의 어떤 책임도 없었다(겔 3:18-21).

צָפָה)라는 말은 '지켜보다, 망보다, 주시하다'라는 의미로, 분사는 파수꾼을 의미한다. 여기서는 피엘 동사 미완료로 '애써 기다린다'는 의미로 그 뜻이 강조되어 있다. 어떤 기대와 소망을 갖고 바라보며 살펴 보는 것을 말한다 (미 7:7* 참조).

• 미 7:7 "오직 나는 여호와를 우러러보며 나를 구원하시는 하나님을 **바라보나니** 나의 하나님이 나에게 귀를 기울이시리로다."

(4) 선지자들은 만약 하나님께서 말씀하시지 아니하면 그 어떤 메시지도 전달할 수 없었다. 그래서 묵묵히 하나님의 계시를 기다려야 한다. 예레미야 42:5-7을 읽어보자. 하나님은 이스라엘에 많은 파수꾼들을 보냈지만 자기들의 사역에 대해 눈먼 자들이 많았다고 했다(사 56:10*). 만약 파수꾼이 자신의 사명을 잊어버리고 무책임하다면 그것이 곧 국가가 몰락하게 되는 주요 원인이 된다. 하박국은 지금 그의 사명에 지금 충실하고 있다.

• 사 56:10 "이스라엘의 파수꾼들은 맹인이요 다 무지하며 벙어리 개들이라 짖지 못하며 다 꿈꾸는 자들이요 누워 있는 자들이요 잠자기를 좋아하는 자들이니."

(5) "(그리고) 나의 질문에 대하여 어떻게 대답하실는지 (보리라)"
(וּמָה אָשִׁיב עַל־תּוֹכַחְתִּי)
원문에는 "그리고(וּ) 나의 질문에 대하여(עַל־תּוֹכַחְתִּי) **내가** 어떻게(מָה) **대답할는지**(אָשִׁיב - 슈브(שׁוּב)의 히필 동사, 미완료 **1인칭** 보통 단수) (보리라)"로 되어 있다.[1] 슈브(שׁוּב) 동사는 '들려주다, 대답하다'라는 뜻도 있다.

1) '나의 대답'은 벌써 하나님의 응답을 받은, 즉 벌써 해결을 얻은 선지자의 대답을 의미한다. 선지자의 마음에 하나님의 응답을 들었다면 그는 자기의 질문에 대한 대답은 자기 스스로 할 수 있는 것은 당연하다. "내가~ 대답하리이다"고 1인칭으로 되어 있다.

2. 하박국은 하나님의 응답을 기다리고 있다. 마침내 하나님께서 그의 질문에 응답하셨다. 무엇이라고 응답하셨는가?

2:2 여호와께서 내게 **대답하여 이르시되**
너는 이 묵시(하존, חָזוֹן)를 **기록하여**(카타브, כְּתֹב) (=기록하라, 명령법)
판에 '**명백히 새기되**'(바아르, בָּאֵר) (피엘 동사 명령법, 확실하게 만들라)

//(목적, 의도 : לְמַעַן, that...may)
'달려가면서도'(루쯔, רוּץ) 읽을 수 있게 하라(=있도록)

(1) '묵시'(하존)란 여호와께로부터 오는 '환상, 이상(visin)을 말한다(겔 12:22, 23; 단 8:13, 15, 17, 11:14). 어근은 '하자'(חָזָה)로 '보다, 바라보다, 예언하다, 준비하다'라는 의미이다. '선견자'(호제, חֹזֶה)는 그 명사형이다.

(2) '**기록하라**' : 칼 동사 명령형이다. '명백히 새기라'(בָּאֵר)는 피엘(강조 능동) 동사, 명령법으로 그 뜻이 강조되어 있다. '분명하게, 확실하게 새기라'는 말이다.

(3) '달리다'(루쯔, רוּץ)라는 말은 '빨리 달리다'(make haste by running)를 의미하

는 히브리어 단어이다(창 18:27, 24:17). 누구든지 달려가면서도 읽을 수 있도록 판에 분명하게 새기라는 말이다. 백성이 볼 수 있도록 큰 판(루아흐, לוּחַ)[1]에 새긴다는 것은 공표(公表), 즉 여러 사람에게 널리 드러내어 알리는 한 형식이다. 이사야도 동일한 명령을 받았음을 본다(사 8:1, 30:8). 이 단어는 비유적으로도 사용되었다(잠 3:3; 잠 7:3, "네 마음 판에 새기라"). 기록하되, 달려가면서도 읽을 수 있도록 알기 쉽게 기록하라는 말이다(make it plain - RSV).

1) '루아흐'는 기록한 돌판(출 24:12, 34:28), 성막의 널판(출 27:8), 솔로몬 성전의 놋대야의 버팀대 금속판(왕상 7:36)에 대해 사용되었다.

3. 그렇다면 묵시의 내용은 무엇일까?

2:3 //(이유: for, כִּי) - 판에 명백하게 기록하고 새겨야 할 이유
이 묵시는 '정한 때' (모에드, מוֹעֵד)[2]가 있나니
그 종말이 '속히 이르겠고' (야페아흐, יָפֵחַ - 히필 미완료)
결코 거짓되지 아니하리라
비록 더딜지라도 기다리라
//(이유: for, כִּי)
지체되지 않고 반드시 응하리라(=기 때문에)

2) 정한 때, 정한 장소, 정한 모임을 가리킨다. 본문은 물론 정한 때(appointed time)를 가리킨다. 하나님께서는 자신의 목적이 성취되는 분명한 시간을 갖고 계신다(갈 4:4 참조). 그 성취의 때는 하나님께서 결정하신다(겔 12:27-28). 그리스도께서도 '때가 차매' 오신 것이다(갈 4:4; 딤전 2:16, 6:15; 딛 1:3). 그 하나님의 때를 인간은 알 수 없다. 다만 기다릴 뿐이다.

(1) 하나님이 주시는 묵시는 '정한 때'(모에드, an appointed time)가 있다고 했다. 그 성취 시기는 인간이 알 수 없다. 오직 하나님만이 아신다. 물론 하나님의 뜻은, 즉 묵시는 '하나님의 그 때'가 오면 반드시 응답된다. '그 종말(לַקֵּץ - 전치사 + 관사 + 케쯔, קֵץ)이 속히 이르겠다'고 했다.

(2) 여기서 '그 종말'이란 어느 때를 가리킬까? ① 갈대아가 멸망할 때를 말함일까? ② 갈대아의 침략으로 모두가 황폐해질 때를 말함일까? ③ 징계가 끝난 후 메시야의 강림의 때를 말함인가?

역사는 하나님이 진행해 나가신다. 그리고 역사의 방향과 목적도 부여하신다. 이 하나님의 목적은 선하며 역사의 진행에 따라 그 성취를 바라본다. 성경의 저자들은 역사를 순환적인 개념에 반대하여 목적을 향한 직선적인 운동으로 이해했다. 하나님께서 역사를 (그의 창조를 위한 목적들의 궁극적인 성취를 향하여) 몰고 가신다는 말이다. 따라서 성경적인 종말론은 개인의 운명에 의하여 제한 받지 않는다. 일반적으로 심판과 구원의 종말적인 행위는 하나님 자신이 친히 도래함으로 성취되어진다(사 26:21; 슥 14:5; 말 3:1-5).

(3) 그 종말의 때가 정확히 언제일지는 모르나 하나님께서는 하박국 선지자에게

"그 종말이 '속히 이르겠다'(야페아흐, יָפֵחַ)[1]고 약속하셨다. 하박국은 하나님의 묵시가 종말을 향해 신속히 달려간다고 했다. '**속히**' 임할 것이라는 말이다. 문자적으로는 하나님의 목적이 종착점을 향하여 속도를 내고 헐떡거리며 달려가는 주자(走者)의 모습으로 의인화 시키고 있다. KJ는 "but at the end it shall speak, and not lie"(그러나 종말에는 그 계시가 말할 것이요, 거짓됨이 없으리라)라고 번역했고, NIV는 "it speaks of the end and will not prove false."(그 계시는 종말에 대하여 말하는 것이요, 거짓됨이 없을 것이라)라고 번역했다.

(4) "거짓되다"(카자브, כָּזַב) - 본문에서는 피엘(강조 능동형) 동사 미완료로 쓰였다. 강조의 뜻으로 '결코'라는 말을 넣어 번역했다. 하나님께서 약속하신 그 종말의 때는 반드시 오며 지체되지 않을 것이다.

(5) "비록(אִם) 더딜지라도" : (마하, מָהַהּ - 꾸물거리다, 지체하다)의 히트파엘(강조 재귀형) 미완료로 '끝까지 참아서 기다리라'는 뜻일 것이다. 이렇게 기다려야 할 이유는 무엇인가? "지체되지 않고 반드시(정녕) 응하리라"(=응할 것이기 때문에). (because it will surely come, it will not tarry.) 하박국은 하나님의 응답이 신속히 이루어지길 원했다. 하나님께서 바벨론을 즉시 징벌하시고, 악인과 압제자를 멸망시키기를 원했다. 그러나 하나님은 기다리라고 말씀하신다. 더디더라도 그 종말은 반드시 임할 것이기 때문이다.

(6) 이 구절을 히브리서 기자는 어떻게 인용하고 있나?

- 히 10:36 "너희에게 인내가 필요함은 너희가 하나님의 뜻을 행한 후에 약속하신 것을 받기 위함이라 37잠시 잠깐 후면 '오실 이'(ὁ ἐρχόμενος)[2]가 오시리니 지체하지 아니하시리라. 38**나의 의인은 믿음으로 말미암아 살리라**(ὁ δὲ δίκαιός μου ἐκ πίστεως ζήσεται) 또한 뒤로 물러가면 내 마음이 그를 기뻐하지 아니하리라 하셨느니라."

(7) 베드로도 하나님의 뜻이 성취될 때까지 오래 참고 기다려야 할 것을 분명히 하고 있다.

- 벧후 3:9 "주의 약속은 어떤 이들이 더디다고 생각하는 것 같이 더딘 것이 아니라 오직 주께서는 너희를 대하여 오래 참으사 아무도 멸망하지 아니하고 다 회개하기에 이르기를 원하시느니라."

1) 푸아흐(פּוּחַ)의 히필 동사미완료) '푸아흐'는 '숨을 쉬다, 숨을 내뿜다(breath out), 불다, 사모하여 갈급하여 허덕이다(pant)'라는 뜻이 있다. 본문에서는 히필 동사로(야페아흐, יָפֵחַ) 쓰여 그 뜻이 강조되고 있다. 그 성취가 '**속히** 이르겠고'라는 뜻이다.

또 야페아흐(יָפֵחַ)를 '증거'라는 뜻으로 보는 학자들도 있다. (로버트 치즈홀름, 예언서 개론, 667. 각주.)

2) 여기서 '오실 이'는 그리스도를 가리킨다(마 3:11; 요 1:15, 27, 30, 3:31; 행 1:25).

4. 하나님께서 약속하신 그 종말의 때는 확실하다. 그렇다면 그 때가 오기까지 성도들은 어떤 태도를 견지해야 할까? 극기(克己)만이 최선의 삶인가?

2:4 보라(Behold, 힌네, הִנֵּה) -주의를 환기시키는 말이다.
그의 마음은 ┬ 교만하며(עֻפְּלָה, 아팔, עָפַל의 푸알 동사 완료)[1]
└ 정직하지 못하나
/그 속에서
그러나(וְ)
의인은 ——— 살리라(יִחְיֶה)
/그의 믿음으로 말미암아(בֶּאֱמוּנָתוֹ)[2]

בּוֹ	נַפְשׁוֹ	לֹא־יָשְׁרָה	עֻפְּלָה	הִנֵּה	2:4
within him	His soul is	not right ;	as for the proud one	Behold,	
יִחְיֶה	בֶּאֱמוּנָתוֹ	וְצַדִּיק			
will live	by his faith	But the righteous			

1) 아팔 - '감히 ~하다'(민 14:44)의 푸알(강조형 수동) 동사로 그 뜻을 강조하고 있다. 교만의 극치를 나타낸다.

'(마음이)부풀다, 치켜 올리다'라는 뜻으로 마음의 교만을 나타낸다.

2) '그의 믿음으로'(בֶּאֱמוּנָתוֹ)라는 단어가 '의인'을 수식하느냐, 또는 '살리라'를 수식하느냐에 따라서 그 뜻이 달라진다. 본문 설명 참조.

(1) 보라(Behold, 힌네, הִנֵּה) - 주의를 환기시키는 말이다. 계속되는 내용의 중요성을 알 수 있다.

(2) 4절에서 악인들과 경건한 자들의 결과를 대비시키고 있다.
"보라, 교만한 자를!" - 여기서 교만한 자는 누구를 가리키는가? 바벨론을 가리키는가, 아니면 사악한 이스라엘을 말하는가? 계속되는 구절에서 보는 것처럼 이는 갈대아(바벨론)를 가리키는 것으로 보인다. 물론 유다의 간악한 자들도 포함된다고 할 수 있다(1:3).

(3) '교만하다'라는 말 '아팔'(עָפַל)은 마음을 부풀리거나 자랑하는 것을 말한다. 교만한 자는 자신의 힘으로 자기 신을 삼는다(1:11). 우리는 주위에서 자신들의 권세와 부귀를 헛되게 과시하는 사람들을 많이 본다. 교만은 돈과 권력을 어느 정도 가진 자라면 누구나 그 속에 도사리고 있는 하나의 약점이다. 물질적인 번영과 그에 수반되는 권력은 교만의 가장 일반적인 선행 조건들이다. 성경에서 교만에 대해 수없이 언급되고 있다는 것은 죄악된 마음에 그것이 끼치는 집요한 영향력이 얼마나 큰가를 암시해 준다.

(4) 교만에 빠지기 쉬운 것은 개인이나 왕들뿐만 아니라 나라들도 마찬가지이다. 지금 바벨론의 교만이 그렇다고 언급하고 있다. 당시 바벨론의 통치자는 느부갓네살이다. 그의 교만함은 다니엘서 4:29이하에 잘 묘사되어 있다.

- 단 4:29 "열두 달이 지난 후에 내가(그가?) 바벨론 왕궁 지붕에서 거닐새
30나 왕이 말하여 이르되 **이 큰 바벨론은 내가 능력과 권세로 건설하여 나
의 도성으로 삼고 이것으로 내 위엄의 영광을 나타낸 것이 아니냐** 하였더
니 31이 말이 아직도 나 왕의 입에 있을 때에 하늘에서 소리가 내려 이르되
느부갓네살 왕아 네게 말하노니 나라의 왕위가 네게서 떠났느니라 32 네가
사람에게서 쫓겨나서 들짐승과 함께 살면서 소처럼 풀을 먹을 것이요 이와
같이 일곱 때를 지내서 지극히 높으신 이가 사람의 나라를 다스리시며 자
기의 뜻대로 그것을 누구에게든지 주시는 줄을 알기까지 이르리라 하더라
33바로 그 때에 이 일이 나 느부갓네살에게 응하므로 내가 사람에게 쫓겨
나서 소처럼 풀을 먹으며 몸이 하늘 이슬에 젖고 머리털이 독수리 털과 같
이 자랐고 손톱은 새 발톱과 같이 되었더라."

(5) "그의 마음"(נַפְשׁוֹ) - '네페쉬'(마음 - נֶפֶשׁ)는 '호흡하는 존재(피조물), 영혼, 생명' 등을 의미한다. 여기 본문에서는 교만하고 정직하지 못한 갈대아의 원수들을 가리킨다. 이들은 '(그의 혼이) 정직하지 못하다'고 했다. '정직하다'(야사르, יָשַׁר)라는 말은 '곧다(be straight), 바르다, 옳다(right)'라는 의미로 여기서는 윤리적으로 정직한 것(be just)을 가리킨다.

악인(여기서는 바벨론)은 반드시 하나님의 심판을 받아 멸망 받을 것인데, 그 정한 때가 있다는 것이다. "그 종말이 속히 이를 것이라"고 했다(3절). 하박국은 바벨론의 죄악에 대한 하나님의 심판이 바벨론에게 분명히 임할 것임을 확신했다. 그렇다면 의인들은 이런 악인들의 압제와 공포를 어떤 태도로 지켜보아만 할까? 오직 극기로 곤고한 날들이 지나가기만을 기다려야 하는가?

5. 그러나 하나님께서는 의인된 자는 이런 악인들이 판을 치는 세상에서도 믿음으로 살아가야 한다고 말씀하신다.

(1) 그러나(but, וְ), 의인(짜디크, צַדִּיק)은 살아가야만 한다(יִחְיֶה, 하야(הָיָה) 동사의 칼, 미완료). 어떻게? "그의 믿음으로 말미암아"(בֶּאֱמוּנָתוֹ)[1] 즉 의인된 자는 믿음으로 세상을 이기며 살아가야 한다는 것이다.

(2) 이 본문은 신구약 성경에서 가장 중심 되는 교리의 기초가 되는 구절이다. 사도 바울이 "믿음으로 의롭게 되다"(이신칭의, 以信稱義)라는 진리의 근거로 인용한 구절이기도 하다(롬 1:17; 갈 3:11). 히브리서 기자 역시 그리스도인의 삶의 원리를 말하면서 하박국의 말씀을 인용하고 있다(히 10:38). 이 구절은 좀 더 자세한 설명을 필요로 한다.

성경에 언급된 교만했던 나라들:

- 앗수르 왕 - 완악한 마음과 높은 눈의 자랑(사 10:12).
- 두로 - 모든 영광의 교만 (사 23:9)
- 모압 - 그 교만과 그 손의 교만(사 25:11, 렘 48:29-30; 습 2:8-11)
- 소돔 - 교만함과 음식물의 풍족함으로 교만(겔 16:49)
- 이스라엘 - "너희 세력의 영광 때문에"(겔 24:21, 암 6:8).
- 유다 - "나의 성산에서 교만하였기 때문에"(습 3:11).

- 특별히 바벨론의 왕 느부갓네살의 교만은 하늘을 찌를 듯했다(단 4:29-30). 여기에 해당되는 신약의 인물은 헤롯이다(행 12:22, 23). 이들의 종말이 어떠했던가를 말해 보자. 에스더서에 등장하는 하만과 같은 경우도 마찬가지이다.

1) 에무나(אֱמוּנָה)의 여성 단수 연계형, 대명사어미-3인칭 남성 단수.

"그 자신의 신실성 때문에"

그러나(וְ)
의인은 ———— 살리라(יִחְיֶה)
/그의 믿음으로 말미암아(בֶּאֱמוּנָתוֹ)[1)]

1) 에무나(אֱמוּנָה) - '견고한, 확고부동한, 신실함, 충실'을 의미한다. / 일반명사, 여성 단수 연계형 - 대명사어미 3인칭 남성 단수. / 이 단어가 '의인'을 수식하느냐, 또는 '살리라'를 수식하느냐에 따라 그 뜻을 달리한다.

(3) 2:4a에서는 자신의 힘으로 자기 신을 삼고(1:11) 무자비한 약탈을 통해 풍성한 삶을 살아가는(1:16-17) 바벨론 사람들의 삶을 말했다. 그들은 교만하며 정직하지 못하다고 했다. 물론 당연히 심판이 따른다.

그러나(but, וְ) 의인(the righteous, 짜디크, צַדִּיק)은 "그의 믿음으로 말미암아" 살아가야 한다고 말씀하신다. '짜디크'(צַדִּיק)는 '의로운, 올바른, 공의로운, 공정한'을 의미하는데, 구약에서 약 200회 이상 나타난다(창 6:9; 스 9:15; 시 116:5; 사 45:21 등). 이 단어는 집합명사로 본 문맥에서는 죄가 없는데도 압제를 당하는 경건한 자들을 가리킨다(1:3, 13 참조). 그런데 '그의 믿음으로'(בֶּאֱמוּנָתוֹ)라는 단어가 '의인'을 수식하느냐,[2)] 또는 동사 '살리라'를 수식하느냐에 따라 그 해석을 달리한다.

2) 의인(=경건한 자)을 수식하면 경건한 자가 자신의 올바른 품성으로 다가오는 시련을 거쳐 살아남을 것임을 강조하는 셈이 된다. (로버트 치츠홀름, 예언서개론, 강성열 역, 크리스챤 아카데미, 668면.

(3) '그의 믿음으로'(בֶּאֱמוּנָתוֹ)[3)]라는 말도 여러 가지로 해석했다. '에무나'(אֱמוּנָה)는 '아만'(אָמַן-지지하다, 신실하다)에서 유래했으며, '견고함, 신실함, 충실, 성실'을 의미한다. 대체로 '믿음'으로 번역하지만 '순전함, 신실함, 충성'을 더 가리킨다. 인간의 품성과 행동을 가리킬 때 그것은 '확실성'(잠 12:17, 22; 사 59:4; 렘 5:3, 9:3)과 순전함(왕하 12:15, 22:7; 렘 5:1)을 가리킨다. 하박국 2:4의 문맥에서 볼 때, 이 낱말은 압제당하는 자의 준법성을 가리킨다. 즉 '믿음'을 가리키기 보다는 믿음에서 나오는 어떤 개인의 품성과 생활 태도를 가리킨다고 본다.[4)] 그러니까 하박국 본문이 여기서 강조하는 것은 '믿음으로 의롭게 된다'는 뜻보다도 '의인된 자는 흔들림 없이 하나님께 헌신하는 삶을 살아가야 한다'는 것을 강조하고 있다는 말이다. 히브리서의 기자는 이 입장으로 하박국서를 인용했다(히 10:37, 38). 앞에서도 언급되었지만 다시 한 번 살펴보자.

3) 에무나(אֱמוּנָה)의 여성 단수 연계형 - 대명사어미 3인칭 남성 단수.

4) 로버트 치츠홀름, 위의 책, 669면.

- 히 10: 37 "잠시 잠깐 후면 오실 이가 오시리니 지체하지 아니하시리라 [38]**나의 의인은 믿음으로 말미암아 살리라**(Now the just shall live by faith, ὁ δὲ δίκαιός μου ἐκ πίστεως ζήσεται) 또한 뒤로 '*(만약) 물러가면*'(ἐὰν ὑποστείληται) 내 마음이 그를 기뻐하지 아니하리라 하셨느니라."

(4) 히브리서 기자는 70인경(합 3:4)에서 '물러가다'(ἐὰν ὑποστείληται)라는

말을 썼기에 이 구절에 관심을 가졌다. 히브리서 기자는 독자들에게 고난 가운데서도 뒤로 물러서지 말라고 간절하게 권하고 있다.[1] 이렇게 히브리서 기자는 하박국 2:4에 나타난 본래적인 의미를 반영하고 있다. 독자들에게 시련을 당할지라도 신실함을 지킬 것을 촉구하고 있다. "우리는 뒤로 물러나 하나님께 버림을 받을 사람들이 아닙니다. 우리는 믿음으로 구원함을 받을 사람들입니다"(히 3:39, 쉬운성경).

"오직 의인은 믿음으로 말미암아 살리라"(롬 1:17)

1. 바울도 로마서 1:17과 갈 3:1에서 하박국 2:4을 인용했다.

- 합 2:4b וְצַדִּיק בֶּאֱמוּנָתוֹ יִחְיֶה (but the just shall live by his faith. - KJ)
- 합 2:4b ὁ δὲ δίκαιος **ἐκ πίστεώς** μου(나의) ζήσεται(LXX)

  70인경(LXX)은 히브리 성경에서의 '그의'(=인간이 가진) 믿음이란 말을 '나의'(=하나님께서 주신) 믿음이라고 번역했다.

- 롬 1:17b ὁ δὲ δίκαιος ἐκ πίστεως ζήσεται.

(1) 70인경은 '에무나'(אֱמוּנָה, firmness, fidelity, steadnee)를 '믿음'(ἐκ πίστεώς)으로 번역했다. 대부분의 영어성경도 이를 '믿음'(by his faith)[2]으로 번역했다. 바울은 로마서에서 대명사 '무'(μου, 나의)를 생략하여 "오직 의인은 믿음으로 말미암아 살리라"고 했다(롬 1:17). 신약의 기자들은 구약성경을 인용할 때 그들의 목적에 맞게 수정 인용했다.[3] 즉 신약성경은 하박국 2:4을 인용할 때 종말론적인 의미로 확대 설명하고 있다는 말이다.[4]

(2) 바울은 하박국의 말씀을 인용하면서 그의 교리 즉 "믿음으로 의롭다 함을 얻고", 또 "믿음으로 구원을 얻으리라"는 진리를 보증하는 인용구로 사용했다. 이로 보아 본절은 두 개의 복합적인(칭의와 성화) 뜻을 포함하고 있는 전형적인 구절이라고 볼 수 있다.[5]

즉 하박국에서 '그의 믿음으로 말미암아'라는 의미는 바벨론 통치 하에 엄청난 고난 속에서라도(또한 유대의 악인들의 횡포 속에서도) 하나님의 백성된 자들은 매순간 하나님의 능력을 붙잡고 인내하며 살아가야 된다는 의미이다. 그것이 신실한 성도들이 고난의 시대를 살아가야만 하는 모습이어야 한다는 말이다.

1) 히브리서 기자는 로마의 핍박을 받고 있는 성도들이 뒤로 물러 서지 않고 끝까지 참아 믿음으로 구원을 얻어야 할 것을 권면하는 데 하박국 성경을 인용했다.

2) NRSV 'by their faith'로. YLT는 'by his stedfastness'로 번역했다(합 2:4).

3) 최갑종, 로마서 듣기, 도서출판 대서, 143면. "바울은 주장을 더 강력하게 나타내기 위해 구약의 본문을 임의로 바꿀 때가 있으므로 히브리어 본문에 있는 3인칭 대명사나 70인역의 1인칭 대명사를 의도적으로 사용하지 않는 점을 이상하게 생각할 필요는 없다. 바울은 하나님의 의의 종말론적이고 그리스도론적인 성격을 강조하기 위해 인칭대명사를 생략한 것 같다."

4) E. 악트마이어, 현대성서주석(나훔-말라기), 한국장로교출판사(서울: 2002), 87면.

5) 김희보, 구약소선지서 주해(하박국/스바냐), 총신대학교출판부, 84면.

2. 사도 바울은 하박국서(70인경)를 인용하면서 그 강조점을 달리하고 있다.

(1) 사도 바울은 로마서에서 유대인이나 이방인이나 하나님 앞에서 의롭게 되기 위해서는, 즉 구원을 얻기 위해서는 예수님을 그리스도와 주님으로 모시는 신앙고백으로서의 믿음을 가져야 한다고 강조하고 있다(롬 3:19-31).

(2) 그러나 "바울이 종종 믿음과 순종을 통합시켜 '믿음의 순종'이라고 표현하는 점을 볼 때(롬 1:5 참조) '믿음으로부터'가 양자(명사와 동사)와 다 연결되어 있다고 보는 것이 온당하다.… 의인 됨(칭의)과 그의 거룩한 삶(성화)은 결코 분리될 수 없다."[1)]

(3) 즉, 우리는 믿음으로 의롭다함을 얻고, 믿음으로 구원을 얻어 영원히 살게 될 것이요, 또한 믿음으로 의롭게 된 자는 복된 삶을 살게 되고 세상을 이기는 승리의 생활을 하게 될 것이라는 말이다. 본문에서 '살리라'(יִחְיֶה)는 말은 '하야'(חָיָה, 살다, 살아 있다, 생명을 유지하다)의 칼 동사 미완료로 '구원을 얻으리라' 또는 '영생을 얻으리라'는 뜻도 있고, 또는 '복된 삶, 안전한 생활, 승리의 생활'을 보여주는 말씀이기도 하다.[2)]

3. 결국 이 구절(합 2:4)이 의미하는 바는 무엇인가?

(1) 히브리서에서 말하고 있는 것처럼(히 10:37-38), 하박국이 사역하던 그 당시의 (불의에 대항하며 하나님 뜻대로 살아가려고 몸부림 치는) 성도들이나 오늘을 살아가는 우리에게도 만일 그리스도 안에서 하나님에 대한 신뢰를 포기하지 않는다면 이들은 영생을 얻거나 '안식'의 자리에 들어가게 되거나 약속의 땅의 상속자가 될 것이라는 의미이다.[3)]

(2) 우리는 사악함으로 가득 찬 세상에서 그 선지자에게 주어졌던 기쁨과 확신을 보게 될 것이다(하박국 3장에서). 이러한 기쁨은 시련을 당할지라도 신실함을 지키는 자들에게 주어질 것이다. 하박국의 이런 기쁨은 신약시대의 바울에게서도 볼 수 있다(빌 4:4, 11; 고후 4:8-9; 롬 8:35).

(3) 우리가 진정 믿음으로 의롭다함을 얻게 되었다면, 이에 따르는 신실한 행위가 뒤따라야 한다. 즉 믿음은 극히 중요하지만 여기에 따르는 행위가 있지 않다면 진정한 믿음이라고 할 수 없다. 그러므로 믿음과 행위는 동전의 양면과 같다. 그래서 야고보는 "함께 역사하는 믿음과 행위"를 강조하고 있다(약 2:2).

1) 최갑종, 로마서 듣기, 도서출판 대서, 144면.

2) 하야. 살다 live, 생명을 가지다 have life, 산채로 있다 remain alive, 생명을 유지시키다 sustain life, 부유하게 살다 live prosperously, 영원히 살다 live forever. 또한 질병, 절망 심지어 죽음으로부터 소생되다, 되살아나다 be quickened, revive from sickness, dis couragement or even death.

또 '하야'의 의미는 '번영하다' (to prosper), '생명을 유지하다'(to sustain life), 혹은 '자양분을 주다' (to nourish, 창 27:40, 45:7, 왕하 18:32, 삼상 10:24, 삼하 12:3) 혹은 '건강을 회복시키다'(to restore to health), '치료하다'(to heal), '회복하다'(recover, 수 5:8; 왕하 1:2, 8:10)를 포함한다. <바이블렉스>

3) E. 악트마이어, 현대성서주석(나훔-말라기), 한국장로교출판사(서울: 2002), 87면.

바벨론에게 내리는 징벌과 저주(2:5-20)

1. 5-20절에서는 바벨론에 대한 징벌이 선포된다. 다섯 번에 걸쳐서 "화 있을 진저!"라는 말로 시작하고 있다. 물론 선지자의 질문에 대한 답변이다.

2:5 (וְאַף כִּי־ , Furthermore) - 한글역은 번역이 생략되었다.
그는 술을 '즐기며' [바가드, בָּגַד - '불성실하게(속임과 배반으로) 대하거나 행하다.']
'거짓되고 교만하여'(=he is a proud man)[1)]
가만히 있지 아니하고
스올처럼 자기의 욕심을 넓히며
또 그는 사망 같아서 '족한 줄을'[2)] 모르고
자기에게로 여러 나라를 모으며
여러 백성을 모으나니

1) יָהִיר(교만한 거만한) גֶּבֶר(힘센 사람) a proud man 또는 a haughty man을 가리킨다.

2) 족하다(사바, שָׂבַע) - '만족하다, 포식하다'라는 의미로 기본 의미는 음식물을 먹어 만족하다라는 의미이다(시 37:19).

(1) '아프'(אַף)라는 말은 '접근'을 의미하는 말로 부사나 접속사로 사용된다. '또한, 뿐만 아니라, 그러나, 게다가, 진실로' 등의 뜻으로 앞에 말한 것에 덧붙여진 것을 말한다(더욱이, 게다가). 2:4상반절에 "그들(=갈대아)은 교만하며, 정직하지 못할 뿐만 아니라, **게다가** 술을 즐기며…"라는 말이다.

(2) '술을 즐기며' - 직역은 '술은 교만한 자를 넘어뜨린다'는 뜻이다(wine betrays the haughty man - NASB).

(3) 또 그들은 '거짓되며(궤휼하며) 교만하다'고 했다. 이 말은(גֶּבֶר יָהִיר) '스스로 거만해진 장수' 같은 자들을 말한다. 게베르(גֶּבֶר)는 '힘센 사람이나 힘이나 전투력을 강조하는 용사'를 가리킨다. 야하르(יָהִיר)는 '교만한, 거만한'이라는 뜻이다. 여기서 갈대아인들의 오만하고 건방진 모습을 보여주고 있다. 그들의 세력이 너무 창대해서 그 앞을 가로막을 나라는 없었다. 그래서 '가만히 있지 아니했다'고 했다. 즉 그들은 집에 머무르지 아니했다.

(4) 그들은 스올처럼 욕심을 넓힌다. 스올(שְׁאוֹל)은 '죽은 자의 거처, 음부'를 말한다. 헬라어 '하데스'에 해당한다. 이 단어는 죽은 후에 가서 거하는 곳을 표현할 때 가장 흔히 쓰는 말이다. KJ는 모호하게 번역했다. '무덤'(31회), 지옥(31회), 구덩이(3회)로 번역했다. 개역은 '음부'(개역개정은 '스올'로 번역)로 번역했다. '음부'(스올)란 많은 주검을 삼키고도 부족함이 없는 곳이다. 이

렇게 갈대아인들은 욕심이 스올과 같이 끝이 없다는 것이다. 또 이들은 사망(마웨트, מָוֶת) 같아서 족한 줄을 모른다고 했다. 그들의 욕심은 절대로 채워지지 않았다.

2. 갈대아는 열국을 살육, 쟁탈하면서도 만족함이 없는 나라였다.

이집트는 시돈, 유다 등 이 지역의 여러 나라를 원조하여 동맹을 맺고 바벨론의 세력을 저지하려 했으나 역부족이었다. 이집트군은 바벨론에 패하여 나일강의 델타 지대로 밀려났고, 여러 소국들은 차례차례로 정복되어 엄중한 벌을 받았다. 물론 유다도 이들에 의해 멸망을 당했다(주전 586년). 이렇게 바벨론은 그 욕심이 사망(무덤)과 같아서 그 욕심이 끝이 없었다. "그들은 다른 나라들을 모아들이고 모든 민족을 사로잡아 자기 것으로 삼았다"(쉬운 성경). '모으다'(카바츠, קָבַץ)는 여기서 '빼앗다'는 의미로 쓰였다.

첫 번째 '화' 선포(2:6–8)

1. 이렇게 주변국들을 공포로 몰아넣는 바벨론 제국에게 하나님의 저주가 선포된다. "화 있을진저!"라는 말로 시작하는 다섯 개의 저주가 선포되었다.

2:6 그 무리가 다 속담으로 그를(עָלָיו)[1] 평론하며(나사, נָשָׂא)[2]
조롱하는 시로 그를 풍자하지 않겠느냐
/곧 이르기를
/화 있을진저(הוֹי)
자기 소유 아닌 것을 모으는 자여
언제까지 이르겠느냐
볼모 잡은 것으로 무겁게 짐진 자여

1) against him

2) 기본적으로 '들어올리다, 취하여가다'를 의미한다. 여기서는 (희롱하는 시로) 조롱한다는 말이다.

(1) 우선 6~8절을 읽어보자. 첫 번째 '화'가 선포된다. 바벨론에게 사로잡힌 모든 사람들이 그들을 향해 조롱한다. 여기서 속담(마솰)은 부정적 의미에서 '교훈거리'를 말한다. 피정복민들은 바벨론을 향해 경멸과 조롱으로 비웃을 것이다. '조롱하는 시'(메리짜, מְלִיצָה -풍자, 비웃음, 조소하는 시)로 풍자한다. 즉 수수께끼 같은 말과 비사들(taunting proverb)로 갈대아 사람들을 조롱하고 있다.

(2) 무엇이라고 풍자하는가?

'화 있을진저'(호이, הוֹי) - '호이'라는 말은 '슬프도다!, 화로다!(woe!)'라는 뜻이다. 여기 '모으는 자'(라바, רָבָה)라는 말은 히필(사역 능동) 분사형으로 풍성한 것, 증대시키는 것을 말한다. 이들은 자기 소유물이 아닌 것을 약탈하며 엄청난 부를 거두어들였다. 그러나 언제까지 이런 일이 계속되지 않는다는 것이다.

(3) 여기서는 갈대아인들이 약탈해 간 물건들을 '볼모 잡은 것'(아브티트, עַבְטִיט)으로 표현했다. 즉 갈대아인들이 전쟁을 통해 긁어모은 전리품들은 정복당한 국가들로부터 맡겨진 담보라고 할 수 있으므로 언젠가는 갚아야 할 무거운 부채라는 것이다(W. J. Deane). 그래서 '무겁게 짐진 자여'라고 했다.

2. 계속되는 풍자를 들어보라. 상황이 역전되는 날 갈대아인들은 더욱 큰 수치를 당하게 될 것이다.

2:7 너를 억누를 자들이 갑자기 일어나지 않겠느냐
'너를 괴롭힐 자들' (מְזַעְזְעֶיךָ)[1]이 깨어나지 않겠느냐
네가 그들에게 노략을 당하지 않겠느냐

(1) "너를 억누를 자들"(개역: 너를 물 자들) - 나샤크(נָשַׁךְ)[2]의 분사형으로 '물어뜯는 자'라는 의미이다. 또 이 단어는 '이자를 빌려주다' 라는 의미도 있다. 그래서 빚쟁이들이 갑자기(=홀연히) 들이닥치지 않겠느냐고 번역한 성경도 있다.

- Will not your debtors suddenly arise? (NIV)
- Will not your creditors rise up suddenly.(NASB)

(2) 너를 괴롭힐 자들 : 주아흐(זוּעַ) 동사의 사역(pilpel)형 분사로 '난폭하게 흔들거나 행동하다, 괴롭히다'를 의미한다. "네가 그들에게 노략(약탈, 겁탈, 노략질)을 당하지 않겠느냐", 즉 '그들에게 노략물이 될 것이다'라는 말이다.

3. 노략을 당하게 된 이유는 무엇이라고 했는가?

2:8 그 모든 민족의 남은 자가 너를 **노략하리니**[3]

//이유:(for, כִּי)
네가 여러 나라를 **노략하였으므로**[4]

1) 주아흐(זוּעַ) 동사의 pilpel 형 분사로 그 뜻이 강조되어 있다. / '(두려움으로) 떨다, 전율하다, 겁에 질리다' / 여기서는 사역형으로 '떨게 만들다'(make to tremble)로 번역된다.

2) 물다, 물어 뜯다, 이자를 위해 빌려주다. 이 단어는 주로 뱀이 무는 것에 대해 사용되었다(암 5:19, 9:3).

3) 솨랄(שָׁלַל) 동사의 칼 미완료 / 빼앗다, 약탈하다, 전리품을 취하다

4) '솨랄' 동사의 칼, 미완료

//이는(for, מִ)
네가 사람의 피를 **흘렸음이요**

//(계속되는 이유)
또 땅과 성읍과 그 안의 모든 주민에게 **강포를 행하였음이니라**

(1) 바벨론이 물질적인 풍요를 누린 것은 약소 국가들로부터 탈취해 온 전리품이 한몫을 담당했을 것이다. 본문은 그들이 "화 있을진저!"라고 저주를 받아야(6절) 할 그 이유를 설명하고 있다. "네가 여러 나라를 노략하였으므로" (for, כִּי) 심판이 선포되고 있다.

(2) 또한 바벨론은 사람의 피를 너무 많이 흘렸다고 했다. 또 많은 땅과 성읍과 그 안의 모든 주민에게 강포를 행했다. '강포를 행하다'라는 말 '하마스'(חָמָס)는 '~에게 폭력, 난폭한 행위를 하다, 포악하게 다루다'를 의미하는 말이다. 대홍수도 이런 난폭함이 원인이 되었다. "하나님이 노아에게 이르시되 모든 혈육 있는 자의 **포악함**(강포, 하마스)이 땅에 가득하므로 그 끝 날이 내 앞에 이르렀으니 내가 그들을 땅과 함께 멸하리라"(창 6:13). 즉 '하마스'는 단순한 폭력 상태가 아니라 극도의 악함을 나타낼 때 사용되었다.

(3) 이런 바벨론을 향해 예레미야 선지자는 무엇이라고 외쳤는가?

- 렘 50:23에서는 바벨론을 '온 세계의 망치(방망이, 파티쉬, פַּטִּישׁ)"라고 했다. "[22]그 땅에 싸움의 소리와 큰 파멸이 있으리라 [23]**온 세계의 망치**가 어찌 그리 꺾여 부서졌는고 바벨론이 어찌 그리 나라들 가운데에 황무지가 되었는고"

- 렘 51:7 "바벨론은 여호와의 손에 잡혀 있어 **온 세계가 취하게 하는 금잔**이라 뭇 민족이 그 포도주를 마심으로 미쳤도다."

(4) 이렇게 바벨론은 (망치처럼) 만국을 쳐서 멸했고, 온 세계를 취하여 넘어지게 했다. 그러므로 하나님의 공의로운 심판으로 바벨론 역시 노략질을 당하게 될 것이다. 이런 류의 하나님의 심판은 현재까지도 계속되고 있음을 역사를 통해서 볼 수 있다.

두 번째 '화' 선포(2:9–11)

1. 피정복민들을 강탈하여 거대한 제국을 유지하고 있는 바벨론은 불의한 이익을 취하여 안전을 추구하고 있는 자들이었다. 이들에게 두 번째 화가 선포되고 있다.

2:9 **화 있을진저**(הוֹי) - 이 말이 문두에 나와 있다.
/높은 데 깃들이려 하며
/재앙을 피하기 위하여
/부당한 이익을 '취하는 자에게'[1] - 원문에는 이 구절이 먼저 나와 있다.
/자기 집을 위하여

1) 바차(בָּצַע) - '베어내다, 획득하다, 폭력으로 얻다'

(1) 하나님의 백성, 이스라엘은 무법과 불의와 궤휼과 반역에 대해 심판을 받아야 했는데, 심판의 도구 바벨론 역시 심판의 대상이 되었다. 9-11절에서는 열국들로부터 약탈한 재물로 자기 아성(牙城)을 구축하고 있는 바벨론에게 (물론 '화'를 받는 대상자가 불의를 행하는 모든 가문이나 왕조나 정부에게도 해당된다고 볼 수 있다) 두 번째 화가 선포되고 있다.

(2) 자기 집을 위하여(לְבֵיתוֹ) : 여기서 집(바이트, בַּיִת)은 건물을 말하기보다는 바벨론의 느부갓네살의 왕조를 가리킨다. 백성들을 강탈하고 속여 자신의 권력과 재산을 일으키고, 그것을 지키려고 부당한 이익을 취하는 가문이나 왕조는 하나님의 심판의 대상이 된다. '불의의 이익'(evil gain)을 '취하는 자' (바차, בָּצַע의 분사형)는 남의 재물을 폭력으로 얻어내는 자들을 말한다 (בֹּצֵעַ בֶּצַע).[2]

2) בֶּצַע(부당한 이익) בֹּצֵעַ(취하는 자) 같은 단어의 중복 사용으로 그 뜻을 강조하고 있다.

(3) 이들은 자신들의 안전을 위하여 높은 데 둥지를 틀었다고 했다. 이들은 그 어떤 공격에도 견뎌낼 수 있는 성을 건축하고, 이를 믿고 몹시 교만했다. 특히 느부갓네살의 교만은 하늘을 찌를 듯 했다(단 4:30을 읽어보자). 렘 49:16*과 옵 1:4의 심판에 대한 예언은 독수리의 보금자리에 비유했다. 이렇게 바벨론의 주권자들은 개인적인 재난이든 국가적인 재난이든 간에 그것을 방지할 수 있는 최선책은 재물의 축적이라는 부질없는 망상에 사로잡혔다. 이런 자들에게 화가 선포되고 있다.

• 렘 49:16 "바위 틈에 살며 산꼭대기를 점령한 자여 스스로 두려운 자인 줄로 여김과 네 마음의 교만이 너를 속였도다 **네가 독수리 같이 보금자리를 높은 데에 지었을지라도** 내가 그리로부터 너를 끌어내리리라 이는 여호와의 말씀이니라."

2. 이런 안전망을 구축하기 위해 바벨론 제국이 벌인 악행은 무엇인가?

1) 베어내다, 끊다

2:10 네가 많은 민족을 '멸한 것이' (카차, קָצָה)[1]
네 집에 욕(보셰트, בֹּשֶׁת, 부끄러움, 수치)을 부르며
네 영혼에게 죄를 범하게 하는 것이 되었도다

(1) 바벨론 왕 느부갓네살의 교만은 극에 달했는데, 그 과정에서 여러 민족들은 곤욕 속에 지내야 했다. 열국들을 멸망시킨 것이 결국은 자신들에게 화를 부르게 되었다. '네 영혼에게 죄를 범하게 되었다' 고 말한다.

(2) "네 영혼에게 죄를 범하게 하는 것" - NIV는 'forfeiting your life'라고 번역했다. 영혼에게 죄를 범하게 된다는 것은 '생명을 잃게 된다'는 의미이다. 결국 여기서 말하는 것은 바벨론이 심판과 멸망을 받게 될 것이라는 뜻이다.

3. 바벨론이 저지른 악행들의 증인은 담의 돌과 집의 들보라고 말한다.

2:11 (진실로, כִּי) 담에서 돌이 부르짖고
집에서 들보가 응답하리라

• 눅 19:40 "대답하여 이르시되 내가 너희에게 말하노니 만일 이 사람들이 침묵하면 **돌들이 소리 지르리라** 하시니라."

본문은 כִּי로 시작하고 있다. 대체로 '이유' 로 번역했지만(for, because) '진실로' (Surely, NASB)라는 말로 번역하기도 했다. '돌'(에벤, stone)의 이미지는 생명이 없다는 것이다. 그러나 이를 의인화시켜 마치 돌과 들보가 수많은 노예들과 포로민들을 혹사시키는 건설과정을 지켜보았음을 주지시킨다. 이들은 피로 성읍을 건설했을 것이기 때문이다(12절). 이렇게 돌이 울부짖으면 대들보가 맞장구를 칠 것이라고 했다. 눅 19:40*을 읽어보자.

세 번째 '화' 선포(2:12-14)

1. 또 어떤 자들에게 저주가 선포되는가?

2:12 화 있을진저(הוֹי)
/피(담, דָּם)로 성읍을 건설하며
/불의(에웰, עָוֶל)로 성을 건축하는 자에게

(1) 피는 사람과 짐승의 생명을 유지하는 전제 조건이다. 그래서 '피를 흘린다'는 말은 '죽이다'라는 말과 동의로 쓰였다. 무고한 자가 피를 흘리면 하나님은 그에게

발굴된 바빌론 시가지 모습

공중정원 상상도

▲ 아마도 바빌론에 느부갓네살이 세운 지구랏은 그 옛날, 시날 땅에다 하나님을 대항하여 인간 중심의 나라를 건설하려 했던(창 11:1-9 참조) 바벨탑을 모형으로 해서 지었을 것이다. 이 그림은 16세기에 피터 브뤼겔이 그린 바벨탑의 모습이다.

보복하신다(창 9:5; 렘 51:35이하).

(2) 왕들은 자신들의 위엄을 드러내기 위해서라도 웅장한 건물을 건축했다. 느부갓네살은 43년을 통치하면서 수도 바빌론(Babylon)을 화려하게 건축했다. 바벨론 제국에는 바벨론의 주신(主神) 마르둑 신을 위한 신전이 55개, 여러 대신(大神)의 신전이 53개, 지신(地神)의 소신전이 300개, 천신(天神)의 신전이 600개, 신(神)의 여왕인 이슈타르를 위한 제단이 180개가 있었다고 한다.

그리고 수도 중앙에는 7층의 계단탑이 있었는데, '하늘과 땅의 경계의 집'이라는 의미를 가진 지구랏(Ziggurat)이다. 맨 아래 층 한 변의 길이가 91m, 높이가 90m 정도가 되는 대신전을 지었다. 또 메대 나라에서 시집 온 아뮤티스 왕비가 얼마나 향수에 젖어 애타하는지, 최고의 정성을 들여 지어주었다는 '공중정원'이 있다.[1]

(3) 이런 건축물을 짓는 과정에 수많은 노예 포로들이 동원되었을 것이고 많은 희생을 치루었을 것이다. 그야말로 피로 성읍을 건축했다. 불의로 성을 건축했다. 여기서 말하는 '불의'(에웰, עֶוֶל)는 하나님의 성품에 대조되는 행동을 가리키는데, 포악한 행동을 말한다. 이 단어는 재판에서의 불공평(레 19:15), 부정직한 거래(신 25:16; 겔 18:8), 특히 약탈(겔 33:15), 살인(삼하 3:34), 억압(삼하 7:10), 사악한 말들(욥 6:30, 13:7, 15:16) 등으로도 번역된다.

1) 동교재, 열왕기하 292-293면 참조할 것.

2. 그러나 불의 위에 세워진 인간의 업적은 하나님의 우주적 주권 앞에서 실패로 끝날 것이다. 자신들의 영광을 위해 제국을 건설했기 때문이다.

2:13 (보라) (이것이) 만군의 여호와께로 말미암음이 아니냐 - 원문에는 이 구절이 앞에 옴

צְבָאוֹת יְהוָה מֵאֵת(from) הִנֵּה(Behold) הֲלוֹא(is it not)

/민족들이 불탈 것으로 수고하는 것과

/나라들이 헛된 일로 피곤하게 되는 것이

14 //이는(for, כִּי) - 이유 설명, 또는 반전을 설명한다(But).

인정하는 것이 ——— 세상에 **가득함이니라**

/여호와의 영광을 /물이 바다를 덮음 같이

(1) 이것이~아니냐(הֲלוֹא) - 다음에 나오는 내용을 강조하고 있다. 불의, 즉 착취와 간악한 행동으로 건설한 제국(그의 집들과 나라)은 결국 헛된 것이 될 것이다. 왜냐하면 하나님께서 그렇게 하시기 때문이라는 것이다.

(2) '불탈 것으로'(בְּדֵי[1]־אֵשׁ[2]) - NIV는 '오직 불탈 연료만을 위해서"(only fuel for the fire)라고 번역했다. 자신들의 영광만을 위해서 수고하는 것은 헛수고요 공허한 것이라는 뜻이다.

(3) '헛된 일로'(בְּדֵי־רִיק[3]) - '오직 헛된 것만을 위해서'라는 말이다. 이것은 인생을 피곤케(야아프, יָעֵף[4]) 하는 일이다. '나라들(레옴, לְאֹם)'이란 말은 '국민, 백성'이라는 말이다. 나라 안에서 사는 백성들을 가리킨다.

(4) 14절은 대체로 13절의 내용에 대한 이유로 설명했지만(כִּי, for), 키(כִּי)가 부정문(13절) 다음에 올 때에는 'But'의 의미를 가진다. 그래서 NRSV는 그렇게 번역했다. "**But** the earth will be filled with the knowledge of the glory of the LORD, as the waters cover the sea." '키(כִּי)를 But의 의미로 해석한다면, 세상 나라는 다 불타고 헛된 일이 될 것이지만, "그러나(But, כִּי)…" 란 뜻이 될 것이다.

(5) "여호와의 영광을 '인정하는 것(야다, יָדַע)'" - '인정하는 것'이라는 말은 '야다'(아는 것, know)라는 말이다. 즉 하나님의 영광을 인정하는 '지식으로 충만해지리라'는 내용이다. '가득하리라'(말레, מָלֵא)[5] - 이 단어는 하나님의 편재를 나타내기 위해 사용되었다: "나 여호와가 말하노라 나는 천지에 충만하지 아니하냐"(렘 23:24).

1) בְּדֵי - 전치사(בְּ) + דֵי 다이(דַּי)는 '충분함(sufficiency), 많음(enough)이라는 의미로 전치사와 결합하여 사용된다.

2) 에쉬 - 불(fire)

3) 리크 - 공허, 덧없음, 텅빈, 무가치한 것

4) 지치다, 피곤해지다, 피곤하다, 약하다

5) '말레'는 칼형과 니팔형에서 공간적인 의미를 지니거나 확대되어 시간적인 의미에 대한 중요한 신학적인 개념을 지닌다(출 10:6; 욜 3:13; 왕하 4:6). 시간적인 의미는 정해진 때의 완성에서 나타난다(창 25:25; 출 7:25; 단 10:3). 또한 이 단어는 하나님의 편재를 나타내기 위해 사용되었는데 이것은 의미심장하다: "나 여호와가 말하노라 나는 천지에 충만하지 아니하냐"(렘 23:24). 그는 우주적으로 임재하시며 모든 땅을 그의 영광으로 가득 채우실 뿐만 아니라(민 14:21;시 72:19; 사 6:3), 또한 장막을 채우는 구름에서 나타난 그의 영광(카보드)에 의해 지역적으로 보여지기도 한다(출40:34-35; 왕상8:10-11; 사6:1; 겔10:3, 43:5, 44:4). <바이블렉스>

as the waters

כִּי תִּמָּלֵא הָאָרֶץ לָדַעַת אֶת־כְּבוֹד יְהוָה כַּמַּיִם יְכַסּוּ עַל־יָם

2:14 이는 물이 바다를 덮음 같이 여호와의 영광을 인정하는 것이 세상에 가득함이니라

1. 이 구절은 이사야 11:9의 말씀을 약간 변경하여 사용한 것이 분명하다.

- 사 11:9 "내 거룩한 산 모든 곳에서 해 됨도 없고 상함도 없을 것이니 **이는 물이 바다를 덮음 같이 여호와를 아는 지식이 (온) 세상에 충만할 것임이니라.**"

(1) 하박국은 '여호와의 영광을 인정하는 것(=지식)'이라고 했는데, 이사야는 '여호와를 아는 지식'으로 말하고 있다. 이사야는 메시야 왕국의 현상을 묘사한데 비해, 하박국은 메시야 왕국의 승리에 중점을 두고 있다. 하박국은 그리스도께서 세상을 심판한 후에 있을 '영광의 왕국'을 보여 주고 있다.

(2) '물이 바다를 덮음 같이(as, כְּ)'라는 말은 메시야 왕국의 영원한 승리를 선포한 말씀이다. 그 때가 언제인가? 사 11:9상반절의 말씀과 같이 "내 거룩한 산 모든 곳에서 해 됨도 없고 상함도 없는" 때가 될 것이다. 이때는 그리스도의 복음이 세상에 충만한 때요, 여호와를 아는 '지식'(사 11:9)과 '영광'(합 2:14)이 지상에 충만한 때이다. '바다'를 '대적'으로 보기도 하나, 여기서는 여호와를 아는 지식이 충만하게 될 때를 비유하는 것으로 봄이 좋을 것이다.

(3) 이사야 11장에서는 사 9:1-7에서 소개된 메시야의 주제를 다시 반복하면서 다윗계의 왕이 정의와 평화를 보증하면서 통치할 날을 선포하고 있다. 이 왕은 이새의 뿌리 또는 그루터기에서 자라는 싹이나 가지로 묘사하고 있다. 다른 예언자들은 이상적인 왕을 다윗으로 칭하거나 그를 다시 올 다윗으로 묘사한다(렘 30:9; 겔 34:23-24; 호 3:5; 미 5:2).

2. 그러면, 그 완성의 때는 언제가 될까? 인간에게서 도덕적 악이 제거되고 난 다음 동물의 세계에서도 그 도덕적 악의 형상이 제거될 것이다(사 11:6-8).

- 사 11:6 그 때에 이리가 어린 양과 함께 살며 표범이 어린 염소와 함께 누우며 송아지와 어린 사자와 살진 짐승이 함께 있어 어린 아이에게 끌리며 [7]암소와 곰이 함께 먹으며… [8]젖 먹는 아이가 독사의 구멍에서 장난하며 젖 뗀 어린 아이가 독사의 굴에 손을 넣을 것이라." - 여기서는 구원이 완성될 때의 모습을 그리고 있다. 재림 후에 궁극적으로 이루어질 하나님의 나라가 올 것이다.

3. 지금 하박국은 머지않아 하나님의 승리의 임재가 도래하기를 기도한다. 그의 백성에 대한 진정한 구원은 "악인의 집의 머리를 치시며 그들의 전사의 머리(즉 나라, 또는 왕조)를 밟으실" 그 때에 성취될 것이라고 말한다(합 3:13).

(1) 인간 역사는 결국 종국(終局)에 도달할 것이다. 그것이 합 2:14의 말씀이다.

(2) 그렇다면 이런 크나큰 변화를 가져오는 원인이 무엇일까? 하나님을 아는 지식이 그 엄청난 변화의 원인이다. 그 지식은 메시야가 주는 것으로서 그를 통해서만이 신적 생명이 충만히 공급된다. 이사야 11:10에서는 그 신적 생명의 핵심이 바로 그 위대하신 왕에게 있다고 말한다.

(3) 하나님은 결코 악이 이 세상을 지배하도록 버려두지 않으실 것임을 보여준다. 바벨론의 폭력과 피로 건설한 세상은 영원하지 않다. 악의 왕국은 결국은 파괴될 것이다. 그러나 하나님의 백성에 대한 구속은 보장되었다. 그래서 하박국 선지자는 비록 지금은 고난의 때를 지나가고 있지만 하나님의 약속에 확신과 최상의 기쁨을 갖고 있다고 말한다(합 3:16, 18-19).

(4) 그러므로 하나님을 아는 지식은 참된 종교에 대한 묘사로서 "여호와를 경외하는 것"과 병행되어 나온다(사 11:2). 하나님을 모르는 데서 욕설, 거짓말, 도덕적 간음행위, 악행들이 나온다. 하나님을 바로 알지 못하기 때문에 파멸을 당하게 된다(호 4:6; 사 5:13). 물론 하나님을 아는 지식에는 그를 향한 사랑, 섬기는 헌신이 함께 내포되어 있다.

네 번째 '화' 선포(2:15-17)

1. 바벨론의 악행은 다방면에서 이루어졌다. 이번에는 망령되고 술취하게 한 자에 비유하고 있다.

2:15 이웃에게 '술을 마시게 하되' (샤카, שָׁקָה -히필형)
자기의 분노를 더하여 '그에게 취하게 하고'(שַׁכֵּר-피엘형)
그 하체(마오르, מְעוֹר)를 드러내려 하는 자에게 화 있을진저

(1) 바벨론은 이웃 국가들을 무자비하게 정복했을 뿐 아니라 그 나라에 있는 모든 재원(財源)을 탈취해 갔다. 여기서는 이를 '술을 마시게 하는' 비유로 설명하고 있다.

(2) "자기의 분노를 더하여"(מְסַפֵּחַ[1] חֲמָתְךָ[2] וְאַף[3] שַׁכֵּר[4] לְמַעַן)

- 더하여 - 싸파흐(סָפַח)의 피엘(강조 능동형) 동사로서 '첨가하다'(혹은 섞다)를 의미한다. '자기의 분노를 더하여'라는 말은 문자적으로 '자기의 술병에 분노를 첨가하거나 섞어'라고 번역할 수 있다. 후자의 분노에 해당하는 아프를 '독' 또는 '약'으로 번역한다(W.J. Deane).

(3) 자기의 분노를 더하게 하든, 자기 술병에 독약을 첨가하든, 술과 잔을 더하여 상대방을 취하게 하는 것은 상대방을 패망케 하는 일이다. 여기서는 바벨론이 이웃 국가를 패망케 한 것을, 이웃에게 술을 마시우게 하는 것으로 비유했다. 그래서 그의 하체(마오르, מְעוֹר -벌거벗음, 외음부)를 드러냈다. 이는 큰 부끄러움을 상징하는 말로(창 9:21 -노아의 경우처럼), 패전민의 수치를 드러내는 말이다(사 47:2, 3; 나훔 3:5).

2. 이런 행동은 자신들에게 영광이 아니라 오히려 진노가 될 것이다. 그 진노는 마치 무엇과 같다고 했는가?

2:16 네게 **영광이 아니요** 수치(칼론, קָלוֹן)가 가득한즉
너도 **마시고** 너의 할례 받지 아니한 것을 **드러내라**
//결과
여호와의 오른손의 잔이 네게로 돌아올 것이라
더러운 욕이 네 영광을 가리리라

1) 싸파흐(סָפַח) : 결합하다, 첨가하다, 덧붙이다 / 히필형

2) חֲמָתְךָ - 헤메트(חֵמֶת)의 소유격으로 볼 때 - '가죽부대, 병'으로 번역했다. 그래서 NKJV는 your bottle로 번역했다. NIV는 포도주용 가죽부대(wineskin)로 번역했다.

그러나 이 단어를 חֵמָה의 소유격으로 본다면 '자기 분노' 또는 '네 독액'으로 번역된다. 한글역은 '자기의 분노'로 번역했다. NASB는 your venom(독액)으로 번역했다.

3) וְאַף - וְ + אַף(화, 코, 콧구멍)

4) 솨카르(שָׁכַר)의 피엘(강조형) 절대형

(1) 칼론(קָלוֹן)은 '부끄러움, 수치, 불명예'를 말한다. 이 단어는 국가적인 불명예나 수치에 대해 사용되었다(호 4:7, 18; 렘 46:12, 나 3:5; 합 2:16).

(2) "너도 **마시라**"(שְׁתֵה גַם־אַתָּה[1]) - 명령법으로 사용되었다. 이웃 국가들에게 진노의 잔을 마시게 한 자는(렘 51:7) 후일에 반드시 그 잔이 다시 자기에게 되돌아 와 있다는 것을 알게 될 것이다. 지금 그 잔은 주님의 손 안에 있다(렘 25:15-16; 애 4:21; 사 51:17; 시 75:8 참조). 하나님께서 무력을 앞세운 정복자에게 영광 대신 수치를 보게 하실 것이라는 말이다.

1) 솨타(שָׁתָה) - 마시다, 술 취하다 / 여기서는 명령법으로 쓰였다.

(3) "너의 할례 받지 아니한 것을 드러내라"(הֵעָרֵל)[2] - 즉 이 말은 '할례를 받지 않은 것으로 여기다'를 의미한다(레 19:23 참조). 여기서는 니팔 동사 명령법으로 쓰였다. 합 2:16의 니팔형(수동형)은 난해해서 다양하게 번역되었다. ASV는 '할례받지 아니한 자로 있으라'(be as one uncircumcised), NASB는 '너 자신의 벗음을 드러내라'(expose your own nakedness), NIV는 '노출하라'(be exposed)로 번역했다.[3]

2) 아렐(עָרֵל) - 할례를 받지 않다. / 명령법

3) 바이블렉스

(4) 바벨론에게 임할 진노의 잔은 마치 여호와의 오른손에 들린 심판의 잔과 같을 것이다.

3. 17절은 바벨론이 이웃나라에게 행했던 악을 되받게 되는 이유를 설명하고 있다.

2:17 이는(이유, כִּי)

네가 레바논에 강포를 행한 것과 ─┐ 네게로 돌아오리라(יְכַסֶּךָּ)[4]

짐승을 죽인 것(=두렵게 하여 잔해한 것) ─┘

/곧 사람의 피를 흘리며 땅과 성읍과

그 안의 모든 주민에게 강포를 행한 것이

4) 카사(כָּסָה)- '덮다, 숨기다, 감추다' / 피엘(강조 능동)형 동사 미완료로 그 뜻이 강조되어 있다.

(1) 그렇다면 바벨론이 이웃 백성들을 술 취하게 하고 하체를 드러나게 한 일이 있는가? 17절에서 바벨론이 심판을 받을 수밖에 없는 그 이유를 설명하고 있다. 앞에서 언급되었던 것처럼 바벨론은 성들이나 왕궁을 건축하기 위해 필요한 나무들을 얻기 위해 레바논의 백향목을 모두 벌목해 갔다. 물론 여기서 레바논은 가나안을 대표하는 말로 봄이 좋을 것이다.

(2) 레바논에 강포(하마스, חָמָס - 극도의 악행을 가리킴)를 행한 것 때문에 그 벌이

• 슥 1:14 "내게 말하는 천사가 내게 이르되 너는 외쳐 이르기를 만군의 여호와의 말씀에 내가 예루살렘을 위하며 시온을 위하여 크게 질투하며 15 안일한 여러 나라들 때문에 심히 진노하나니 **나는 조금 노하였거늘 그들은 힘을 내어 고난을 더하였음이라.**"

자신들에게 돌아가게 될 것이다. '돌아오리라'는 말은 '카사'(כָּסָה - 덮다, 숨기다, 감추다)의 피엘(강조 능동)형 미완료로 레바논에 행한 강포보다도 더 큰 보복을 받게 될 것이란 말이다. "…포악이 너를 덮을 것이며'(바른성경)

(3) 물론 갈대아는 유다를 징벌하는 도구의 역할만 해야 했으나 이들은 도가 너무 지나쳤다. 따라서 이들이 오히려 징벌을 받을 것임을 분명히 했다(슥 1:15; 사 47:5, 6*).

• 사 47:5 "딸 갈대아여 잠잠히 앉으라 흑암으로 들어가라 네가 다시는 여러 왕국의 여주인이라 일컬음을 받지 못하리라 6 전에 내가 내 백성에게 노하여 내 기업을 욕되게 하여 그들을 네 손에 넘겨 주었거늘 네가 그들을 긍휼히 여기지 아니하고 늙은이에게 네 멍에를 심히 무겁게 메우며"

(4) 이들은 사람들을 학살하면서 성읍과 거기에 사는 주민들에게 너무 지나친 폭력을 가했다. 이제 이런 바벨론에게 보다 더 강력한 심판이 주어질 것이다.

다섯 번째 '화' 선포(2:18-20)

1. 이번에는 우상에 대한 징벌이다. 헛된 신들에게 경배해온 모든 자들에게 재앙이 선포되고 있다.

2:18 '새긴 우상' (페셀, פֶּסֶל)은 그 새겨 만든 자에게 무엇이 유익하겠느냐
부어 만든 우상은 거짓 스승이라
//이유(for, כִּי)
만든 자가 이 말하지 못하는 우상을 의지하니

(1) 열방을 공포로 몰아넣고 있는 갈대아의 폭군들이 의지하는 것은 그들이 믿고 있는 '새긴 우상'(graven image, idol)이었다. 우상은 돌 같은 것에 어떤 형상으로 새긴 것이다. 인간은 마땅히 참 신이요 영이신 하나님을 섬김으로써만 살게 되어 있는데, 이들은 새긴 우상을 그들의 하나님으로 섬기고 있다.

(2) 하나님은 이런 자들에게 화를 선포하고 있다. 19절에 그 구체적인 예를 제시한다. 우상을 무엇에다 쓸 수 있겠는가? 우상은 나무나 돌에 새겨서 만든 것이 아닌가? 우상은 그것을 만든 자가 나무나 돌에 새긴 것인데 무슨 유익이

있겠느냐는 말이다. 그런 우상에게 '깨어나라', '일어나라'고 한다면 무엇을 얻을 수 있겠는가? 그런 자에게는 화가 있을 뿐이다. 그래서 '부어만든 우상'(맛세카, מַסֵּכָה)[1]은 거짓 스승이라고 했다. 물론 우상이 말을 할 수 없고, 우상이 있는 곳에 우상의 제사장이 있고, 거짓 선지자가 있어, 우상을 빙자하여 거짓 교훈을 했을 것이다(슥 10:2; 왕상 18:25-26).

(3) 바벨론이 멸망 받아야 할 이유 중 하나는 '교만' 이다. 바벨론의 교만은 하나님과 같이 되고자 한 것이다(사 14:12-14). 이런 교만의 근저에는 우상 숭배가 한몫을 했다. 앞에서도 언급했지만 바벨론의 주신(主神)은 마르둑 신이었다. 우상을 섬기는 신전(神殿)의 숫자도 엄청나게 많았다.[2]

(4) 하나님은 이런 우상 숭배자들을 징벌하실 것이다. 물론 유다 역시 이런 우상 숭배에 빠져 있었다. 동시대의 선지자 이사야도 이런 우상 숭배를 개탄했다. 이사야 선지자는 날카로운 풍자로 이방신들과 그들의 우상 숭배자를 조롱한다.

> "우상을 만드는 자는 다 허망하도다 그들이 원하는 것들은 무익한 것이거늘 그것들의 증인들은 보지도 못하며 알지도 못하니 그러므로 수치를 당하리라"(사 44:9).

> "그 나머지로 신상 곧 자기의 우상을 만들고 그 앞에 엎드려 경배하며 그것에게 기도하여 이르기를 너는 나의 신이니 나를 구원하라 하는도다 18그들이 알지도 못하고 깨닫지도 못함은 그들의 눈이 가려서 보지 못하며 그들의 마음이 어두워져서 깨닫지 못함이니라."(사 44:17-18)

(5) 이사야 선지자는 우상은 무익한 것임을 비유를 들어 설명하고 있다. 이사야 44:9-20을 읽어보자. 같은 나무를 가지고 우상을 만들고, 그 나머지로 불을 피어 떡을 구워먹기도 한다. 여호와만이 참 하나님이심을 분명하게 밝힌다. 이사야는 여기에 반박할 자가 있으면 나와 보라고 말한다(사 44:6-7). 여호와는 스스로 존재하시며, 유일하신 하나님이요, 스스로 충만하신 분이시다(사 44:6-8). 여호와는 이스라엘의 왕이요, 구속자요, 처음이요 마지막이시다. 그만이 하나님이시다. 다른 신에게 소망을 둘 필요가 없다.

2. 하나님은 돌이나 나무, 그 어떤 피조물의 다른 것으로 만들어진 신이 아니시다. 하나님은 하박국의 질문에 대한 답변을 어떻게 마무리하시는가?

1) 출 32:4, 8 참조

2) 마르둑을 위한 신전이 55개, 여러 대신(大神)의 신전이 53개, 지신(地神)의 소신전이 300개, 천신(天神)의 신전이 600개, 신(神)의 여왕인 이슈타르를 위한 제단이 180개가 있었다고 하니 정말로 우상의 나라가 아닌가!

2:20 오직 여호와는(וַיהוָה)
그 성전에 계시니
온 땅은 그 앞에서 '잠잠할지니라' (하싸, הַס) 하시니라

(1) '오직'이라는 말은 접속사(ו)를 번역한 말이다. 우상 숭배의 허무와 저주와는 반대되는 의미로 강조하고 있다. 그래서 'But'로 번역했다.

(2) 이사야 선지자는 바벨론의 멸망을 언급하면서 그들이 섬기는 우상을 조롱했다. "벨(바벨론의 수호신, 마르둑의 호칭에 해당)은 엎드러졌고 느보[1](마르둑의 아들?) 는 구부러졌도다 그들의 우상들은 짐승과 가축에게 실렸으니 너희가 떠메고 다니던 그것들이 피곤한 짐승의 무거운 짐이 되었도다"(사 46:1-2). 즉 그들이 섬기는 최고의 신까지도 철저히 파멸될 것이라고 했다.

1) 벨(Bel)에게 부종하는 신으로 서기 일을 본다고 함. 해석(interpretation)神, 필사상의 기술과 관련이 있으며 지혜의 신으로도 알려짐. 마르둑의 아들을 가리킨다.

(3) 이에 비해 하나님은 우상과 다르다고 말씀하신다.

- 사 46:5 너희가 나를 누구에게 비기며 누구와 짝하며 누구와 비교하여 서로 같다 하겠느냐 6사람들이 주머니에서 금을 쏟아 내며 은을 저울에 달아 도금장이에게 주고 그것으로 신을 만들게 하고 그것에게 엎드려 경배하며 7그것을 들어 어깨에 메어다가 그의 처소에 두면 그것이 서 있고 거기에서 능히 움직이지 못하며 그에게 부르짖어도 능히 응답하지 못하며 고난에서 구하여 내지도 못하느니라."

- 사 46:9 "너희는 옛적 일을 기억하라 나는 하나님이라 나 외에 다른 이가 없느니라 나는 하나님이라 나 같은 이가 없느니라…13내가 나의 공의를 가깝게 할 것인즉 그것이 멀지 아니하나니 나의 구원이 지체하지 아니할 것이라 내가 나의 영광인 이스라엘을 위하여 구원을 시온에 베풀리라."

(4) 이사야 47장에서는 바벨론의 붕괴를 더욱 생생하게 비유를 통해 말씀하신다(47:1-5). 바벨론을 우아하고 방자한 여왕으로 묘사했지만, 티끌 속에서 애곡하게 될 것이다. 포로로 잡혀갈 것이다. 그래서 바벨론의 몰락을 처녀(1, 5절)가 과부가 되는 과정에 비유해서 말하고 있다. 이런 과정에서 바벨론의 모든 신들은 여호와의 강력한 심판 앞에 아무런 도움을 주지 못한다(사 47:14-15).

(5) 바벨론에 대한 이런 징계가 너무 가혹한 것일까? 물론 아니다. 하나님의 백성에 대한 소행에 비하면 아무 것도 아니기 때문이다. 그래서 보복하신다고 표현했다(사 47:3).

(6) 그러나 현재, 유다의 형편은 어떤가? 유다의 완고함은 무쇠와 놋 같다고 했다. "내가 알거니와 너는 완고하며 네 목은 쇠의 힘줄이요 네 이마는 놋이라"(사 48:4). 그들은 여호와의 이름으로 맹세하기도 하고 하나님을 찬양하기도 하지만 정직하지도 신실하지도 못하다고 질타하신다(사 48:1). 스스로 거룩한 성의 백성이라고 만군의 하나님을 의지한다고 하는 자들, 이들의 신앙고백은 얼마나 훌륭한가! 이제 하나님은 이런 백성들의 반역행위 때문에 철저한 징계를 계획하셨다고 말씀하신다.

(7) 하박국 선지자는 바벨론을 들어 자기 백성을 징계하시겠다는 하나님의 엄청난 계획에 일단 놀랐지만, 백성들이 연단을 받은 후에는 다시 구원을 확약받는다. 백성들의 죄악이 열방의 죄악에 버금가지만, 그렇다고 완전히 멸할 수는 없다. 그것은 하나님의 명성 때문이다. "내 이름을 위하여 내가 노하기를 더디 할 것이며 내 영광을 위하여 내가 참고 너를 멸절하지 아니하리라"(사 48:9).

(8) 하나님은 성전에 계신다(in his holy temple, בְּהֵיכַל קָדְשׁוֹ)고 했다. '그 성전은 하늘의 보좌'가 있는 그 곳을 가리킨다(시 11:4). 역사를 주관하시는 분이 여호와이시다. 그 하나님의 섭리 앞에서 온 천하는 잠잠해야 한다. '잠잠할지니라' (הַס)라는 말은 감탄사로서 '조용하라, 침묵하라'는 의미이다(keep silence). 하나님 앞에서 경외나 존경의 침묵을 요구할 때 사용되었다(습 1:7). 그 앞에서 잠잠해야 할 이유는 그 분이 우리의 심판주이시기 때문이다. 누가 악인을 심판하시는가? 삼키는 불과 같이 진노하시는 하나님 앞에 누가 감히 설 수 있겠는가?

(9) 세상은 아직도 악인들이 득세하고 있다. 그들 때문에 세상을 사는 것이 견디기 힘들다. 하나님을 거역하는 모든 적대 세력들은 때가 이르면 패망 당할 것이다. 세상에서 강포와 억압과 불의를 행하는 자들은 그 교만의 죄로 희생될 것이다. 자신들이 인생의 모든 것을 결정짓는 주인으로 행세한다. 이런 악인들의 악행을 그들 자신의 머리에 돌려주실 것이다.

어쨌든 역사는 모호하게 진행된다. 마치 하나님이 안 계신 것처럼. 그러나 역사의 주께서는 지금도 능동적으로 활동하고 계신다. 따라서 의인은 믿음을 지켜야 한다. 하박국 선지자를 통해서 들려주시는 이 음성들은 우리가 불의 및 악행과 맞서 싸우는 약속의 말씀이 된다. 하박국이 이 말씀에 위로와 평강을 얻었다면, 오늘을 사는 우리도 이 말씀에서 그 약속을 믿어야 한다.

하박국서 2장 요약 정리

의인은 믿음으로 살리라

Summary

- 1장의 내용을 간단하게 요약 설명해 보라.
- 왜 하박국은 성루에 올라갔는가? (2:1) '성루에 올라간다'는 것은 무엇을 의미하는가?
- 하박국은 선지자로서 파수꾼이다. 파수꾼의 역할은 무엇인가? 하박국은 파수꾼으로서 어떤 태도로 사역하고 있는가?
- 하박국의 질문에 하나님은 어떻게 응답하셨는가? (2-4절)
- 왜, 묵시를 판에 명백히 새기라고 말씀하시는가? (3절)
- 이 묵시는 정한 때가 있다고 했는데(3절), 그 종말의 때는 언제를 가리키는가?
- 악인들과 의인들은 어떻게 비교하고 있는가? (4절)
- 악인들이 득세하는 세상에서 의인들은 어떻게 살아가야 한다고 말씀하시는가?

- "그의 믿음으로 말미암아 살리라"는 말씀은 어떻게 살라는 말인가?
- 2:4 "의인은 그의 믿음으로 말미암아 살리라"는 말씀은 신약에서 어떤 의미로 인용되었는가? 또 하박국에서는 어떤 내용으로 해석되는가?
- 바울이 인용한 2:4의 말씀과 히브리서 기자의 인용 내용이 어떤 관점에서 서로 다른가?
- '믿음과 그에 따르는 행함의 관계'를 설명해 보라.
- 5-20절은 바벨론에게 내리는 징벌과 저주가 선포되어 있다. 다섯 가지의 '화'는 무엇인가?
- "이는 물이 바다를 덮음 같이 여호와의 영광을 인정하는 것이 세상에 가득함이니라"((2:14) - 이 말씀의 의미를 설명해 보라.
- 바벨론의 멸망의 이유 중 또 하나는 우상 숭배이다. 우상 숭배의 어리석음을 말해 보라.
- 온 땅은 하나님 앞에서 잠잠해야 할 이유는 무엇인가? (20절)

- 하박국 2:4의 말씀을 묵상해 보자. 오늘을 살아가는 성도들에게 무엇이 요구되는가?
- "의인은 그의 믿음으로 살리라"는 이미 구원 받은 성도들에게 어떤 내용으로 적용되어야 하는가?
- 믿음과 행함의 관계를 정립해보자. 이 둘은 서로 어떤 관계에 있는가?
- 하박국 당시의 상황이나 오늘을 사는 우리네 환경이나 크게 다르지 않을 것이다. 2:4의 말씀은 지금도 악인들이 득세하는 세상에서 성도들에게 어떻게 적용되어야 하는가?

Habakkuk 3 장

나는 여호와로 말미암아 기뻐하리로다

하박국이 살고 있던 당시의 유다 공동체, 하박국 선지자는 무질서한 사회 구조 속에서 질식할 것 같은 삶을 살아간다. 악인이 의인을 에워싸고 있어 정의(공의)는 사라졌고, 파괴행위와 폭력이 이어지고 있다. 율법은 있으나마나였고 재판은 공정하게 진행되지 않는다. 겁탈과 강포만이 횡행하고 있었다. 그런데 어찌하여 공의로우신 하나님께서 그들을 징벌하지 않고 내버려 두시는가, 이 문제로 하박국은 갈등하고 있었다. 그러나 하나님은 그에게 이렇게 말씀하신다. "의인들은 패역한 시대 속에서도 용기를 잃지 말고, 믿음으로 살아가야 한다."

3장에서 하박국은 노래(기도)를 부른다. 이 노래는 '지휘하는 사람(영장, 伶長, the chief singer)을 위하여 내 수금에 맞춘 것'이라고 했다. 이 시는 탄식과 찬양과 감사가 섞여 있다. 머지않아 갈대아의 침공이 있을 것이고 그로 인해 극한 상황이 유다를 질식케 할 것이다. 그것을 알리 없는 백성들은 패역한 삶을 계속할 뿐이다. 사회를 정화시키는 통제 장치가 이미 피괴되어 버렸다. 지도자들의 타락 때문이다. 우상 숭배도 도를 넘어서고 있다. 유다를 징계할 막강한 갈대아 군대의 침공이 시작되었다(주전 605년 이후). 예레미야 선지자도 이미 오래 전에 전선에 뛰어들었다. 나라는 기울기 시작했고, 브레이크는 파열되었다. 갈대아의 침공 소식에 백성들은 불안해 한다. 그래도 이 상황 속에서 노래를 부를 수 있을까? 하박국은 찬양한다. 왜냐하면, 징계 이후에 다가올 더 크고 놀라운 시대를 바라보고 있기 때문이다. 어떤 찬양일까, 들어보자.

Outline 3

제 1부 신앙의 고민과 해답(1장, 2장)

제 1장 선지자의 질문과 하나님의 답변

제 2장 하나님의 답변(계속)과 바벨론의 징벌

제 3부 신앙의 승리의 노래(3장)

서론 : 표제 (3:1)

1. 부흥을 위한 선지자의 기도(3:2)
2. 선지자의 예언적인 기도(3:3-15)
3. 신앙의 승리(3:16-19)

by 김희보

1. 3장은 하박국이 시기오놋에 맞춘 기도(찬양시)로 마무리한다.

(1) 이 시에서는 악인의 멸망과 신실한 사람들이 구원 받기를 갈망한다.
- 하박국은 주께 대한 소문을 듣는다. 어떤 소문?
- 그것은 바벨론을 들어 패역한 길에서 돌아서지 않는 유다를 징계하시겠다는 것이다.

(2) 징벌 계획이 완전히 이해되지는 않지만 하박국은 그 일이 하나님의 뜻대로 이루어지길 간구한다.
- 징계만이 백성의 죄악을 씻어내는 유일한 정화제이기 때문이다.
- 그러나 그는 다시 유다가 부흥하기를 원한다. "주는, 주의 일을 수년 내에 부흥하게 하옵소서."
- 즉 우리 시대에 주의 놀라운 일을 다시 행하게 해달라는 것이다. 출애굽 시의 구속사역을 되풀이해 주실 것을 간구한다(3-15절).
- 그는 출애굽을 되돌아보며, 여호와의 날을 고대한다. 하나님의 권능이 현재의 상황 속에서 나타나기를 원하고 있다.

2. 선지자의 예언적인 기도(3:3-15)

하나님의 강림과 심판이 어떠한 것인가를 보여준다.
- 하나님은 남쪽 데만에서부터 오신다. 바란 산에서 오신다. - 심판하시기 위해 남쪽으로부터 영광의 빛으로 오신다.
- 선지자의 환상 속에 보인 모습이 마치 홍해와 요단을 건널 때의 모습과 흡사하다. - 하나님은 그때처럼 다시한 번 구원의 병거를 타고 오실 것이다. (8절)
- 악인들을 징벌하시기 위한 전투 모습(9절)
- 하나님의 진노로 땅이 진동하고 바다가 솟구친다.
- 누구를 위하여 싸우시는가? (13절)
  - '기름 부음 받은 자'를 위하여 / 즉 유다 백성들을 위하여 싸우신다.
- 원수들은 악랄하지만 여호와께서는 그들의 전사의 머리를 짜르실 것이다(14절).

3. 승리 선포(3:16-19)

- 마지막으로 승리가 선포된다.
- 하박국은 갈대아가 침공한다는 소식을 듣고 두려워한다. 갈대아의 침공으로 극한 상황이 닥칠 것이지만 그러나 이러한 상황에서도 하나님의 극적인 개입으로 상황은 반전될 것이다.
- 앞으로 생명을 유지할 수 있는 모든 양식이 끊어질 상황에서도 하박국은, 의인들의 대표로 이렇게 노래한다. "그러함에도 불구하고 나는 여호와로 말미암아 즐거워하며 기뻐하리라."

주의 소문에 놀랐나이다(3:2)

앞 장에서 살펴본 바와 같이 하박국은 악인들에게 임할 하나님의 심판 소식을 듣고 놀란다. 그의 진노 앞에 누가 설 수 있겠는가? 하박국은 유다 내에 창궐한 죄악을 바라보고 참담해 왔다. 왜 하나님은 이들을 징계하지 아니하시고 내버려두시는가? 그래서 하나님께 질문한다. '왜 의인이 고통 속에 지내야 합니까?' 하나님은 하박국의 질문에 응답하셨다. 그런데 그 징계의 방법에 다시 한 번 더 놀란다. '어찌, 이런 일이 일어날 수 있단 말입니까?' 그러나 하박국은 사악한 자들에 대한 하나님의 최후 심판과 온 세상 안에 그분의 질서가 확립된다는 것을 깨닫고 놀란다. 이제 그의 의문은 찬양으로 변한다.

▶ 3장은 기도 형태의 시이다. 그러나 기도는 2절뿐이고 그 나머지는 노래이다. 물론 기도는 넓은 의미로 찬미와 감사를 포함한다.

3:1 시기오놋(Shigionoth, שִׁגְיֹנוֹת)에 맞춘
선지자 하박국의 **기도라**

(1) **시기오놋** : 시편 7편에 있는 음악 용어로(식가욘, שִׁגָּיוֹן) 그 의미가 분명치 않으나 열광적인 시가(詩歌), 즉 열정적인 스타카토와 리듬으로 감정을 급하게 변화시키는 형태의 음악이다. '이 노래는 … 내 수금에 맞춘 노래' 라고 했다(합 3:19). 아마도 율동적이며 열정적인 방식으로 불리는 시를 의미하는 것 같다.

(2) **기도**(테필라, תְּפִלָּה) : 이 말은 구약에서 76회 발견되며, 시편에서 가장 많이 사용되었다(32회). 다섯 편의 시편이 표제에서 '기도'라고 불리고 있다.[1] 여기서 기도라는 말은 어떤 '곡조'(시기오놋)에 맞춘 노래이다(3:19).

1) 시편 17, 86, 90, 102, 142편.

여호와여, 수년 내에 주의 놀라운 일을 다시 행하여 주옵소서

1. 하박국 선지자는 주에 대한 소문을 듣고 놀란다. 어떤 내용을 듣고 놀랐다는 말인가?

3:2a 여호와여
내가 주께 대한 소문(쉐마, שֵׁמַע)을 **듣고 '놀랐나이다'** (야레, יָרֵא)[2]

2) 두려워하다, 경외하다, 무서워하다

(1) 여기 '쉐마'라는 말은 '평판(report), 소식(news), 명성(fame), 소문(rumor)' 등 여러 의미가 있다. 그렇다면 하박국이 들은 소문은 무엇인가? 그것은 '갈대아가 유다를 함락시키리라'는 소식을 말한다.

(2) 이 소식을 ─┬ **듣고**(샤마, שָׁמַע)[1] - '듣다'(hear)
　　　　　　 └ **놀랐나이다**(야레, יָרֵא) - '두려워하다, 무서워하다, 경외하다'

1, 2장에서 살펴본 것처럼 하박국은 바벨론을 들어 유다를 징계하시겠다는 소식을 듣고 놀란다(물론 두려움을 가지고 경외했다는 의미이다).[2] '어찌 그렇게 사악한 민족을 들어 유다를 징계하신단 말입니까?!' 그러나 하박국은 확고한 하나님의 계획임을 알고 다음과 같이 하나님께 간구하며, 주의 놀라우신 영광을 찬양한다.

3:2b 여호와여!
주는 '주의 일' (thy work, פָּעָלְךָ)[3]을
이 수년 내에 **부흥하게 하옵소서**(revive, 하야, חַיֵּה - 피엘,명령법)
이 수년 내에 **나타내시옵소서**(야다, יָדַע - 히필,미완료)
진노 중에라도 긍휼을 **잊지 마옵소서**(자카르, זָכַר - 칼,미완료)

(3) 여기서 '부흥하게 하옵소서'라는 말은 '하야' 동사의 피엘(강조 능동) 명령법이다. 즉 새로운 생명을 달라는 간구이다. '하야' 동사는 '살다, 살아 있다, 생명을 유지하다'라는 의미이다. 이 단어는 '번영하다(to prosper), 생명을 유지하다(to sustain life), 자양분을 주다(to nourish), 회복하다(recover)' 등의 뜻도 있다. 그러므로 여기서의 뜻은 죽었던 것을 다시 소생케 한다는 의미가 있다. 그렇다면 유다가 그 옛날 강성했던 시대(다윗과 솔로몬 시대와 같은)를 회복케 해달라는 뜻일 것이다. 하박국은 이런 일이 '수년 내에' 이루어지길 간절히 소원하고 있다. '수년 내에'(in the midst of the years, שָׁנִים[5] בְּקֶרֶב[4]) 라는 말을 두 번씩이나 언급하고 있음을 보아 그의 간절함이 잘 드러나 있다.

(4) '나타내시옵소서'[תּוֹדִיעַ, 야다(יָדַע) 동사의 히필 미완료] - 이 말은 하나의 기원을 나타내는 원망법(optative, 願望法)으로 주께서 하신 일을 이 시대에도 나타나게 해달라는 간절함을 표현한 것으로 '부흥하게 하옵소서'라는 말과 같은 개념이다. 하박국은 바벨론을 들어 유다를 징계하시겠다는 하나님의 뜻이 완전히 이해되지는 않지만 그 뜻이 속히 이루어지길 소원하고 있다. 그래서 그 옛날 강성했던, 즉 다윗과 솔로몬 시대의 그 영광을 이 시대에도 다시 보여주시기를 바라고 있다.

1) 기본적으로 '듣다'를 의미하며, '경청하다, 순종하다'라는 뜻도 있다. '기도에 응답하다, 이해하다, 비판적으로 듣다' 등의 뜻도 있다.

2) 「바른성경」은 '경외합니다'라고 번역했다. "여호와시여 주님의 소문을 들었습니다. 주께서 하신 일을 경외합니다." / LORD, I have heard of your fame; I stand **in awe of** your deeds, - NIV

3) 주의 일 - 포알(פֹּעַל) - '일, 행위, 작품' / 연계형, 남성 단수

4) 전치사(בְּ) + קֶרֶב(사이, 내부, 중앙)

5) 년, 해

하나님은 어떤 모습으로 오실 것인가? (3:3–7)

1. 하나님의 심판은 가공할 만한 심판이 될 것이며, 그 심판 소식 앞에 선지자는 놀라지 않을 수 없었다. 3–15절에서는 그 심판이 어떠할 것임을 상술(詳述)한다.

3:3 하나님이 데만에서부터 **오시며**
거룩한 자가 바란 산에서부터 [**오시는도다**] (셀라)
그의 영광이 하늘을 **덮었고**
그의 찬송이 세계에 **가득하도다**

(1) 하나님은 심판을 집행하시기 위해 이전처럼 데만에서부터(from Teman, מִתֵּימָן) 오실 것이다. '데만'은 '남쪽'을 의미한다. 그래서 'from the south'로 번역한 성경도 있다. '데만'은 보스라와 같이 전 에돔을 가리키는 명칭이기도 하다(암 1:12). 또한 그 지역 이름이기도 하다(겔 25:13). 그래서 NLT는 'from Edom'으로 번역했다.

(2) 그렇다면 이 남쪽은 시내 산을 가리킴일까, 하나님의 펴신 팔의 인도를 받아 나온 애굽을 가리킴일까? '바란 산' 역시 고유 명사로 애굽과 미디안 사이, 시내 반도 중앙 동쪽에 있는 광야를 가리킨다(왕상 11:18). 아브라함의 서자 이스마엘이 쫓겨나 정착한 곳이기도 하다(창 21:21). 어쨌든 하나님은 심판을 하시기 위해 남쪽으로부터 오시는 것으로 표현되었다(데만과 바란 산). 신 33:2*과 삿 5:4-5*을 참고로 읽어보자.

- 신 33:2 "그가 일렀으되 여호와께서 **시내 산에서 오시고 세일 산에서 일어나시고 바란 산에서 비추시고** 일만 성도 가운데에 강림하셨고 그의 오른손에는 그들을 위해 번쩍이는 불이 있도다."

- 삿 5:4-5 여호와여 주께서 세일에서부터 나오시고 에돔 들에서부터 진행하실 때에 땅이 진동하고 하늘이 물을 내리고 구름도 물을 내렸나이다 5산들이 여호와 앞에서 진동하니 저 시내 산도 이스라엘의 하나님 여호와 앞에서 진동하였도다."

(3) '오시며'(יָבוֹא) - '보'(בּוֹא-가다, 오다)의 칼 동사 미완료이다(미래). KJ, NIV, RSV 등은 과거형으로 번역했지만(God *came* from Teman), 실제로는 출애굽 시대의 일을 생각하며(신 33:2), 앞으로의 일을 바라본 말이다. NASB는 현재형으로 했다(God *comes* from Teman). 하나님께서 처음에 출애굽 과정과 시내 산에서 자신의 일을 시작하셨던 그 옛날처럼, 하박국 선지자의 환상 가운데 하나님은 한 번 더 시내 반도의 남쪽 사막으로부터 오신다(현재형).

(4) 하박국은 그 하나님의 영광스러운 모습을 찬양한다. 그 '영광'(호드, הוֹד - 위엄, 광채, 빛남)이 하늘을 덮었다고 했다. '덮다'(cover, 카사, כָּסָה)라는 말이 피엘(강조형) 동사로 쓰였다. 하나님의 위엄과 광채가 온 하늘을 뒤덮었으며, 온 세상이 찬미로 응답한다(시 48:10 참조).

2. 그러나 하나님의 권능은 그의 영광의 빛 속에 감추어져 있다.

3:4 그의 광명(노가흐, נֹגַהּ - 광채, 빛남)이 **햇빛 같고**
광선(케렌, קֶרֶן - 뿔, 광채, 언덕)이 그의 손에서 **나오니**
그의 권능(오즈, עֹז - 힘, 능력)이 그 속에 **감추어졌도다**

'노가흐'는 찬란한(눈부신) 혹은 빛나는 광채를 말한다. 하나님의 신현현(神顯現)의 표현이다(겔 1:28, 10:4; 합 3:11 참조). '케렌'은 광채, 광선(ray)을 말한다. 광선이 그의 손에서 나온다는 말은 그 권능이 그 속에 감추어져 있다는 말이다. 즉 그의 장엄한 권위가 그 형언할 수 없는 빛 속에 감추어져 있다는 뜻이다. 하나님께서는 자기의 권능을 때로는 나타내시지 않고 숨겨두신다(시 18:11*; 욥 26:14; 사 45:15). 하나님은 옷을 입음 같이 빛을 입으시기 때문에(시 104:2), 그 눈부신 광채를 육안으로는 바라볼 수가 없다(겔 1:1-28; 출 24:7; 딤전 6:16).

• 시 18:11 "그가 흑암을 그의 숨는 곳으로 삼으사 장막 같이 자기를 두르게 하심이여 곧 물의 흑암과 공중의 빽빽한 구름으로 그리하시도다."

3. 하나님의 심판은 출애굽 당시의 상황을 표현한다.

3:5 역병(데베르, דֶּבֶר - 전염병)이 그 앞에서 **행하며(יֵלֶךְ)**[1]
불덩이(레쉐프, רֶשֶׁף - 불꽃)가 그의 발 밑에서 **나오는도다**

1) 가다, 걷다, 오다 - 칼 동사, 미완료. - 미래형이지만 현재형으로 번역할 수 있다.

(1) 여기서 역병은 흑사병 같은 악질(惡疾, 페스트)을 의미한다. 출애굽 당시 애굽에 내려진 다섯 번째 재앙이었다(출 9:3). 다윗이 인구조사를 함으로 받은 재앙도 이 악질이었다(삼하 24:15). 언약을 파기한 유대 지도자들(렘 34:17, 38:2)과 시돈(겔 28:23)에 대하여도 예언되었다.

(2) 심판의 하나님이 지나가시는 그 앞에는 역병이, 그 뒤에는 불덩이(섬광, 불꽃)가 뒤따르는 모습으로 표현되었다. 애굽의 장자를 치실 때의 역사와 연결된 예언으로 보았다(출 12:27*).

• 출 12:27 "너희는 이르기를 이는 여호와의 유월절 제사라 여호와께서 애굽 사람에게 재앙을 내리실 때에 애굽에 있는 이스라엘 자손의 집을 넘으사 우리의 집을 구원하셨느니라 하라 하매 백성이 머리 숙여 경배하니라."

4. 이렇게 하나님은 심판하시기 위해 남쪽으로부터 영광의 빛으로 오신다. 그의 행차 뒤에는 역병과 같은 질병이 뒤따른다. 열국의 반응을 보라.

3:6 그가 **서신즉** 땅이 **진동하며**(무드, מוּד, - 재다, 측량하다)[1]
그가 **보신즉** 여러 나라가 **전율하며**(나타르, נָתַר의 히필 동사, '놀라 펄쩍 뛰다')
영원한 산이 **무너지며**(푸츠, פוּץ의 히트폴렐, 와우 계속 '산산히 부서지다'라는 의미이다.)
무궁한(올람, עוֹלָם) 작은 산이 **엎드러지나니**
그의 행하심이(הֲלִיכוֹת)[2] **'예로부터 그러하시도다'** (올람, עוֹלָם)[3]

(1) "그가 서신즉 땅이 진동하며"라는 말은 "그가 서서 땅을 재셨다"라고도 번역할 수 있다(measured the earth - KJ / surveyed the earth - NASB, ASB, RSV 등은 그렇게 번역했다). 즉 심판하고자 오신 이 땅을 관찰하시며, 인간의 행위를 살피시고 그 행위대로 그들을 심판하신다는 것이다. 그러나 한글 번역과 같이 '진동하며'라고 번역하기도 했다(NIV, NLT).

(2) 또한 주께서 바라보시니 나라들이 두려움 속에 떨고, 영원한(아드, 영원 영속) 산들조차도 무너지며(=산산이 부서지며, 히트폴렐, 강조형), 무궁한(올람, 영원, 긴 기간, 옛날) '작은 산'(기브아, גִּבְעָה - 언덕)들이 무너져내린다. 왜냐하면 하나님의 행하심은 예로부터 그러했기 때문이다. 이 말은 이스라엘 백성이 홍해와 요단을 육지 같이 건널 때를 연상케 하는 말이다(출 15:14, 15*; 시 114:4, 5). 그 당시 하나님께서 강력한 팔로 이스라엘을 구원으로 인도하셨다면, 앞으로도 그러하실 것이라는 확신 가운데 있다.

1) 피엘(강조형) 동사 미완료 / 이 단어는 여기서 한 번 나오며, 측량하다라는 의미로 사용되었다.

2) 할리카(הֲלִיכָה)의 여성 복수 / 행함(going), 길(way), 여행자, 행렬.

3) 직역 : "영원한 것은 그 분의 길이다."

• 출 15:14 "여러 나라가 듣고 떨며 블레셋 주민이 두려움에 잡히며 15에돔 두령들이 놀라고 모압 영웅이 떨림에 잡히며 가나안 주민이 다 낙담하나이다."

"내가 본즉"(3:7–15)

1. 선지자의 환상 속에 보인 모습이 마치 이스라엘이 홍해와 요단을 건널 때의 모습과 흡사하다.

3:7 내가 **본즉**(רָאִיתִי - 칼 동사 완료 / 선지가 본 환상일 것이다)
구산의 장막이 **환난을 당하고**
미디안 땅의 휘장이 **흔들리는도다**

(1) 보다, 바라보다(라아, רָאָה) : 하박국 선지자는 그의 환상 속에 과거의 심판을 기억나게 하는 구산의 장막이 흔들림을 바라본다. '구산'은 여기서만 나

오는 단어로 그 위치는 불확실하다. 70인역에서는 에디오피아인들의 장막(σκηνώματα Αἰθιόπων)으로 되어 있다. 그러나 구산은 에디오피아가 아니라 '미디안'을 가리킨다고 주장하기도 한다. 미디안은 아카바만의 동쪽 시내 반도의 맞은편(모압의 남쪽 아라비아 사막 북서부)에 살고 있는 민족의 이름이다. 어쨌든 여호와께서 심판하러 오실 때는 구산과 미디안의 장막들이 흔들릴 것이라는 말이다.

(2) '흔들리다'(라가즈, רָגַז)라는 말은 하나님께서 심판하시려고 나타나실 때 세상 주민이 전율하는 것으로 표현했다(욜 2:1; 사 64:2).

2. 이제 하박국은 수사학적 질문을 던진다. "왜 여호와께서 말을 타시며 전차를 몰고 오시는가?

3:8 (כִּי) 여호와여 주께서 말을 **타시며**
구원의 병거를 모시오니 - 원문에는 이 부분이 맨 뒤에 있음.
강들을 '**분히 여기심이니이까**' (하라, חָרָה)
강들(בַּנְּהָרִים)[1]을 **노여워하심이니이까**
바다를 향하여 **성내심이니이까**

1) 두 번째 '강들' (בַּנְּהָרִים)에서는 정관사(·הַ)가 나온다. 앞에 나온 강의 반복이다. 구약에서는 흔히 하나님의 나타나심과 관련해서 '물, 강, 바다 혹은 민족들'로 상징되는 원수들과 여호와 사이의 전쟁이 묘사된다.

(1) 여기서 말이나 병거는 상징적인 표현으로 원수를 이기는 여호와의 군대의 능력을 보여준다(신 33:26, "여수룬이여 하나님 같은 이가 없도다 그가 너를 도우시려고 하늘을 타고 궁창에서 위엄을 나타내시는도다"). 여호와께서는 왜 오시는가? 나일강이 변했던 것처럼(출 7:17-24) 다시 한 번 피로 바꾸실 것인가? '하라'는 '(분노로) 후끈 달아오르는 것, 노하는 것'을 의미한다. 여호와가 이 단어의 주어로 나온다.

(2) 또 주께서 바다를 향하여 '성내시는'(에브라, עֶבְרָה) 이유는 무엇인가? '에브라'는 '격노, 격분(fury)'를 의미한다. 하나님의 진노는 그 진노 앞에 있는 모든 것을 불태우고 휩쓸어 버린다(겔 22:21, 22:31). 진노의 격렬함이 나타나 있다(시 78:49). '바다'라는 말에 정관사가 있는 것으로 보아 앞에 나온 강(나하르), 즉 홍해와 요단 강을 생각한 것일 것이다.

(3) 하나님은 그의 백성이 홍해를 건널 때처럼, 다시 한 번 말을 타고, 구원의 병거를 몰아 나타나실 것이다(신 33:26; 시 18:10 참조). 왜 오실까? 온 열국의 악을 징계하시기 위함이다. 그래서 그는 전사(Warrior)로 오시는 것이다.

3. 이제 악인들을 징벌하시기 위한 전투의 모습을 보라.

3:9 주께서 활을 **꺼내시고**
화살을 바로 **[쏘셨나이다]** (셀라)
주께서 강들로 땅을 **쪼개셨나이다**

(1) 이 구절의 번역은 난해하고 다양하다.

"주께서 활을 꺼내시고"(קַשְׁתֶּךָ Thy bow תֵעוֹר[1] was made עֶרְיָה bare 에르아, -벌거숭이, 적신)

전사이신 여호와께서 활을 꺼내신 상태를 말한다. '에르아(עֶרְיָה)는 '벌거벗음, 노출'을 의미한다.

(2) "화살을 바로 쏘셨나이다 (셀라, סֶלָה)" - 원문은 아래와 같다.

אֹמֶר	מַטּוֹת	שְׁבֻעוֹת
Thy word	tribes(rods)	oaths

KJ대로 번역한다면 "주께서 이스라엘 지파들에게 맹세(약속)하신 그 말씀을 따라서(*according to the oaths* of the tribes, *even thy word*) 주께서 활을 뽑으시리로다"라는 뜻이 될 것이다. 그러나 이 구절은 독해가 불가능할 정도이기에 LXX은 그 번역을 생략했다. RSV나 NIV 등은 한글역과 같이 **מַטּוֹת**를 화살로 번역했다. 이런 번역은 추정일 뿐이다. 「바른성경」은 "화살 일곱 개를 쏘라고 명하셨습니다"[2]라고 번역했다.

- The rods of chastisement were sworn. Selah. - NASB
- you called for many arrows. Selah - NIV
- sated were the arrows at your command. Selah. - NRSV
- and put the arrows to the string. Selah - RSV

(3) 셀라(סֶלָה)는 '올리다, 높이다'라는 의미로 예배에서의 음악 용어이다. 하박국서에서 3회(3:3, 9, 19)를 제외하면 모두 시편에서 사용되었다. 어원에 의하면 가성, 또는 주악의 리듬을 올리는 것으로 여겨지나 그 의미가 불확실하다.

(4) "주께서 강들로 땅을 '쪼개셨나이다'(바카, בָּקַע)" - 피엘(강조 능동형) 동사, 미완료로, 그 뜻이 강조되어 있으며, 미래로 번역한다.

1) 니팔(수동형) 동사, 미완료 / '(활이) 뽑혀지고, 꺼내지고'라는 의미이다. 주어는 קַשְׁתֶּךָ(Thy bow)이다. 전쟁용 활에서 덮개를 벗겨내신 상태를 말한다.

2) Henderson이라는 학자는 여기 세 낱말을 'Seven of spears'로 번역했다. '일곱'은 '많다'라는 말의 상징으로 보아 '여호와께서는 많은 살들을 준비해 놓았는데, 그것은 곧 말씀의 살들이다'라는 뜻으로 보았다.(김희보, 소선지서 주해).

4. 하나님의 진노로 땅이 진동하고 바다가 솟구친다. 이러한 현상은 과거에도, 그리고 앞으로도 일어날 일이다.

3:10 산들이 주를 **보고 흔들리며**
창수가 **넘치고**
바다가 **소리를 지르며** 손을 높이 **들었나이다**

• 출 19:18 "시내 산에 연기가 자욱하니 여호와께서 불 가운데서 거기 강림하심이라 그 연기가 옹기 가마 연기 같이 떠오르고 온 산이 크게 진동하며"

(1) 여호와 하나님께서 그의 원수와 백성들의 원수를 물리치기 위해서 싸우실 때 산들과 바다가 그 싸움을 두려움으로 지켜본다. 이런 현상은 홍해와 요단의 이적시에 일어났다(출 19:18*; 시 68:8, 114:4, 6). 물론 앞으로도 있을 것이다(학 2:6, 7 21; 슥 14:4, 5).

(2) "흔들리다"(훌, חוּל) - '몸을 뒤틀다, 몸부림치며 괴로워하다'를 의미한다. 산들이 흔들리는 동작을 묘사한다. 여기서는 미래로 되어 있다.

5. 심지어 해와 달까지도 그 처소에 머물러 있으면서 나오지 않는다(수 10:12-14 참조). 무엇 때문에 나오지 못하는가?

3:11 해와 달이 그 처소에 **멈추었나이다**
/날아가는 주의 화살의 빛과 번쩍이는
주의 창의 광채로 말미암아

(1) 여호와께서 쏘신 화살이 날아가는 모습을 보고, 주께서 던지신 번쩍이는 창을 보고 해와 달이 멈추었다는 말이다.

3:12 주께서 **노를 발하사** 땅을 **두르셨으며**
분을 내사(아프, אַף)
여러 나라를 **밟으셨나이다**(두쉬, דּוּשׁ)

(2) 여호와께서는 하나님의 백성을 대적하는 그 민족들(바벨론)에게 진노하시고 자기 백성을 구원하신다. '두쉬'(דּוּשׁ)는 '(짓)밟다, 타작하다'라는 의미이다. 하나님은 '분을 내사' 열국(여러 나라)을 밟으실 것이다(미래형). 갈대아인들뿐만 아니라 하나님의 백성을 박해한 모든 민족, 하나님을 섬기지 않는 모든 사람들이 하나님의 분한 발에 차이고 짓밟힐 것이다.

"주님께서 번쩍이는 화살을 당기고, 주님께서 날카로운 창을 내던지시니, 그 빛 때문에 해와 달 이 그 자리에 멈췄습니다"(합 3:11). – (표준새번역)

6. 하나님은 누구를 위하여 이렇게 싸우시는가?

3:13 주께서 주의 백성을 구원하시려고(לְיֵשַׁע)[1]
'기름 부음 받은 자'(마쉬아흐, מְשִׁיחַ)를 구원하시려고 **나오사**(야짜, יָצָא)[2]
악인의 집의 머리를 **치시며**(마하츠, מָחַץ)
그 기초를 바닥까지 **드러내셨나이다** (셀라)

(1) 주의 백성을 구원한다는 말과 '기름 부음 받은 자'를 구원한다는 말이 동의 대구를 이룬다. 그러면 여기서 '마쉬아흐'(מְשִׁיחַ)는 누구를 가리키는가? 원래 '기름 부음 받은 자'는 '메시야' 즉 그리스도를 궁극적인 종점으로 하는 다윗 계통의 열왕들을 말한다(시 105:14, 15). 그렇다고 이것이 다윗 이후 모든 왕들을 다 가리키는 말은 아니다. 창세기 49:10의 야곱의 예언적인 기도와 같이 마지막 '기름 부음 받은 자' 메시야에 이르기까지 그 계통이 끊어지지 않도록 구원하시리라는 말씀이다.[3] 여기 본문에서는 주의 백성을 구원하신다는 말과 동의 대구를 이루므로 유다 백성들로 보는 것이 더 자연스럽다.

(2) 하박국은 자신에게 보여준 환상을 통해서 악과 최후 전투에서 승리를 얻으시는 모습을 미리 보고 있다. 여기서 '기름 부음 받은 자'는 하박국 당시의 여호야김과는 아무 관련이 없다.

(3) 여호와께서는 의인들을 질식시키려 했던 '악인의 집의 머리'(=갈대아를 포함한 하나님의 대적자들, 왕들, 통치자들)를 치실 것이다. '치다'라는 말 '마하츠'(מָחַץ)는 '강타하다, '심하게 상처를 입히다, 파괴하다'라는 뜻이다. 바닥까지 '드러냈다'(아라, עָרָה)는 말은 '벌거벗다, 알몸을 드러내다'라는 의미로 여기서는 피엘(강조형) 동사로 쓰였다. 완전히 황무케 하실 것이라는 말이다.

1) לְ(to) + יֵשַׁע(예솨 - '구출, 구원, 구조)

2) 원문에서는 이 말이 제일 앞에 위치한다. '나가다, 나오다, 떠나다'. 칼 동사 완료형이지만, 미래로 번역한다(예언적 과거형).

3) 김희보, 구약 소선지서 주해.

7. 이스라엘의 원수들은 '가난한 자를 삼키기를' 즐거워한다. 가난한 자는 누구를 가리키는가?

3:14 그들이 ── 회오리바람처럼 이르러
├ 나를 흩으려 하며(לַהֲפִיצֵנִי - to scatter)
└ 가만히 '가난한 자'(누구?) 삼키기를 즐거워하나(when)[1]

오직 주께서 ── **찌르셨나이다**(나카브, נָקַב)
/그들의 전사의 머리를 - 누구의 머리?
/그들의 창으로 - 누구의 창으로?

(1) "그들이(누구?) 회오리바람처럼 이르러" - 원수들의 급습을 의미한다. 이스라엘의 원수들이 '회오리바람처럼 이르러'(יִסְעֲרוּ)[2] 나를 흩으려 한다고 했다. 여기서 '나'는 누구를 가리키는가? 여기서는 선지자 자신을 가리키나, 선지자 자신을 이스라엘 백성과 동일시 하고 있다.

(2) "나(우리)를 흩으려 하며"(לַהֲפִיצֵנִי) - to(לְ) + scatter us

(3) '가난한 자'(아니, עָנִי) - '가난한, 비천한, 억압 받는 자'를 말하지만 여기서는 하나님의 백성을 가리킨다. '가만히'(미스타르, מִסְתָּר)는 '은밀한 곳'을 말한다. 원수들(갈대아)은 '가난한 자'(이스라엘)를 삼키기를 즐거워했다(알리추트, עֲלִיצוּת - 몹시 기뻐함). 이 단어는 이곳에서만 단 한 번 나온다.

(4) 이렇게 원수들이 악랄하지만 여호와께서는 그들의 전사의 머리를 찌르실 것이다. 꿰뚫을 것이다. 여기서 '전사'(파라즈, פְּרָז)는 이곳밖에 나오지 않아 그 뜻이 분명치 않으나 용사, 혹은 군사의 지도자를 가리킨다고 본다. KJ는 villages(마을 사람들)로 번역하기도 했다. 또는 군중들(throngs - NASB)로 번역하기도 했다.

(5) "그들의 창으로" - 13절의 악인, 즉 원수들 자신의 창(with his own spears)을 말한다. 갈대아는 메대와 연합하여 앗수르를 무너뜨렸다. 그러나 갈대아는 훗날 메대와 파사(페르시아)에 의해 멸망을 받는다. 그들은 '그들의 창으로 서로 서로를' 찌르게 될 것이다. 이렇게 여호와께서는 이스라엘의 원수들을(바다로 상징했다) 밟으실 것이다(15절). "주께서 말을 타시고 **바다**(얌, יָם) 곧 큰 물의 파도를 밟으셨나이다."

1) when his warriors stormed out to scatter us - NIV

2) 싸아르(סָעַר) - 폭풍이 불다, 격렬해지다, 격노하다 / 칼 동사 미완료 / 백성들의 원수가 폭풍과 같이 격렬하게 달려오는 모습을 그리고 있다.

승리 선포(3:16-19)

1. 16-19절에서는 마지막으로 승리가 선포되어 있다. 하박국은 하나님께서 그에게 보여준 환상을 보고 크게 놀란다.

3:16 내가 **들었으므로**(샤마, hear, שָׁמַע) (=들었을 때에, When I heard)
내 창자가 **흔들렸고**(라가즈, tremble, רָגַז)
그 목소리로 말미암아 내 입술이 **떨렸도다**(짜랄, quiver, צָלַל) -쑤시다, 떨리다
'썩이는 것' (라카브, רָקָב)이 내 뼈에 **들어왔으며**
내 몸은 '내 처소에서'(밑에서부터) **떨리는도다**(라가즈, tremble, רָגַז)
//이유(Because, 또는 Yet, אֲשֶׁר)[1]
내가 ── 기다리므로(אָנוּחַ)[2]
/우리를 치러(יְגוּדֶנּוּ)[3] 올라오는 환난 날을
여기서는 바벨론 군대가 유다를 치러오는 그 환난 날을 가리킨다.
[반대 해석 =우리(유다)를 침략하러 올라오는 백성(=바벨론)에게 임할 환난 날]

(1) 하박국은 하나님의 응답을 받았음을 본다. 하박국은 (갈대아가 침략해 온다는) 소식을 들었다. 그래서 창자(몸, 배)가 흔들렸고, 그 목소리(음성, 그 소식)로 말미암아 입술이 떨렸다고 했다. '떨렸도다'(짜랄, צָלַל)라는 말은 공포로 인하여 입술이 떨리는 것을 의미한다. 이 단어는 무시무시한 또는 두려운 소식에 귀가 울리는 것(삼상 3:11; 왕하 21:12; 렘 19:3)에 대해서도 사용되었다.

(2) 썩이는 것(라카브, רָקָב) - '부패, 썩음'. 그 소식을 듣고 뼛속이 녹아내렸다는 말이다. '내 처소'(타하트, תַּחַת)라는 말은 '아래에 있는 부분'을 말한다. 아랫도리가 후들거린다는 표현이다. 위의 표현들은 갈대아가 유다를 침공한다는 소식을 듣고 공포의 극한적인 상태에 있음을 표현한 것이다.

(3) 그렇다면, 이런 상황에서 어떻게 해야 할 것인가? '아쉐르'(אֲשֶׁר) 이하 구절을 해석하는 것이 쉽지 않다. 그래서 70인경은 '아쉐르'(אֲשֶׁר)에 대한 번역을 생략했다. RSV도 번역을 생략했다. because로 번역되기도 했지만, NIV처럼 "그러나 그럼에도 불구하고"(Yet) 그 환난의 날을 고요히 참아 기다릴 것이라는 뜻으로 보기도 했다. ["**Yet** I will wait patiently(참음으로) for the day of calamity to come on the nation invading us. - NIV]. RSV는 '내가 고요히 기다리리라(I will quietly wait)라고 번역했다. 여기서 '누아흐'(נוּחַ)의 개념은 어떤 환경 속에서도 동요됨이 없이 안정된 마음(영적 안식)을 갖겠다는 뜻일 것이다.

1) 관계대명사로 Because, Yet 또는 내용의 어려움 때문에 번역을 생략하기도 했다.
2) 누아흐(נוּחַ) - 휴식하다, 쉬다. 칼동사 미완료 1인칭 보통 단수. 여기서는 '기다린다'는 의미보다는 '안식하다, 쉬다'는 개념으로 보아야 한다.
3) 구드(גּוּד)의 칼 동사 미완료 3인칭 남성단수 /대명사 어미 3인칭 남성단수 / 침략하다, 공격하다.

←
여기서 '환난 날'은 누구에게 임할 환난의 날인가? 이에 대한 서로 다른 견해가 있다.

- 바벨론이 유다를 공격하는 환난의 날인가?
- 아니면 "우리를(유다를) 침략하러 올라오는 백성(즉 갈대아 군대)에게 임할 환난 날"인가?

(5) 그러면 그 환난의 날은 누구에게 임할 환난의 날인가? '갈대아가 하나님의 백성들(the people), 즉 우리(=유다)를 쳐 올라오는 그 환난의 날을 나는 고요히 기다리겠다'는 말인가, 아니면 "우리를(유다를) 침략하러 올라오는 백성에게, 즉 갈대아 군대에게 임할 환난 날"을 말함인가? 영역본도, 한글역도 서로 다르게 번역되었다.

- 「표준새번역」 "…나의 뼈가 속에서부터 썩어 들어간다. 그러나 나는 **우리를 침략한 백성이 재난 당할 날**을 참고 기다리겠다."
- 「우리말성경」 "…그러나 나는 **우리를 침략하려고 오는 백성들에게 닥칠 재앙의 날**을 조용히 기다릴 것입니다."
- 「바른성경」 "…그러나 나는 **우리를 침략하러 올라오는 백성에게 임할 환난 날**에 조용히 기다리겠습니다."
- 「공동번역」 "…**우리를 덮쳐오던 백성에게 재앙이 떨어지는 날**만 기다리고 있습니다."

칼동사 미완료 3인칭 남성 단수/대명사 어미-3인칭 남성 단수

전치사 + 남성 단수, unto the people

3:16 ···אֲשֶׁר אָנוּחַ לְיוֹם צָרָה לַעֲלוֹת לְעַם יְגוּדֶנּוּ

유대인 주석가들은 עַם을 유다 백성으로 보고 נּוּ(3인칭 남성 단수)를 עַם과 동일한 것으로 해석한다. 그렇다면, 갈대아 군대가 유다를 침략하려고 올라오는 그 환난의 날을 가리킨다고 보아야 한다.

2. 갈대아의 침공은 상상을 초월하는 극한적인 상황을 가져오게 될 것이다. 그러나 이런 상황에서도 여전히 하나님은 역사에 개입하시며 그 분의 뜻을 집행해가실 것이다. 이제 선지자의 신앙고백을 들어 보라.

3:17 비록(כִּי) - Although, though로 번역했다.
무화과나무가 무성하지 못하며
포도나무에 열매가 **없으며**
감람나무에 소출이 **없으며**
밭에 먹을 것이 **없으며**
우리에 양이 **없으며**
외양간에 소가 **없을지라도**

18 나는(Yet I, וַאֲנִי)[2] 여호와로 말미암아 **즐거워하며**
나의 구원의 하나님으로 말미암아 **기뻐하리로다**

2) "나는(Yet I, וַאֲנִי)"이라는 대명사를 써서 그 뜻을 강조하고 있다.

(1) 머지않아 유다에 엄청난 공포와 함께 위에 언급된 상황이 벌어질 것이다. 하박국이 사역하고 있는 지금 유다의 사회는 죄악이 창궐하고 있다. 유다 공동체 내에는 파괴와 폭력이 점증하고 있다(1:3). 이를 보다 못한 하박국은 하나

님께 질문한다. 그러나 그 질문과 대화를 이미 살펴보았듯이 하나님은 놀라운 일을 진행하고 계신다.

(2) 물론 유다가 하나님 앞에 죄를 지은 것이 사실이지만 그 죄에 대한 처벌이 너무 가혹하다는 것 때문에 하박국은 심란해 한다. 그러나 지금 하나님의 도구로 사용될 갈대아는 그 폭력이 도를 넘고 있지 아니한가?!

(3) 하박국은 성루에 올라 그가 드린 기도에 응답을 받는다. 그 내용은 너무 간결하고 확실했다. "기다려라!, 의인은 그의 믿음으로 말미암아 살아야 한다." "비록 그 묵시가 더딜지라도 기다려라." 하박국은 소용돌이 치는 국제정세 속에서, 죄악이 점증하는 유다 공동체의 혼란 속에서도 보이지 않는 하나님의 손길이 역사하고 계심을 보게 된다.

(4) 따라서 그는 이렇게 노래할 수 있었다. "비록 무화과나무가 무성하지 못하며 포도나무에 열매가 없을지라도…"

앞으로 생명을 유지할 수 있는 모든 양식이 끊어질 상황이 될 것이다. 징계와 저주의 극한 상황이 올 것이다. 아니, 지금 그것이 현실화 되어 가고 있다. 갈대아의 세력이 갈그미스 전투(주전 605년) 이후 더욱 확장되고 있기 때문이다. 물론 유다는 바벨론의 속국이 되어 있었다. 이미 바벨론에 의해 1차 포로가 시작되었다(주전 605년). 예레미야의 사역도 시작되었다(주전 627-?년).[1)]

(6) 바벨론과 애굽간의 힘의 각축전, 그 속에서 양쪽의 눈치를 살펴야만 살아남을 수 있는 유다의 초라한 모습과 악한 왕 여호야김, 바벨론의 수탈은 시작되었고, 백성들은 더욱 타락의 길을 걸어가고 있다. 마침내 하나님은 자기 백성의 죄악을 징계하시기 위해 작전 계획을 수립하셨고, 그 소식을 들은 하박국은 놀란다(두려움을 가지고 경외한다).

(7) 머지않아 나라는 망해 공중분해 될 것이고, 극한 상황이 되어 생명을 유지할 수 있는 모든 것들이 사라져갈 것이다. 그 속에서 오직 여호와만을 바라보는 의인들은 어떻게 살아가야 할 것인가? 하박국은 의인을 대표해서 이렇게 고백한다:

1) 요시야가 죽은 후, 개혁의 열기는 이내 식어버렸고, 백성들은 다시 옛길로 돌아서 버리고 말았다. 그의 아들 여호아하스가 등장했으나 3개월만에 애굽으로 끌려가 거기서 죽었다(왕하 23:34). 그리고 애굽의 꼭두각시로 등장한 여호야김은 더욱 난폭했다. 그는 11년 동안 왕으로 있었으나 조공을 충당하기 위해 백성 각 사람에게 힘대로 액수를 정하고 은과 금을 징수했다(왕하 23:35). 그런 상황에서도 왕궁을 더 크게 짓기 위해 백성들에게 고역을 시켰다(왕하 24:4; 렘 22:13-15 참조). 이때의 하박국의 탄식을 보라. "어찌하여 나로 하여금 불의를 보게 하십니까? 어찌하여 악을 그대로 내버려 두십니까? 내 앞에서 파괴행위와 폭력이 일나고 다툼과 싸움이 이어지고 있습니다"(합 1:3, 쉬운성경).

그러함에도 불구하고(Although, כִּי)
나는(Yet I, וַאֲנִי) 여호와로 말미암아(בַּיהוָה - 여호와 안에서)…
즐거워하며(אֶעְלוֹזָה), 기뻐하리라((אָגִילָה)

(8) 즐거워하며(אֶעְלוֹזָה) - 아라즈(עָלַז-환희하다, 기뻐하다)의 칼 동사 미완료, 연장형
어미 ה ָ 는 연장형으로 주어의 욕망이나 의지, 권고 등을 나타낸다. 정말로 그 어떤 환경 속에서도 나는 꼭 즐거워하겠다는 것이다. "Yet I **will** rejoice in the LORD." "기뻐하리로다"(אָגִילָה)라는 말도 칼 동사 미완료 연장형으로 위와 같은 문장형태의 동의어이다.

(9) "역경 속에서도 참고 주를 기다리면, 정한 때에 해방되리라." 너무 막연한 기다림인가? 그래서 신앙공동체에서 백성은 아침을 기다리는 파수꾼처럼 하나님을 인내로 기다리는 것을 배운다(시편 130편).[1]

1) '연속성, 계속'을 의미한다. 아무런 방해 없이 계속되는 것을 말한다.

- 시 130:5 "나 곧 내 영혼은 여호와를 기다리며 나는 주의 말씀을 바라는도다 6파수꾼이 아침을 기다림보다 내 영혼이 주를 더 기다리나니 참으로 파수꾼이 아침을 기다림보다 더하도다."

(9) 우리는 그 기다림 속에 지칠 수가 있다. 그런 사람들에게 이사야 선지자는 이렇게 외친다.

- 사 40:30-31 "소년이라도 피곤하며 곤비하며 장정이라도 넘어지며 쓰러지되 31오직 여호와를 앙망하는 자는 새 힘을 얻으리니 독수리가 날개치며 올라감 같을 것이요 달음박질하여도 곤비하지 아니하겠고 걸어가도 피곤하지 아니하리로다."

3. 오직 여호와를 앙망하는 자는 날마다 새 힘을 얻을 것이다. 하박국의 찬양은 아직 끝나지 않았다. 그의 마지막 고백을 들어보자.

3:19 주 여호와(יְהוִה אֲדֹנָי)는 나의 **힘이시라**(하일, חַיִל)
나의 발을 사슴과 같게 **하사**
나를 나의 높은 곳으로 **다니게 하시리로다**

(1) 하박국 선지자는 그의 노래에 마지막을 장식한다.
주 여호와(יְהוִה אֲדֹנָי) - 이 말은 '여호와 나의 주'라고도 할 수 있다. The LORD God - KJ, NASB, The Sovereign LORD - NIV, GOD, the Lord -

NRSV

(2) '나의 힘'(חֵילִי) : '하일'은 '힘, 능력, 권세'라는 뜻이다. '부와 재산'이라는 뜻도 있다. 또 '용맹, 군대, 무리'라는 뜻도 있다. 즉 여호와는 어떠한 면으로도 부족함이 없으신 분이다.

(2) "나의 '발'(레겔, רֶגֶל)을 사슴(아이알라, אַיָּלָה)과 같게 하사" - 여기서의 사슴은 암사슴(אַיָּלוֹת)을 말한다. 시 18:33에서 암사슴은 높고 위험한 지대도 갈 수 있을 정도로 발 디딤이 확실한 짐승으로 묘사한다. 삼하 22:34에서도 "나의 발로 암 사슴 같게 하시며"라고 했는데 이것은 사슴 같이 발 디딤이 실수 없고 피곤치 않게 해달라는 것이다. 하박국 역시 하나님께서 안전케 하신 것에 대한 기쁨을 묘사하는 데 이와 같은 비유적인 표현을 사용했다.

(3) "나의 높은 곳으로"(בָּמוֹתַי) - '바마'(בָּמָה)는 고지, 높은 곳을 가리킨다. 이스라엘은 땅의 높은 곳을 다닌다고 표현했다(신 32:13; 사 58:14; 삼하 23:34, 나의 발로 암사슴 발 같게 하시며 나를 **나의 높은 곳에** 세우시며).

여기서 '나의 높은 곳'은 승리자가 서는 곳이요(시 18:33 참조), 세속을 떠나서 모든 고통과 슬픔을 내려다 보며 객관(客觀)하는 상태를 의미하는 말이요, 또는 승리자의 영광을 말하기도 한다. 세상의 역사 속에서 역사를 초월하여 내려다 보는 차원 높은 세계관을 의미함이요, 또는 부활의 영광을 바라보면서 십자가의 고통을 극복하는 신앙이 높은 차원을 말하는 것이기도 하다.[1)]

1) 김희보, 구약소선지서 주해.

4. 지금까지의 노래(기도)는 '지휘하는 사람'(영장, 伶長, the chief singer)을 위하여 내 수금에 맞춘 것이라고 했다. 이 시는 탄식과 찬양과 감사가 섞여 있다. 이 기도서는 성전 예배시에 많이 사용되었을 것이다. 시기오놋(1절)과 수금(19절)이라는 용어로 볼 때 이 시가 음악에 맞춘 것이라는 사실을 보여준다.

▶ 하박국이 살고 있던 유다 공동체에는 악인이 의인을 에워싸고 있어 공의(정의)는 사라졌고, 겁탈과 강포만이 횡행하고 있었다. 그런데 어찌하여 공의로우신 하나님께서 그들을 징벌하지 않고 내버려 두시는가, 이 문제로 하박국은 갈등하고 있었다. 그는 이 문제로 하나님께 질문했고, 하나님은 그에게 응답하셨다. "…오직 하나님께만 소망을 두는 의인들은 패역한 시대 속에서도 용기를 잃지 말고, 믿음으로 살아가야 한다"는 음성을 듣는다.

하박국서를 마무리하며...

1. 하박국과 여호와 하나님 사이의 대화는 유다 사회의 정의(공의)에 대한 문제에 초점을 맞춘다.

• 합 1:7 "그들은 두렵고 무서우며 당당함과 위엄이 자기들에게서 나오며 8 그들의 군마는 표범보다 빠르고 저녁 이리보다 사나우며 그들의 마병은 먼곳에서부터 빨리 달려오는 마병이라 마치 먹이를 움키려 하는 독수리의 날음과 같으니라 9그들은 다 강포를 행하러 오는데 앞을 향하여 나아가며 사람을 사로잡아 모으기를 모래 같이 많이 할 것이요."

(1) 유다 사회의 불의는 하나님의 심판을 가져오는 직접적인 원인이 되었다(합 1:2-3). 하박국보다 먼저 사역을 시작했을 스바냐 역시 같은 문제를 언급했다(습 1:9, 3:1-7). 이 문제를 해결하기 위해 바벨론을 심판의 도구로 사용하시겠다는 하나님의 소식을 듣고 하박국은 심란하다. 하나님의 심판이 얼마나 끔찍한 재앙이 될지는 같은 시기에 사역한 스바냐의 메시지에서도 자세하게 언급된다(합 1:2-18을 읽어보자). 하나님의 율법을 무시하며 동족들을 부당하고 폭력적으로 대한 자들에게 무자비한 바벨론 군대의 침공을 받게 될 것이다. 그 바벨론 군대의 포악함은 합 1:7-9*에서 읽어볼 수 있다.

(2) 비록 심판은 시행되지만 그의 백성들 가운데는 신실한 자들이 남아 있다. 하나님은 이들에게 주목하신다. 불안해 하는 하박국에게 의인은 그의 믿음으로 살아가야 된다고 말씀하신다(2:4). 그렇다면, 의인은 어떤 사람들인가? 여기서 의인은 여호와를 신실히 섬김으로 학대를 당하는 사람들을 가리킨다.

(3) 현실 상황에 탄식하던 하박국은 하나님의 응답을 받고(2장), 여호와의 구원을 바라보며(3:1-15), 승리를 선포한다(3:16-19).

2. 유다에 대한 하나님의 심판은 너무 냉혹한 것인가? 동시대의 선지자 예레미야는 우리에게 그 대답을 주고 있다.

• 렘 4:18 "네 길과 행위(마아랄, מַעֲלָל)[1]가 이 일들을 부르게 하였나니 이는 네가 악함(라아, רַע)[2]이라 그 고통이 네 마음에까지 미치느니라."

1) 행위, 행동, 실행, 실천. 몇몇 경우를 제외하고는 주로 악한 행위에 대해 사용되었다(신 28:20; 삿 2:19; 느 9:35; 시 28:4; 렘 17:10, 23:2; 겔 36:31).

2) 사악함, 나쁜 것 - 선(토브)과 대조적으로 악한 것을 말한다. 샬롬(평화)이 라아와 반대되는 것으로 말해진다. 이 단어는 또한 하나님 보시기에 용납할 수 없는 상태나 행동을 가리킨다(렘 52:2; 말 2:17; 느 9:28).

(1) 즉 유다에게 내려질 심판은 냉혹한 것이 아니라 백성들의 거짓된 삶의 결과라고 말한다. 만약 백성에게 징계가 없다면 그들의 삶의 방식은 여전히 변하지 않을 것이기 때문이다. 그러므로 고통은 이스라엘의 특성을 정제하는 정화제가 될 것이다. 이사야는 여호와께서 부모와 같이 자식을 양육하였다고 말한다(사 1:1-2).

(2) 이사야 선지자는 징계의 필요성을 다음과 같이 설명한다(사 1:25-26).

"내가 또 내 손을 네게 돌려 **네 찌꺼기를 잿물로 씻듯이 녹여 청결하게 하며 네 혼잡물을 다 제하여 버리고** 26내가 네 재판관들을 처음과 같이, 네 모사들을 **본래와 같이 회복**할 것이라 그리한 후에야 네가 의의 성읍이라, 신실한 고을이라 불리리라 하셨나니"

(3) 그렇다면 유다에게 내려질 심판은 백성들에게 삶의 방식을 바꾸기 위한 일종의 충격요법이다. 하박국 역시 이런 사실을 익히 잘 알고 있었다. 그러나 하박국은 유다 공동체 안에서 권력을 가진 자가 약한 자를 억압하는 폭력을 보는 것을 더 이상 참지 못했다. 그는 감히(?) 하나님께 질문을 던진다. "어느 때까지, 어찌하여"(합 1:3, 23, 14).

(4) 하나님의 응답은 간단했다. "기다려라!"
지금은 하나님께서 하시는 일이 분명하게 나타나지 않는다. 현재는 하나님의 얼굴이 숨어 있는 시기이기 때문이다. 때가 오면 모든 것이 분명해 질 것이다. "비록 (묵시가) 더딜지라도 기다려라!"

그렇다면 의인은 어떤 태도를 가져야 할까? 그 사이에 "의인은 믿음으로 말미암아 살리라"(2:4b). 이것이 하박국의 기도에 대한 응답이다. 여기서의 믿음은 비록 세상이 힘들더라도 여호와의 도덕적 · 윤리적 기준에 일치하는 신실하고 정직한 삶을 말한다. 동시대의 사역자 스바냐 역시 여호와께 순종하는 종들을 격려하며, 그들에게 끝까지 공의를 행하며 믿음(신실함)을 가지라고 호소한다(습 2:3, 3:8).

(5) 어느 사회, 어떤 시대에도 탐욕과 불의는 있었다. 하나님의 뜻대로 살고자 몸부림치는 사람들이 소수이기는 했지만 있었다. 그러나 하박국 사역 당시 유다는 악인들이 그 도를 넘어 득세하고 있었다. 이사야 선지자도 사회정의에 대한 하나님의 요구를 선포한다.

왜, 종교 지도자들의 기도가 응답되지 않고 있을까? 왜 하나님은 그들의 기도에 귀 기울이지 아니하시는가? (사 1:15) 그것은 "너희 손에 피가 가득하기 때문이라"고 말한다. 권력을 남용하여 악한 자가 힘 없는 자를 억압하는 사회가 되었다. 이사야는 "내 백성"에 대한 하나님의 실망을 그리고 있다(사 5:1-7). 하나님은 정의(공의)를 찾으셨으나 피흘림만을 발견하였다. 의를 구하셨으나 정의 대신 폭력이, 의로움 대신 부패가 만연했다.

(6) 하박국 시대는 더욱더 패역해졌다. 이제는 심판을 더 이상 연기할 수 없는 상황이 되어버렸다. 하박국은 이 상황을 하나님께 탄원했고, 하나님은 그 심판의 대행자로 갈대아를 선택하셨다. 물론 바벨론은 심판의 도구였다. 그러나 그 심판의 도구도 버림을 당할 것이다. 왜냐하면 그 도구가 본분을 망각하고 심히 교만해졌기 때문이다. 그들은 또한 잔인하기로 유명했다(합 1:7). 그들의 잔인함이 합 1:7-11에서 소개되고 있다. 게다가 그들의 우상 숭배 역시 심판의 이유가 된다. 이제 바벨론 역시, 다른 나라들을 약탈한 것과 같은 방식으로, 약탈을 당하게 될 것이다(합 2:6-8). 세상에서 가장 강력하고 영광스럽게 여기던 제국은 그가 주변 나라들에게 행한 대로 동일한 수치를 당하게 될 것이다(합 2:15-17).

(7) 이렇게 유다에게 심판이 선고되었지만 하나님은 또한 구원을 약속하신다. 하나님은 바벨론의 멸망을 선포하신다(합 2장). 이렇게 심판과 구원은 동떨어진 개념이 아니다. 한 가지 사건의 양면이다. 심히 부패한 유다를 심판하시겠다는 말씀 가운데 구원의 말씀이 선포된다. 특별히 3:3-15에서는 하나님께서 백성을 홍해와 요단의 기적으로 구원하신 것처럼 유다를 구원해 내실 것임을 보여주고 있다.

(8) 그러나 이 구원은 가까운 장래의 일이 아님을 깨달은 하박국은 진노 중에라도 하나님 나라의 부흥이 수년 내에 이루어지길 간구한다(3:1-2). 그렇다면 하나님의 진노와 구원의 중간 과정을 어떻게 살아가야 할 것인가? 하박국은 본서에서 그것을 보여주고 있다. 구원은 확실한 것이나 그 중간 과정을 살아가야 하는 의인들에게는 끝없는 인내와 믿음(신실함)이 필요하다는 사실을 배운다. 그렇다. 하나님은 지금도 자신의 구원 계획을 이루시기 위해 일하고 계신다. 다만 하나님께서 숨어 역사하시는 것처럼 보이기에 악인들은 죄를 짓기에 용감할 뿐이다.

3. 우리가 살고 있는 이 시대에도 하박국 시대와 같은 악행들이 반복된다.

이사야가 살던 당시에도, 하박국이 살던 당시에도, 예수님 당시에도, 오늘을 사는 우리네 주위에서도 탐욕과 불의가 계속된다. 오늘날도 하나님은 이사야를 통해 이렇게 말씀하신다. “네 고관(방백, 지도자)들은 패역하여 도둑과 짝하며 다 뇌물을 사랑하며 예물을 구하며 고아를 위하여 신원하지 아니하며 과부의 송사를 수리하지 아니하는도다.”

하박국서 3장 요약 정리

승리의 노래

- 3장은 기도 형태의 시(詩)이다. '시기오놋'이라는 용어의 의미는 무엇인가?
- 하박국이 들은 소문은 어떤 내용의 소문인가?
- 왜, 하박국은 놀랐는가? 여기서 '놀라다' 의 의미는 공포의 의미가 아니다. 어떤 의미인가?
- '수년 내에 부흥하게 해달라'는 것은 무엇을 어떻게 해달라는 것인가? 여기서는 누구의 뜻이 이루어져야 하는가?
- 대체로 이런 간구는 어떤 내용으로 인용되어 사용되고 있는가? (교회의 양적 부흥을 위하여 이 구절을 인용하는 것은 그 근본 의미와 어떤 차이가 있는가?)
- 갈대아를 심판하시기 위해 하나님은 어떤 모습으로 오시는가? (3:3)
- 하나님의 권능은 그 영광의 빛 속에 감추어져 있다(3:4). 왜 하나님은 자기의 권능을 숨겨두시는가? 왜 숨어서 역사하시는가?
- 하나님의 바벨론 심판은 과거의 어떤 사건과 연관시켜 말씀하셨는가? (5, 6절)
- 선지자의 환상 속에 보인 모습은 과거 출애굽과 요단의 기적을 상기시키신다. 어떤 모습으로 자기 백성을 구원하실 것인가? (7-12절)
- 하나님은 누구를 위하여 이렇게(7-12절처럼) 싸우시는가? (13절)
- 3:16-19은 마지막으로 승리를 선포한다. 하박국이 바벨론의 침공 때문에 두려워한다고 표현했다. 그러나 그는 잠잠히 기다린다고 했다. 그럴 수 있는 이유가 무엇인가?
- 17-18절은 우리가 익히 잘 알고 있는 구절이다. 이런 노래를 부를 수 있었던 이유는 무엇인가?
- 하박국이 사역하던 당시의 우울한 세대를 다시 한 번 정리 설명해 보자. 소망을 전혀 없는 것인가?

Summary

- 하박국이 살아가던 유다 공동체의 모습을 우리 주위에서 쉽게 찾아볼 수 있다. 어떤 문제점들일까? 하박국 선지자의 심정을 가지고 교회와 사회를 둘러보자.
- 왜 정의롭지 못한 사회가 되어가는가? 우리는 어떤 점에서 거기에 대한 책임이 있을까? 크리스천의 삶이 사회에서 크게 환영받지 못하고 있다. 교회 생활에 충실하지 못해서일까?
- 우리네 교회생활의 열심은 세상이 놀랄 정도이다. 그렇다고 세상은 이를 칭찬하지 않는다. 왜 그럴까? 열심과 삶의 열매는 늘 일치하지 않는다. 하박국 당시의 유다 공동체도 마찬가지였단다. 그렇다면, 우리도 하박국 선지자의 말씀에서 자유롭지 못하다.
- "수년 내에 부흥하게 하옵소서." 우리는 오늘도 이렇게 외치고 있다. 진정한 부흥은 무엇을 말함일까? 우리는 하박국 선지자가 간구했던 것과는 너무 다른 의미로 간구하는 것은 아닌가? 주의 뜻이, 주의 뜻대로 이루어지기를 간구해야 한다. 어쨌든 유다는 그들의 열심에도 불구하고 바벨론에 의한 징계 소식을 듣고 있다.

스바냐 צְפַנְיָה

2:3 여호와의 규례를 지키는 세상의 모든 겸손한 자들아 너희는
여호와를 찾으며 공의와 겸손을 구하라 너희가 혹시 여호와
의 분노의 날에 숨김을 얻으리라

'여호와의 날'은 구원의 날이 아니라 진노의 날이 될 것이다

주전 7세기, 선지자들이 대거 등장한다.
그만큼 세월이 악하다는 증거이다.
나훔, 하박국, 스바냐는 범세계적인 강력한 심판에 나타난
하나님의 공의에 초점을 맞춘다.
나훔은 앗수르의 멸망을 선포한다.
앗수르가 무자비한 폭력을 주변국들에게 행사했기 때문이다.
하박국은 유다 공동체 내에 팽배한 불의를 해결하기 위해
바벨론을 불러들이신다는 하나님의 메시지를 전한다.

요시야 왕이 등극해서 개혁 운동을 펼치기 전
유다는 무질서가 계속되고 있었다.
므낫세 통치 시대에 만연되었던 죄악들의 여파 때문이었다.
이때, 스바냐 선지자는 우상 종교의 심판을 선포하며 등장한다.
하박국은 "주의 날"을 선포한다.
유다인들이 기대했던 주의 날은 구원의 날이요, 축복의 날이었지만,
그 날은 구원의 날이 아니요, 진노와 분노의 날임을 선포한다.

예루살렘은 죄를 짓는다는 면에서 열방과 다른가?
그렇지 않다고 대답한다.
스바냐는 열방에 대한 심판 선언과 함께 예루살렘의 멸망도 언급한다.
한때 신실하던 성읍, 예루살렘
그러나 지금은 심판을 눈앞에 두고 있다.
예루살렘은 패역하고, 더럽고, 포악한 성읍이 되어버렸다.
누구 때문에 이렇게 되었을까?
스바냐는 특히 예루살렘의 지도자급들의 패역에 집중 포화를 날린다.
고급 관리들과 재판장들과 선지자들,
그리고 제사장들이 모두 타락해 버렸기 때문이다.
그렇다면 하나님의 공동체는 전혀 소망이 없다는 말인가?
물론 아니다.
하나님은 새로운 시대와 새로운 나라를 언급하신다.
그때에 흩어진 열국들이(남은 자들) 다시 여호와께로 돌아올 것이다.
그 나라는 영원한 기쁨과 영화가 있는 곳이다.
다만 **심판을 통과해서만** 그 나라는 다가올 뿐이다.

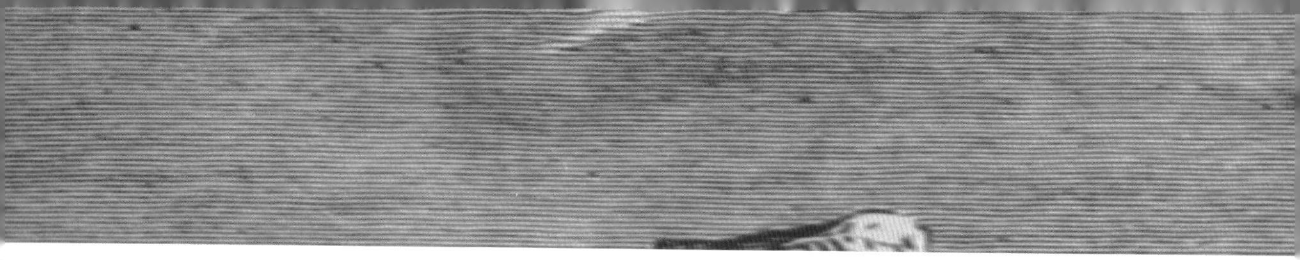

CONTENTS 스바냐

주제: 심판과 회복 – 모든 나라들은 '주의 날'에 그들의 죄에 대해 심판을 받게 될 것이다. 유다 역시 예외가 아니다. 심판의 날이 점점 가까이 그리고 빨리 다가오고 있다. 따라서 공의와 겸손을 촉구한다. 그러나 하나님은 오직 하나님만 바라는 주의 백성 '남은 자'에게는 축복과 함께 찬양과 존귀의 대상이 되게 하실 것이다.

스바냐서 프로필

- 누가 썼을까? · 166
- 언제 썼을까? · 166
  스바냐 선지자의 활동이 요시야 왕 어느 시기에 있었는가? · 168
- 주전 7세기 선지자들이 지적하는 문제들 · 170
- 스바냐서 대요 · 175

스바냐 1장

- Outline · 177
- 유다와 예루살렘 심판 · 178
  구체적인 죄악들 열거 · 181
- 요시야 왕의 정화 작업 내용 · 182
- 여호와의 날이 가까웠으므로(1:7-2:3) · 186
  약탈자들 심판 · 187
  부정직한 상인들 심판 · 188
  향락에 도취한 사람에 대한 심판 · 190
- 여호와의 큰 날이 가깝도다(1:14-18) · 192

도표(1) : 스바냐 선지자의 활동 시기 · 167
: Close-up - “여호와의 날” · 196
: Close-up - 열국들의 심판(아모스가 전한) · 206

스바냐 2장

- Outline · 201
- 여호와의 심판 날이 이르기 전에(2:1-3) · 202
- 열국들의 심판(2:4-15) · 205
  A. 블레셋 도시들(2:4-7) · 205
  해변 주민 그렛 족속에게 화 있을진저 · 207
  B. 모압과 암몬(2:8-11) · 208
  C. 구스(이디오피아)(2:12) · 213

스바냐 3장

- Outline · 219
- 예루살렘을 심판하실 것이다(3:1-6) · 220
  유다 공동체에서 누가 문제일까? · 222
- 열방의 심판(3:7-8) · 224
- 남은 자의 구원과 영원한 메시야 왕국(3:9-20) · 227
  새 시대의 구성원들 · 230
- 그 날의 영화와 기쁨(3:14-20) · 232
  그는 구원을 베푸실 전능자시라 · 234
  흩어져 근심하는 자들을 다시 시온으로 · 236
- 그렇다면 이 축복이 언제 이루어질 것인가? · 238

▶ 그 남은 자들에게 하나님은 용기와 기쁨, 평온과 즐거움, 구원과 명성을 주실 것이다. 두려움은 추방되고 칭찬(찬양)과 명성으로 바뀔 새 날이 올 것을 약속하신다. 이 모든 약속을 한마디로 표현하면, 그것은 '회복'이 될 것이다(습 3:20). 그런데 이러한 회복과 갱신은 그 출발점이 심판이라는 데에 두려움이 있다. 그런데 어찌할 것인가! 유다는 지금 그 심판 앞에 서 있는데…. (본문 238면에서)

스바냐서 프로필

1. 누가 썼을까? (저자 : 스바냐)

(1) 저자에 관하여는 스바냐 1:1에 기록된 것 외에는 알려진 것이 없다.

스바냐(Zephaniah, צְפַנְיָה) : '여호와께서 숨기셨다, 감추셨다'라는 뜻이다. 옆에 도표에서 보듯이 스바냐는 유다 왕 요시야 시대에 활동한 선지자이다. 어떤 학자는(G.A. Smith) 그 이름의 뜻에서 그가 태어날 당시의 고통들을 짐작할 수 있다고 했다. 므낫세의 통치 기간(주전 686-642, 그는 부왕 히스기야의 공동 통치 기간까지 합해 55년간을 왕위에 있었다)은 말 그대로 공포의 시대였기 때문이다. 그러나 확실한 것은 아니다. 선지자 외에도 같은 이름이 3명이나 더 등장한다.[1)]

"스바냐는 히스기야의 현손(벤, בֵּן, 아들, 손자)이요 아마랴의 증손(벤, בֵּן)이요 그다랴의 손자(벤, בֵּן)요 구시의 아들(벤, בֵּן)이었더라."(1:1b)
(스바냐는 구시의 아들이고, 구시는 그다랴의 아들이며 그다랴는 아마랴의 아들이고, 아마랴는 히스기야의 아들입니다. - 쉬운성경)

(2) '히스기야'는 누구일까? 여기서 히스기야가 유다의 14대 왕(주전 715-687년)을 가리키는지 아닌지 확실하지 않다. 어쨌든 4대에 걸쳐서 조상의 이름을 말하고 있는 것으로 보아 스바냐는 보통 사람은 아닌 것 같다. 만약 여기서 말하는 히스기야가 왕이 분명하다면, 요시야 왕과는 어린 숙부의 관계였을 것이다.[2)]

2. 언제 썼을까?

1:1을 보면 스바냐는 요시야 왕(주전 640-609년) 통치 기간에 예언활동을 했다. 그렇다면, 예레미야, 나훔, 하박국과 동시대인이었음을 보여준다. 스바냐서는 요시야가 종교개혁을 시도하기 전에, 그리고 앗수르 왕 아슈르바니팔이 죽기 전에, 즉 요시야 통치 초기에 있었던 것으로 보인다.

스바냐서가 묘사한 유다의 널리 퍼진 우상 숭배는 주전 621년 요시야가 주도한 종교개혁 이전의 것에 적합하므로 이 책의 연대는 대략 요시야 통치 초기로 보는 것이 바람직할 것이다.

1) '스바냐'라는 이름을 가진 사람들
① 선지자 스바냐 - 열두 소선지자 중 아홉 번째 선지자, 유다와 히스기야의 자손으로 유다 왕 요시야 때의 선지자
② 므낫세의 아들로 예루살렘의 제사장 마아세야의 아들(렘 21:1, 29:25, 29, 37:3, 유다 왕 시드기야 통치시). 두 번째 제사장(왕하 25:15)
③ 바벨론 포로에서 귀환한(스가랴 선지자 때에) 요시야와 헨의 아버지(슥 6:10, 14)
④ 레위인으로 그핫 족속 다핫의 아들(대상 6:37)

2) 김희보, 소선지서 주해, 총신대학교출판부, 1987.

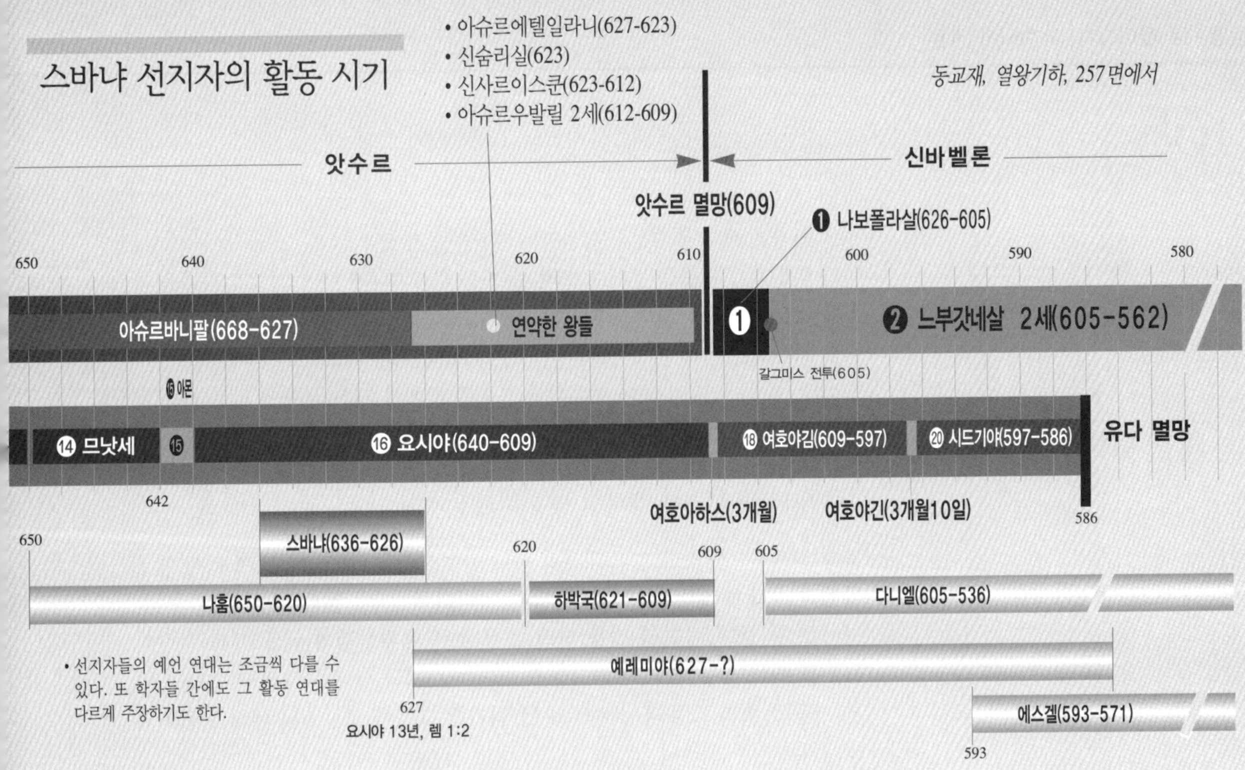

3. 당시 역사적 상황을 간단하게 살펴보자.

(1) 유다는 므낫세(주전 686/7-642년)와 그의 아들 아몬(주전 642-640년)이 통치할 때, 종교 혼합주의로 인해 극히 타락의 길을 걸었다. 히스기야는 반앗수르 정책을 폈지만, 므낫세는 그렇지 못했다. 히스기야에게 참패를 당했던 앗수르는 그 후 더 강력하게 유다를 간섭했다. 앗수르는 유다를 단순한 위성국이 아니라 속국으로 여겨 므낫세를 하나의 봉신(封臣)으로 취급했다.

▲ 요시야가 등장할 때, 국제 정세가 크게 변하기 시작했다. 늘 유다를 괴롭히던 앗수르는 위의 도표에서 볼 수 있는 것처럼 아슈르바니팔(주전 668-627년)이 죽은 후 내란에 휩싸이게 되고 연이은 왕들은 연약했다. 결국 앗수르는 신흥 바벨론에게 점령당하고 만다. 주전 612년의 일이다. 최후 멸망은 주전 609년(갈그미스 전투에 패하면서)이다.

(2) 므낫세의 타락은 우리가 이미 잘 알고 있다. 그는 부왕 히스기야가 무너뜨린 모든 바알 제단들을 다시 복구시켰다(대하 33:1-10). 그러므로 요시야 왕이 등장하기 바로 직전의 상황은 타락으로 심히 얼룩진 사회였다. 므낫세의 악정(惡政)을 아주 간단하게 살펴보면 아래와 같다.[1]

▶ 므낫세의 악정(惡政)

므낫세는 왕위에 있는 동안 내내 앗수르에 충성했던 것 같다. 그길만이 살아남는 길이라고 여겼기 때문이다. 무엇보다 그는 부왕 히스기야의 정책을 전면 부정하면서 종교적으로 크게 부패했다(왕하 21:2-16; 대하 33:2-9).

- 부왕이 헐어버린 산당들을 다시 짓고 바알의 단을 세우고
- 아세라 목상과 하늘의 일월성신을 숭배했다.

1) 동교재, 열왕기하 22장을 읽어보기로 하자.

- 성전 안과 뜰에다 일월성신을 섬기는 제단들을 세웠다.
- 몰렉에게 자기 아들을 번제로 드려 불 가운데를 지나게 하며 점치고 사술을 행했다 (왕하 21:6; 대하 33:6).
- 므낫세의 죄는 북쪽 이스라엘의 죄 또는 아합의 죄와 비교되고 있다(3절).
- 죄 없는 사람을 많이 죽여 예루살렘을 이쪽 끝에서 저쪽 끝까지 피로 가득 채웠다고 했다(왕하 21:16).

(3) 므낫세 왕의 죄로 인해 유다의 멸망이 확정된다.

- 왕하 21:12 "그러므로 이스라엘의 하나님 여호와가 말하노니 내가 이제 예루살렘과 유다에 재앙을 내리리니 듣는 자마다 두 귀가 울리리라 13내가 사마리아를 잰 줄과 아합의 집을 다림 보던 추를 예루살렘에 베풀고 또 사람이 그릇을 씻어 엎음 같이 예루살렘을 씻어 버릴지라 14내가 나의 기업에서 남은 자들을 버려 그들의 원수의 손에 넘긴즉 그들이 모든 원수에게 노략거리와 겁탈거리가 되리니."

(4) 므낫세 이후 등장한 그의 아들, 아몬 그는 부왕 므낫세의 타락한 정치를 답습하는데 불과했다. 결국 아몬은 궁중신하들의 반역으로 죽었다. 지방민들이 아몬 왕을 살해한 사람들을 다 죽이고 어린 요시야를 왕으로 옹립했다. 만약 스바냐가 왕족이었다면 어린 요시야 왕에게 어떤 형태로든 많은 영향을 끼쳤을 것이다.

3. 스바냐 선지자의 활동이 요시야 왕, 어느 시기에 있었는가?

(1) 스바냐의 활동 시기에 대해서는 너무 다양한 견해가 있다. 여기서 그 문제를 다 다룰 수 없다.[1)]

(2) 역대하 34:3a "아직도 어렸을 때 곧 왕위에 있은 지 팔 년에 **그의 조상 다윗의 하나님을 비로소 찾고.**" 이 구절을 보면, 유다는 요시야가 등극한 지 얼마 안 돼서(633/2년) 이미 앗수르의 그늘에서 벗어난 것 같다. 그리고 몇 년 지나서 전격적으로 개혁 작업에 착수했을 것이다(대하 34:3 "아직도 어렸을 때 곧 왕위에 있은 지 팔 년에 그의 조상 다윗의 하나님을 비로소 찾고 제십이년에 유다와 예루살렘을 비로소 정결하게 하여 그 산당들과 아세라 목상들과 아로새긴 우상들과 부어 만든 우상들을 제거하여 버리매")

(3) 요시야의 등장 배경과 그의 통치의 공과(功過)는 동교재, 열왕기하 250면이하에서 자세하게 설명되어 있다. 또 바로 앞에서 공부한 하박국 서론에서도 다루

1) WBC 주석, 랄프 스미드, 미가-말라기 주해 서론을 참조해 보라.

었기 때문에 여기서는 그 설명을 생략하기로 하자. 어쨌든 열왕기 기자는 요시야를 다음과 같이 칭찬하고 있다.[1)]

"요시야와 같이(처럼, כְּמֹהוּ)
마음을 다하며 뜻을 다하며 힘을 다하여(신 6:4-6)
여호와를 '향하여' - (슈브, שׁוּב - 선회하다, 돌아서다) -
모세의 모든 율법을 (온전히 준행한 임금은)
요시야 전에도 없었고
후에도 그와 같은 자가 없었더라(לֹא־הָיָה)"(왕하 23:25).

선지자 사무엘 이후로
이스라엘 가운데서 유월절을 이같이(like, 이처럼 כְּמֹהוּ) 지키지 못하였고
이스라엘 모든 왕들도 요시야가
(제사장들과 레위 사람들과
모인 온 유다와 이스라엘 무리와 예루살렘 주민과 함께
지킨 것처럼은)
유월절을 지키지 못하였더라(대하 35:18; 왕하 23:22)

(4) 이 정도의 개혁이 있었다면, 유다의 멸망은 철회되어야 하지 않겠는가? 그러나 하나님은 그의 결정을 되돌리지 않으신다. 그 이유가 무엇인가?

그러나 여호와께서 유다를 향하여 내리신
그 크게 타오르는 진노(아프, אַף)를 돌이키지 아니하셨으니
이는(עַל)
므낫세가 여호와를 격노하게 한(הִכְעִיסוֹ)
그 모든(כָּל) 격노(הַכְּעָסִים, the provocations) 때문이라(왕하 23:26).

이렇게 요시야의 선행에도 불구하고, 유다를 심판하기로 작정하신 하나님의 뜻을 철회하지 않으신 이유는 므낫세의 행위가 여호와의 노를 격발하게 했기 때문이라고 말씀하신다.

(5) 이렇게 므낫세가 통치할 때 우상 숭배와 함께 얼마나 타락한 사회가 되었는가 알 수 있다. 따라서 우상 종교의 심판을 선포하며 등장한 선지자가 바로 스바냐이다. 성읍들은 황폐될 것이며, 예루살렘에는 거할 자가 없게 될 것이라고 선포한다(습 3:1-7).

1) 이 부분 동교재, 열왕기 하 254면에서 가져옴.

4. 스키타이인(Skythian)의 침입?

(1) 요시야 왕이 통치하던 시기에 현재 러시아 남부 출신 기마민족이 코카서스 지역을 가로질러 앗수르 제국의 북방 영토를 따라 정착했다. 비(非)셈계 족속인 스키티아는 메대와 앗수르를 침략했다. 이 기마민족과 앗수르는 교대로 지중해 지역에 진출하여(주전 620년경) 아스글론과 아스돗을 파괴한 것으로 보인다. 멀리는 애굽까지 침공했다.

(2) 스바냐는 예루살렘의 멸망을 예언했다(1:4, 10-11, 2:1, 3:1-4).[1] 역사가들은 그러한 멸망을 가져다 줄 수 있는 요시야 시대를 탐구했을 때, 가장 강력한 후보가 스키타이인이었다. 물론 구약에는 이러한 언급이 없다. 이에 대한 최근의 연구로 스키타이인의 침략을 주전 611년으로 본다.[2] 그러나 여러 증거로 보아 스바냐의 예언이 이 스키타이인들의 침략으로 보기는 어렵다. 스바냐의 활동시기는 요시야가 종교개혁을 시작한 주전 621년 이전이었을 것이다. 앗수르는 아슈르바니팔(668-627년) 이후 연약한 왕들의 등장과 내란으로 20년이 채 안 되어 역사에서 사라진다. 그렇다면 스바냐가 말하는 징계의 도구는 바벨론의 느부갓네살을 가리킨 것이 분명하다.

주전 7세기 선지자들이 지적하는 문제들[3]

1. 주전 7세기의 소선지자 나훔, 하박국, 스바냐는 범세계적인 강력한 심판에 나타난 하나님의 공의에 초점을 맞춘다.

(1) 나 훔 : 앗수르에 대한 이미 예비된 심판을 선언하신다. 무자비한 학대자의 손에서 고통 받는 모든 사람과 하나님의 백성들에 대한 구원을 언급한다.

(2) 하박국 : 정의(공의)에 관한 문제에 초점을 맞춘다. 유다 사회의 불의에 관한 문제를 해결하기 위해 바벨론을 심판의 도구로 부르신다. 그러나 바벨론 역시 자신의 죄로 인해 심판을 받을 것이다. 결국에는 하나님을 신실히 섬기는 자들을 보호하실 것이며 그를 의롭다고 하실 것이다.

(3) **스바냐** : 유다와 주변국에 대한 심판을 노아 홍수에 버금가는 세계적 재앙의 일부로 보았다. 그러나 이러한 정화 과정을 통해 예루살렘에 공의를

1) 습 1:12 "그 때에 내가 **예루살렘에서 찌꺼기 같이 가라앉아서** 마음속에 스스로 이르기를 여호와께서는 복도 내리지 아니하시며 화도 내리지 아니하시리라 하는 자를 등불로 두루 찾아 벌하리니 13그들의 재물이 노략되며 그들의 집이 황폐할 것이라 그들이 집을 건축하나 거기에 살지 못하며 포도원을 가꾸나 그 포도주를 마시지 못하리라 14 **여호와의 큰 날이 가깝도다 가깝고도 빠르도다** 여호와의 날의 소리로다 용사가 거기서 심히 슬피 우는도다."

2) WBC 주석 / 김희보, 소선지서 주해, 서론.

3) Roy B. Zuck · Eugene H. Merrill, 구약성경신학, 김의원 · 류근상 옮김, 크리스챤출판사, 612면 이하에서 정리.

다시 세우시고 열국으로 하여금 그를 섬기는 종이 되게 하실 것이다.

2. 하나님께서 내리시는 심판 예언

(1) 나훔 : 하나님의 심판에 관한 언급이 적다. 왜냐하면 이 심판이 이미 시작된 것으로 보았기 때문이다(나 1:12).

(2) 하박국 · 스바냐 : 불순종한 하나님의 백성들에 대한 심판을 예언한다. 유다 사회의 불의가 심판의 가장 직접적인 원인이다(합 1:2-3; 습 1:9, 3:1-7).

스바냐 : 유다의 이교적 풍습(습 1:4-6)과 부와 재물(습 1:11, 13) 및 그들의 불평과 교만과 자랑하는 태도에 대해 책망한다(습 1:12, 3:11).

(3) 심판의 정당성
- 심판이 매우 심각하고 끔직한 재앙이 될 것이다(습 1:2-18)
- 그러나 이 심판은 정당하다(합 1:5-11; 습 1:13).
- 잔인한 바벨론을 심판의 도구로 사용하실 것이다(합 1:6)
- 율법을 무시하며, 동족들을 폭력적으로 대한 자들은 무법한 바벨론의 침략을 받게 될 것이다(합 1:2-3, 7, 9).

3. 보호와 구원하심

(1) 하나님은 진노의 심판 가운데서도 일부 신실한 자들을 주목하신다.
- "의인은 믿음[1]으로 말미암아 살리라.[2]"(합 2:4) - 여기서 의인은 여호와를 신실히 섬김으로 학대를 당하는 자들을 가리킨다(합 1:4).
- 하박국은 여호와께서 다가올 재앙에서 자신을 구원하실 것이라고 주장하며 여호와의 말씀을 받아들인다(합 3:16-19).
- 스바냐는 여호와께 순종하는 종들을 격려하며 끝까지 공의를 행하며 믿음을 가지라고 호소한다(습 2:3. 3:8).
- 남은 자들이 언약 공동체의 회복을 위한 토대를 형성할 것이다. 이들은 포로지에서 놓일 것이며(습 3:19-20), 정화된 예루살렘에 거하게 될 것이다(습 3:12-13).

(2) 스바냐서에서 하나님과 시온에 관한 주제가 두드러진다.
- 시온은 타락한 지도자들 때문에 심판의 핵심적인 대상이 될 것이다(습 1:4-

1) 여기서 '믿음'은 구약성경의 용례에 비추어 볼 때 '신실함'이라는 번역이 원문에 가깝다.

2) 여기서 '살리라'는 다가올 재앙에서 육체적으로 보호될 것이라는 말이다(비교: 합1:12, 3:17-19)

13, 3:1-7).

- 이 심판으로 성읍의 행악자들이 제거될 것이다(습 3:11). 그리고 이 성읍을 남은 자들로 채우실 것이다(습 3:12-13). 대적자들로 하여금 성문에 들어오지 못하게 하실 것이다(습 3:13b-17).

(3) 유다의 구원과 회복 언급 - 세 선지자가 모두 이방 나라에 대한 심판과 함께 이스라엘의 구원과 회복을 언급했다.

- 나훔 : 앗수르의 멸망을 통해 하나님의 백성이 구원 받을 것이다(나 1:13). 그 결과 - 평화와 새로운 번성을 누릴 것이다(1:15, 2:2).
- **스바냐** : 열국에 대한 하나님의 심판을 통해 그의 남은 백성을 포로에서 해방시키고 그들로 천하 만민 가운데서 명성을 얻게 하실 것이다(습 3:20). 대적들을 통치(습 2:6-7, 9)
- 하박국 : 하나님의 백성을 학대하는 자들에 대한 심판의 성격 - 반복되는 구원 역사에 불과하다(합 3:2-15).

예) 출애굽에서 애굽 군대를 전멸시킨 사건, 시내 산에서 자기 계시, 여호수아, 다윗 등을 통하여 쟁취하신 승리를 포함하여 이스라엘 초기 역사에서 있었던 일을 상기시킨다. 그래서 미래적 사건을 과거적 용어로 묘사한다. 그러니까 이스라엘의 하나님이 영원한 하나님이시라는 사실을 주장한다(합 1:12).

(4) 7세기 소선지자들은 이스라엘을 위한 하나님의 미래적 개입과 관련하여 여호와를 보호자와 구원자로 묘사했다.

- 나훔 : 여호와는 환난 날의 산성(나 1:7)
- 하박국 : 하나님을 자신의 구원자라고 부른다(합 3:18).
- **스바냐** : "너(=시온)의 하나님 여호와가 너의 가운데에 계시니, 그는 구원을 베푸실 전능자이시라"(습 3:17).

4. 하나님과 열국

(1) 7세기 선지자들은 여호와를 열국에 대한 주권적 통치자로 묘사한다.

- 하박국 : 하나님은 열국을 심판의 도구로 세우셨다(합 1:6).
- 나훔 : 하나님의 통치에 대한 열국의 도전을 무찌르신다(나 1:9-12).
- **스바냐** : 하나님은 아무리 강력한 자라도 멸하신다. 그의 진노에서 벗어날 수 없다(습 3:8).

(2) 열국에 대한 심판의 가장 중요한 원인

- 나훔 : 앗수르는 자신의 부와 군사적 힘을 자랑했다(나 2:9, 3:8-13).
- 스바냐 : 앗수르는 "오직 나만 있고, 나 외에는 다른 신이 없다"고 교만하게 선언했다(습 2:15).
- 하박국 : 바벨론 - 자신의 군사력을 숭배, 자신을 무적으로 여겼다(합 1:6-11, 16, 2:4-5).

  모압이나 암몬과 같은 약소국들도 교만한 태도를 가졌다(습 2:10).

- 나훔 · 하박국 : 앗수르와 바벨론은 다른 나라들을 경제적으로 착취, 제국주의 정책을 펼쳤다(나 2:11-13, 3:1, 4; 합 1:13-17, 2:5-7).
- 나훔 : 앗수르를 포악한 자(나 2:11-13), 음녀의 유혹(나 3:4)
- 하박국 : 탐욕적인 바벨론을 성공적인 어부(합 1:15-16), 술 취한 자(합 2:5), 사망 및 볼모 잡은 것으로 무겁게 짐 진 자(합 2:6)로 묘사했다.

(3) 교만한 나라 - 하나님의 백성을 대담하게 학대

하나님께서 열방을 불순종하는 자기 백성을 징계하기 위한 도구로 사용하셨으나, 열국이 보여준 것은 너무 교만했다는 데 문제가 있다(나 1:9-11; 습 2:8, 10).

(4) 세 선지자 모두 여호와는 진노하시며 보복하시는 용사임을 '만군의 여호와', '군대의 여호와'로 묘사했다(나 2:13, 3:5; 합 2:13; 습 2:9). 하나님의 진노와 보복하심에 대해 구체적으로 언급하고 있다(나 1:12, 6; 합 3:8, 12; 습 1:15, 18, 3:8).

- 하박국 : 용사로서의 하나님 - 여호와께서는 남쪽으로부터 영광의 빛으로 오신다(합 3:3). 폭풍 가운데 다가오신다(합 3:4-5). 우주는 두려움으로 진동한다(합 3:6-7). 자기 백성의 대적들을 향해 병기를 사용하신다(합 3:8-15).
- 나훔 : 여호와는 강한 폭풍과 같은 모습으로 오신다(나 1:2-8).
- 스바냐 : "여호와의 날"에 대한 주제 - 용사로서의 하나님의 역할 묘사(습 1:14-16).

(5) 열국에 대한 하나님의 심판의 성격

- 스바냐 : 노아 홍수에 비유(습 1:2-3; cf. 창 6:7, 7:4, 23). 총체적 멸망에 초점을 맞춘다(습 2:5, 9, 13-15). 모압과 암몬이 소돔과 고모라와 같이 될 것이라고 선언한다(합 2:9).

- 나훔 : 열국에 대한 하나님의 심판은 당연한 것이다. 하나님께서는 앗수르가 다른 나라에 행한 대로 되갚으실 것이다(나 2:3-10). 홍수를 통해(나 1:8, 2:6), 또 피비린내나는 살육과 수치를 당하게 하실 것이다(나 2:10, 3:3, 5-6, 11, 18-19). 후손의 멸절(1:14), 무더기 죽음(3:3), 군사들의 낙담(3:13), 고칠 수 없는 상처(3:19).
- 하박국 : 바벨론에 대한 재앙 예언 역시 적절한 보응적 성격을 가진다. 다른 나라를 약탈한 것과 같은 방식으로 약탈을 당할 것이다(합 2:6-8). 바벨론의 외형적 번성은 다른 나라를 침략해서 얻은 것이다(합 2:9-11). 따라서 똑같은 방법으로 수치를 당하며 멸망할 것이다(합 2:15-17).

(6) 열국들의 우상 숭배

- 나훔 · 하박국 · 스바냐 : 열국의 우상 신들에 대한 여호와의 우월성을 강조(나 1:14; 합 2:18; 습 2:11) - 우상 숭배의 어리석음을 지적한다. 우상들은 단지 사람들이 만든 수공예품에 불과하다. 어떠한 교훈도 주지 못한다(합 2:18-19). 여호와께서 온 천하를 다스리신다(합 2:20).

(7) 결국 온 나라는 여호와를 경배하게 될 것이다(습 2:11, 3:10).

"여호와의 날"

8세기 선지자 아모스에 의해 도입된 여호와의 날에 관한 주제는 스바냐의 메시지의 핵심 모티프이다.

(1) 아모스서에서는 앗수르에 의한 임박한 유다의 심판에 대해 언급한다(비교: 암 5:18-20). 스바냐는 심판의 날의 임박함과 빠르게 다가오는 모습에 대해 언급한다(습 1:7, 14).

(2) '여호와의 날'(יוֹם יְהוָה)이라는 사상은 요엘서에서 지속되고 있지만 다른 예언서보다 스바냐서에서 두드러진다. 스바냐서의 '그 날'에 대한 묘사는 근본적으로 모두 아모스와 이사야의 예언들이 담겨 있었던 것으로 이들 이후의 선지자들에게 계속 이어져 왔던 것으로 볼 수 있다. 스바냐가 이 용어를 사용한 최초의 선지자도 마지막 선지자도 아니다. 스바냐는 아모스의 예언을 잘 알고 있었다는 흔적이 나타난다. 이에 대해서는 '클로즈업'(196면)을 읽어보기로 하자.

스바냐서의 개요

제1부 여호와의 날의 심판과 그 세계성(1, 2장)

제1장 : 유다와 예루살렘 심판
서론: 선지자와 그 시대(1:1)
그 날의 심판의 범세계성(1:2, 3)

▶ 노아 홍수에 버금가는 세계적 심판 언급 / 이런 정화 과정을 통해 예루살렘에 공의를 다시 세우실 것이다.

1. 유다와 예루살렘의 심판(1:4-13)
   - A. 범죄한 백성들의 심판(1:4-6)
   - B. 지도자들의 심판(1:7-8)
   - C. 약탈자들의 심판(1:9)
   - D. 부정직한 사람들의 심판(1:10, 11)
   - E. 불의를 축재하고 향락에 도취한 자들의 심판 (1:12, 18).
2. 여호와의 날의 성격(1:14-18)

▶ 타락한 지도자들이 심판의 핵심적 대상이다.

▶ 유다의 이교적 풍습, 부와 재물, 교만과 자랑하는 태도에 대해 책망하신다.

▶ 심판이 너무 부당한가? 아니다. 심판은 정당하다(1:13)

제2장 열국들의 심판
서론: 그날 전의 회개의 권면(2:1-3)

1. 가까운 열국들의 심판(2:4-11)
   - A. 블레셋(2:4-7)
   - B. 모압과 암몬(2:8-11)
2. 먼 열국들의 심판(2:12-15)
   - C. 구스(에디오피아) (2:12)
   - D. 앗수르(2:13-15)

▶ 열국에 대한 심판을 통해 그의 남은 백성을 포로에서 해방시키고, 명성을 얻게 하실 것이다(2:6-7, 9)

▶ 여호와께 순종하는 종들을 격려한다. 끝까지 공의를 행하며, 믿음을 지키라고 호소한다(습 2:3, 3:8).

제2부 여호와의 날의 영원한 심판과 영원한 구원(3장)

제3장 영원한 멸망과 영원한 구원

1. 간악한 자의 멸망(3:1-8)
   - A. 포악한 성읍과 그 지도자들(3:1-6)
   - B. 청종치 않는 자들의 멸망과 성도들의 인내(3:7-8)
2. 남은 자의 구원과 영원한 메시야 왕국(3:9-20)
   - A. 그 때에 열방이 입술을 깨끗이(3:9, 10)
   - B. 그 날의 사죄의 은총과 성화(3:11-13)
   - C. 그 날의 영화와 기쁨(3:14-20)

▶ 타락한 지도자들 때문에 멸망한다.

▶ "너의 하나님 여호와가 너의 가운데에 계시니, 그는 구원을 베푸실 전능자이시라."(3:17)

▶ 심판으로 행악자들이 제거될 것이다(3:11).
그리고 성읍을 남은 자로 채우실 것이다(3:12-13)

▶ 남은 자들이 언약 공동체의 회복을 위한 토대를 형성할 것이다. 그래서 정화된 예루살렘에 거하게 될 것이다.

by 김희보, 소선지서 주해

Zephaniah
1장

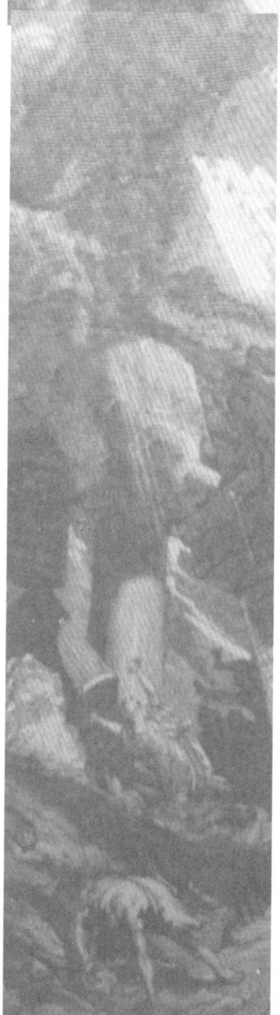

여호와의 날은 진노의 날이 될 것이다

아모스 시대와 같이 스바냐 당시의 백성들도 '여호와의 날'이 구원의 날이 되기를 기대했다. 스바냐 역시 동시대의 선지자들(나훔, 하박국)과 같이 불순종한 하나님의 백성들에게 심판을 선언한다. 심판을 받게 되는 주요 원인이 무엇일까? 유다 사회에 팽배한 불의가 직접적인 원인이다. 그 심판은 노아 홍수에 버금가는 심판을 연상케 한다. 그 심판은 먼저 유다와 예루살렘을 언급함으로써 백성의 죄악됨에 초점을 맞춘다. 이 심판은 매우 정당하며(습 1:13), 매우 심각하고 끔직한 재앙이 될 것이다(습 1:2-28).

여호와의 진노를 유발시키는 죄악들은 무엇일까? 먼저는 우상 숭배를 언급한다. 지붕에서 하늘의 뭇 별에게 경배하는 자들과 여호와께 맹세하면서 말감(몰렉)을 가리켜 맹세하는 자들, 즉 혼합주의자들과 여호와를 찾지도 구하지도 않는 무관심한 자들을 멸절시키실 것이다(습 1:5, 6). 아모스 시대에도 이런 여호와 날의 심판을 언급했지만, 그 날이 매우 가까웠다는 언급은 없었다. 그러나 스바냐는 여호와의 날이 매우 가까웠으므로 주 앞에서 잠잠하라고 외친다. 그 날은 임박했으며(1:14), 그 결과는 더욱 참담할 것이다. 재난과 절망과 암흑의 날이 될 것이다(1:15). 그러나 백성들은 자신들에게 그러한 심판은 결코 다가오지 않을 것이라고 냉담한 신앙으로 일관했다. 스바냐는 지도자들(7-8절)은 물론 약탈자들(9절), 부정직한 상인들에게(10-11절), 향락에 도취한 자들에게(12, 13절) 그 날이 패망의 날이 될 것임을 선포한다. 그 날이 매우 가까웠고 심히 빠르다고 했다.

Outline 1

제1부 여호와의 날의 심판과 그 세계성(1, 2장)

제1장 : 유다와 예루살렘 심판
서론: 선지자와 그 시대(1:1)
그 날의 심판의 범세계성(1:2, 3)

1. 유다와 예루살렘의 심판(1:4-13)
A. 범죄한 백성들의 심판(1:4-6)
B. 지도자들의 심판(1:7-8)
C. 약탈자들의 심판(1:9)
D. 부정직한 사람들의 심판(1:10, 11)
E. 불의를 축재하고 향락에 도취한 자들의 심판 (1:12, 18).
2. 여호와의 날의 성격(1:14-18)

제 2장 열국들의 심판

제2부 여호와의 날의 영원한 심판과 영원한 구원(3장)
제 3장 영원한 멸망과 영원한 구원

by 김희보, 소선지서 주해

▶ 유다와 주변국에 대한 심판은 노아 홍수에 버금가는 세계적 재앙이 될 것이다(1:2,3)

(1) "내가 땅 위에서 모든 것을 진멸하리라"(온 세상을 쓸어버릴 심판 선언)
(2) 사람과 짐승, 공중의 새와 바다의 고기, 거치게 하는 것, 악인들을 아울러 진멸할 것이다.

▶ 심판은 유다와 예루살렘으로부터 시작하실 것이다(4절).

(1) 바알을 섬기는 자들과 함께 제사장들도 심판 받을 것이다.
(2) 하늘의 뭇 별에게 경배하는 자들도 심판(=우상숭배자들) 심판 받을 것이다.
(3) 여호와께 맹세하면서 밀감을 가리켜 맹세하는 자들을 심판(=혼합주의자들)하실 것이다.
(4) 여호와를 찾지도 구하지도 않는 자들 역시 심판(=여호와께 무관심한 자들)의 대상이다.

▶ 여호와의 날은 심판의 날이다.

주 여호와 앞에서 잠잠하라! (1:7) 왜?
여호와의 날이 가까웠으므로.

(1) 지도자들 심판(1:7-8)
그 날은 '여호와의 희생의 날'(=심판의 날)이다. 방백들(관리자들)과 왕자들과 이방인의 옷을 입은 자들을 벌할 것이다(1:8).
(2) 약탈자들 심판(1:9)
(3) 부정직한 상인들 심판(1:10, 11)
(4) 향락에 도취한 사람에 대한 심판(1:12, 13)

▶ 여호와의 큰 날이 가깝고도 심히 빠르다

(1) 여호와의 날은 유다에게 고통의 날이다. 분노의 날, 환난의 날, 황폐와 패망의 날이다. 캄캄하고 어두운 날이요, 구름과 흑암의 날이다. 견고한 성읍을 치는 날이요, 높은 망대를 치는 날이다(1:15-16).

(2) 여호와의 날이 고난의 날이 된 이유는 그들이 여호와께 범죄하였기 때문이다(1:17). 유다뿐만 아니라 하나님 없이 살려는 세상 사람들에게 내려지는 진노의 날이다.

유다와 예루살렘의 심판(1:2-3)

1. 유다에 내릴 심판(1:1-2:3)
2. 열방에게 내릴 심판(2:4-15)

유다는 지금 죄로 깊이 물들어 있다. 백성들은 므낫세 통치 하에서 숨을 제대로 쉴 수 없었다. 그의 악정(惡政) 때문이었다. 그 결과 백성들은 바알 종교, 우상숭배, 점성술, 혼합주의 및 배교(背教) 행위에서 헤어나오지 못하고 있다. 결국 하나님의 심판을 불러들인다. "여호와께서 선악간에 아무 일도 행하지 아니하시리라"고 생각하는 유다 백성에게 진노의 날을 선포하신다. 죄로 인해 인간은 물론 결국 자연계의 생물까지도 멸망하게 될 것이다. 하나님의 심판이 얼마나 철저한 것인가?

1. 스바냐는 언제 그의 예언활동을 시작하고 있나?

(1) 스바냐의 활동 시기는 서론에서 이미 언급되었기에 자세한 설명은 생략하자. 여기서 말하는 히스기야가 유다의 왕이라면, 요시야 왕과 스바냐는 숙질(아저씨와 조카를 아울러 이르는 말) 관계이다. 아래 도표를 참고해 보자.

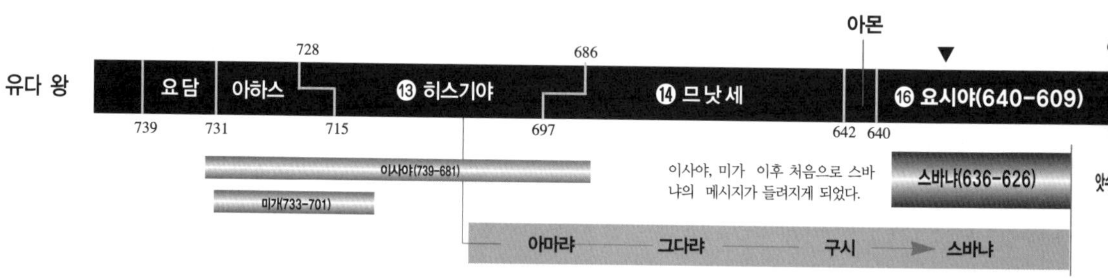

"…**스바냐**는 히스기야의 현손(벤, בֵּן, 아들, 손자)이요 아마랴의 증손(벤, בֵּן)이요 그다랴의 손자(벤, בֵּן)요 구시의 아들(벤, בֵּן)이었더라."(1:1b)

(2) 히브리어에서 '벤'(בֵּן)이라는 단어는 '아들, 손자, 아이, 어떤 집단의 구성원'을 의미한다. '벤'은 항상 그런 것은 아니지만, 기본적으로 부모의 남자 자식을 가리킨다.

2. 스바냐를 통하여 선포된 여호와의 메시지는 아주 강력한 말씀이었다. 메시지의 내용이 과격하고 그 범위는 전세계적이다. 유다 공동체의 죄악이 창궐했다는 증거이다.

수프(סוּף)의 히필 동사
미완료 단축형

수프(סוּף) - '끝내다, 그치다, 그만두다'
단순부정사 절대형

1:2 내가 — **진멸하리라**(I **will** utterly consume, אָסֹף אָסֵף)
/모든 것을
/땅 위에서
여호와께서 **이르시되**(נְאֻם־יְהוָה) - 원문에서는 이 말이 맨 뒤에 나온다.

(1) "내가…진멸하리라"(아소프 아세프) : '아세프'(אָסֵף)는 '수프'(סוּף, 쓸어버리다, 끝내다)의 히필형(사역 능동) 미완료로 '끝내다'(come to an end, cease)는 의미에서 '진멸하리라' 고 번역되었다. 부정사 절대형이 동일한 어원을 가진 동사와 함께 이중으로 기록되는 구조는 동사에 대한 강조를 할 때 사용된다. 화자(話者)의 의지를 확고히 하고 있다. 아주 *완전히* 진멸하리라는 말이다. 땅 위의 모든 것(=만물)을 완전히 진멸하시겠다는 선언이다. 단순히 이스라엘만을 말하지 않고 온 세상을 쓸어버릴 심판이다. 이 말씀은 노아 홍수 때의 심판을 연상케 한다(창 7:23).

(2) "여호와께서 이르시되"(נְאֻם־יְהוָה): '네움'(נְאֻם)은 '발언'(utterance), '신탁'(oracle)을 의미한다. 이 단어가 사용될 때는 그 메시지가 그 기원과 권위에 있어서 하나님이심을 선언하는 관용적 표현으로만 사용된다(렘 23:31; 시 36:1). 말씀 선포에 여호와의 주권적인 면이 강조되고 있다.

3. 이 진멸에는 자연계의 모든 생물까지를 포함한다. 그 진멸의 원인이 어디에 있는가? 인간의 죄 때문이다.

1:3 내가 사람과 짐승을 **진멸하고**
공중의 새와 바다의 고기와 '거치게 하는 것' (마크셸라, מַכְשֵׁלָה)과
악인들을(אֶת־הָרְשָׁעִים) 아울러 **진멸할 것이라**
내가 사람을(אֶת־הָאָדָם) 땅 위에서 **멸절하리라**
나 여호와의 말이니라

(1) 위의 말씀은 노아 홍수를 연상케 하나 그보다 더 무서운 심판이 될 것이다. 바다의 고기까지 진멸되는 심판이 될 것이기 때문이다. 홍수 심판이 첫 번째 심판이라면 이것은 최후 심판을 예언한 말씀이다.

(2) '거치게 하는 것' (마크셸라, מַכְשֵׁלָה): '멸망시키는 것, 장애물' 곧 우상에 대해 사용되었다. 물론 우상만을 말하는 것이 아니라 '우상 숭배와 관련되어 사람을 거치게 하는 모든 죄악' 을 말한다. 또 이 단어는 죄를 짓게 하는 원

인, 넘어지는 경우(욥 7:19, 14:4; 겔 7:19, 14:4), 또는 마음에 걸리는 것(삼상 25:31)을 말한다. 예레미야 18:15에서는 우상들이 백성들로 하여금 "그들의 길(=생명의 길)에서 넘어지게 하였다"는 언급이 나온다.

(3) 그래서 "'거치게 하는 것' (마크셸라, מַכְשֵׁלָה)과 '악인들(אֶת־הָרְשָׁעִים)'을 아울러 진멸할 것이라"고 했다. 여기서 '에트'(אֶת)는 'together with'(아울러)라는 뜻이다. 물론 온 세상 만물이 하나님의 진노 아래 처한다 할지라도 진노의 핵심 대상은 세상의 악인들이다. 스바냐서는 1:1과 2:10-11을 제외하고는 모두 시(詩)로 되어 있다. 따라서 표현의 과장이 있다는 말이다.[1)]

1) 랄프 스미드, WBC 주석, 미가-말라기, 솔로몬, 187.

4. 심판은 유다와 예루살렘에도 미친다. 누가 멸망의 대상으로 언급되고 있는가?

1:4 내가 ─ 손을 **펴서**(So I will stretch out My hand, וְנָטִיתִי יָדִי[2)]
  /유다와 예루살렘의 모든 주민들 위에
─ **멸절하며**(카라트, כָּרַת) - 히필 완료 동사로 쓰였다.
  /남아 있는 바알을(the remnant of Baal, אֶת־שְׁאָר הַבַּעַל)
  /그 곳에서
─ 아울러(עִם־) (멸절하며)
  /그마림(הַכְּמָרִים[3)])이란 이름과 및 그 제사장들을

2) 접속사 + 나타(נָטָה) - '내뻗다, 늘이다, 펴다, 치다, 기울(이)다, 구부리다, 돌리다' / 칼 동사 완료 / 하나님은 "편" 팔로 인간을 구속하고 구원하신다(출 6:6; 신 4:34, 5:15, 11:2 등).

3) 우상신을 섬기는 제사장들(the idolatrous priests)을 가리킨다.

(1) 하나님께서 '손을 펴시다'라는 말은 모세가 손을(대개 그의 지팡이로 언급됨) 애굽의 물 위로(출 7:19), 애굽 땅 위에(출 10:13), 하늘을 향하여(출 9:23, 10:21-22), 그리고 홍해 바다 위로(출 14:16, 14:21, 26-27) '내뻗었다'고 말할 때 사용되었다. 이럴 때는 여호와께서 자기 백성을 구원하실 때를 말한다. 그러나 이 말이 심판을 언급할 때도 사용되었다. 인간에게 심판의 손을 '내뻗으신다'고 언급되었다(사 31:3, 5:25, 23:11; 렘 6:12, 15:6, 51:25 등).

(2) 심판은 유다와 예루살렘으로부터 시작된다. 예레미야 선지자가 같은 내용을 선포하고 있다.

- 렘 25:29 "보라 **내가 내 이름으로 일컬음을 받는 성에서부터** 재앙 내리기를 시작하였은즉 너희가 어찌 능히 형벌을 면할 수 있느냐 면하지 못하리니 이는 내가 칼을 불러 세상의 모든 주민을 칠 것임이라 하셨다 하라 만군의 여호와의 말씀이니라."

(3) "남아 있는 바알"(the remnant of Baal) : 이 말은 요시야 이전을 말하는 것일까, 아니면 요시야가 바알 우상을 진멸한 이후(대하 34:4*)를 말함일까? 요시야는 그가 왕위에 오른지 12년에 바알 우상 숙청 작업을 시작, 18세에 끝냈다. 그렇다면 후자의 일을 말한 것 같으나 문맥으로 보아 요시야의 개혁 이전을 말하는 것일 것이다. 그래서 70인경은 이 말을 생략했다. 이사야 14:22에도 이런 말(이름과 남은 자)이 있다.

• 대하 34:4 "무리가 왕 앞에서 바알의 제단들을 헐었으며 왕이 또 그 제단 위에 높이 달린 태양상들을 찍고 또 아세라 목상들과 아로새긴 우상들과 부어 만든 우상들을 빻아 가루를 만들어 제사하던 자들의 무덤에 뿌리고 5 제사장들의 뼈를 제단 위에서 불살라 유다와 예루살렘을 정결하게 하였으며

(4) 당시 유다인들은 하나님의 심판이라는 말 자체에 대해 생각조차 하기 싫어했다. 주전 722년에 북이스라엘이 앗수르에 의해 멸망 당했을 때에도 남유다는 그 멸망에서 제외되었다. 예루살렘 성전이 있는 한 유다는 망하지 않을 것이라 생각했다. 그러나 하나님은 그런 환상을 깨버리신다. 전세계적 심판이 유다와 예루살렘으로 그 중심축이 좁혀지고 있기 때문이다.

바알을 섬기는 자들과 **함께**(with, 아울러, עִם) 제사장들도 심판을 받을 것이다. 여기서 '그마림' (הַכְּמָרִים)이란 '우상 숭배하는 제사장들'을 가리킨다(왕하 23:5; 호 10:5; 습 1:4 등 3회 나온다). 이교도 신앙이 이스라엘 지역에 얼마나 광범위하게 미쳤는가를 보여주고 있다. 북이스라엘에서는 황소에 대한 우상 숭배, 남유다에서는 바알신, 산당에서는 다산 풍요제가 있었다. 여기 언급된 제사장들은 거짓된 여호와의 제사장들을 가리키는 말일 것이다.

(5) '멸절하리라'(I will cut off) : 카라트(כָּרַת) - '잘라(베어)내다, 언약을 자르다(맺다)'라는 뜻이다. 여기서는 와우 계속법, 히필(사역 능동) 완료로 쓰였다. 하나님의 강한 주권적 심판을 표현하는 말이다(I will…).

5. 여호와께 범한 자들의 구체적인 죄악이 열거되고 있다(4-5절). 세 부류가 언급되고 있다.

1:5 [내가] —— 멸절하리라
/ 또(무릇) (경배하며)경배하는 자들과 ①- 우상 숭배자들
/지붕에서(עַל־הַגַּגּוֹת)
/하늘의 뭇 별에게(לִצְבָא הַשָּׁמַיִם)
/말감을 가리켜 맹세하는 자들과 ②- 종교 혼합주의자들
/여호와께 맹세하면서
6 /여호와를 배반하고 따르지 아니한 자들과 ③- 무관심한 자들
여호와를 찾지도 아니하며 구하지도 아니한 자들을

(1) 5-6절에는 우상 숭배자들에 대한 심판이 언급되어 있는데, 세 부류로 언급되었다. 첫째는 우상 숭배자들, 둘째는 종교 혼합주의자들, 셋째는 하나님에 대한 무관심한 자들이다.

(2) "지붕에서 하늘의 '뭇 별(일월성신)'(차바, צָבָא, 군대, 무리)에게" :

"옛적에 유다 왕들이 세워서 유다 모든 성읍과 예루살렘 주위의 산당들에서 분향하며 우상을 섬기게 한 제사장들을 폐하며 또 바알과 **해와 달과 별 떼와 하늘의 모든 별에게** 분향하는 자들을 폐하고"(왕하 23:5)

• 왕하 23:12 "유다 여러 왕이 **아하스의 다락 지붕에 세운 제단들과 므낫세가 여호와의 성전 두 마당에 세운 제단들을** 왕이 다 헐고 거기서 빻아내려서 그것들의 가루를 기드론 시내에 쏟아 버리고."

점성학은 유다의 우상 숭배자들에게 매우 흔한 일이었다(렘 19:13 참조). 이는 유다가 앗수르를 섬길 때, 이들의 영향을 받았기 때문이다. 므낫세와 아몬은 앗수르 제국의 가신(家臣)들이었다. 이들 '뭇 별'(일월성신)을 섬기는 사람들은 바알과 아세라 신에게서 오는 능력과 축복을 주는 자들이 하늘의 일월성신이라고 믿었다. 그런데 그것들을 섬기는 제단들이 지붕 위에 있었다. 이런 일월성신을 섬기는 제단을 아하스의 다락 지붕에 세웠다고 했다. 므낫세도 여호와의 성전 두 마당에 세웠다(렘 19:13; 왕하 23:12*).

(3) 이런 우상 숭배는 특히 므낫세(55년간 통치)와 아몬(2년간 통치) 시대에 더욱 심화되었다. 물론 요시야 왕의 종교개혁으로 철저하게 정리되었다. 아래의 목록은 요시야 왕이 얼마나 철저하게 우상과 그 본거지를 파괴, 정리해주었는 지를 보여준다. <동교재, 열왕기하 253, 254면에서 가져옴>

유다 전역에 정화 작업(게바에서 브엘세바까지, 왕하 23:8)

- (대제사장 힐기야와 모든 부제사장들과 문을 지킨 자들에게 명하여) 므낫세가 세웠던 바알과 아세라와 하늘의 일월 성신을 위하여 만든 모든 기구들을 불사름
- 우상 숭배를 주관했던 제사장들을 그 자리에서 다 쫓아냈다(왕하 23:5) (이들은 아하스와 므낫세와 아몬 왕 때, 평민 가운데서 임명한 제사장들일 것이다.)
- 아세라 상을 내다가 예루살렘 바깥 기드론 시내로 가져다 거기에서 불사르고 빻아서 가루를 만들어 그 가루를 평민의 묘지에 뿌리고 (23:6)
- 여호와의 성전 가운데 남창(男娼)의 집(아세라를 위하여 휘장을 짜는 처소)을 헐고(7절)

- 유다 각 성읍에서 모든 제사장을 불러오고(이들 제사장들은 6절에서 언급된 불법적으로 임명된 제사장들이 아니고 아론 계통의 제사장들이다), 제사장이 분향하던 산당을 게바에서부터 브엘세바까지 더럽게 하고, 성문의 산당들을 헐어버림(8절).
- 산당의 제사장들은 예루살렘 여호와의 제단에 올라가지 못하게 함(9절)
- 몰록에게 제사 드리지 못하게 함(10절)
- 태양을 위하여 드린 말들을 제하여 버리고 태양 수레를 불사름(11절)
- 아하스의 다락 지붕에 세운 제단들과 여호와의 성전 두 마당에 세운 단들을 다 헐고 거기서 빻아 내려서 그 가루를 기드론 시내에 쏟아버림(12절)
- 예루살렘 앞 멸망의 산(=감란산) 오른쪽에 세운 산당[1])을 헐어버리고(13절), 석상들을 깨뜨리고 아세라 목상들을 찍고 사람의 해골로 그곳을 채웠다(14절).
- 여로보암이 벧엘에 세운 제단과 산당을 왕이 헐고 또 그 산당을 불사르고 빻아서 가루를 만들며 또 아세라 목상을 불사름(15절).
- 산에 있는(벧엘 근처에 있는?) 무덤들을 보고 그 무덤에서 해골을 가져다가 (여로보암의) 제단 위에 불살라버림(16절)[2])
- 여로보암의 행위를 보고 예언했던 유다에서 올라왔던 무명의 선지자의 뼈는 옮기지 말라고 했다(16-17절). – 이 구절의 내용을 이해하기 위해서는 왕상 13장을 읽어보아야 한다.
- 요시야는 벧엘뿐만 아니라(15절), 이스라엘 각 성읍에 있던 산당들을 모두 제거했고, 산당의 제사장들을 모두 제단 위에서 죽이고 사람의 해골을 제단 위에 불사르고 예루살렘으로 돌아왔다(19-20절).

(4) 위의 내용을 보아서도 우상 숭배가 특히 므낫세의 통치 하에서 얼마나 깊숙히 자리잡았는가를 보여준다.

6. 둘째는, 여호와께 맹세하면서 말감을 가리켜 맹세하는 자들, 즉 혼합주의자들이 많았다는 것이다.

/말감(말캄, מַלְכָּם)을 가리켜 맹세하는 자들과
　　/여호와께 맹세하면서

(1) 말감(몰렉)은 '저희의 왕'이란 뜻으로 모압과 암몬 족속의 국신(國神)인 밀곰을 가리킨다(왕상 11:5, 11:33; 왕하 23:13, …옛적에 이스라엘 왕 솔로몬이 시돈

1) 이는 이스라엘 왕 솔로몬이 시돈 사람이 섬기던 우상인 아스다롯과 모압 사람의 가증한 그모스와 암몬 자손의 가증한 밀곰을 위하여 세웠던 곳이다.

2) 여로보암 때 한 무명의 선지자가 일어나 여로보암에게 예언한 것이 300년이 지난 지금 이루워졌다는 내용이다.

왕상 13:1 "때에 하나님의 사람이 여호와의 말씀으로 인하여 유다에서 부터 벧엘에 이르니 마침 여로보암이 단 곁에 서서 분향하는지라 2 하나님의 사람이 단을 향하여 여호와의 말씀으로 외쳐 가로되 단아 단아 여호와께서 말씀하시기를 다윗의 집에 **요시야라 이름하는 아들을 낳으리니** 저가 네 위에 분향하는 산당 제사장을 네 위에 제사할 것이요 또 사람의 뼈를 네 위에 사르리라 하셨느니라 하고"

사람의 가증한 **아스다롯**과 모압 사람의 가증한 **그모스**와 암몬 자손의 가증한 **밀곰**을 위하여 세웠던 것이며). 유프라스테스 강의 중류지역인 마리(Mari)에서 발굴된 서판에 의하면, 몰렉(밀곰)은 벌써 기원전 1800년경에 그 지역에서 숭배되어졌다.[1] 솔로몬은 몰렉을 위하여 산당을 지었고, 또 아하스와 므낫세도 그 자녀들을 몰렉에게 제물로 바쳤음을 본다(왕하 16:3, 21:6). 요시야 왕이 등장하여 이 일을 엄격히 금지했으나(왕하 23:10), 이 우상 숭배는 유다 말기에 다시 성행했음을 본다(렘 7:31; 겔 16:20, 21, 20:26, 31, 23:37, 39). 모압 사람은 몰렉을 그모스라고 불러 그들의 민족신으로 경배했다.

1) 몰렉은 셈계어에서 '왕'(히브리어, 멜렉)을 의미하는 말이다. 이것은 마치 '바알'이란 이름이 본래 '주'(Master, Lord)란 말일 것이다. 몰렉 신 경배에는 자녀들을 제물로 바쳐 죽이는 일을 행했다(왕하 21:6).

(2) 이렇게 므낫세 통치 하에서 유다는 혼합종교(Syncretism)가 성행했다. 이들은 여전히 여호와께 맹세하면서(샤바, שָׁבַע) 동시에 몰렉에게도 맹세했다. 이 동사는 니팔(수동, 재귀)형으로 가장 많이 사용되었는데, '맹세로서 자신을 묶다'라는 재귀적 강조 용법을 반영하고 있다(창 26:3). 구약성경에서 맹세한다는 것은 어떤 약속행위를 신실하게 수행하겠다는 증거로, 또는 진실하게 어떤 악한 행동을 범하지 않겠다는 증거로 쓰였다(창 21:23).

(3) 스바냐와 동시대의 선지자 예레미야는 "네 자녀가 나를 버리고 신이 아닌 것들로" 맹세한 것을 질타하고 있다(렘 5:7, "내가 어찌 너를 용서하겠느냐 네 자녀가 나를 버리고 신이 아닌 것들로 맹세하였으며 내가 그들을 배불리 먹인즉 그들이 간음하며 창기의 집에 허다히 모이며"). 구약성경의 맹세는 처음부터 여호와를 믿는 믿음의 고백을 암시적으로 담고 있다(신 6:13, 10:20). 따라서 거짓 맹세하는 것은 여호와의 이름을 욕되게 하는 것과 동등한 것이다(출 20:7, 레 19:12).[2]

2) 여호와의 이름으로 행한 맹세는 매우 거룩하고 신성했으므로 이스라엘의 지도자들은, 곧 제거될 운명에 처했던 기브온 주민들의 고의적 속임수에 넘어간 후, 이렇게 선언했다. "우리가 이스라엘의 하나님 여호와로 그들에게 맹세하였은즉 이제 그들을 건드리지 못하리라"(수 9:19).

(4) 하나님은 그 백성에게 자기 이름으로 맹세할 것을 명하셨다(신 6:13 및 사 19:18 등). 그러나 많은 사람들이 여호와께(여호와의 이름으로) 맹세하면서도 동시에 이방신의 이름으로도 맹세했다. 그러므로 성경은 또한 거짓 맹세자들에게도 이와 같은 심판을 선언한다(슥 5:3, 4*, 말 3:5).

- 슥 5:4 "만군의 여호와께서 이르시되 내가 이것을 보냈나니 도둑의 집에도 들어가며 **내 이름을 가리켜 망령되이 맹세하는 자**의 집에도 들어가서 그의 집에 머무르며 그 집을 나무와 돌과 아울러 사르리라 하셨느니라 하니라."

(5) 이렇게 당시 유다 내의 악인들은 여호와를 언약의 거룩하신 하나님으로 믿지 아니하고, 무수한 신들 중의 하나로 여겼다. 이들에게 심판이 선고되었다.

7. 셋째 부류는 우상 숭배하는 자들은 아니지만, 하나님에 대해서는 전혀 관심조차 갖지 않으려는 자들이다.

1:6 여호와를 배반하고(수그, סוּג) 따르지 아니한 자들과
여호와를 찾지도(바카쉬, בָּקַשׁ) 아니하며
구하지도(다라쉬, דָּרַשׁ) 아니한 자들을

(1) 여호와를 경배하다가 이제 더 이상 따르지 않는 자들에게도 역시 심판이 선고된다. 여호와를 '찾다'라는 말이 피엘(강조 능동) 완료형으로 쓰였다. 바카쉬(בָּקַשׁ)는 '찾다, 구하다(seek)', '요구하다(require)', '바라다, 원하다(desire)'라는 뜻으로 피엘형에서는 '알기 위해 묻거나 발견하기 위해 찾다'라는 의미로 쓰였다(사 6:29; 왕하 2:17; 렘 5:1; 겔 34:6 등). 또 '하나님이나 하나님의 얼굴을 찾다'라는 의미로도 쓰였다(호 5:15; 대상 16:11; 시 24:6; 습 1:6 등). 본문에서 "(간절히) 찾지도 아니하며"는 하나님께 대한 무관심을 표현한 말이다.

(2) "구하다"(다라쉬, דָּרַשׁ) - '찾다, 구하다, 문의하다, 노력하다'
신명기에서는 전심으로 경배할 것을 권고받고 있다(신 4:29, 6:6; 마 22:37). 역대기 기자는 이스라엘이 하나님을 구하느냐(대하 22:19, 28:9, 31:21 등), 아니면 우상을 구하느냐에 의하여 이스라엘 역사를 평가하고 있다(대하 25:15). 하나님께서는 그들이 계속하여 범죄하는 동안에도 그들에게 자신을 "찾으라"고 타이르신다(사 58:2; 암 5:4-6*; 렘 20:13). 그러나 이들은 더 이상 그들의 삶속에서 여호와를 찾지 않는다.

• 암5:4 "여호와께서 이스라엘 족속에게 이와 같이 말씀하시기를 너희는 나를 찾으라 그리하면 살리라 5 벧엘을 찾지 말며 길갈로 들어가지 말며 브엘세바로도 나아가지 말라 길갈은 반드시 사로잡히겠고 벧엘은 비참하게 될 것임이라 하셨나니 6 너희는 여호와를 찾으라 그리하면 살리라 그렇지 않으면 그가 불 같이 요셉의 집에 임하여 멸하시리니 벧엘에서 그 불들을 끌 자가 없으리라."

(3) 이러한 모습은 현대를 사는 성도들에게서도 흔히 볼 수 있는 일들이다. 교회 출석에 철저하다는 이유로 이런 하나님의 지적에서 자유롭다고 여긴다. 물론 전심으로 여호와를 찾지 아니한다. 생활에서 일어나는 크고 작은 일들은 자신의 생각과 결정에 따른다. 다만 종교생활에 익숙하다. 그렇기 때문에 하나님의 명령에 대해 태만한 자세를 갖는다. 무엇이 하나님의 선하신 뜻인지 묻지 아니한다. 세상 사람들이 살아가는 사고와 가치관과 크게 다르지 않다. 여호와도 섬기고, 몰렉신도 섬긴다. 점을 보러 다니는 성도들도 있다던데.… 아니 세상 권력과 물질이 신앙생활에 깊숙이 들어와서 주님의 자리를 대신하고 있다. 물론 '할렐루야'를 연발할 수 있다. "내가…멸절시키리라"는 여호와의 음성은 자신과는 상관이 없다고 믿는다. 더욱 무서운 것은 하나님께는 전혀 아무런 신앙도 표시하지 않는 무관심한 자들이다.

여호와의 날이 가까웠으므로…(1:7–2:3)

지도자들의 심판(1:7-8)

1. 범죄한 백성들의 심판(1:4-6)에 이어 지도자들의 심판을 언급한다.

1:7 주 여호와(אֲדֹנָי יְהוִה) 앞에서 **잠잠할지어다**(Be silent, הַס)
//이는(כִּי, for)
여호와의 날(יוֹם יְהוָה)이 가까웠으므로(קָרוֹב)
여호와께서 희생을 '준비하고'(쿤, כּוּן-히필 동사 완료)
그가 '청할 자들'을 '구별하셨음이니라'(카다쉬, קָדַשׁ-히필 동사 완료)

• 사 34:6 "여호와의 칼이 피 곧 어린 양과 염소의 피에 만족하고 기름 곧 숫양의 콩팥 기름으로 윤택하니 이는 여호와를 위한 희생이 보스라에 있고 큰 살육이 에돔 땅에 있음이라."

(1) '잠잠하라'(הָסָה) : '조용하라, 잠잠하라, 침묵하라!' - 감탄사로 하나님 앞에서 경외나 존경의 침묵을 요구할 때 사용되었다(합 2:20; 슥 1:7, 2:13). 왜 여호와 앞에서 잠잠해야만 하는가? 그 이유는 여호와의 날이 가까웠기 때문이다.

(2) '주 여호와'(the Lord GOD, אֲדֹנָי יְהוִה) : 여기서 '예호비'(יְהוִה)는 'יְהוָה'와 모음이 다르다. 그래서 'the Sovereign'로 번역했다.

(3) 여호와께서 "희생을 준비"한다는 말은 무슨 뜻인가? 심판의 날이 임박했다, 그러므로 유다 백성들은 하나님이 초대한 손님격인 갈대아에게 희생제물 같이 될 것이라는 말이다(사 34:6*; 계 19:17; 겔 39:17-20 참조). 그렇다면 여기서 '청할 자들'(His guests)은 유다와 예루살렘을 공격하도록 하나님이 징계의 도구인 갈대아 사람을 가리킬 것이다.

1) 계수하다, 돌보다, 시찰, 혹은 방문하다, 처벌하다

2. 먼저 유다의 지도자들과 권력자들을 처벌하실 것이다.

2:8 내가 — **벌할 것이며**(파카드, פָּקַד)[1)]
/여호와의 희생의 날에(=심판의 날에)
/내가 방백들과 왕자들과
이방인의 옷을 입은 자들을

(1) 여기서 '여호와의 희생의 날'은 바로 유다에게 심판의 날을 말한다. 관리들과 왕자들이 심판의 대상으로 언급되었다. 이들은 백성들에게 모범을 보여주어야 할 위치에 있는 자들이다. 그러나 이들은 이방의 관습들과 옷차림을 따

랐다는 것이다.

(2) 여기서 언급되고 있는 '왕자들'(בְּנֵי הַמֶּלֶךְ)이란 요시야 왕의 자녀들을 말할 것이다(왕하 23:31-37). 훗날 요시야의 세 아들(여호아하스, 여호야김, 시드기야)은 비참하게 그 일생을 마쳤음을 본다. 물론 스바냐 선지자가 이 말씀을 선포할 때는 요시야 왕의 어린 시절이었을 것이다. 그래서 어떤 학자들은 여기서 '왕자'를 '왕의 가족'으로 보기도 한다. 그러나 이 말씀은 예언이기에 왕자를 언급하고 있다고 보아도 무방할 것이다.

• 겔 16:13 "이와 같이 네가 금, 은으로 장식하고 **가는 베와 모시와 수 놓은 것을 입으며** 또 고운 밀가루와 꿀과 기름을 먹음으로 극히 곱고 형통하여 왕후의 지위에 올랐느니라."

(3) 어쨌든 부유계층과 관리자들이 이방인의 옷을 입고 다니기를 좋아했다. 앗수르의 자주색 옷은 화려하기로 유명했다(겔 23:6, 12). 화려한 옷은 사치스러운 영광을 나타낸다(겔 16:13*). 지금 유다는, 특히 지도자들과 부유층 자녀들이 이방문화에 그대로 순응했다는 것이다. 앗수르의 방식이 유다의 방식이 되었고, 앗수르의 관습이 유다의 관습이 되었다는 말이다.

• 출 33:16 "나와 주의 백성이 주의 목전에 은총 입은 줄을 무엇으로 알리이까 주께서 우리와 함께 행하심으로 나와 주의 백성을 천하 만민 중에 구별하심이 아니니이까."

이것이 왜 하나님의 심판의 이유가 되는가? 원래 이스라엘은 구별된 백성이었다(출 33:16*). 그래서 열방들과는 구별된 삶을 살아가야만 했다. 이방의 풍속을 좇아 살아가서는 안 된다(레 18:1-5 참조). 그런데 그들이 추구하는 삶의 목적과 방향과 가치관이 하나님의 뜻과는 너무 거리가 멀었다. 그런 면에서 오늘날 교회도 마찬가지이다. 오늘 우리 교회도 너무 세속화(바벨론화)되었다는 데 문제점이 있다. 사탄이 교회를 무력화시키는 작전 중의 하나가 세속화이기 때문이다. 물론 우리 자신도 그런 사실에 둔감하며, 우리도 모르는 사이에 젖어 있기에 심각한 것으로 받아들이지 않는다.

약탈자들의 심판(1:9)

1. 이렇게 어지러운 세상에서 가난한 자와 약자들은 더욱 더 큰 고통을 받게 되었다.

1:9 내가 ——— **벌하리라**(원문에는 이 말이 앞에 나옴)
/그 날에
/자기 주인의 집에 채운 자들을
/포악(=강포)과 거짓(궤휼)을
/문턱을 뛰어넘어서[1)]

1) 문턱을 밟지 않고 다곤 신전에 들어가는 것은 블레셋의 풍속이다(삼상 5:5). 어떤 학자들은 우상 숭배의 풍속을 따른 유다인들이 있었다고 한다. 그래서 탈굼 같은 번역은 "블레셋의 법을 따르는 모든 자들"이라고 풀어 번역했다. (김희보, 소선지서 주해)

(1) "문턱을 뛰어넘어서" : 이 해석에 두 가지 견해가 있는데, 어떤 학자들은 이 말을 '마귀를 두려워해서 문지방을 뛰어넘어 다니면서 이방 종교들을 따른 것'(삼상 5:5 참조)으로 이해했다. 그러니까 집을 지키는 신들을 깨우지 않고 도둑질하려 문턱을 뛰어넘는 행위를 말한다. 다른 견해는 문턱을 뛰어 넘어 남의 물건을 강탈하여 주인의 집(上典)에게 바침으로 상전의 권세를 같이 누리는 자들을 가리킨다고 보는 견해이다.

(2) 여기서 주인의 집은 왕가나 고관들의 집을 말할 것이다. 윗 사람에게 잘 보이기 위해 아랫 백성들을 강탈하는 자들을 말함일 것이다. '포악'(강포, 하마스, חָמָס)은 '폭력, 난폭, 부당행위, 불법'을 말한다. 극도의 악함을 나타내는 말로도 쓰였다(창 6:13). '거짓'(궤휼, 미르마, מִרְמָה)은 '속임(사기), 기만, 배반'이라는 뜻이다. '채우는 자들'은 '마라'(מָלֵא)의 피엘(강조형) 동사 분사이다.

2. 이렇게 권세를 배경으로 포악과 거짓을 일삼으며 상관에게 뇌물을 바치며 그 세도를 유지해 가는 주변의 악덕한 자들에게 여호와의 날에 진노가 임할 것이다. 앗수르의 세력이 판을 치고 있는 세대이기에 약삭빠른 사람들은 권력자에게 아부하며 자신의 영달을 위하여 포악과 거짓을 일삼았을 것이다. 그 과정에서 약하고 가난한 자들만이 고통을 당했다.

부정직한 상인들 심판(1:10, 11)

1. 이런 무법천지와 같은 세상에서 상인이라고 정직할 리가 없다. 자신들의 영리를 위해서는 폭리를 취하는 일이 일상화 되었을 것이다.

1:10 그 날에… (있으리라) (וְהָיָה בַיּוֹם הַהוּא) - 원문에는 이 말이 앞에 나옴
나 여호와가 — **말하노라**(נְאֻם־יְהוָה)
/어문(魚門)에서는 '부르짖는 소리' [1]가,
/제 이 구역에서는 '울음 소리' 가,
/작은 산들에서는 무너지는 소리가 일어나리라

1) 부르짖는 소리 - (낙심으로 인한) 신음소리

(1) 어문(fish gate, 솨아르 하다김, שַׁעַר הַדָּגִים, 역대하 33:14; 느 3:3, 12:39 참조) - 예루살렘 북쪽 벽에 있는 문이다. 갈릴리 바다와 요단 강에서 잡은 고기가 그 문으로 운반되어 왔기 때문에 그렇게 붙인 것 같다(느 13:16). 훗날 바벨론이 쳐들어올 때 이곳을 먼저 공격했을 것이다. 하나넬 망대 서쪽에 위치한

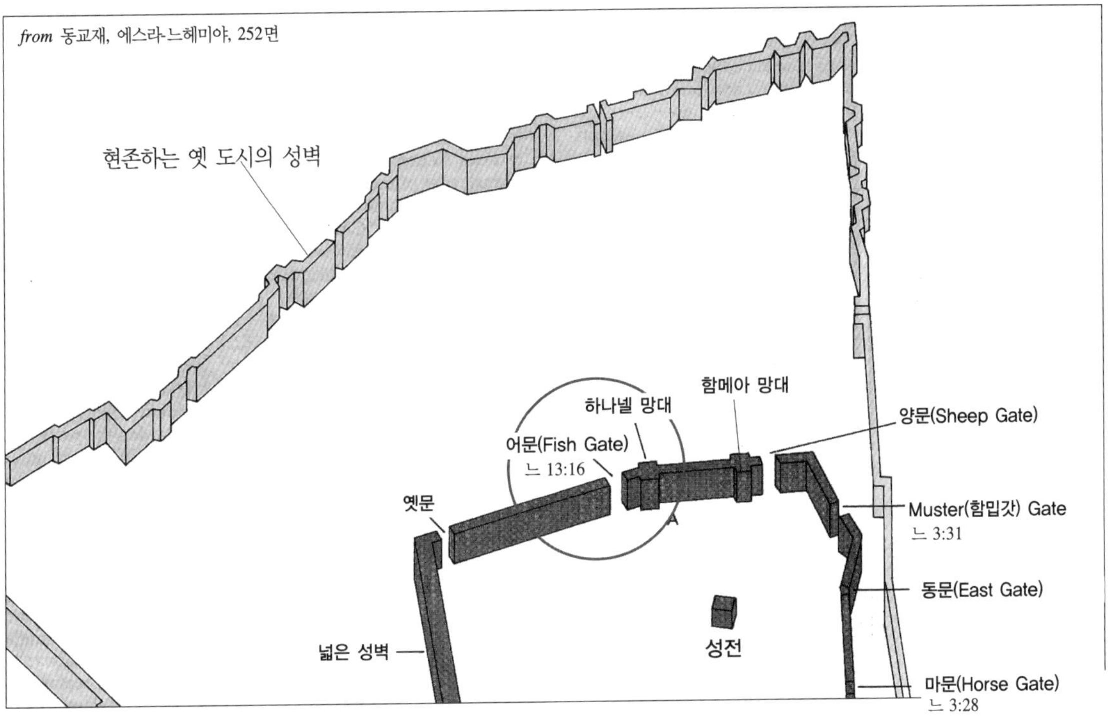

어문은 바벨론 포로 후기에 느헤미야의 성벽 재건 공사에 포함되었다(느 3:3, 12:39).

(2) "제 이 구역"(미쉬네, מִשְׁנֶה)[1] - 제2구역이란 말은 왕하 22:14(=대하 34:22)에 나타나는 말로서 예루살렘의 둘째 구역이라는 의미로 기드론 골짜기보다 지나가는 중앙골짜기 서쪽으로 형성된 신도시를 가리키는 것 같다. "작은 산들"은 성 안에 있는 시온 산이나 모리아 산을 말하는지, 아니면 성읍 교외에 있는 작은 마을들을 말하는지 확실하지 않으나 바벨론 군대는 북쪽에 있는 어문 쪽이 공격 루트가 되었을 것이다.

1) '두 배, 두 번째, 반복'이라는 뜻이다.

(3) '부르짖는 소리' (곡성, קוֹל צְעָקָה) -고통에서 오는 부르짖음을 의미한다. '울음 소리' (예라라, וִילָלָה)는 낙심으로 인한 신음소리를 말한다. 이렇게 예루살렘에서는 파괴와 혼란과 곡성이 일어날 것이다. 11절에서는 더 절망적인 모습을 보여준다.

2. 상인들의 모습도 다 끊어지게 될 것이다.

1:11 막데스 주민들아

너희는 슬피 울라(애곡하라)(얄랄, יָלַל)－히필(사역 능동) 동사 명령형

//이유(for, כִּי)

가나안 백성이 다 패망하고

은을 거래하는 자들이 끊어졌음이라

(1) 막데스(마크테쉬, מַכְתֵּשׁ) - 예루살렘에 있던 한 상업지역을 말하는 것 같다. 티르포에온 골짜기의 북쪽 지역에 위치했던 것으로 추측된다. 이곳은 곡식을 가는데 사용되었던 절구 모형(우묵한 곳)으로 인해 붙여진 이름일 것이다. '슬피 울다'(애곡하다)라는 말은 명령형이다. 근심, 슬픔 그리고 고난과의 관계를 시사해준다(cry out).

(2) 슬피 울라고 명령한 이유는 무엇인가? 그것은 상인들 역시 파멸을 당할 것이기 때문이다. 여기 가나안(כְּנַעַן)은 지명, 혹은 종족의 이름이기도 하나 상인이나 무역업자를 가리키기도 한다(호 12:8; 사 23:8; 겔 16:29, 17:4). 은으로 무역하는 자들도 모두 끊어질 것이다.

향락에 도취한 사람에 대한 심판(1:12, 13)

1. 우상 숭배는 하지 않지만 신앙에 대해 전혀 무관심한 사람들에게도 심판이 선고된다.

1:12 내가 ─ 예루살렘에서 두루 찾아(하파스, חָפַשׂ) - 피엘(강조 능동), 미완료
/등불로(등불을 들고)
/그 때에
└ [말]하는 자를 벌하리니
/마음속에 스스로 이르기를
/찌꺼기 같이 가라앉아서
/여호와께서는 복도 내리지 아니하시며
/화도 내리지 아니하시리라

(1) 당시 백성들 중에서는 겉으로는 하나님을 섬기는 듯 하나 하나님의 은혜도 심판도 믿지 아니하는 사람들이 많았다. 오직 세상의 물질만을 추구하는 자들이다. 그들은 마치 '찌꺼기(셰메르, שֶׁמֶר, 앙금, 지게미) 같이 가라앉은' 사람들이다. 여기서 찌꺼기는 포도주의 침전물을 가리킨다. 이것은 맛과 향기가 없다. 그 설명을 렘 48:11에서 잘 표현하고 있다. "모압은 젊은 시절부터 평안하고 포로도 되지 아니하였으므로 마치 술이 그 찌끼 위에 있고 이 그릇에서 저 그릇으로 옮기지 않음 같아서 그 맛이 남아 있고 냄새가 변하지 아니하였도다."

(2) 이들은 회개와 반성도 없어서 마음이 굳어진 상태이다. 스바냐가 지적하고

있는 이 사람들은 여호와께서 더 이상 세상을 통치하지 않으신다고 믿고 있다. 시편 55:19 "옛부터 계시는 하나님이 들으시고 그들을 낮추시리이다(셀라) 그들은 변하지 아니하며 하나님을 경외하지 아니함이니이다." 신앙적으로 깊이 침체된 자들을 가리킨다.

(3) 이런 사람들은 '흔들지 않아 술 밑에 가라앉아서 섞이지 못하여 잘 익은 좋은 술이 되지 못하게 것' 과 같은 자들이다. '찌꺼기 같이 가라앉는다'는 말은 향락과 부패의 상징이다. 아래와 같은 사람들;

- 신앙생활에 대한 훈련도 없고,
- 회개와 반성도 전혀 없어서 마음이 굳어진 상태요
- 영적 변화가 없는 지극히 세속화 된 안일한 신앙을 말한다.
- 편히 살면서 전혀 정신을 차리지 못하는 사람들을 가리킨다.

2. 이렇게 하나님께 대하여 무관심한 자에게는 어떤 심판이 있을 것인가?

1:13 (ו, Therefore - KJ) 그들의 재물이 **노략되며**
그들의 **집이 황폐할 것이라**
그들이 집을 건축하나 **거기에 살지 못하며**
포도원을 가꾸나 **그 포도주를 마시지 못하리라**

(1) 물론 이런 자들에게도 그 심판이 임할 것이다. 그 백성들의 재산이 약탈 당할 것이고, 집을 건축하지만 그곳에서 살지 못하게 될 것이다. 안정과 번영을 꿈꾸고 있지만 그 꿈은 산산조각 날 것이다. 신 28:30, 39을 읽어보자. 이미 모세의 율법을 통해서 말씀하신 내용이다.

- 신 28:30 "네가 여자와 약혼하였으나 다른 사람이 그 여자와 같이 동침할 것이요 집을 건축하였으나 거기에 거주하지 못할 것이요 포도원을 심었으나 네가 그 열매를 따지 못할 것이며"

- 신 28:39 "네가 포도원을 심고 가꿀지라도 벌레가 먹으므로 포도를 따지 못하고 포도주를 마시지 못할 것이며"

(2) 이들은 하나님의 언약을 무시했다. 이들은 근본적으로 그 마음이 하나님으로부터 멀어졌다. 하나님 없이도 살아갈 수 있다고 생각했다. 하나님을 불필요한 존재로 여겼다. 어느 사이에 자신들이 하나님의 자리에 앉아버렸다.

'여호와의 큰 날'이 가깝도다(1:14-18)

1. 스바냐는 점점 가까이 그리고 빨리 다가오는 심판의 날을 보고 있다. 그들에게 '여호와의 큰 날'은 구원의 날이 아니요 환난과 고통의 날이 될 것이다.

1:14 '여호와의 큰 날'(יוֹם־יְהוָה הַגָּדוֹל)이 **가깝도다**
가깝고도
심히(מְאֹד) **빠르도다**
여호와의 날의 **소리로다** - the voice of the day of the LORD
용사(the mighty man)가 거기서(שָׁם)[1]
슬피 우는도다(애곡하는도다)- shall cry
/심히(마르, מַר) - bitterly

(1) 원문에서는 '가깝도다'(카로브, קָרוֹב)라는 말이 맨 앞에 나와 그 뜻을 강조하고 있다. 이 말이 한 번 더 강조되고 있다. 빠르되 심히(very, 메오드, מְאֹד) 빠르다고 했다. 여기의 개념은 어떤 특정한 사건이 가까이 왔다는 것은 물론 그 사건의 전조가 나타나고 있다는 뜻이다. 피엘(강조)형 분사로 강조의 뜻이 있는데, '심히'(very)라는 말이 있어 더욱 강조되고 있다. '빠르다'(마헤르, מַהֵר)는 '서두르다, 재촉하다'라는 뜻으로 역시 강조형이다.

(2) '슬피 우는도다'(애곡하는도다, צֹרֵחַ) : 짜라흐(צָרַח-소리치다, 포효하다, 외치다)의 분사형으로 심한 애곡의 계속성을 보여준다.

2. 여호와의 큰 날은 구체적으로 어떤 고통의 날이 될 것인가?

1:15 그날은 분노(에브라, עֶבְרָה)[2]의 **날이요**
환난(차라, צָרָה)[3]과 고통(메쭈카, מְצוּקָה)[4]의 **날이요**
황폐(쇼, שֹׁאָה)[5]와 패망(메쇼아, מְשׁוֹאָה)[6]의 **날이요**
캄캄하고(호쉐크, חֹשֶׁךְ) 어두운 **날이요**
구름과 흑암(아라펠, עֲרָפֶל)의 **날이요**
16 **날이로다**
/나팔을 불어 경고하며(테루아, תְּרוּעָה)
/견고한 성읍들을 치며
/높은 망대를 치는

1) '거기서'는 예루살렘을 가리키기 보다는 오히려 애곡하는 '그 자리'를 가리키는 말로 '애곡'의 정도를 더욱 심화 시키는 강조의 뜻으로 본다(시 14:5).

2) '분노'(에브라)는 '넘쳐흐름, 거만, 오만, 격노(fury)'를 의미한다.

3) 차라 - 곤란, 궁핍, 고통, 재난 / 강력한 내적 혼란을 가리킨다(시 25:17). 적에 의해 포위된 백성의 괴로움을 묘사한다.

4) 메쭈카 - 고통, 곤경, 고통, 괴로움(욥 15:24; 시 107:6, 19, 28)

5) 쇼 - 황폐, 파멸, 멸망

6) 메쇼아 - 패괴, 황폐, 폐허 / '쇼'와 어원이 동일하다(욥 30:3, 38:27).

(1) 여호와의 날은 범죄한 유다에게는 구원의 날이 아니라 분노의 날이 된다. '분노'(에브라)는 '넘쳐흐름, 거만, 오만, 격노(fury)'를 의미한다. 이사야 13:9은 "여호와의 날 곧 잔혹히 분냄과 맹렬히 노하는 날"이라고 표현했다. 하나님의 진노의 격렬함을 나타낸다(시 78:49, "그의 맹렬한 노여움과 진노와 분노와 고난 곧 재앙의 천사들을 그들에게 내려보내셨으며"). 하나님의 진노는 그 진노 앞에 있는 모든 것을 불태우고 휩쓸어 버린다(겔 22:21, 31). 따라서 여호와의 에브라의 날에는 그 진노 앞에 아무 것도 서지 못한다(암 1:11*).

(2) **환난**(차라, צָרָה) - 이 단어는 주로 원수의 공격과 같이 외부로서 오는 환난을 말한다. 적에 의해 포위된 백성의 괴로움을 묘사하고 있다. 또 이것은 첫 아이를 낳는 여인의 고통에 비유할 수 있다(렘 4:31). 또한 강탈하는 적이 가까이 올 때 느끼는 공포심을 의미하기도 한다(렘 6:24).

(3) **고통**(메쭈카, מְצוּקָה) : 압박과 곤고로 오는 환난을 의미한다. '황폐'와 '패망'은 같은 어원에서 나왔다. 황폐한 곳이나 폐허지에 대해서 사용되었다(욥 30:3, 38:27).

3. 이런 고난이 오는 이유가 무엇이라고 했는가?

1:17 내가 —— **고난을 내려(הֲצֵרֹתִי)** - 짜라르(צָרַר)의 히필(사역 능동) 동사 완료
/사람들에게

//결과: so that…will)
[그들이] —— 맹인 같이 행하게 하리니

//이는(for, כִּי)
그들이…나 여호와께 범죄하였음이라(חָטָאוּ)- 칼 동사 완료

//또(결과)
그들의 피는 쏟아져서 티끌 같이 되며
그들의 살은 분토 같이 될지라

(1) 여호와께서 유다에게 고난을 내리는 분명한 이유를 밝히고 있다. '고난을 내리다'(짜라르, צָרַר)는 말은 '묶다, 매다, 속박하다, 고통을 가하다, ~을 향하여 적의를 보이다'라는 의미가 있다. 히필(사역 능동)형으로 '**눌러** 압박하다'라는 뜻이다. 하나님은 범죄한 자에게는 비록 자기 자녀들이라 할지라도 고통을 가하신다(렘 10:18). 고난을 내리는 이유를 여호와께 범죄하였기 때문이라고 분명하게 말씀하신다.

꼭 읽어볼 책

폴 하우스 · 장세훈 공저
신국판 184면

- 주의 날의 성경신학적 개관
- 주의 날에 대한 분석과 적용

- 암 1:11 "여호와께서 이와 같이 말씀하시되 에돔의 서너 가지 죄로 말미암아 내가 그 벌을 돌이키지 아니하리니 이는 그가 칼로 그의 형제를 쫓아가며 긍휼을 버리며 항상 맹렬히 화를 내며 분을 끝없이 품었음이라."

(2) 그 날은 심한 곤경의 날이 될 것이다. 따라서 유다 백성들은 맹인들처럼 더듬거리지만 결국 출구를 찾지 못할 것이다. 하나님의 언약을 어기고 범죄했을 때 어떤 곤경을 당할 것인가는 이미 신명기 말씀을 통해서 경고하셨다(신 28:29).

• 신 28:29 "맹인이 어두운 데에서 더듬는 것과 같이 네가 백주에도 더듬고 네 길이 형통하지 못하여 항상 압제와 노략을 당할 뿐이리니 너를 구원할 자가 없을 것이며."

(3) 하나님의 사랑의 대상이었던 백성들은 먼지나 오물처럼 되어 쓸어버림을 당하게 될 것이다. 피를 '흘리다(샤파크, שָׁפַךְ-붓다, 쏟다)'라는 말이 여기서는 푸알(강조 수동형) 동사로 쓰였다. 처참한 죽음을 당하게 될 것이라는 의미이다. 이 말은 하나님의 진노를 쏟아내는 것에 대해서 사용되었다(사 42:25, "그러므로 여호와께서 맹렬한 진노와 전쟁의 위력을 이스라엘에게 **쏟아 부으시매**(샤파크, שָׁפַךְ) 그 사방에서 불타오르나 깨닫지 못하며 몸이 타나 마음에 두지 아니하는도다.")

(4) "그들의 피는 쏟아져서 티끌(아파르, עָפָר) 같이 되며" - 티끌은 너무 흔하기 때문에 무가치함을 나타내는 비유적 표현으로 쓰인다. "그들의 살은 분토(겔렐, גֵּלֶל - 똥, 거름) 같이 될지라." 범죄한 백성들은 더러운 분뇨처럼 하나님 앞에 쓸모 없는 자들이 될 것이다.

4. 진노의 결말은 너무 처참하다. 여호와의 질투의 불에 온 세상이 삼키울 것이다. 심판의 날에 평생 애써 모은 금과 은이 무슨 소용이 있겠는가?

1:18 그들의 은과 금이 '여호와의 분노의 날'(1:15 참조)에
능히 그들을 **건지지 못할 것이며**
이 온 땅이 여호와의 질투의 불에 **삼켜지리니**

//이는(for, כִּי)
여호와가 ── 이 땅 모든 주민을 멸절하되
놀랍게 멸절할 것임이라

(1) '여호와의 분노의 날에'(בְּיוֹם עֶבְרַת יְהוָה) - 1:15에 이어 두 번째 언급된다. '분노'(에브라, עֶבֶר)는 '넘쳐흐름'(overflow)이라는 뜻도 있다. 하나님을 불쾌하게 하거나 대적하는 모든 것에 넘쳐 흐르고, 그것들을 불태우고, 소멸시키는 분노의 날을 말한다. 하나님 없이 살려고 하는 죄는 유다뿐만이 아니

라 세상 모두의 죄이다(창 3-11장). 그래서 이 온 땅(כָּל־הָאָרֶץ)이 여호와의 질투의 불에 삼켜질 것이라고 했다.

(2) 여호와의 **질투**(킨아, קִנְאָה) : 본 단어의 핵심적 의미는 특별히 결혼 관계에서의 '질투'(jealousy)와 관련된다. 하나님은 이스라엘의 남편으로 묘사된다. 즉 그는 질투하는 하나님이시다(출 20:5). 자기의 이름과 자기 백성을 위하는 그의 열심이 너무도 강하여 온 땅이 그의 진노를 절감하게 되었다(겔 39:25*; 습 3:8).

• 겔 39:25 "그러므로 주 여호와께서 이같이 말씀하셨느니라 내가 이제 **내 거룩한 이름을 위하여 열심을 내어 야곱의 사로잡힌 자를 돌아오게 하며** 이스라엘 온 족속에게 사랑을 베풀지라."

(3) 따라서 이와 같이 강렬하게 선포되는 질투의 행위는 질병과 파멸을 초래하며 이 질투가 진노(민 25:11; 겔 16:38, 42, 36:6, 38:9) 및 분노(신 29:19[H 20]) 를 뜻하는 단어들과 관련성을 맺고 있다. 그리고 이 질투가 불과 관련성을 맺어 소멸하는 세력으로 묘사되었다(습 1:18, 3:8). 그 대상이 유다뿐만 아니라 이 땅 모든 주민이라는 것이다.

(4) 멸절하되 '놀랍게(אַךְ־נִבְהָלָה)' 멸절할 것이다. 여기서 '아크' (אַךְ)는 '정말로, 확실히(강조용법)'라는 뜻이다. 멸절하되, 반드시 또는 확실히(완전히) , 그리고 갑자기(נִבְהָלָה) 멸망하리라는 말이다.

푸른나무 아래서 우상 숭배

Close-up

여호와의 날(יוֹם יְהוָה)

1. '여호와의 날'(יוֹם יְהוָה)이라는 사상은 요엘서에서 지속되고 있지만 다른 예언서보다 스바냐서에서 두드러진다. 먼저 요엘서의 언급된 '여호와의 날'에 대해 간단하게 살펴보자.

(1) 요엘서에서 언급된 '여호와의 날'은 **심판과 구원의 양면성**을 띠고 있다. 욜 1:1-2:17은 '하나님의 심판(징벌)의 날'을 언급하고 있지만, 욜 2:18-3:21에서는 '하나님의 구원(회복)의 날'을 언급하고 있다. 요엘서의 전반부에서는 예루살렘과 유다에 대한 대적의 침공과 그로 인한 비극적인 상황을 예고하고 있지만, 후반부에서는 먼저 번영과 안전 그리고 하나님의 영을 부어주신다는 복을 강조하고 있다. 다음으로 모든 대적들을 심판하여 멸망시키고 예루살렘과 유다를 회복시키실 것을 말하고 있다.

(2) 욜 2:1-11은 재난이 어떻게 다가올 것인가를 묘사하고 있다. 요엘서에서는 '여호와의 날'에 대해 다섯 번이나 등장한다(욜 1:15, 2:1, 11, 31, 3:14). '여호와의 날'은 이중성을 띠고 있는데, 욜 1:1-2:17에 언급된 날은 하나님의 심판의 날로 유다가 당할 환난의 무서움을 표현하고 있다. 그 날은 어둡고 캄캄한 날이라고 했다. 아모스 선지자도 "그 날이 어둠이요 빛이 아니라"고 했다(암 5:18).

(3) 그 날이 그렇게 무서운 심판의 날이라면 벗어날 길은 전혀 없을까? 있다고 말한다. 어떻게? 그것은 오직 한 길, 온 백성이 진정한 회개를 하는 것이다. '여호와의 날'은 심히 두렵고 그 앞에 능히 설 자가 없지만, 그래도 아직도 때는 남아 있다고 선지자는 말한다.

(4) 요엘 선지자의 외침은 '이제라도'(גַּם־עַתָּה) 금식하고 울며 애통하고 마음을 다하여 내게로(עָדַי) 돌아오라고 외친다(욜 2:11). 무서운 심판을 말했으나 '그러나 이제라도 돌아서면' 용서하시겠다는 말씀이다. '이제'(now)가 생명과 사망의 갈림길이다. '여호와의 날'의 심판을 벗어날 수 있는 길은 오직 오늘의 '참 회개'뿐임을 보여준다. 그 과정에서 금식과 애통이 있어야 한다는 것이다. 다른 곳이 아니라 오직 여호와 하나님만을 향하여 전심으로 돌아오라는 뜻이다.

2. **여호와의 날은 아모스서에서도 언급된다.**

(1) 아모스가 사역할 당시의 백성들도(아모스는 호세아보다 10여 년 앞서 활동했다) '여호와의 날'을 간절히 사모하고 있었다. 왜냐하면 여호와께서 주변의 나라들을 모두 물리치시고 영화로운 날이 올 것이라고 믿었기 때문이다. 이런 환상을 가진 백성들에게 아모스는 폭탄적인 선언을 한다(암 5:18).

"화 있을진저(הוֹי)
여호와의 날(יוֹם יְהוָה)을 사모하는 자여
너희가 어찌하여 여호와의 날을 사모하느냐
그 날은 어둠이요 빛이 아니라."

(2) 이스라엘은 그 날이 구원의 날이라고 믿었다. 그러나 아모스 선지자의 외침을 보라. "너희가 어찌하여(לָמָּה־זֶּה) '여호와의 날'을 기다리느냐?" '어찌하여'(For what purpose)란 말이 크게 강조되어 있다. 어찌하여, 즉 무엇 때문에 '그 날'(암 2:16, 3:14 참조)을 간절히 기다리고(wait longingly) 있느냐는 것이다. 이스라엘에게는 승리와 구원의 날이라고 믿어왔던 그들에게 아모스는 그런 환상에서 깨어나라고 말한다. 아모스는 이방 나라들보다 결코 도덕적으로 낫지 않은 백성들에게 오히려 그 날이 공포의 날이요 흑암의 날이라고 경고하고 있다. 이스라엘이 그렇게 기다리는 여호와의 날은

오히려 피할 수 없는 절망적인 날이 될 것이다. 기쁨이나 희망의 날이 아니라 그 날은 슬픔의 날이 될 것이다.

(3) 물론 우리도 지금 여호와의 날을 사모하고 있다. 주님이 재림하시는 날을 소망하며 살아간다. 그러나 어쩌면 우리도 당시 이스라엘 백성들과 동일한 삶과 태도를 갖고 있는지도 모른다. 사회에서는 불의를 행하고, 교회에서는 경건을 가장하는 자들에게는 오히려 그 날이 통곡의 날이 될 것이다.

3. 여호와의 날이라는 개념은 고대 이스라엘의 성전(聖戰, holy war) 신학에 뿌리를 두고 있다.

(1) 주께서 신적 용사(勇士)로 전투에 나가서 천둥과 우박, 흑암, 물과 지진 등의 초월적 무기로 이스라엘 군대를 이끄시며 이들에게 승리를 안겨주셨다. 가장 중요한 것은 여호와께서 적들 사이에 두려움과 공포를 불어 넣어 적들에게 스스로 파멸에 이르도록 하시는 것이다(출 15:14-16, 23:27; 수 2:9, 24, 5:1, 7:5).

(2) 그러나 아모스 시대에 선지자들은 그 메시지를 새로운 방식으로 이해했다. 여호와의 날에는 이스라엘의 적들만이 아니라 자기 백성이 지은 죄에 대한 형벌로 이스라엘을 대항하여(*against* Israel) 전투를 벌일 것임을 선포했다.

4. 이러한 여호와의 날에 대한 선포는 다음과 같은 구절에서도 언급되었다.

(1) 스바냐 1장, 아모스 5:18-20; 이사야 2:6-22; 에스겔 7:5-27; 요엘 1:15, 2:1-11; 말라기 4:5(애 2:1, 21-22; 겔 34:12 참조).

(2) 하나님은 이스라엘을 '위해서'(*for*) 전사(戰士)로서 자기 백성의 대적과 전투를 벌이지만, 만약 자기 백성이 언약을 어기고 범죄했을 때는 반대로 이스라엘을 상대로(*against*) 친히 전쟁을 벌이신다. 아모스서와 예레미야서 대부분의 메시지에 이런 배경이 깔려 있다.

5. '날'(욤, יוֹם)이라는 개념은 어느 특정 범위를 지시하는 것이 아니다. (엘리자베스 악트마이어, 나훔-말라기, 한국장로교출판사, 112-114면에서 정리)

(1) '날'이라는 칭호는 어느 특정 범위를 지시하는 것이 아니라 오로지 주님에 의해서만 결정될 수 있는 것을 그 특성으로 하는 특정 사건을 가리킨다. 따라서 '그 때' 또는 '그 날'이라는 어구들은 확정된 기간이 아니라 특정 사건을 가리키며, 그 사건의 성격은 여러 곳에서 자세히 설명되고 있다.

(2) 그 날의 성격은 다음과 같다.

- 그 날은 가까이에 있다(습 1:7, 14; 아 6:3; 겔 7:7; 욜 1:15, 2:1; 사 13:6; 겔 30:3, 옵 15; 욜 3:14 참조).
- 그 날은 악인들에 대해 하나님의 진노하시고 노여움을 드러내시는 날이다(습 1:15, 18, 2:2, 3; 렘 4:8, 12:13; 겔 7:3, 8, 12이하, 14, 19; 애 2:1, 21-22; 사 13:9, 13 참조).
- 그 날은 캄캄하고 어두운 날이다(습 1:15; 암 5:18, 8:9; 욜 2:2). 구름과 흑암의 날이다(습 1:15; 겔 34:12; 욜 2:2; 겔 30:3).
- 하늘 전체가 캄캄해진다(암 8:9; 욜 2:10, 2:31, 3:15; 사 13:10 참조).
- 하나님이 전사(戰士)로 묘사된다(습 1:14; 3:17; 렘 20:11; 사 59:15-18, 63:1-6, 66:15-16; 슥 14:3, 욜 2:11).
- 그 날은 전쟁의 날이요, 나팔을 불고 전쟁소리로 가득한 날이다(습 1:16; 겔 7:14; 렘 4:5, 19, 21,

6:1; 사 13:2-22, 22:5-8; 겔 30:4-5; 옵 8-9; 슥 14:2-3 참조).

- 칼이 횡행하는 날이다(습 2:12; 겔 7:15; 렘 4:10, 12:12, 46:10; 사 13:15 참조).
- 적군들은 당황하며 무기력해진다(겔 7:17, 27; 렘 4:9, 6:24; 사 13:7-8; 겔 30:9; 슥 14:13 참조).
- 하나님께서 대적들을 두루 찾아 내어 멸하신다(습 1:1`2; 암 9:2-4; 사 13:14-15 참조).
- 대적들의 재산이 자신들을 구할 수 없으며, 그것은 결국 쓸모없는 것이 되고 만다(습 1:18; 사 2:20, 겔 7:11, 19; 사 13:17 참조).
- 인간의 교만이 사라진다(습 3:11-12; 사 2:11-17; 겔 7:10, 24; 사 13:11, 옵 3-4 참조).
- 몇 명의 사람은 그 날에 숨겨져서, 남은 자로서 구원받는다(습 2:3-9; 암 5:14-15; 욜 2:18-32; 렘 4:14; 옵 17 참조).

6. 스바냐서에서 '여호와의 날'은 주요한 주제이다.

(1) 위에서 살펴본 것처럼 스바냐서의 '그 날'에 대한 묘사는 근본적으로 모두 아모스와 이사야의 예언들이 담겨 있었던 것으로 이들 이후의 선지자들에게 계속 이어져 왔던 것으로 볼 수 있다. 그러니까 스바냐가 이 용어를 사용한 최초의 선지자도 마지막 선지자도 아니라는 말이다. 스바냐는 아모스의 예언을 잘 알고 있었다는 흔적이 나타난다. 그럼에도 불구하고 각기 선지자들은 자신의 상황에 근거해서 독특한 색채로 그 날을 묘사하고 있다.

(2) 아모스는 그 날을 묘사하기 위하여 '어둠'(암 5:18; 20), '암흑'(암 5:20), '곤고한'(마르, 암 8:10)이라는 단어들을 사용했다. 그러나 아모스는 그 날이 '가깝다'(카로브, קָרוֹב)라고 사용하지 않았다. 이사야가 여호와의 날과 관련해서 '카로브'라는 말을 사용했다(사 13:6). 스바냐는 '그 날'이 가깝고도 심히 빠르다고 했다(습 1:14).

(3) 스바냐는 거룩한 전쟁의 언어와 합쳐진 제의적 언어를 사용한다(습 1:15-18). 여호와의 모습이 백성들을 멸하시고 세계를 심판하기 위해서 오시는 용사로 나타난다. 그래서 그 날을 '분노의 날이요 환난과 고통의 날이요, 황무와 파괴의 날이요 캄캄하고 어두운 날이요, 구름과 흑암의 날'이라고 했다. 이 날은 무서운 심판의 날로서 '견고한 성읍을 치며 높은 망대를 치는 날'이라고 했다. 큰 대적이 임할 것이며 경고의 나팔 소리가 울릴 것이다. 백성들은 눈 멀고 수치를 당하게 될 것이다. 재앙은 유다의 우상 숭배만큼 깊숙이 퍼져 나갈 것이다. 그래서 스바냐는 여호와의 날을 노아 홍수 사건을 연상시키는 구절로 재현시키고 있다(습 1:2-3).

(4) 그런데 이러한 심판이 범세계적인 것이 될 것임을 강조하고 있다(습 1:2, 3, 2:4-15, 3:8). 그리고 여호와를 섬기는 장소도 하나님의 성전이 있는 예루살렘이 아니요, 이방 모든 사람이 사는 '각각 자기의 처소'가 될 것을 보여주고 있다.

(5) 물론 여호와의 날에 심판당할 족속은 유다만이 아니다. 앗수르와 같은 거대한 나라들(2:13-15), 비교적 작은 블레셋(2:4-7), 모압, 암몬(2:8-11) 및 구스 족속들도 징벌을 당할 것이다. 징벌을 당하는 이유는 교만과 우상 숭배였다(2:10, 11). 지금 스바냐가 지적하고 있는 것은 유다가 하나님보다 더욱 열국에 속한 자들이 되어 이방인과 같이 되었다는 것이다.

(6) 그러나 이 참혹한 재난 가운데 여호와의 율법과 겸손을 구하는 '겸비한 자들'(2:3)이 그 땅을 차지할 남은 자들이 될 것이다. (*)

스바냐 1장 요약 정리

Summary

여호와의 큰 날, 그 날은 심판의 날이 될 것이다

- 스바냐의 활동 시기를 도표를 보면서 설명해 보자.
- 스바냐를 통한 멸망 선포의 범위는 어디까지인가? (2절)
- 심판은 유다와 예루살렘으로 그 중심축을 옮긴다. 누구에게 심판이 임할 것인가? (4절)
- '그마림'이란 누구를 가리키는 말인가? (4절)
- "내가 멸절하리라" - 이 동사에 하나님의 강력한 의지가 표현되어 있다. 좀 더 자세히 설명해 보라.
- 심판 받아야 할 세 부류가 언급되어 있다. 어떤 자들을 멸절시키신다고 했나? (5절을 읽고 설명)
- '말감'(Milcom)은 어떤 민족의 신을 가리키는가? 이런 신을 섬긴 유다의 왕들은 누구인가?
- 우상 숭배의 근원을 정결케 하고 종교개혁을 단행한 스바냐 당시의 왕은 누구인가? 그 왕이 이룩한 정화 작업을 교재를 보고 설명해 보라.
- 여호와를 찾지도 아니하고 구하지도 아니하는 자들은 어떤 자들을 가리키는가? (6절)
- 스바냐는 여호와의 날이 가까웠다고 선언한다. 그래서 희생을 준비하라고 했다. 희생제물은 누구를 가리키며 무슨 뜻인가, 7절을 설명해 보라.
- 이방인의 옷을 입은 자들은 누구를 가리키며, 이것이 왜 진노의 대상이 되었는가? (8절)
- 약탈자들에 대한 심판도 언급되고 있다(9절). 여기 "문턱을 뛰어넘어서" 포악과 거짓을 행하는 자들이란 표현은 누구를 가리키며, 무슨 뜻인가?
- 부정직한 상인들에 대한 심판(10, 11절)과 향락에 도취한 사람에 대한 심판이(12, 13절) 언급되어 있다. 이들이 심판 받는 이유는 무엇인가?
- 여호와의 큰 날은 구체적으로 어떤 환난의 날이 될 것인가? 15-16절을 보고 설명해 보라.
- 이런 고난이 백성에게 임하는 이유가 무엇인가? (17절)
- 여호와의 날의 이중성에 대해서 설명해 보라. (클러즈-업)

Zephaniah 2 장

영원한 멸망과 영원한 구원

내가 이 땅 위에 모든 것을 완전히 없애겠다. 사람도, 짐승도, 물고기도. 악한 삶을 살아가는 모든 사람들을 이 땅 위에서 쓸어버리겠다. 여호와의 말씀이다. 심판은 전 세계에서 유다와 예루살렘으로 포커스를 맞춘다. "유다와 예루살렘의 바알과 그마림과 그 제사장들을 없애버리겠다. 하늘의 뭇 별을 섬기는 사람들과 여호와의 이름으로 맹세하면서도 말감(몰렉신)을 섬기는 사람들도 없애겠다."

그러나 그 심판에서 벗어날 수 있는 길이 아직은 남아 있다. 그래서 2:1-3에서는 "함께 모이라"고 말씀하신다. 물론 주의 율법을 지키는 땅의 모든 겸손한 사람들을 향한 말씀이다. 그러나 기회는 항상 있지 않다. 심판을 피할 수 있는 기회가 있다고 말씀하신다. 언제까지? 심판이 시작되기 전, 기회가 겨처럼 날아가기 전에 모이라고 말씀하신다. 아직은 여호와의 무서운 진노가 일어나지 않았다. 그러나 그 진노의 날이 다가오고 있다. 여호와를 찾으며 올바른 일을 하고 겸손을 배운다면, 혹시 피할 수 있을지도 모른다. 하나님의 최후 통첩이다.

그리고 열국들의 심판을 선포하신다. 유다를 중심으로 주변국들로부터 구스와 앗수르까지 그 심판이 미칠 것이다. 그 중에서도 앗수르가 망한다는 생각은 꿈에도 생각하지 못한 일이다. 그러나 이 예언은 벌써 실현되기 시작했다. 앗수르는 강력했던 아슈르바니팔의 말년부터 이미 금이 가기 시작했다.

Outline 2

제1부 여호와의 날의 심판과 그 세계성(1, 2장)

제1장 : 유다와 예루살렘 심판
서론: 선지자와 그 시대(1:1)
그 날의 심판의 범세계성(1:2, 3)
1. 유다와 예루살렘의 심판(1:4-13)
2. 여호와의 날의 성격(1:14-18)

제2장 열국들의 심판
서론: 그날 전의 회개의 권면(2:1-3)
1. 가까운 열국들의 심판(2:4-11)
A. 블레셋(2:4-7)
B. 모압과 암몬(2:8-11)
2. 먼 열국들의 심판(2:12-15)
C. 구스(에디오피아) (2:12)
D. 앗수르(2:13-15)

제2부 여호와의 날의 영원한 심판과 영원한 구원(3장)
제3장 영원한 멸망과 영원한 구원

by 김희보, 소선지서 주해

▶ 진노를 피할 수 있는 길이 있을까? 있다.

1-3절 : 진노는 이미 확정적이다. 그러나 피할 수 있는 길이 있다.

1) 부끄러움을 모르는 백성아!, 함께 모여라. 언제까지 모일까?
- 심판이 시작되기 전에
- 기회가 겨처럼 달아나기 전에
- 무서운 진노가 미치기 전에
- 여호와의 진노의 날이 이르기 전에

2) 누구에게 이 말씀을 전하는가?
- 주의 율법을 지키는 겸손한 자들에게
- 여호와를 찾으라. 겸손을 배워라
- 그러면 진노를 피할 수 있는 기회가 될 수 있다.

▶ 열국들에 대한 심판 선언(4-15절)
- 블레셋의 4개 도시 언급
가사, 아스글론, 아스돗, 에그론
<5대 도시 중 가드는 언급 안 되었다. >

- 해변(섬)에 사는 그렛 민족에게 재앙이 있을 것이다.
- 블레셋 백성의 땅, 가나안에 재앙이 닥친다.
- 너희가 살고 있는 지중해 해안은 목초지가 되고 양을 위한 목초지가 될 것이다.

▶ 모압과 암몬 심판 선언(8-11절)
- 모압과 암몬이 심판을 받을 것이다. 하나님의 백성을 조롱하고 국경을 침범했기 때문이다.
- 모압은 소돔처럼 망할 것이요
암몬은 고모라처럼 망할 것이다.

▶ 교만이 하나님의 심판을 불러오는 이유이다.
- 구스(에디오피아) 너희도 심판의 대상이다(12절)

- 당시 강대한 제국 앗수르를 멸하실 것이다. 니느웨를 사막처럼 메마른 땅으로 만들 것이다(13절).
- 앗수르의 자랑 - "나보다 튼튼한 성은 없다."
- 하나님의 선언 - "이 성을 멸망시켜 짐승들이 사는 곳으로 만들어 주겠다." "지나가는 사람마다 조롱하며 주먹을 흔들 것이다."

여호와의 심판 날이 이르기 전에(2:1-3)

스바냐는 여호와의 날이 매우 가까웠으며 심히 빠르다고 했다(1:14). 물론 여호와의 날은 이들 백성에게는 구원의 날이 아니고 고통의 날이요, 진노의 날이다. 왜냐하면 그들이 여호와께 범죄했기 때문이다. 스바냐 선지자는 그 날의 처절함을 다음과 같이 언급했다. "그날은 분노의 날이요 환난과 고통의 날이요 황폐와 패망의 날이요 캄캄하고 어두운 날이요 구름과 흑암의 날이요 [16]나팔을 불어 경고하며 견고한 성읍들을 치며 높은 망대를 치는 날이로다"(1:15-16). 그렇다면 이들에게 전혀 소망이 없다는 말인가?

1. 범죄한 유다에게 '여호와의 날'은 진노의 날이다. 그러나 구원 받을 수 있는 유일한 길이 있다. 어떻게?

1) 히트폴렐 명령형 남성 복수/ '스스로 모이다'라는 뜻이다.

2) 접속사 + 칼 명령형 남성 복수

2:1 **모일지어다(הִתְקוֹשְׁשׁוּ)1)** - 원문에는 이 말이 먼저 나온다.
모일지어다(וָקוֹשּׁוּ)2)
수치를 모르는 백성아(נִכְסָף③ לֹא② הַגּוֹי①)

(1) 앞장에서 우리는 여호와의 날이 심판의 날이요, 패망의 날임을 살펴보았다. 그렇다면 유다인에게 소망은 전혀 없을까? 물론 있다. 아모스 선지자의 외침과 같이 그것은 주께로 돌아오는 길이다. 하나님은 멸망을 향하여 치닫는 북이스라엘을 향하여 아모스를 통해 심판을 선포하셨다(암 3:2). 야곱의 자손을 완전히 없애지는 않겠다고 선언하신다(암 9:7-10). 당시 북이스라엘 백성들은 하나님의 심판이란 꿈에도 생각하지 아니했다. 하나님 앞에서 선민이란 특권 의식이 있었기 때문이다. 따라서 심판보다는 영광이 기다리고 있다고 생각했다. 그러나 하나님은 "우리에게는 재앙이 닥치지 않는다고 말하는 죄인은 칼에 죽을 것"(암 9:10)이라고 선언하신다. 지금 남유다가 같은 처지에 있다. 다시 살아날 기회는 없을까? 있다고 말한다. 어떻게? 그것은 악한 교만의 죄를 버리고 겸손하게 주께로 돌아오는 길뿐이다.

(2) '모일지어다'(히트코쉐슈)라는 말은 '카솨쉬'(קָשַׁשׁ - 나무가지나 짚을 모으다, 출 5:7, 12; 민 15:32, 33)의 히트폴렐(강조 재귀형) 명령법이다. '스스로 모이다'라는 뜻이다. 두 번째 '모일지어다'는 칼(단순형) 동사 명령형이다. 이 단어는 의미가 모호하다. 대부분이 'gather together'로 번역했다(출 5:7, 12 참조).
"Gather yourselves together, yea, gather together" - KJ

(2) '수치를 모른다'(נִכְסָף③ לֹא②)에서 닉사프(נִכְסָף)는 '카사프'(כָּסַף)의 니팔(수동, 재귀)형 분사이다. '사모하다, 간절히 사모하다, 열망하다, 부끄러워하다'라는 뜻이다(창 31:30; 시 84:2). 그러니까 '수치를 모르는 백성'은 문자적으로 '열망이나 공경이 없는 백성'을 말한다. 이들은 현 상태에 안주해서 더 나은 것을 열망하지 않았다. 우상 숭배와 죄를 회개하고 주께로 돌아와야 하지만 그러한 갈망이 없었다. 그래서 RSV는 '부끄러움을 모르는 백성'(shameless nation)으로 번역했다.

(3) 여기서 '백성'은 하나님의 백성을 가리키는 '암'(עַם)이 아니라 이방을 가리키는 '고이'(גּוֹי-민족, 국가, 이방)를 썼다. 그래서 어떤 학자는 회개할 줄 모르는 예루살렘 주민들을 '이방'과 같이 불렀다고 설명했다. 그러나 여기서는 세상의 모든 남은 자(유다는 물론이고 이방인 중에서도)를 가리키는 말일 것이다(습 3:12, 19 참조).

2. 이렇게 백성들에게 모일 것을 명령한 스바냐는 그 명령을 신속히 준행할 것을 촉구한다.

2:2 [너희는] ─ **그리할지어다**(Before, בְּטֶרֶם) - 전치사 + 부사(테렘, טֶרֶם, 전에)
/명령(호크, חֹק)이 시행되어 날이 겨 같이 지나가기 전,
/여호와의 진노가 너희에게 내리기 전,
/여호와의 분노의 날이 너희에게 이르기 전에

(1) '명령' (호크)이라는 단어는 '규정, 법규(statute), 관습(custom), 의무(due), 포고(decree)'라는 뜻이 있다. 여기서 명령은 하나님께서 이미 기록해 주신 법을 말한다(법령). 이제 그 법령이 시행될 때가 곧 올 것이다. '시행되다'(야라드, יָלַד)라는 말은 '해산하다, 산고를 겪다'라는 뜻이다. 이 해산의 때는 반드시 온다. 그 해산의 때를 준비해야 한다. 아직 오지 않은, 그러나 반드시 올 그 해산의 때가 오기 전에(테렘, טֶרֶם, time, not yet), 그 해산의 날(=광음, 욤, יוֹם)이 겨(왕겨, 모쯔, מוֹץ) 같이 날려 지나가기 전에 그리하라는 것이다.

(2) 그 날은 바로 여호와의 진노(하론, חָרוֹן)의 날이요, 분노(아프, אַף)의 날이다. '하론'은 '맹렬함, 격노, 격분'을 의미한다. 이 어근은 불의 타오름이나 열기처럼 일단 시작된 분노의 '타오름'(burning of anger)을 강조한다. 이 동사는 항상 분노(anger)와 관련되어 사용된다. 즉 여호와의 격렬한 진노의 뜨거움이 임하기 전에 여호와를 찾으라는 것이다(암 5:6*; 사 55:6 참조).

• 암 5:6 "너희는 여호와를 찾으라 그리하면 살리라 그렇지 않으면 그가 불 같이 요셉의 집에 임하여 멸하시리니 벧엘에서 그 불들을 끌 자가 없으리라."

3. 여호와를 찾으라는 요청이 누구에게 전해지는가?

2:3 세상의 모든 겸손한 자들아
/여호와의 규례를 지키는
너희는 ── 여호와를 **찾으며**(바카쉬, בָּקַשׁ)-피엘(강조형) 동사 명령형
└─공의와 겸손을 **구하라**(바카쉬, בָּקַשׁ)-같은 단어
//(결과)
너희가 혹시 여호와의 분노의 날에 숨김을 얻으리라

(1) 여호와를 찾으라는 요청이 겸손하고 의로운 자에게, 즉 여호와의 명령을 행하는 자에게 전해진다. 이들이 결국은 그 땅을 차지할 남은 자들이 될 것이다(습 2:7, 9). 습 2:3, 7, 9을 보면, 남은 자들은 분명히 이스라엘 백성을 일컫는 말이다. 그러나 2:11*, 3:10*, 12*, 18*, 19*을 보면 남은 자들의 신분이 다른 나라들에게로 확대될 가능성을 보여준다. 이방인 가운데 여호와를 경배하는 의인들도 이스라엘의 남은 자들과 똑같이 취급될 것이다.

- 암 2:11 "여호와가 그들에게 두렵게 되어서 세상의 모든 신을 쇠약하게 하리니 이방의 모든 **해변 사람들이 각각 자기 처소에서 여호와께 경배하리라**."
- 암 3:10 "내게 구하는 백성들 곧 내가 흩은 자의 딸이 **구스 강 건너편에서부터** 예물을 가지고 와서 내게 바칠지라."
- 암 3:12 "내가 **곤고하고 가난한 백성을 네 가운데에 남겨 두리니** 그들이 여호와의 이름을 의탁하여 보호를 받을지라."
- 암 3:18 "내가 절기로 말미암아 근심하는 자들을 모으리니 그들은 네게 속한 자라 그들에게 지워진 짐이 치욕이 되었느니라 19 그 때에 내가 너를 괴롭게 하는 자를 다 벌하고 **저는 자를 구원하며 쫓겨난 자를 모으며** 온 세상에서 수욕 받는 자에게 칭찬과 명성을 얻게 하리라"

(2) 여호와를 '찾으라'와 '구하라'는 말은 같은 단어이다. 여기서는 피엘(강조) 동사로 '알기 위해 묻거나 발견하기 위해 찾다'라는 의미로 사용되었다. 아모스 5:4에서도 "너희는 나를 찾으라(여기서는 '다라쉬', דרשׁ) 그리하면 살리라"고 했다. 즉 하나님을 찾는 것이 곧 삶(=생명)이라는 말이다. 하나님을 의지할 때만이 그들은 멸망을 피할 수 있다.

(3) **겸손한 자들** : 형용사 '아나우'(עָנָו-가난한, 고통 받는, 온유한)는 고난의 목적인 경건한 자의 도덕적, 영적 상태를 강조한다. '아나우' 는 고난의 의도적인 결과, 즉 겸손을 뜻한다(민 12:3). 하나님을 절대적으로 의지하는 자를 가리킨다. 겸손한 자는 하나님을 그들의 구원자로 여기며, 경험으로 안다. 그들은 하나님이 찬양 받으실 때 기뻐하고, 하나님을 찾으며(시 69:32) 여호와의 규례를 지킨다(습 2:3). 그들은 하나님을 섬기며(시 37:11) 그의 인도하심을 받는다(시 25:9). 그러므로 여기서 '겸손을 구하라'는 말은 괴로운 세상을 온유한 마음으로 참아가는 것을 말한다.

(4) 남은 자들에게 권고하시는 말씀은 여호와를 찾으며, 공의와 겸손을 구하라는 것이다. '공의'(체데크, צֶדֶק)는 윤리적 · 도덕적 표준을 말하며, 구약성경에서 그 표준은 하나님의 성품과 뜻이다. "여호와께서는 그 모든 행위에 의로우시며(찻디크, צַדִּיק), 그 모든 행위에 은혜로우시도다"(시 145:17). 그러므

로 의로운 사람은 하나님을 섬기는 자이다(말 3:18). 의로운 사람은 대인 관계에서 하나님의 명령을 준행함으로써 공동체의 번영과 평화를 유지하기 위해 힘쓴다. 이들은 상행위 같은 거래에서도 정직하다(신 23:15; 레 19:36). 통치자들의 재판에서도 공정하다(레 19:15; 신 1:16). 이렇게 '공의'는 윤리적, 또는 종교적인 폭넓은 개념을 포함한다.

3. 그렇게 하면, 즉 여호와를 찾으며, 공의와 겸손을 구하면 어떤 결과들이 있을 것인가?

(1) "너희가 '혹시' 여호와의 분노의 날에 숨김을 얻으리라."
여기 '혹시'(울라이, אוּלַי)라는 말은 물론 '의심'을 표시하는 말이 아니라 강한 소망과 하나님만을 의지하는 희망을 표시하는 말이다(창 16:2; 암 5:15; 호 8:7; 렘 21:2).

(2) '숨김을 얻으리라"(사타르, סָתַר -숨기다, 감추다 / 니팔 동사) : 하나님은 진노의 날 뿐만 아니라 일상생활의 폭풍으로부터도 신자들을 보호하며 피난처가 되신다(시 17:8, 27:5, 31:20, 64:2).

열국들의 심판(2:4–15)

1. 이제 선지자는 눈을 들어 유다 국경 너머를 바라본다. 주전 8세기와 7세기 선지자들은 호세아를 제외하고 이방 나라에 대한 심판을 예언한다.

1. **가까운 열국들의 심판(2:4-11)**
   A. 블레셋(2:4-7)
   B. 모압과 암몬(2:8-11)
2. 먼 열국들의 심판(2:12-15)
   C. 구스(에디오피아) (2:12)
   D. 앗수르(2:13-15)

A. 블레셋 도시들(2:4–7)

2:4 (키, כִּי, for) : '키'는 앞절에서 말한 것처럼 초청할 수밖에 없는 그 이유를 설명한다.

가사는 ——— 버림을 당하며
아스글론은 —— 폐허가 되며
아스돗은 ——— 대낮에 쫓겨나며
에그론은 ——— 뽑히리라

위의 도시들은 블레셋의 5대 도시들이다. 5대 도시 중 '가드'는 빠져 있다. 아마도 앗수르의 공격으로 이미 망한 것으로 보인다.

Close-up

아모스가 선포한 열국들에 대한 심판(암 1:3–2:16)

from:
동교재, 아모스, 141면이하에서.

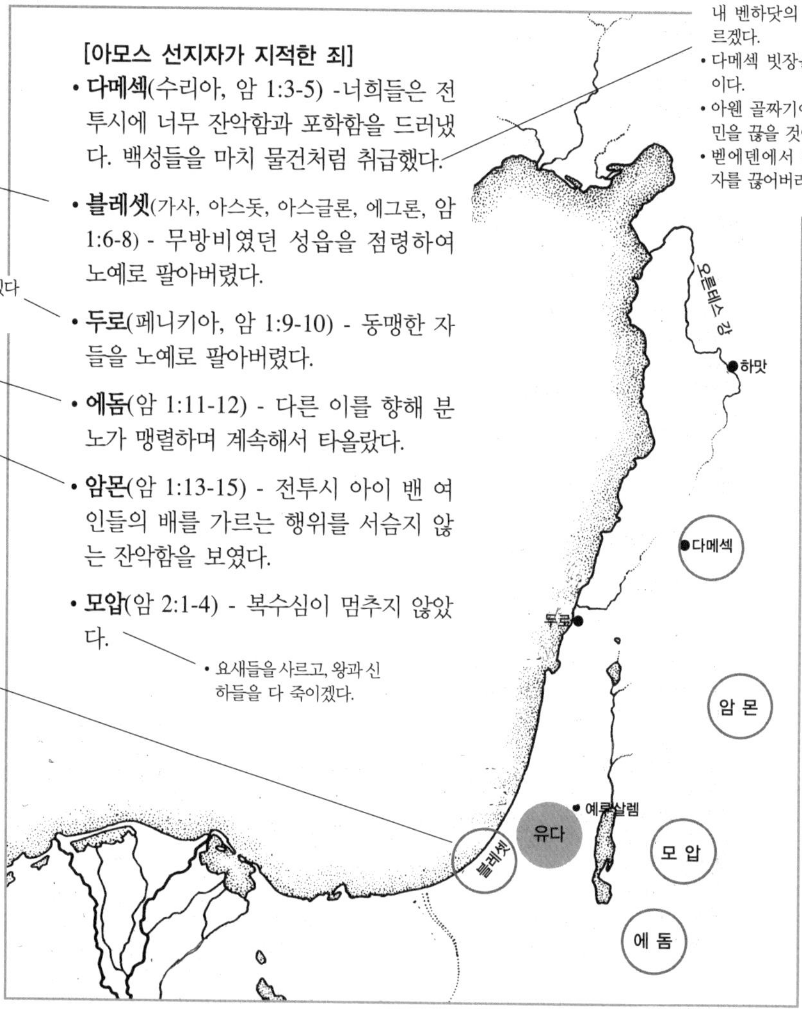

[아모스 선지자가 지적한 죄]

- **다메섹**(수리아, 암 1:3-5) -너희들은 전투시에 너무 잔악함과 포학함을 드러냈다. 백성들을 마치 물건처럼 취급했다.
- **블레셋**(가사, 아스돗, 아스글론, 에그론, 암 1:6-8) - 무방비였던 성읍을 점령하여 노예로 팔아버렸다.
- **두로**(페니키아, 암 1:9-10) - 동맹한 자들을 노예로 팔아버렸다.
- **에돔**(암 1:11-12) - 다른 이를 향해 분노가 맹렬하며 계속해서 타올랐다.
- **암몬**(암 1:13-15) - 전투시 아이 밴 여인들의 배를 가르는 행위를 서슴지 않는 잔악함을 보였다.
- **모압**(암 2:1-4) - 복수심이 멈추지 않았다.

- 하사엘의 집에 불을 보내 벤하닷의 궁궐을 사르겠다.
- 다메섹 빗장을 꺾을 것이다.
- 아웬 골짜기에서 그 주민을 끊을 것이다.
- 벧에덴에서 왕권 잡은 자를 끊어버리겠다.

- 가사 성에 불을 보내 궁궐을 불태워 사를 것이다.
- 에그론을 치겠다.

- 두로 성을 불태우겠다

- 보스라의 궁궐을 사를 것이다.

- 랍바 성을 불태우겠다. 왕과 지도자들이 사로잡혀 갈 것이다.

- 요새들을 사르고, 왕과 신하들을 다 죽이겠다.

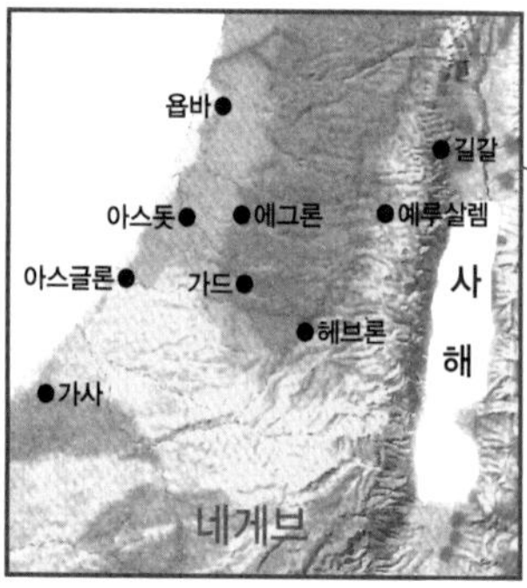

스바냐 2:4

- 가사는 ── 버림을 당하며
- 아스글론은-폐허가 되며
- 아스돗은 ─ 대낮에 쫓겨나며
- 에그론은 ─ 뽑히리라

모압과 암몬에 대해 스바냐가 선포한 심판

습 2:8 내가 모압의 비방과 암몬 자손이 조롱하는 말을 들었나니 그들이
내 백성을 비방하고 자기들의 경계에 대하여 교만하였느니라

9 그러므로 만군의 여호와 이스라엘의 하나님이 말하노라 내가 나
의 삶을 두고 맹세하노니 장차
모압은 소돔 같으며
암몬 자손은 고모라 같을 것이라
찔레가 나며
소금 구덩이가 되어 영원히 황폐하리니
내 백성의 남은 자들이 그들을 노략하며
나의 남은 백성이 그것을 기업으로 얻을 것이라

"해변 주민 그렛 족속에게 화 있을진저"(5절)

(1) 그렛(그레데) : 그렛 사람(Cherethites)은 블레셋 지역 주위에 살던 정착민들을 가리킨다(삼상 30:14; 겔 25:16). 그레데 사람들은 본래 잔인하고 부도덕하다고 했다(딛 1:12). 해적 행위를 많이 한 족속이다.

(2) 특히 해양 민족들이라고 불리는 그리스, 소아시아, 에게해 군도, 특히 갑돌(Caphtor, 크레테, 암 9:7) 지역 출신들은 도리스 헬라인들(Dorian Greeks)의 압박을 받아 동쪽으로 진격한다. 애굽의 라암세스 3세는 그의 재위 8년에 이들의 공격을 물리쳤지만 가나안의 경우는 그렇지 못했다. 따라서 이들은 팔레스타인 해안 평지 남쪽 끝에 정착하게 된다. 이들은 이 지역에 다섯 개의 요새를 세웠다. 그 도시들의 이름이 가사, 아스글론, 아스돗, 가드, 에그론이다(수 13:3을 보라). 여호수아의 가나안 정복전에서 이 지역은 정복되지 못한 지역으로 남는다.

(3) 블레셋 5대 도시 : 가사, 아스돗, 아스글론, 에글론, 가드(암 6:2에 언급됨)

아모스서에서는 다음과 같은 죄 때문에 멸망할 것이라고 선언했다.[1)]

● **가사의 죄** : "모든 사로잡은 자를 끌어 에돔에 (팔아)넘겼음이라(=때문이다)"

▶ 심판 선고(암 1:7-8) "그러므로
① 가사 성에 불을 보낼 것이며(7절a)
그 궁궐들(요새들)을 불태워 사를 것이다(7절b)
② 아스돗에서 그 주민들과 왕을 끊을 것이며(8절a)
아스글론에서 규(홀, 왕권)를 잡은 자를 끊을 것이며(8절a)
또 손을 돌이켜 에그론을 치리니(8절b)
블레셋의 남아 있는 자들이 멸망하리라"

▶ 이 예언은 역사 속에서 어떻게 성취되었을까?
• 유다의 웃시야와 히스기야가 블레셋을 침공했다(왕하 18:7-8; 대하 26:6-7 참조).
• 앗수르의 디글랏빌레셀 3세(주전 745-727)가 아스글론과 가사를 자신의 수중에 넣고 이 지역을 앗수르의 한 지방으로 만들어버렸다.
• 주전 701년 산헤립이 아스글론 왕을 사로잡아간 후 에그론을 향한 원정

1) 동교재, 아모스, 148-149면에서 설명을 가져옴.

에 성공한다.

(4) "해변은 풀밭이 되어 목자의 움막과 양 떼의 우리가 거기에 있을 것이며 그 지경은 유다 족속의 남은 자에게로 돌아갈지라 그들이 거기에서 양 떼를 먹이고 저녁에는 아스글론 집들에 누우리니 이는 그들의 하나님 여호와가 그들을 보살피사 그들이 사로잡힘을 돌이킬 것임이라"(습 2:6-7).

B. 모압과 암몬(2:8-11)

2:8 내가 ── **들었나니**
/모압의 비방과 암몬 자손이 조롱하는 말을
/그들이─ 내 백성을 비방하고
자기들의 경계에 대하여 교만하였느니라

모압

(1) 모압은 롯이 큰 딸에게서 낳은 아들(창 19:30-38), 롯의 아들의 후손이 형성한 백성, 롯의 아들의 후손들이 거주한 땅(영토)을 가리키는 데 사용되었다. 모압은 이전의 주민들(에밈 Emim)이 불의하였기 때문에 하나님께서 그들을 쫓아내신 후에, 사해 동편에 정착했던 민족의 조상이 되었다(신 2:10-11).[1]

1) 이 설명은 동교재, 아모스, 156-157면에서 그대로 가져온 것임.

(2) 이들은 일찍부터 비옥한 농경지와 목초지를 갖고 있었고, 잘 조직된 왕국이었다. 모압은 발람을 고용하여 이스라엘을 저주하고자 하였으며(민 22-24장), 바알브올 사건으로 이스라엘을 범죄케도 했다(민 25장; 호 9:10). 사울 왕 때에도 이스라엘을 괴롭혔다(삼상 14:47). 다윗이 모압을 완전히 제압했다(삼하 8:2; 대상 18:2, 11). 그러나 솔로몬이 죽은 후 독립했다. 그리고 오므리 왕 때 다시 이스라엘에게 점령당했다. 그러나 아합 왕이 죽은 후 다시 독립했다. 여호람 왕 때는 남북이 연합하여 모압을 물리쳤다. 엘리사가 죽은 후 모압은 예후의 아들 여호아하스 때에 유다를 침략했다. 여호야김 때도 침략했다(왕하 24:2).

(3) 유다가 바벨론에 망한 후에도 이 나라는 존속해서 유다의 피난민들이 그리로 도망했다(렘 40:11이하). 그러나 결국은 바벨론의 느부갓네살에게 망했다. 죽은 자에게 희생 제사를 드리는 것과 관련된 종교적인 매음 의식을 실행하였다(민 25:1 이하, 참조: 시 106:28). 선지자들은 모압에 대항하여 이런 메시

지를 선포하였다(암 2:1-3; 사 15-16장; 렘 48장, 그리고 겔 25:8-11).

(4) 아모스서에서는 모압의 죄를 다음과 같이 언급하고 있다.

● 모압의 죄 :
"이는 그가 에돔 왕의 뼈를 불살라 재를 만들었음이라"

▶ 심판 선고(암 2:2-3)

① 모압에 불을 보내겠다. 그 불이 그리욧(모압의 대표적인 도성, 렘 48:24, 41) 요새들을 사를 것이다. 모압 백성은 외침과 나팔 소리가 요란한 가운데 죽을 것이다.

② 모압 왕을 없애고 그의 신하들도 다 죽이겠다.

암몬

(1) 롯의 작은 딸은 그녀의 아들에게 암몬이라는 이름을 지어주면서 근친상간으로 임신한 것을 설명한다: 즉 '내 아버지로 말미암은 아들'(창 19:30-38). 구약성경은 암몬의 어린 시절이나 그의 사촌 모압(그도 역시 근친상간에 의해 태어났다)의 어린 시절에 대하여 아무런 언급도 하지 않는다.[1)]

1) 이 설명은 동교재, 아모스, 154-155면에서 그대로 가져온 것임.

(2) 이스라엘 백성이 가나안을 정복할 때 암몬의 자손을 괴롭히거나 공격하도록 허락 받지 못했고 그렇게 하지도 않았으며 그들로부터 소유를 빼앗지도 않았다(신 2:19, 37; 삿 11:15). 이는 하나님께서 아브라함의 조카 롯에게 한 약속 때문이었다(민 21:24; 신 2:19). 그러나 암몬은 모압과 더불어 이스라엘에게 호의적이지 않았다. 모압과 함께 이스라엘을 저주했던 자들이다(신 23:4-6).

(3) 이스라엘은 암몬을 그들의 친족으로 생각해야 했다. 이스라엘인은 암몬을 그들의 조상 아브라함과 특별한 관계가 있는 자로 존중해야 했다. 하나님은 암몬과 그의 후손에게 복된 소유로서 자신을 주셨다. 따라서 암몬의 종교적 특권과 이스라엘(과 모압)에 대한 책임은 부인될 수 없다. 예레미야와 에스겔도 그들의 잔인함을 심판하여 예언했다(렘 49:1-5; 겔 25:3-7).

(4) 아모스가 지적하는 암몬의 죄는 무엇이며 어떤 심판을 선고하는가?
(암 1:14-15)

● 죄의 목록 : "이는 그들이 자기 지경을 넓히고자 하여 길르앗의 아이 밴 여인의 배를 갈랐음이니라"

▶ 심판 선고(암 1:14-15)
① 랍바 성에 불을 놓아 그 궁궐들을 사르겠다.
② 그들의 왕은 그 지도자들과 함께 사로잡혀 갈 것이다.

2. 스바냐는 모압과 암몬에 대해서 어떤 심판을 선포했는가?

2:9 그러므로(라켄, Therefore, לָכֵן)
'만군의 여호와'[1] 이스라엘의 하나님이 **말하노라**
내가— 나의 삶을 두고 **맹세하노니**
/모압은 ——— 장차 소돔 같으며
/암몬 자손은 ┬ 고모라 같을 것이라
└ 영원히 황폐하리니(셰마마, שְׁמָמָה)[2]
/찔레가 나며 소금 구덩이가 되어
/ '내 백성의 남은 자들이'[3] —그들을 노략하며
/나의 남은 백성이 ——— 그것을 기업으로 얻을 것이라

(1) 모압과 암몬은 황폐되어 황무한 소금 구덩이와 사해 근방의 찔레로 덮인 지역과 같이 될 것이라고 했다. 소돔과 고모라는 모압과 암몬 조상이 살던 곳이었다. 하나님의 심판을 받아 이곳은 소금 밭이 되고 말았다. 모압과 암몬이 앞으로 그곳과 같을 것이다.

(2) **'내 백성의 남은 자'**(the residue of my people, שְׁאֵרִית עַמִּי) : '쉐에리트'(שְׁאֵרִית)는 '남은 자, 살아남은 자'를 가리킨다. 대부분의 사례에서 '남은 자'는 성경상의 화자(話者) 또는 기자가 생존할 당시의 존재하고 살아 있던 이스라엘 중의 남은 자를 가리킨다(사 37:4*). 앗수르가 북왕국의 백성을 학살하고 포로로 잡혀간 이후 예루살렘에 여전히 생존해 있던 이스라엘 백성들이다. 그러나 이 단어의 가장 흥미로운 용법으로 이스라엘의 궁극적 미래의 남은 자를 뜻하는 예언적 전문 용어로 등장하는 남은 자의 개념이다(스가랴 8장에서 많이 언급됨).

(3) **'나의 남은 백성'**(יֶתֶר גּוֹיִי) : 여기서 '나의 백성'은 '암미'(עַמִּי)가 아니라 고이'(גּוֹי= nation / גּוֹיִי =my people)이다, 즉 전자가 이스라엘의 남은 자라면, 후자는 이방의 남은 자를 가리킬 것이다. 마치 에돔에 '남은 자'가 있고(암 9:12), 예루살렘을 치러 왔던 원수 중에도 '남은 자'가 있듯이(슥 14:16), 유다의 남은 자가 하나가 되어 그리스도의 교회를 이루어 여호와께 경배함을 의

---

1) 만군의 여호와(야웨 쯔바오트) - 천군 천사와 지상의 모든 권세를 거느리신 전쟁의 하나님을 표시하는 칭호이다.

2) 황폐(devastation), 황무지, 사막

3) '내 백성의 남은 자들' - 개역성경은 '나의 끼친 백성'이라고 번역했다.

[표준새번역] - '살아남은 나의 백성'

[공동번역] - '살아남은 내 백성'

• 사 37:4 "당신의 하나님 여호와께서 랍사게의 말을 들으셨을 것이라 그가 그의 상전 앗수르 왕의 보냄을 받고 살아 계시는 하나님을 훼방하였은즉 당신의 하나님 여호와께서 혹시 그 말로 말미암아 견책하실까 하노라 그런즉 바라건대 당신은 이 **남아 있는 자를 위하여 기도하라** 하시더이다 하니라."

미할 것이다(습 2:11).

3. 이렇게 모압과 암몬이 심판 받는 이유는 무엇인가?

2:10 그들이 — 이런 일을 **당할 것은**
//(이유, כִּי, for)
그들이 —— 교만하여졌음이라
/만군의 여호와의 백성에 대하여

◀ 개역
2:10 그들이 이런 일을 당할 것은 교만하여 스스로 커서 만군의 여호와의 백성을 훼방함이니라

זֹאת לָהֶם תַּחַת גְּאוֹנָם[1]	This shall they have for their pride,
כִּי חֵרְפוּ[2] וַיַּגְדִּלוּ[3]	because they have reproached and magnified themselves
עַל־עַם יְהוָה צְבָאוֹת	against the people of the LORD of hosts.

1) '가온'(גָּאוֹן-교만, 거만, 자만심)

2) '하라프'(חָרַף-비난하다, 조롱하다, 모욕하다, 훼방하다)의 피엘(사역 능동) 완료

3) '가달'(גָּדַל- 성장하다, 크게 되다, 커지다, 강해지다) 와우 계속 히필 미완료 (스스로 커서)

(1) 모압과 암몬이 교만했기 때문에 심판의 대상이 되었다고 말한다. 이사야는 모압의 교만함을 책망했다(사 16:6, 우리가 모압의 교만을 들었나니 **심히 교만하도다** 그가 **거만하며 교만하며 분노함**도 들었거니와 그의 자랑이 헛되도다). 이사야 선지자는 모압이 교만한 이유를 풍부한 산물(産物) 때문이라고 했다(사 16:7-8). 풍성한 포도생산으로 교만했으나 하나님은 3년 안에 망할 것이라고 했다. 모압 심판의 핵심은 여호와 하나님에 의해 이루어진 것이다(사 16:14). 이들의 멸망으로 시온, 곧 다윗의 왕위가 굳게 세워진다(사 16:15).

(2) 예레미야 선지자도 모압의 멸망을 언급하고 있다(렘 48:26-29).

"모압으로 취하게 할지어다 이는 그가 여호와에 대하여 **교만함**이라 그가 그 토한 것에서 뒹굴므로 조롱 거리가 되리로다. [27]네가 이스라엘을 조롱하지 아니하였느냐 그가 도둑 가운데에서 발견되었느냐 네가 그를 말할 때마다 네 머리를 흔드는도다 [28]모압 주민들아 너희는 성읍을 떠나 바위 사이에 살지어다 출입문 어귀 가장자리에 깃들이는 비둘기 같이 할지어다 [29]우리가 모압의 교만을 들었나니 심한 교만 곧 그의 자고와 오만과 자랑과 그 마음의 거만이로다."

(3) 이렇게 모압과 암몬에게 이런 일(앞에서 말한 저주)을 당하게 된 것은 교만하여 만군의 여호와의 백성을 조롱하고 스스로를 높였기 때문이다. 이들이 교만하게 된 이유는 그들의 군사력이나 물질의 풍부함 때문이었을 것이다. 교만으로 인하여 심판을 받게 된 경우는 이방 민족들뿐만 아니라 하나님의 백성도 마찬가지였다.

1) 이 단어가 10절의 '교만'이라는단어이다. 여기서'가온'(גָּאוֹן, 높임, 위엄, 교만)은 부정적인 의미로 사용되었는데, 이런 경우에는 겸손의 반대어로 인간의 오만 불손한 태도인 '교만'을 나타낸다. 그런 교만을 '내가(아노키) 싫어하신다'고 강조하고 있다. '싫어하다'(타아브, 몹시 싫어하다)라는 말이 피엘(강조)형 분사로 쓰였다. 싫어하되 아주 소름 끼칠 정도로 싫어하다라는 의미이다.

- 애굽의 교만(겔 32:12)
- 갈대아의 교만(사 13:11, 19, 14:11)
- 블레셋의 교만(슥 9:6)
- 앗수르의 교만(슥 10:11)
- 북이스라엘의 교만(암 6:8, 호 5:5, 7:10)

암 6:8 "만군의 하나님 여호와의 말씀이니라
주 여호와가 당신을 두고 맹세하셨노라
내가 야곱의 영광('가온'(גָּאוֹן)[1])을 싫어하며
그 궁궐들을 미워하므로
이 성읍과 거기에 가득한 것을 원수에게 넘기리라 하셨느니라."

호 5:5 "이스라엘의 교만(가온, גָּאוֹן)이 그 얼굴에 **드러났나니**
그 죄악(어떤 죄악? 교만)으로 말미암아
이스라엘과 에브라임이 **넘어지고**
유다도 그들과 함께 **'넘어지리라'**"(=다시 일어설 수 없도록 땅에 던져지겠다.)

- 남유다의 교만(렘 13:9; 겔 16:56)

렘 13:9 "여호와께서 이와 같이 말씀하시니라 내가 **유다의 교만**과 예**루살렘의 큰 교만**을 이같이 썩게 하리라."

4. 앞에서 본 것처럼 하나님 앞에 교만한 나라들을 심판하실 것이다. 그리고 이방의 모든 남은 자들도 그리스도의 백성이 될 것이다.

2:11 여호와가 그들에게 **두렵게 되어서**(야레, יָרֵא - 무서워하다 / 니팔(수동형) 분사)
세상의 모든 신을 **쇠약하게 하리니**(라자, רָזָה - 여위다 / 칼 동사 완료)
이방의 모든 해변(섬, 바닷가) 사람들이
각각 자기 처소에서 여호와께 **경배하리라**

(1) 여호와께서 그들(누구? 블레셋, 모압, 암몬 등)에게 두려운 존재가 되실 것이다. 그 이유는 세상의 모든 신을 멸하게 될 것이기 때문이다. '이방의 모든 해변 사람들'이란 먼 나라들을 가리킨다(사 41:5 참조).

(2) 이렇게 그 땅을 차지할 남은 자들이 이스라엘 백성들 뿐만 아니라(습 2:3, 7, 9 참조) 다른 나라에까지 확대될 것이다(습 2:11). 이방의 남은 자들도 그리스도의 나라의 백성이 되고, 세계 각 처소에서 교회를 이루어 거기에서 하나님께 예배하게 될 것임을 보여 준다.

C. 구스(에디오피아) (2:12)

1. 구스는 어디를 가리키는가? 왜 구스가 언급되었는가?

(1) 구스(쿠쉬, כּוּשִׁי)는 현대 누비아, 수단 등 애굽의 남동 지역을 언급한다. 구스는 애굽의 위성 국가로서 때로는 애굽을 지배하였다(애굽의 제25왕조, 누비아 왕조, 주전 750-633년).[1] 구스는 그 당시에 알려진 세계 중 최남단에 위치하며 이집트의 영향권 안에 있었다. 구스의 최극단 지점에 관한 이러한 견해를 가리키는 다른 표시는 바사 제국의 영토 확장을 언급하는 데서(인도에서 구스까지, 에 1:1, 8:9), 그리고 포로된 자들이 구스를 건너 돌아가게 될 것이라는(사 11:1; 습 3:10; 사 18:1) 약속에서 발견된다.

1) 동교재, 열왕기하 229면 도표 참조.

(2) "구스 사람 너희도"(גַּם־אַתֶּם כּוּשִׁים also) : 구스는 애굽의 지배하에 있었으나 주전 1천년경에 독립하고, 715-663년경에는 도리어 애굽을 통치했다(애굽의 제25왕조, 남유다의 히스기야와 므낫세 통치 기간). 물론 구스가 이스라엘에게 직접적으로 공격하거나 원수된 일은 없었다. 그러나 간접적으로 영향을 끼쳤을 것이다. 에스겔은 애굽의 징벌을 선포할 때 구스도 함께 망할 것을 언급했음을 볼 때 구스와 애굽은 서로 연합되어 있었을 것이다(겔 30:4-5*).

• 겔 30:4 "애굽에 칼이 임할 것이라 **애굽에서 죽임 당한 자들이 엎드러질 때에 구스에 심한 근심이 있을 것이며** 애굽의 무리가 잡혀 가며 그 터가 헐릴 것이요 5 **구스**와 붓과 룻과 모든 섞인 백성과 굽과 및 동맹한 땅의 백성들이 그들과 함께 칼에 엎드러지리라."

(3) 내 칼에 "죽임을 당하리라"(할랄, חָלָל) : 이 단어는 '치명적으로 부상당한(fatally wounded), 살해된, 더럽혀진'이라는 뜻이다. 완전 멸절을 말하지는 않았다. 에스겔은 구스가 지극히 미약한 나라가 되어 다시는 열국 위에 스스로 높이지 못할 것이라고 했다(겔 29:15).

D. 앗수르(2:13-15)

1. 앗수르와 같은 거대한 제국도 멸망당할 것이다.

2:13 여호와가 '북쪽을 향하여' (עַל־צָפוֹן) 손을 **펴서**
앗수르를 **멸하며**(아바드, אָבַד)
니느웨를 **황폐하게 하여...하리니**
/사막 같이 '메마르게' (찌야, צִיָּה-건조함, 사막)

(1) 북쪽(짜폰, צָפוֹן)[2] : 북편(north side)이란 의미이다(출 26:20; 수 15:5). '차폰'은 북쪽의 먼 부분(북극, 북방)에 대해 사용되었다(사 14:13; 겔 38:6). 유다의

2) 가나안 족속의 신화에서 북쪽은 신들의 회합이 이루어지는 장소로 생각되었다. 신들은 차폰 산에서 모였다. 이 모임에는 바알이 최고의 신으로 군림한다.

경우에는 지금 앗수르가 북쪽에 있다. 북쪽은 비단 앗수르 뿐만 아니라 하나님의 백성의 모든 원수를 대표하기도 한다. 여기 '손을 펴다'라는 말은 전쟁과 더불어 심판을 상징하는 말이다.

(2) 앗수르를 "멸하며"(아바드, אָבַד) - '멸망하다, 사라지다, 소멸하다'라는 뜻으로 여기서는 피엘(강조) 동사 미완료이다. 피엘형일 때 이 단어는 '완전히 파괴하거나 멸하다'라는 뜻으로 쓰인다(왕하 11:1; 겔 22:27; 민 33:52 등). 앗수르는 철저히 파멸될 것이다. "메마르게 하리니" (찌야, צִיָּה)는 '메마른 곳, 메마름'이라는 명사형이다(호 2:3; 렘 2:6; 사 36:1). 하나님은 앗수르를 황무케 하여 사막(미드바르, מִדְבָּר) 같이 메마르게 하실 것이다. 니느웨는 이 예언대로 주전 612년에 멸망했다. 그러므로 이 예언은 여호야김 통치(주전 609-597) 이전으로 보아야 한다.

2. 앗수르가 얼마나 철저하게 파괴될 것인가를 보여주고 있다.

2:14 //결과(And, וְ)
각종 짐승 (כָּל־חַיְתוֹ־גוֹי)[1]이 그 가운데에 떼로 누울 것이며
당아와 고슴도치가 그 기둥 꼭대기에 깃들이고
그것들이 창에서 울 것이며
문턱이 적막하리니
//(이유, for)
백향목으로 지은 것이 벗겨졌음이라

1) 이 부분의 해석이 다양하다.
고이(גּוֹי) - '나라, 백성, 이방인, 종족' / 동물들의 '떼'로 보기도 한다. NASB는 "All beasts which range in herds'으로 번역했다.

(1) 모든 것이 폐허되어 처량하게 될 것을 잘 표현하고 있다. 당아(올빼미?)와 고슴도치가 폐허 사이의 돌 기둥 위에 깃들이며, 새들이 창문에서 울게 되는 날이 오게 될 것이다. 폐허 위에 적막함이 흐른다. '백향목으로 지은 것이 벗겨졌다'는 말은 니느웨의 궁전이 처참하게 무너져내릴 것을 보여준다. 그렇게 강력했던 앗수르가 이렇게 덧없이 허물어질 것을 보여준다.

2:15 이는 **기쁜 성이라**
염려 없이 거주하며
마음속에 이르기를 오직 나만 있고
나 외에는 다른 이가 없다 하더니
어찌 이와 같이 황폐하여 들짐승이 엎드릴 곳이 되었는고
지나가는 자마다 비웃으며 손을 흔들리로다

(2) "이는 기쁜 성이라" : '이는'(This, 조트, זֹאת) 니느웨 성을 가리킨다. 그 성은 '기쁜(아리즈, עַלִּיז) 성'이라고 했다. '아리즈'는 '크게 기뻐하다(exult), 즐거워하다(rejoice), 기쁨이 넘치는, 환희의'라는 의미이다. 특별히 승리의 기쁨을 주는 도성이라는 말이다. 앗수르의 교만과 승리의 도취를 보여준다 (습 2:15, 3:11; 사 13:3, 22:2, 23:7, 32:13).

(3) "염려 없이(베타흐, בֶּטַח -안전하게, 안전) 거주하며" - 이 성에 거하는 주민들은 안전을 보장 받았다. 강대국의 수도였기 때문이다. 니느웨의 자만심과 자신감을 보여준다.

(4) "마음속에 이르기를 오직 나만 있고 나 외에는 다른 이가 없다 하더니" : 앗수르의 교만이 얼마나 극에 달해 있었는가를 보여준다. 앗수르 제국의 번영은 강력한 군대가 그 기초가 되었다. 거기에다 신속히 이동할 수 있는 도로 정비와 역체(驛遞)제도, 게다가 능률적인 지방 행정과 그 중앙집권적 장악력, 또한 속주로부터의 공납(貢納)과 수세(收稅), 제국 내에서의 활발한 상업 등에 힘입어 강대한 제국을 이끌어왔다.

그래서 이 강대한 제국이 무너진다는 것은 당시로서는 상상도 못할 일이었다. 그러나 나훔 선지자는 물론, 지금 스바냐의 예언 속에 그 제국이 얼마나 비참하게 무너질 것인가를 선언하고 있지 않은가!

용장(勇將), 아슈르바니팔(주전 668-627년) 말년에는 이미 앗수르는 금이 가고 있었다. 이미 제국 내의 공범위한 지역에서 스키타이인의 침입과 약탈이 시작되었다. 물론 위에서 언급했던 제국 내의 강력한 조직은 그 본래의 기능성은 마비되기 시작했다. 이때 스바냐 선지자의 예언 활동이 계속되고 있었다 (주전 636-626년). 앗수르의 북쪽 지역에서는 메대 왕 키악세레스가 그 세력을 장악, 테헤란 지방까지 그 세력권을 확보하기 시작했다. 또 서쪽에서는 페니키아의 여러 도시가 독립을 회복하고 있었다.

더욱이 앗수르의 역대 제왕들이 가장 골치 아파했던 바벨론에서는 아슈르바니팔이 임명한 총독(나보폴라살)이 반란을 일으켜 마침내 (신)바벨론 제국의 독립을 선포했다. 그 때가 주전 626년이다. 그 후 11년 동안 갈대아 왕국(신바벨론 왕국)은 앗수르군의 거점 도시망을 하나하나 점령해 나간다. 앗수르의 수도 니느웨는 바벨론과 메대 연합군에 의해 점령당하고 만다. 주전 612년에.

습 3:3 그 가운데 방백들은 부르짖는 사자요
그의 재판장들은 이튿날까지 남겨 두는 것이 없는 저녁 이리요

1) 쉿소리를 내다, 휘파람을 불다, 피리를 불다. / 여기서는 조롱의 표시로 본다(왕상 9:8; 렘 19:8; 애 2:15-16).

(5) 어찌 이와 같이 황폐하여 들짐승이 엎드릴 곳이 되었는고
지나가는 자마다 비웃으며(솨라크, שָׁרַק)[1] 손을 흔들리로다

(6) "나 외에는 다른 이가 없다 하더니"("I am, and there is no one besides me." אֲנִי וְאַפְסִי עוֹד) : 이렇게 자랑하던 앗수르는 그 교만 때문에 넘어지게 된다. "교만(가온, גָּאוֹן)은 패망의 선봉이요, 거만한 마음은 넘어짐(키솨론, כִּשָּׁלוֹן-불행, 비틀거림, 파멸, 넘어짐)의 앞잡이"라고 했다(잠 16:18). 그러나 성경은 "나는 여호와라, 나 외에는 다른 이가 없다."(사 45:5, 14, 18, 21)라고 말씀한다.

• 사 2:13 "또 레바논의 높고 높은 모든 백향목과 바산의 모든 상수리나무와 14모든 높은 산과 모든 솟아 오른 작은 언덕과 15모든 높은 망대와 모든 견고한 성벽과16 다시스의 모든 배와 모든 아름다운 조각물에 임하리니."

(7) 나라는 물론이고 각 개인들도 이 교만 때문에 넘어지고 무너진다. 이사야 선지자는 교만한 자를 무엇에 비교하고 있는가? (사 2:12-16*)

• 사 2:12 "대저 만군의 여호와의 날이 모든 교만한 자와 거만한 자와 자고한 자에게 임하리니 그들이 낮아지리라"

하나님은 거만한 자들을 심판하러 행동하시는 날에 땅이 흔들리고, 나라들은 산산이 부숴질 것이라고 하셨다(사 2:19-22). 그래서 인생을 의지하지 말라고 하셨다. "너희는 인생(아담, אָדָם)을 의지하지 말라 그의 호흡은 코에 있나니 셈할 가치가 어디 있느냐"(사 2:22). 이렇게 하나님은 이스라엘(유다)를 향하여 무한하고 언약적인 구분된 사랑, 절대적인 사랑을 나타내시지만, 이 사랑에 거스려서 다른 신을 남편으로 섬기거나 물질에 미혹되거나 인생이나 열방을 의지할 경우 이 사랑의 불꽃은 진노의 불꽃으로 바뀐다.

스바냐 2장 요약 정리

이방 나라들에 대한 심판 선언

Summary

- 구원의 날이라고 믿었던 '여호와의 날'은 유다에게 심판이요, 진노의 날이다. 그 진노에서 벗어날 길이 없는가? 있다고 말한다. 어떻게? (2:1-3)
- 스바냐는 여호와의 명령을 신속히 준행하라고 촉구한다. 무엇을 위하여 모이라고 하는가? (2절)
- 여호와를 찾으라는 명령이 누구에게 요청되고 있는가? (3절)
- 여호와를 찾으며 공의와 겸손을 구하면 어떤 결과들이 있을 것인가?
- 2:4부터는 열국들의 심판이 언급된다. 우선 가까운 나라들은 어느 나라(도시)들인가?
- 그들이 저지른 죄들은 무엇인가? 아모스 선지자가 지적하는 죄 목록을 살펴보라.
- 블레셋 5대 도시는 어디어디인가? 그들이 당하는 형벌은 무엇인가? (4절)
- 모압과 암몬이 저지른 죄는 무엇인가? (8, 10절)
- 모압과 암몬은 어떤 형벌을 받는다고 했는가? (9절)

- 모압이 책벌받는 이유를 이사야는 무엇이라고 말하고 있는가? (사 16:6-8)
- 이방 민족뿐만 아니라 북이스라엘과 남유다도 교만 때문에 징벌을 받는다. 교재를 보고 그 구절들을 찾아보자.
- 구스도 책망 대상에 들어갔다. 구스와 애굽과의 관계와 이들이 유다에 끼친 영향력은 어떠했는가? (12절)
- 당시 광대한 제국 앗수르는 어떻게 될 것이라고 했는가?
- 앗수르는 기쁜 성이라고 했다. 무슨 뜻인가? (15절)
- 아슈르바니팔 왕의 말년에 시작된 앗수르 멸망의 조짐들은 무엇인가? 바벨론의 독립과 앗수르의 멸망과정을 설명해 보라. (동교재, 열왕기하 259-261면 참조 설명)
- 교만이 왜 하나님의 심판의 이유가 되는가?
- 이스라엘과 유다에 대한 하나님의 사랑이 진노로 바뀌는 이유는 무엇인가?

Zephaniah 3 장

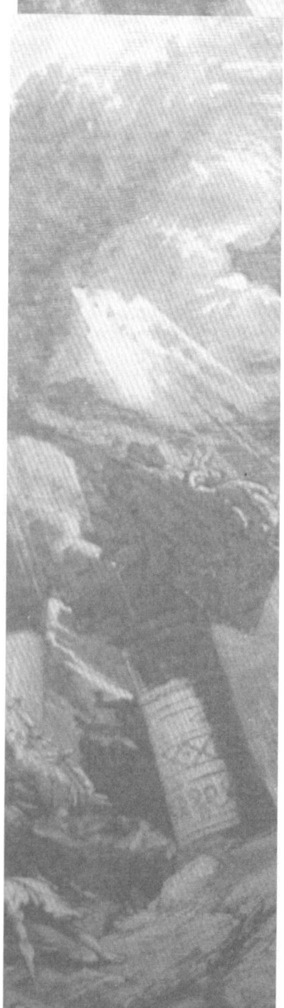

영원한 멸망과 영원한 구원

예루살렘은 죄를 짓는다는 면에서 열방과 다른가? 그렇지 않다고 대답한다. 스바냐 선지자는 열방에 대한 심판 선언에 이어 다시 예루살렘의 패역과 멸망을 언급한다. 예루살렘은 한때 신실하던 성읍이었다(사 1:21). 그러나 지금은 심판을 눈앞에 두고 있다. 이사야 선지자도 예루살렘이 창기가 되었다고 했다. 예루살렘은 패역하고, 더럽고, 포악한 성읍이 되어버렸다. 누구 때문에 이렇게 되었을까? 스바냐는 특히 예루살렘의 지도자급들의 패역에 집중 포화를 날린다. 고급관리들과 재판장들과 선지자들, 그리고 제사장들이 모두 타락해 버렸기 때문이다.

이런 불의한 지도자들 때문에 백성들도 타락했을 것이다. 그러함에도 불구하고 하나님은 예루살렘 성중에 거하시면서 매일 아침마다 공의를 베푸셨다고 말씀하신다. 하나님은 열방들을 그들 자신의 죄 때문에 멸망시키셨다. 이런 사실을 보고 예루살렘 지도자들은 정신을 차려야 했으나 그들의 모든 행위들을 더럽게 했다. 이제 예루살렘에 대한 심판은 필연적이다. 그렇다면 하나님의 공동체는 전혀 소망이 없다는 말인가? 물론 아니다. 하나님은 새로운 시대와 새로운 나라를 언급하신다. 남은 자들이 거할, 메시야 시대를 언급하신다. 하나님은 새로운 백성을 세우실 것이다. 그때에 흩어진 열국들이(남은 자들) 다시 여호와께로 돌아올 것이다. 그 나라는 영원한 기쁨과 영화가 있는 곳이다. 다만 **심판을 통과해서만** 그 나라는 다가올 뿐이다.

Outline 3

제1부 여호와의 날의 심판과 그 세계성(1, 2장)

제1장 : 유다와 예루살렘 심판
제2장 열국들의 심판

제2부 여호와의 날의 영원한 심판과 영원한 구원(3장)

제3장 영원한 멸망과 영원한 구원
1. 간악한 자의 멸망(3:1-8)
A. 포악한 성읍과 그 지도자들(3:1-6)
B. 청종치 않는 자들의 멸망과 성도들의 인내 (3:7-8)

2. 남은 자의 구원과 영원한 메시야 왕국(3:9-20)
A. 그 때에 열방이 입술을 깨끗이(3:9, 10)
B. 그 날의 사죄의 은총과 성화(3:11-13)
C. 그 날의 영화와 기쁨(3:14-20)

by 김희보, 소선지서 주해

▶ 2장에서는 열국들의 심판을 이야기 했으나 3장에서 다시 예루살렘의 멸망을 언급한다.

(1) 예루살렘은 열방과 다른가? 그렇지 않다고 증거하고 있다.
- 패역하고, 더러운 곳, 포학한 성읍이 되었다. 예루살렘이 전에는 신실하던 성읍이었다(사 1:21).
- 명령도 듣지 않고, 교훈도 받지 아니하며, 여호와를 의뢰하지도 아니하며, 가까이 나아가지도 아니했다.

(2) 유다 공동체에서 누가 문제였을까? 지도자들의 타락이다. 4부류의 지도자를 언급한다.
1) 방백들(고급 관리) 2) 재판장들
3) 선지자들 4) 제사장들

(3) 불의한 지도자들이 판을 치는 가운데서도 여호와께서 성중에 거하신다. 백성을 돌보셔야 했기 때문이다. 매일 아침마다 빠짐없이 공의를 베푸셨으나 이를 알지 못한다(5절).

(4) 하나님은 열방들을 전쟁을 통해 끊어버리셨다. 이를 깨닫고 예루살렘의 지도자들은 정신을 차려야 했다. 지난 날의 역사를 교훈으로 삼아야 했다.

(5) 하나님은 예루살렘에 대해 이렇게 명령하셨다:
"오직 나를 경외하고, 교훈을 받으라. 그리하면 형벌을 내리기로 정하기는 했지만 너의 거처가 끊어지지 아니하리라." / 그럼에도 불구하고 그들의 모든 행위를 더럽게 했다.

▶ 이제 하나님은 남은 자를 통해서 구속의 역사를 계속하실 것이다.

악인들은 멸망 받을 것이다(7절). 그러나 "너희(남은 자)는 나를 기다리라"(8절). 언제까지 기다려야 할까? 여호와께서 일어나 벌할 때까지.

▶ 남은 자의 구원 / 영원한 메시야 왕국

(1) 하나님은 새로운 백성을 세우실 것이다(남은 자들로 구성된). (9절)
(2) 언제? - '그 때에' 즉 심판의 날에
(3) 그 때 흩어진 열국들이 다시 여호와께로 돌아올 것이다(10절).
(4) 예루살렘은 패역한 성읍이 되었으나 심판을 통하여 정화될 것이다. 새 시대에는 심령이 가난한 백성이 남아 있게 될 것이다.

예루살렘을 심판하실 것이다(3:1–6)

1. 간악한 자의 멸망(3:1-8)
   A. 포악한 성읍과 그 지도자들(3:1-6)
   B. 청종치 않는 자들의 멸망과 성도들의 인내(3:7-8)

스바냐는 열방에 대한 심판, 특히 앗수르의 멸망을 선포한 다음 이제 그 포커스를 다시 예루살렘을 향한다. "패역하고 더러운 곳, 포학한 그 성읍이 화 있을진저!" 예루살렘을 직접 거명하지 않았지만 예루살렘에 대한 심판임이 분명하다. 선지자들과 제사장, 그리고 율법과 여호와의 교훈들이 언급되기 때문이다. 예루살렘도 열방과 같이 심판 아래 있음을 분명히 하고 있다.

1. 열방에 대한 심판이 2장에 언급되었다. 그렇다면 예루살렘은 열방과 비교해 더 나은가? 그렇지 않다고 증거한다.

(1) 3장은 언제 주어진 말씀인가? 어떤 학자는 본 예언의 말씀은 아마 선지자의 생애 후기, 즉 요시야의 개혁이 결실이 없음이 분명해진 이후(2절 참조), 그리고 니느웨 전투에서 앗수르의 최종적 패배(6절 참조, 주전 612년) 이후에 전달된 것이라고 주장하기도 한다. 그렇다면 이 말씀은 주전 612-609년경의 시대로 추정된다. 이 구절 중 많은 부분이 예레미야서 안에 반영되었을지도 모른다. 그러나 본 예언의 말씀을 어느 특정한 역사적 정황 안으로 위치시키려는 의도는 스바냐 전체를 해석하는 데 반드시 필요한 것은 아니다.[1)]

(2) 어쨌든 예루살렘이 세상의 임박한 심판으로부터 면제되지 않는다는 사실을 기억시켜 주고 있다. 구조적으로 볼 때 3장은 1장과 2장에서 발견되는 것들과 일치하고 있고, 1, 2장과 더불어 유기적인 구조를 형성하고 있다. 이렇게 1, 2장의 주제들이 3장에서 재연되고 있다. 하지만 회개에 대한 스바냐의 요청이 3:1-8에서는 고려되고 있지 않다.[2)]

2. 예루살렘 역시 열국의 심판 가운데서 제외되지 않는다. 선지자들의 외침에도 이들은 반응하지 않았다.

3:1 **화 있을진저 (הוֹי)**
패역하고[3)] 더러운 곳,[4)]
포학한[5)] 그 성읍이

(1) 포학한 성읍, '예루살렘'이라는 직접적인 언급이 없지만 예루살렘에 주어지

1) 엘리자베스 악트마이어, 현대성서주석(나훔-말라기, 한국장로교출판사, 130-131면.

2) 같은 면.

3) '패역하다'(마라, מָרָה) : '반역하다, 완고하다, 반항하다' / 분사형.

4) '더러운 곳'(가알, גָּאַל) : '더럽히다, 오염시키다, 신성모독하다' / 분사형.

5) 포학한(야나, יָנָה) - 분노하다, 억압하다, 학대하다. / 분사형.

는 말씀이 분명하다. 예루살렘은 신실하던(נֶאֱמָנָה)[1] 성읍이었다(사 1:21). 이사야는 신실했던 성읍이 창기(harlot)가 되었다고 한탄한다. 정의가 거기에 충만했고, 공의가 그 가운데 거했었다고 말한다. 그러나 가장 선한 것이 부패하면 가장 악해진다. 포도주에 물이 섞인 것과 같다고 했다(사 1:22-23; 렘 23:15-17).

1) 아만(אָמַן) - 신실하게 하다, 신뢰하다, 믿다, 도덕적으로 진실하다, 충실하다'라는 뜻이다. /니팔 동사 분사형

(2) 스바냐 시대의 예루살렘은 어떻게 되었는가?
여기 '포학하다'(야나, יָנָה)라는 말은 '압박하다, 짜증나게 하다, 부당하게 다루다'라는 의미이다. 분사형으로 예루살렘을 '압제하는 도시'라고 불렀다. 지도자들과 상류층들은 약하고 가난한 자들을 학대하며 부당하고도 잔인하게 대했다. 이사야 49:26에서는 이국인 압제에 대해서도 언급한다. 율법에는 "너는 이방 나그네를 압제하지 말며 그들을 학대하지 말라"고 했다(출 22:21; 레 19:33).

3. 예루살렘의 패역함을 계속 증언하고 있다. 여기서는 4가지의 죄악을 언급하고 있다.

3:2 그가 명령'(콜, קוֹל)을 **듣지 아니하며**
교훈(무싸르, מוּסָר)을 **받지 아니하며**
여호와를 **의뢰하지**(바타흐, בָּטַח) **아니하며**
자기 하나님에게 **가까이 나아가지 아니하였도다**

(1) 첫째로, '명령'(콜, קוֹל, 목소리, 음성)을 듣지 아니했다. 이 말은 하나님의 율법과 선지자의 말씀에 불순종했다는 것이다. '콜'이 빈도가 높지는 않지만 육성이나(창 3:17), 기록에 의해(왕하 10:6) 발성된 것을 뜻하는 경우도 있다. 또는 기적을 통해 보여주는 숨은 음성(출 4:19, 표징)을 말하기도 한다.

(2) 둘째로, 교훈을 받지 아니했다. 여기서 '교훈'이란 '훈계, 징계' 등을 말한다(시 50:17; 렘 2:30; 잠 1:8, 4:1, 5:12, 8:33; 겔 5:16). '받지 아니했다'는 실천하지 않았다는 말이다. 하나님의 백성에게는 언약을 통해 그들이 지켜야 율례를 주셨는데, 순종하지 않았다는 것이다. 동시대의 선지자 예레미야도 이런 사실을 언급하고 있다(렘 2:30, 5:3, 7:28, 17:23, 32:33, 35:13).

(3) 셋째로, 여호와를 의뢰하지 않았다. '의뢰하다'(바타흐, בָּטַח)라는 말은 '믿다, 신뢰하다, 안심하다'라는 의미로 신뢰할만 것이나 사람이 있다는 데서

오는 행복감과 안도감을 나타낸다. 이 단어는 시편에서 많이 사용되었는데, 대부분 일관성 있게 하나님을 믿는 것에 대한 가치를 표현하고 있다.

(4) "자기 하나님에게 '가까이 나아가지'(카라브, קָרַב) 않았다" : '(친밀하게) 접근하다(approach), 가까이 오다(come near)'라는 뜻이다. 이들은 하나님께 경배드리기 위해 가까이 나아가지 않았다는 말이다.

저녁 이리(제에브, זְאֵב)

4. 유다 공동체 내에서 누가 문제일까? 지도자들이다. 예루살렘이 망하는 직접적인 원인은 외부에 있지 않다. 네 부류의 지도자들의 타락을 언급하고 있다.

3:3 그 가운데 방백들은 부르짖는 **사자요**
그의 재판장들은 이튿날까지 남겨 두는 것이 없는 저녁 **이리요**

3:4 그의 선지자들은 **경솔하고** 간사한 사람들이요
그의 제사장들은 성소를 **더럽히고** 율법을 **범하였도다**

(1) '방백'(사르, שַׂר) : '우두머리'로 '귀족, 고급관리, 통치자, 군대의 장교, 왕자' 등을 가리킨다. 이들을 부르짖는(사아그, שָׁאַג, 으르렁거리는) 사자(아리, אֲרִי)로 표현했다. 먹을 것을 찾아 으르렁거리는 사자를 백성들을 압제하며 착취하는 관원으로 비유했다.

(2) 재판장들은 어떠했을까? 이들을 저녁 이리(제에브, זְאֵב)로 표현했다. 낮에 굶주렸던 이리는 저녁에 먹을 것을 찾아 나선다. 이리는 잡은 것은 뼈 하나 남기지 않고 그 자리에서 다 먹어치운다고 했다. 재판장은 공정한 재판이 생명이다. 그러나 저녁 이리처럼 이들은 자기의 탐욕을 채우는 자들이 되었다.

(3) 선지자들은 어떠했을까? 경솔했다(파하즈, פָּחַז, 방종하다, 방자하다)는 것이다(are light). 게다가 간사했다(보게도트, בֹּגְדוֹת, 배반하는 속이는, 불성실한)고 했다(treacherous persons). 믿지 못할 사람이라는 뜻이다.

(4) 제사장들은 성소를 더럽혔다(하랄, חָלַל, 신성모독하다, 오염시키다). 제사장들의 의무는 성소의 봉사에 있어서 거룩성을 유지하는 일이었다. 또 하나님의 율법을 가르치기도 했다(신 33:11; 대하 17:7-9). 그러나 오히려 율법을 범하는 자가 되었다는 것이다.

5. 그런 불의한 지도자들이 판을 치는 중에도 여호와께서는 성중에 거하신다. 여호와는 주야로 자기 백성을 돌보셔야 했기 때문이다.

3:5 그 가운데에(within her, בְּקִרְבָּהּ) 계시는 여호와는 의로우사
불의를 **행하지 아니하시고**
아침마다(בַּבֹּקֶר בַּבֹּקֶר)[1] **빠짐없이** 자기의 공의를 **비추시거늘**
불의한 자는 수치를 **알지 못하는도다**

(1) 예루살렘에 대한 고발은 이방 나라의 죄들보다 더욱 구체적이다. 왜냐하면 예루살렘은 커다란 특권을 누리고 있기 때문이다. 그러나 특권만큼 책임도 크다. 특별히 지도자들의 악행은 모든 백성에게 영향을 미친다. 백성들이 하나님 앞에 바로 설 수 없었던 것은 바로 이런 지도자들의 타락 때문이었다.

(2) 지금 하나님은 예루살렘 성중에 거하신다. 이런 악한 자들을 심판하시기 위해서이다. 그를 어떤 분으로 묘사하고 있는가? "여호와께서는 의로우셔서 악한 일을 하지 않으신다. 공정하게 다스리시며, 날마다 정의를 나타내신다."(쉬운성경)

(3) 불의한 자(아우왈, עַוָּל), 즉 사악한 자는 수치(부끄러움)를 알지 못한다. 동시대의 선지자인 예레미야가 이런 자를 창녀의 낯을 가졌다고 표현했다(렘 3:3, "그러므로 단비가 그쳤고 늦은 비가 없어졌느니라 그럴지라도 네가 창녀의 낯을 가졌으므로 수치를 알지 못하느니라").

6. 하나님은 주변의 여러 민족들을 전쟁을 통해 끊어 버리셨다. 그들이 악했기 때문이다. 예루살렘의 지도자들은 이러한 사실을 각인하고 죄에서 돌아서야 했다.

3:6 내가 —— 여러 나라를 **끊어 버렸으므로**('카라트, כָּרַת-히필 동사 완료형)[2]
//결과
그들의 망대가 — 파괴되었고 - 파괴의 철저함
내가 —— 그들의 거리를 **비게 하여...하였으므로** - 여호와께서 황폐케 하셨다.
/지나는 자가 없게
//결과 - 유령 도시가 되었다.
그들의 모든 성읍이 황폐하며, 사람이 없으며
거주할 자가 없게 되었느니라

1) 같은 단어를 두 번 연속으로 썼다. '아침에, 아침에'라는 말은 '매일 아침마다'라는 말이다.

2) 여러 나라는 이스라엘이 가나안에 진입할 때 이스라엘 앞에서 끊어버리신 가나안 땅의 여러 족속들을 가리킬 것이다(암 2:9; 미 6:5).

(1) 이방 나라가 멸망한 것은 그들의 전투력이 약해서가 아니다. 하나님께서 그들을 끊어 버리셨기 때문에 '망대'(핀나, פִּנָּה)[1]가 무너졌고 다니는 사람이 없는 폐허의 성이 되었다. 끊어 버렸다는 말 '카라트'(כָּרַת)는 '잘라내다, 베어내다, 제거하다, 언약을 맺다'라는 뜻으로 히필(사역 능동형) 완료형이다. 하나님의 강력한 주권적인 역사가 드러나 있다. 열국이 멸망한 것은 어디까지나 여호와께서 이스라엘을 위해서 역사하셨기 때문에 가능한 것이었다.

(2) 예루살렘의 지도자들은 이런 사실을 지난날의 역사적 교훈으로 알고 잊지 말아야 했다. 즉 이스라엘이 의로워서가 아니고 이방 족속들이 악했기 때문에 이스라엘이 가나안 땅에 진입할 수 있었던 것이다(신 9:4, 5 참조).

열방의 심판(3:7–8)[2]

1. 유다가 지금까지 존속할 수 있었던 것은 어디까지나 하나님의 자비하심 때문이었다. 이런 사실을 예루살렘 지도자들은 늘 상기하고 겸손해야 했다. 그러나 지금 이들은 하나님을 경외하지도, 교훈도 받지 않는다. 앞절과 연결되는 내용이다. 지금 유다는 열국들이 어떻게 멸망했었는가를 교훈삼아 여호와를 경외해야 한다. 그런데 유다는 지금 어떤 모습을 하고 있는가?

3:7 내가 **이르기를...** 하였으나
너는 오직(Surely, 아크, אַךְ)[3] 나를 **경외하고**(야레, יָרֵא) 칼, 미완료
교훈(무싸르, מוּסָר - 훈련, 단련)을 **받으라**

//그리하면(결과, וְ)
내가 **너의 거처가 끊어지지 아니하리라**
/형벌을 내리기로 정하기는 하였지만

[그럼에도 불구하고, 아켄, אָכֵן]
그들이 부지런히 그들의 모든 행위를 **더럽게 하였느니라**

(1) '오직'(아크, אַךְ)이라는 말은 부사로 앞뒤 말을 서로 비교하면서 반대의 뜻을 강조할 때 사용된다. Surely, Only로 번역하고 있다. "너는 다만 나를 경외하고, 훈계를 받아들여라, 그리하면(결과, וְ) '너의 거처(메오나, מְעוֹנָה)[4]가 끊어지지 않을 것이다." 여기서 '너의 거처'라고 번역된 말은 '그녀(=이스라엘, 예루살렘)의 거처'라는 말이다.

1) '구석, 모서리, 모퉁이'이라는 뜻이다. 망대가 성벽한 모퉁이에 세워졌기 때문에 그렇게 부른 것 같다.

2) 열방의 심판에 대한 내용을 3:6-8로 보는 학자도 있다. (HOW주석, 장세훈)

A. 심판 받을 열방(6절)
B. 심판의 경고를 받는 예루살렘(7절)
A' 심판을 위해 모여들 열방(8절)

3) 시간의 부사로 '확실히, 오직 지금, 바로 지금'이라는 뜻이다. 부사와 동사 앞에서는 '전혀, 아주, 완전히'라는 뜻이다. 예외적인 부사로 '오직, 그러나, ~외에'라는 뜻도 있다. 이렇게 불변사의 성격 때문에 번역할 때는 매우 다양하게 번역된다. 문맥과 번역자에 따라 번역어가 결정될 것이다.

4) 대명사 어미가 3인칭 여성 단수로 되어 있다. '그녀의 거처' her dwelling < NASB, NIV>으로 번역했다. 한글역은 '너의 거처'로 번역했다.

(2) 하나님은 "과거에 그(녀)(=예루살렘, 이스라엘)에게 벌을 내리겠다고 정하기는 했지만[According to all(כֹּל) that(אֲשֶׁר) I have appointed concerning her(עָלֶיהָ) - NASB)], 회개만 하면, 그 거처는 '끊어지지 않을 것이다'(will not be cut off)" 라고 약속하셨다. '그러함에도 불구하고'(아켄, אָכֵן) 유다는 여전히 회개의 길을 걷지 않는다는 것이다.

[그럼에도 불구하고, 아켄, אָכֵן][1]
그들이 부지런히(הִשְׁכִּימוּ)
그들의 모든 행위를 **더럽게 하였느니라**(솨하트, שָׁחַת, 히필 동사 완료형)

'아켄'(אָכֵן)이란 말은 '그러나, 그럼에도 불구하고, 참으로, 진실로'라는 뜻으로 But로 번역했다. 앞의 내용과 강한 비교를 나타낸다. '부지런히'라는 말은 '솨캄'(שָׁכַם-일찍 일어나다, 일찍 시작하다)의 히필(사역 능동형) 완료형이다. 유다는 계속해서 하나님의 사랑을 무시했다. 그들은 부지런히, 즉 모든 행위[2]를 더럽히려고 일찍 일어났다는 표현을 썼다. 유다의 이런 파렴치한 행동과는 반대로 여호와께서는 "아침마다(every morning, בַּבֹּקֶר בַּבֹּקֶר) 빠짐없이 자기의 공의를 비추셨다"(5절)고 했다.

(3) 이렇게 열방들이 자신들의 죄 때문에 멸망당한 것이 확실함에도 불구하고 유다는 변화되려고, 회개하려고 하지 않았다. 온 세상 사람들처럼 하나님의 백성 유다도 타락해 버렸다. 그렇다면 여호와는 어떻게 하실까? 구원 역사를 포기하실까? 물론 아니다. "너희는(누구?, 남은 자들) 나를 기다리라." 여호와의 명령이다(8절).

2. 이제 하나님은 남은 자들을 통해서 구속의 역사를 계속하실 것이다. 남은 자들은 어떻게 해야 할까?

3:8 나 여호와가 **말하노라**
그러므로(לָכֵן) - 원문에는 문장 맨 앞에 나와 있다.
너희는 — 나를 **기다리라**(חַכּוּ - 피엘 동사 명령형)
/내가 일어나(קוּמִי) 벌할(לְעַד) 날까지(לְיוֹם)

(기서 '너희 는 …구를 가리킬 ? 남은 자들 가, 열국인가?)

(진실로, Indeed, כִּי)
내가 — 뜻을 **정하고**
— 여러 나라를 **소집하며**(아사프, אָסַף - 모으다, 받다, 제거하다)[3]
— 왕국들을 **모으리라**(카바쯔, קָבַץ - 모으다, 집합시키다, 끌어 모으다)

1) 문장 앞에 올 때는 surely, truely로 번역되지만 비교문에서는 but, indeed, But in fact로 강한 비교를 나타낸다.

2) 여기서 '행위'(아리라, עֲלִלָה)는 '제멋대로 하는 악한 행위' 를 가리킨다. '행위'라는 단어는 선한 행동이나 악한 행동을 다같이 가리킬 수 있으나 흔히 악한 뜻을 내포한다.(습3:11; 겔14:12, 23, 20:43-44, 21:29, 24:14, 36:17, 19)

3) 욜 3:2, 12, 14; 슥 14:2 참조.

//(목적, to, לְ)
나의 분노와 모든 진노를 쏟으려고(to pour, לִשְׁפֹּךְ)
//(결과)(반드시, כִּי)
온 땅이 나의 질투의 불에 소멸되리라

(1) 그러므로(Therefore, לָכֵן) - 원문에는 이 말이 문장 맨 앞에 나와 있다. 7절과 8절의 전환이 너무 부자연스럽다. 여기 '그러므로'라는 말이 (7절에서 언급된) 악한 자들에게 심판을 선포하는 것으로 보아야 할까? 즉 8절에서 "너희는 나를 기다리라"(חַכּוּ־לִי)라고 하셨는데, 이 명령이 열국에게 하신 말씀인가, 아니면 유다의 경건한 남은 자에게 하신 말씀인가? 후자에게 주신 말씀이라고 보아야 할 것이다. 성경에서 '나를 기다리라'는 말씀은 항시 성도들(남은 자)의 소망을 주기 위하여 주어졌기 때문이다.[1]

1) 사 8:17; 시 27:14; 합 2:3; 시 33:20; 잠 20:22; 사 40:31, 42:4, 49:23, 64:4 등 참조

(2) 즉 악인들은 멸망될 것을 알라(7절에서). '그러므로' 너희 남은 자들은 '나를 기다리라!'(8절)는 뜻이 될 것이다. '기다리라'(חַכּוּ)라는 말은 '하카'(חָכָה-기다리다, 대망하다, 기대하다)의 피엘 동사 명령형으로 진지한 기다림과 확신 있는 소망의 자세를 내포하고 있다(합 2:3- 더딜지라도 기다리라; 사 8:17- 여호와를 가다리오며; 시 64:4 - 앙망하는; 시 33:20- 바라라; 욥 32:4- 참으라).

(3) 언제까지 기다려야 할까? "내가 일어나(קוּמִי) 벌할(לְעַד) 날까지(לְיוֹם)"
여기서 벌할 날은 하나님의 심판의 날을 가리킨다. '아드'(עַד)는 '노획물, 먹이, 약탈물'이라는 뜻이다. 그러므로 "내가 먹이(노획물)를 위해 일어나는 그 날까지"라는 의미가 될 것이다.

(4) 하나님은 심판하시기 위해 어떻게 사역하시는가?
(진실로, Indeed, כִּי)
'내가(여호와께서) 뜻을 정하고'(מִשְׁפָּטִי) - 미쉬파트(מִשְׁפָּט)는 '심판, 재판, 공의, 법령'이란 뜻이다. 여호와는 공의의 하나님이시기 때문에 모든 권리(정의, 권위 등)가 있다. 하나님은 재판관으로서 열국들을 모아서(소집하여, 아사프, אָסַף - 모으다, 받다, 제거하다) 맹렬한 진노를 그들 위에 쏟기로 작정하셨다.

(5) 열국들을 소집하는 목적은 무엇이라고 했나?
"나의 분노와 모든 진노를 쏟으려고(לִשְׁפֹּךְ)"

(6) 마지막 날에 세상의 악한 족속들과 나라들을 최후로 불러모아 심판을 베푸실 때에 이 세상 온 땅이 그 맹렬한 진노로 인해 소멸될 것이다. 옛 것을 일소하시고 새 백성과 새 땅을 통해 다시 역사를 시작하실 것이다.

남은 자의 구원과 영원한 메시야 왕국(3:9–20)

2. 남은 자의 구원과 영원한 메시야 왕국(3:9-20)
   - **A. 그 때에 열방이 입술을 깨끗이(3:9, 10)**
   - B. 그 날의 사죄의 은총과 성화(3:11-13)
   - C. 그 날의 영화와 기쁨(3:14-20)

1. 온 세상이 여호와의 진노의 불에 소멸될 때에 남은 자들은 정결함을 받게 될 것이다. 흩어진 하나님의 백성을 다시 모아들이고 영광과 찬송을 받게 하실 것이다.

3:9 그 때에(כִּי־אָז - 언제? 앞에서 말한 심판의 때에)
내가 ─┬ **깨끗하게 하여**(바라르, בָּרַר -정화시키다, 칼 수동분사
　　　│ /여러 백성의 입술을
　　　└ 여호와의 이름을 **부르며(=부르게 하며, לִקְרֹא**, 칼, 부정사 + לְ)
　　　　 /그들이 다(כֻּלָּם -모두)
한 가지로 나를 **섬기게 하리니(**아바드, **עָבַד)**

(1) 9절은 앞절(8절)과 연결된다. '키'(כִּי)가 9절의 첫행과 연결되기 때문이다. "온 땅이 나의 질투의 불에 소멸되리라(아칼, אָכַל).[1]"라고 선포하신 하나님께서 9절에서는 새로운 백성을 세우실 것이라고 선포하신다. 하나님의 궁극적인 목적은 죽음과 파멸이 아니라 생명이기 때문이다. 진노의 하나님이 아니라 사랑의 하나님이시기 때문이다.

1) 니팔(수동형) 동사 미완료, 먹다, 삼켜버리다, 소멸하다, 멸하다'

(2) "그 때에"(아즈, אָז) - then, at that time - 여기서는 하나님의 심판의 때를 말한다. 그때에 모든 나라 백성의 입술(사파, שָׂפָה, 말, 언어)을 깨끗하게 하시겠다고 말씀하신다. "내가~할 것이다"(I will turn, אֶהְפֹּךְ, 변화시키다, 뒤집어 엎다)[2], 즉 나쁜 것을 좋은 것으로 변화시키시겠다는 하나님의 의지가 표현되어 있다(예: 렘 31:13, 슬픔을 돌이켜 즐겁게 하여; 시 30:11, 슬픔이 변하여 춤이 되게 하시며; 신 23:5, 저주를 변하여 복이 되게 하셨나니; 느 13:2; 삼상 10:6). 창세기 11:1-9의 바벨탑 사건을 연상케 하는 구절이다. 하나님은 반역하는 인간들에게 언어를 혼잡케 함으로써 온 지면에 흩어지게 하셨다. 그런데 이제 그 언어(입술)를 깨끗하게(변화하게) 하실 것이다. 대상은 '여러 백성' (עַמִּים) 이라고 복수를 사용했다. 그러므로 그때는 한 주님을 노래하며 새 언어를 갖게 되는 메시야 시대를 말하는 것일 것이다.

2) 하파크(הָפַךְ) - '변화시키다, 뒤집어 엎다, 전복시키다' / 칼 동사, 미완료.

(3) 온 민족들이 한 가지로(일심으로, shoulder to shoulder, שְׁכֶם אֶחָד[1]) 여호와의 이름을 부르게(카라, קָרָא) 될 것이다. '카라'의 두드러진 용법 중 하나는 하나님의 이름을 부르는 것과 관계가 있다(창 4:26, 12:8; 왕상 8:43; 사 55:6, 13).

1) 한 가지로(일심으로) - 쉐켐(שְׁכֶם)은 어깨, 등(back)이라는 뜻이다. '어깨를 하나로(에하드, one) 하여'라는 말이다.

(4) "섬기게 하리니"(to serve Him, לְעָבְדוֹ - 칼, 부정사 + לְ) - 이제 그 날에는 한 백성으로서 경배하게 될 것이다.

2. 이제 흩어진 열국들이 다시 여호와께로 돌아올 것이다. 하나님의 새로운 민족이란 누구일까?

3:10 //결과(앞절의 결과)

백성들[이] ─── 예물을 가지고 와서
/내게 구하는 /구스 강 건너편에서부터
/곧 내가 흩은 자의 딸이
└── 내게 바칠지라

(1) '내게 구하는 백성'은 누구를 가리킬까? "곧 내가 흩은 자의 딸"(בַּת־פּוּצַי)이라고 했다. 스바냐 2:9을 보면 이방 땅으로 이주하고 그 땅을 차지하게 되는 것은 유다의 그 남은 자들이라고 했다. 일차적으로 흩어진 유다 백성들이 돌아올 것을 말함일 것이나 본문의 내용은 유다를 포함한 흩어진 열국을 가리킬 것이다(창 11장; 사 66:20*). 또 돌아오는 곳은 예루살렘이 아니라 여호와께로 돌아온다고 했다(습 2:11, "그 때에 먼 곳의 백성들도 각기 자기 나라에서 여호와를 예배할 것이다"<쉬운성경>).

• 사 66:20 "나 여호와가 말하노라 이스라엘 자손이 예물을 깨끗한 그릇에 담아 여호와의 집에 드림 같이 그들이 너희 모든 형제를 **뭇 나라에서** 나의 성산 예루살렘으로 말과 수레와 교자와 노새와 낙타에 태워다가 여호와께 예물로 드릴 것이요."

(2) 이렇게 여호와의 심판은 치명적인 것이기는 하지만 궁극적인 것은 아니다. 남은 자들의 회복을 통하여 그의 언약적인 사랑은 승리를 거둘 것이다. 하나님의 심판이 악인들에게는 멸망을 의미하지만 의로운 자들에게는 보호를 의미하는 것이다. 그런데 이 의로운 자들은 고난을 통해서 정련(精鍊)된다. 그래야 더욱 정결한 예배를 드릴 수 있게 될 것이기 때문이다. 이는 신약시대의 예배를 가리킨다(요 4:20-24 참조).

(3) '구스 강 건너편'이라는 말은 '가장 먼 곳으로부터'라는 표현이다.

3. 새로운 시대에는 거만하거나 자랑하는 백성은 하나님 나라에 남아 있지 못할

2. 남은 자의 구원과 영원 한 메시야 왕국(3:9-20)
   A. 그 때에 열방이 입술을 깨끗이(3:9, 10)
   B. 그 날의 사죄의 은총과 성화(3:11-13)
   C. 그 날의 영화와 기쁨 (3:14-20)

것이다.

3:11 네가 —— 그 날에 **수치를 당하지 아니할 것은**
/내게 범죄한 모든 행위로 말미암아

//(이유, for,)
내가 ┬ **네 가운데서 제거하여**
/그 때에
/교만하여 자랑하는 자들을
└ **다시는 교만하지 않게 할 것임이라**
/나의 성산에서

(1) 11-13절에서 스바냐는 예루살렘의 미래에 있을 평화를 그리고 있다. 그 날이 오면 여호와께 지은 모든 죄로 인하여 수치를 당하는 일은 없을 것이라고 하셨다. 특히 교만은 거룩한 성읍에서 더 이상 존재하지 않을 것이다.

(2) 그 성읍은 전에는 더럽고 오염되고 억압 받는 곳이었다(습 3:1). 수치를 모르는 곳이었고(2:1), "나보다 굳건한 성은 없다"고 자랑하던 곳이다(2:15). 그러나 그 성읍은 더 이상 교만하지 못할 것이다(사 3:16 참조). 이제 이들은 구원은 인간을 의지하는 데서 오는 것이 아님을 알게 될 것이다. 북이스라엘은 벌써 역사에서 사라졌고, 지금 남유다가 멸망을 눈앞에 두고 있다. 이미 오래 전에 이사야 선지자도 예루살렘의 멸망을 선포했다. 특히 지도자들의 죄가 하나님의 심판을 초래하는 근본 원인이었다(사 3:1-15). 여인들의 허영과 일탈을 보라(사 3:15-4:1). 쾌락주의, 황금만능주의, 세속주의가 유다 공동체를 심판으로 내몰고 있다.

(3) 그러나 이런 인간적 환상은 하나님의 심판을 통해 부서져버릴 것이다. 예루살렘 성은 난공불락의 성으로 치장되었으나 이 거짓을 무너뜨리기 위해서라도 예루살렘을 멸망시킬 수밖에 없다. 이제 심판이 지나가고 모든 불순물이 제거된 후에 남은 자들이 모여든 공동체 내에는 다시는 교만과 자랑이 없어질 것이다.

이사야서는 그 심판이 지나간 후에 "여호와의 싹"이 아름답고 영화로울 것이라고 했다(사 4:2-6). 잘려진 다윗 나무 둥치에서 싹이 솟아나서(렘 23:5, 33:15; 슥 3:8) 참된 통치자로 자기 백성을 정화시키고(사 4:3-4) 구름 기둥으로 보호하실 것이다(사 4:5-6).

4. 새 시대에는 교만한 자는 없어지고 곤고하고 (심령이) 가난한 백성이 남아 있게 될 것이다.

3:12 But, also(וְ)
내가 —— 네 가운데에 **남겨 두리니**(הִשְׁאַרְתִּי)-히필 완료형
/곤고하고(아니, עָנִי) 가난한(달, דָּל) 백성을
//결과
그들이 여호와의 이름을 **의탁하여 보호를 받을지라**

(1) 앞 절에서는 예루살렘에 있는 거룩한 산에 교만한 사람이 없게 하시겠다고 하셨다. 그러나(But, וְ) 이 도성에 가난하고 겸손한 사람들을 남겨두시겠다고 선언하신다. '남겨두다'(샤아르, שָׁאַר)는 와우 계속법, 히필(사역 능동) 완료형으로 하나님의 주권적인 역사를 강조한다(내가~하겠다, But **I will** leave...). 어디에 남겨두실 것인가? "네 가운데(among you), 즉 '새 예루살렘'(교회, 메시야의 나라)."

(2) '곤고하고'(아니, עָנִי)라는 말은 '가난한(poor), 비천한(humble) 억압 받는(oppressed)'이란 뜻이다(레 19:10; 삼하 22:28; 욥 29:12; 시 10:9; 사 3:14 등). 이 단어는 가난한 자들 즉 토지가 없는 자들과 동의어가 된다. 물론 그 사람 자신의 잘못에 의하여 비롯된 것이 아닌 가난이다. 매일매일 벌어서 생계를 꾸려가는 자들이며 사회적으로는 방어할 수 없는 압제 받는 자를 말한다. 하나님은 이러한 자들에게 자선을 베풀라고 명령하신다: "땅에는 언제든지 가난한 자가 그치지 아니하겠으므로 내가 네게 명령하여 이르노니 너는 반드시 네 땅 안에 네 형제 중 '곤란한 자'(아니, עָנִי)와 궁핍한 자(에브욘, אֶבְיוֹן)에게 네 손을 펼지니라"(신 15:11). 여기서 '가난한'(달, דָּל)은 빈곤한 자보다는 결핍한 자를 나타낸다. 이스라엘에서 보다 낮은 계층을 언급하고 있다(왕하 24:14; 왕하 25:12).

(3) 이러한 사람들은 여호와의 이름으로 피난처를 삼을 것이다. '의탁하여 보호를 받는다'(하싸, חָסָה)는 말은 '도피하다, 피난하다'라는 말이다. 이 단어는 하나님을 신뢰하는 사람에 대해 주로 사용되었다[예; 여호와는 나의 바위(삼하 22:3, 힘(시 18:2), 요새(나 1:7)].

1) 이렇게 물질적 상실과 그로 인한 어려움은 사회적 압제와 밀접하게 연관되어 있다. 하나님께서는 그의 백성들에게 '가난(아니, עָנִי)'한 사람들(사 10:2)을 공정하게 다루라고 명하신다. 이 단어는 겸손한(자)이라는 의미로 사용된다(슥 9:9에서 메시야를 묘사한다). 이 단어는 조롱하는 자, 오만한 자와 대조된다. 이러한(겸손한) 자는 통회하는 심령을 가지고 있으며(사 66:2), 하나님의 사랑 받는 자이며(시 74:19), 하나님을 신뢰하는 자이며(시 14:6), 구원을 확신하는 자이다(삼하 22:28). <바이블렉스>

5. 여호와의 모든 축복은 이런 곤고하고, 가난한(겸손한) 남은 자들에게 속할 것이다. 이렇게 하나님을 의뢰하는 새 예루살렘의 백성들(=메시야 왕국)은 하나님의 성품을 지니게 될 것이다.

3:13 이스라엘의 남은 자는
악(에웰, עָוֶל)을 **행하지 아니하며**
거짓(카자브, כָּזָב)을 **말하지 아니하며**
입에 **거짓된 혀**(라숀, לְשׁוֹן)**가 없으며**
(כִּי)[1] 먹고 누울지라도 그들을 **두렵게 할 자가 없으리라**

1) for, and, then 등으로 번역했으나 '진실로'(surely)로 번역함이 좋을 것이다.

(1) 이 새 백성들은 악(에웰, עָוֶל)을 행치 않을 것이다. '에웰'은 '불의, 부정, 불법'을 가리킨다. 이 단어는 재판에서의 불공평(레 19:15), 부정직한 거래(신 25:16), 약탈(겔 33:15), 살인(삼하 3:34), 억압(삼하 7:10)과 같은 불의한 행동을 묘사한다. 즉 하나님의 성품과 대조되는 행동을 가리킨다. 이스라엘의 남은 자, 즉 메시야 왕국의 백성들은 이런 불의가 없을 것이다. 에스겔에 의하면 마음과 정신은 그분의 성령에 의해 변화될 수 있다고 말한다. 하나님을 온전히 섬기는 법은 새로운 마음과 새로운 영으로써만 가능하다(겔 36:26-27). 하나님은 "너희 안에 내 영을 두어 내 법을 잘 지키도록 하겠다"(겔 36:27)고 약속하셨다. 하나님과의 계속적인 교제가 있다면, 분명히 변화된 모습이 생활로 나타나야 한다(약 2:17; 롬 12:1; 갈 3:22-24 참조).

(2) 또한 새 공동체(메시야의 나라)의 성도는 거짓(카자브, כָּזָב)을 말하지 않을 것이다. '카자브'는 '허위, 사기, 거짓말'을 의미한다. 죄로 인해 인간은 진리이신 하나님과 결별하였기 때문에 거짓은 인간에게 고유의 것이 되었다(시 4:2, H 3), "인생들아 어느 때까지 나의 영광을 바꾸어 욕되게 하며 헛된 일을 좋아하고 거짓(궤휼, 카자브, כָּזָב)을 구하려는가."). 계시록 14:4, 5에도 어린 양 그리스도에게 속한 자들은 '그 입에 거짓이 없는 자들'이라고 했다.

(3) 라숀(לְשׁוֹן)은 '혀(tongue)'를 의미한다. 비유적으로는 '말하는 능력', '언어'를 의미한다(창 11:7). 여호와의 미래의 날에, 남은 자들 가운데서는 거짓된 혀를 발견하지 못할 것이다. 시가서와 예언서들에서 혀는 특히 악인의 기관, 곧 거짓되고 악한 도구, 오만과 불경의 도구를 나타낸다(잠 6:17; 사 3:8; 렘 9:2, 7). 혀는 모든 악의 대행자라고 불린다.[2] 혀의 죄악들은 재난과 멸망의 원인이 되며 사람과 하나님과 또한 이웃과의 관계를 손상시킨다. 이렇게 죽고 사는 것이 혀의 권세에 달렸다고 할 수 있다(잠 18:21). 사악한 자들의 혀의 모든 사용은 궁극적으로 하나님을 거스려 작용한다.

2) 패역한 혀(잠 10:31), 궤사한 혀(잠 17:4), 아첨하는 혀(시 5:9), 해악과 괴롭히는 혀(시 10:7), 방종의 혀(시 12:4), 사람들을 상케하는 혀(시 52:2), 그리고 허위를 진언하는 혀(잠 17:4, 6:17, 12:19, 21:6, 26:28, 시 78:36, 120:2-3, 미 6:12). 혀는 채찍과 같고(욥 15:5) 칼(시 57:4)과 활과 화살과 같고(렘 9:3, 8), 또한 독사(시 140:3), 날카로운 삭도 같다(시 52:2).

그러나 의인의 혀는 순은처럼 매우 값지다고 했다(잠 10:20). 지혜로운 자들이 말할 때 그들은 듣는 자에게 건전함을 가져다 준다(잠 12:18).

그 날의 영화와 기쁨(3:14-20)

2. 남은 자의 구원과 영원한 메시야 왕국(3:9-20)
   A. 그 때에 열방이 입술을 깨끗이(3:9, 10)
   B. 그 날의 사죄의 은총과 성화(3:11-13)
   C. 그 날의 영화와 기쁨(3:14-20)

1. 이제 미래를 향한 희망이 존재한다. 하나님은 메시야의 나라에서 자녀들에게 용기와 기쁨과 평온과 즐거움이 넘쳐날 것을 약속하신다.

3:14 시온의 딸아 **노래할지어다**(רָנִּי בַּת־צִיּוֹן)
이스라엘아 기쁘게 **부를지어다**(הָרִיעוּ יִשְׂרָאֵל)
예루살렘 딸아 전심으로 기뻐하며 **즐거워할지어다**

(1) '노래할지어다'(라난, רָנַן의 명령법) - '외치다, 큰 소리로 부르다, 기뻐 소리치다'를 의미한다. '시온'은 '보호받는, 양지 바른' 등의 뜻으로 보이며(어떤 사람들은 '요새'나 '성'이라고 한다), 특별히 선지서에 기록된 예루살렘에 대한 다른 이름이다(시 51:18; 사 30:19, 64:10; 암 1:2; 미 3:12). 시온은 여호와께서 그 곳에서 예배받으셔야 할(시 65:1; 렘 31:6) 거룩한 산(시 2:6), 여호와의 처소(시 9:11, 76:2, 132, 137편; 사 8:18)이다.

(2) '기쁘게 부를지어다'(הָרִיעוּ) - '루아'(רוּעַ)의 히필(사역 능동) 동사 명령법. 뿔이나 전통적인 숫양의 뿔(수 6:5, 양각 나팔)을 사용하여 소리를 높이며 부르는 것을 의미한다. 이렇게 남은 자들의 기쁨을 마음껏 즐거워하라고 명령하신다.

2. 예루살렘의 딸들이 기뻐해야 할 이유는 무엇인가?

3:15 여호와가 네 형벌을 **제거하였고**(הֵסִיר)
네 원수를 **쫓아냈으며**
이스라엘 왕 여호와가 네 가운데 **계시니**
//결과
네가 다시는 화를 당할까 두려워하지 아니할 것이라

(1) 제거하다(수르, סוּר) - '빗나가다, 돌이키다, 끝내다'라는 뜻이 있다. 여기서는 히필(사역 능동형) 완료형으로 쓰였기 때문에 하나님의 주권적인 역사를 보여준다. 히필형으로 쓰일 때는 '(완전히) 제거하다, 끝내다'라는 의미이다(대하 15:16; 왕하 18:4). '이방신들(창 35:2), 모든 악(사 1:16), 거짓 행위(시 119:29), 거짓 예배(암 5:21-23)' 등을 제거하거나 버리라는 권고를 받는다.

(2) 무엇을 제거하셨는가? '네 형벌'(מִשְׁפָּטָיִךְ) - 미쉬파트(מִשְׁפָּט)는 '심판' 또는 '징벌'을 말한다(겔 5:8-17, "이방인의 목전에서 너희 중에 '벌'<미쉬파트>을 내리시되", 8절). 그러니까 모든 징계의 때가 지나갔다는 말이다.

(3) **'네 원수를 쫓아냈으며'** - '원수'(오예브, אֹיֵב)는 대체로 단순한 한 민족이나 원수들을 가리키지만, 신학적인 의미가 내포되어 있다. 원수(적)에 대한 승리는 이스라엘에게 내리신 축복의 표징이었다(레 26:7, 8; 신 6:19). 그렇다면 이러한 축복은 어떻게 오는 것일까? 그것은 하나님의 계명을 준수한다든가(레 26:3), 회개하는 것(왕상 8:33; 대하 6:25)과 같은 순종에 달려 있다. 원수들의 파멸은 어디까지나 하나님의 주권에 대한 증거가 되었다(수 23:1; 삿 8:34; 왕상 8:46). 여기서 (원수를) '쫓아내다'(파나, פִּנָּה)는 피엘 동사로 그 뜻이 강조되었다. 원수들을 완전히 멸망시키셨다는 말이다.

(4) 그래서 그 결과는 무엇인가?
다시는 화(라, רַע , 해로운 일, 곤고, 재난, 불행과 고통)를 당할까봐 두려워하지 않게 될 것이다.

3. 이제 구원의 약속은 너무나 확실한 것이다. 형벌이 지나간 후 환희 속에 터져 나오는 기쁨의 노래를 들어보라.

3:16 그 날에 (언제? 형벌이 다 지나간 후에)
사람이 예루살렘에 **이르기를**
/두려워하지 말라
/시온아 네 손을 늘어뜨리지 말라

(1) '그 날에'(בַּיּוֹם הַהוּא), 즉 징벌과 심판이 다 지나간 후에, 그 날이 저 멀리는 주님의 초림을 바라보겠지만, 궁극적으로는 남은 자들을 위한 회복의 날이 있을 것이다. 하나님의 궁극적인 목적은 자기 백성의 파멸에 있지 않다. 따라서 반드시 회복의 날이 올 것이다. 다만 이런 축복의 날은 반드시 심판으로부터 시작한다는 점이다. 왜냐하면 불순물을 제거하는 방법은 죄인에 대한 형벌밖에 없기 때문이다. 그러나 그 형벌의 날은 지나간다.

(2) 이 축복의 날은 남은 자들을 위한 것이다. 그 회복의 날에 사람들이 예루살렘에게 이렇게 말할 것이다. "두려워하지 말라"(אַל־תִּירָאִי, Do not be afraid). '두려워하지 말라'라는 명령은 거의 전부 어떤 원수에 직면하게 될

때에 하나님의 자녀들에게 주신 말씀이다(창 15:1, 26:24; 출 14:13; 사 7:4, 35:4; 렘 30:10; 슥 8:13 등등).

(3) '네 손을 늘어뜨리지(라파, רָפָה-낙담하다, 두려워하다, 경외하다, 칼, 미완료) 말라' - '늘어뜨리다'라는 말은 '낙심하다'라는 의미이다. 그러므로 낙심하지 말라는 것이다. 이 말은 '네 손을 견고히 하라"(슥 8:13)는 말이요, '강건하라'(단 10:9)는 의미이다. 우리의 삶에서 두려워하는(손을 늘어뜨리는) 일들이 얼마나 많은가?

그는 구원을 베푸실 전능자이시라(גִּבּוֹר יוֹשִׁיעַ)

4. 누가 유다의 삶을 통치하는가? 우리 하나님 여호와가 구원을 베푸실 전능자이시다. 그래서 두려워해야 할 이유가 없다.

3:17 너의 하나님 여호와가 (The LORD your God, יְהוָה אֱלֹהַיִךְ)
너의 가운데에 계시니 (בְּקִרְבֵּךְ)
그는 구원을 베푸실 전능자[1]이시라 (גִּבּוֹר יוֹשִׁיעַ)
그가 '너로 말미암아' (עָלַיִךְ)[2] 기쁨을 '이기지 못하시며' (יָשִׂישׂ)
(יָשִׂישׂ עָלַיִךְ בְּשִׂמְחָה)
너를 잠잠히 사랑하시며(יַחֲרִישׁ בְּאַהֲבָתוֹ)
너로 말미암아 즐거이 부르며 기뻐하시리라 (하리라)
(יָגִיל עָלַיִךְ בְּרִנָּה)

1) 깁보르(גִּבּוֹר) - 힘센, 강한, 용감한 자.

2) 알(עַל) - 위에, 근거해서, ~에 따라서. ~을 위하여, 대신에, 그럼에도 불구하고' / 2인칭 여성 단수

(1) 백성들이 교만으로 인해 여호와의 심판을 받는다. 물론 이 심판은 이방 나라에도 미친다. 이제 그 교만이 제거되었으므로("여호와가 네 형벌을 제거하였고" 3:15) '너의 하나님 여호와께서 그들 가운데(3:15c, 이스라엘 왕 여호와가 네 가운데 계시니) 거하실 것이다.' 이것이 스바냐서 전체에 걸친 주요 주제이다. 그 여호와는 바로 구원을 베푸실 전능자이시다.

(2) '구원을 베풀다'(야솨, יָשַׁע- 구원하다, 구원받다, 구하다 / 히필 동사 미완료) : 여호와 하나님은 그 남은 자들과 함께 계실 것이며(15절), 그래서 낙심하지 않아야 할 이유가 된다(16절). 또한 여호와 하나님은 그들을 구원해 주실 구원자가 되신다는 것이다(17절). 또한 기쁨과 평온과 즐거움을 동시에 주실 것이다(17절).

(3) 여기서 '전능자'라는 말은 '깁보르'(גִּבּוֹר)라는 말로 '힘센 사람, 용감한 사람, 강

한 자'라는 의미이다(mighty man). RSV에서는 전사(a warrior who gives victory)로 번역했다.[1] 여기서는 전능하신 하나님으로 구원하시는 능력을 갖고 계신다. 예레미야도 창조와 구속에서 나타난 하나님의 전능하심을 증거한다(렘 32:17-18).

1) NASB - victorious warrior

(3) 그가 — 기쁨을(with joy, בְּשִׂמְחָה) '이기지 못하시며'
/너로 말미암아(עָלַיִךְ)

여기서의 '기쁨' (joy, mirth, 쉬므하, שִׂמְחָה)은 전능자 여호와가 우리 성도들을 개선장군으로 영접하는 하나님의 기쁨을 말한다. 전쟁의 용사(warrior)이신 하나님은 자연과 인간 역사를 주관하시는 왕이시다. 그 전능하신 왕이 자신의 백성을 구원하시고, 승리의 축제 속에 그들을 영접하고 있는 것이다. 여호와는 모든 죄악으로 얼룩진 자기 백성을 정결케 하시고, 그의 백성은 여호와의 통치를 온전히 신뢰하는 축제의 마당에서 그 기쁨을 이기지 못하신다.

여기서 '이기지 못하시며'(יָשִׂישׂ-칼 미완료)라는 말 '수스'(שׂוּשׂ)는 '기뻐 날뛰다, 즐거워하다, 크게 기뻐하다'라는 뜻이다. 선지서에서는 이스라엘이 하나님의 기쁨의 대상이 된다고 묘사한다. 하나님은 이스라엘 백성을 기뻐하시고(사 62:5*, 65:19*; 습 3:17), 그들에게 복 주신다(렘 32:41*).

- 사 62:5 "마치 청년이 처녀와 결혼함 같이 네 아들들이 너를 취하겠고 **신랑이 신부를 기뻐함 같이 네 하나님이 너를 기뻐하시리라**."
- 사 65:19 "내가 예루살렘을 즐거워하며 **나의 백성을 기뻐하리니** 우는 소리와 부르짖는 소리가 그 가운데에서 다시는 들리지 아니할 것이며."
- 렘 32:41 "**내가 기쁨으로 그들에게 복을 주되** 분명히 나의 마음과 정성을 다하여 그들을 이 땅에 심으리라."

(4) "너를 잠잠히 사랑하시며"(בְּאַהֲבָתוֹ in His love יַחֲרִישׁ He will be quiet)

직역은 "그(하나님)는 그의 사랑 안에서 잠잠하시다."이다. '잠잠하다'라는 말 '하라쉬'(חָרַשׁ-침묵하다/히필 동사 미완료))는 '침묵하다'라는 말이다. 이 단어가 히필(사역 능동) 동사로 쓰일 때에는 말하는 데 침묵과 관련이 있다. 하나님의 사랑은 고요한 중에 나타나신다는 말이다. "he **will rest** in his love - KJ" / "He **will be quiet** in His love." - NASB.

(5) "너로 말미암아(over you, עָלַיִךְ) 즐거이 부르며(리나, רִנָּה, with shouts of joy, with singing) 기뻐하시리라(길, גִּיל-환희하다, 즐거워하다, 칼 미완료)"

5. 이렇게 축제를 벌이고 있는 그 백성 가운데, 그들과 더불어 하나님께서 기뻐하신다. 이렇게 아름다운 시대를 이사야 선지자는 어떻게 묘사하고 있을까?

(1) 이사야는 그의 메시지에서(사 60-66장)에서 인류의 회복을 언급하고 있다. 하나님의 목적과 뜻이 역사 속에서 성취될 때, 모든 것은 올바르게 될 것이다. 그때에는 하나님께서 인류에게 부어주시기를 소원하신 축복이 천지에 충만할 것이다.

(2) 이사야 60-62장에서는 메시야 통치로 임할 황금시대에 대한 아름다운 묘사가 펼쳐진다. 이방인들을 교회로 모이게 하고, 온 세상은 진리의 빛으로 조명을 받을 것이다. 결국 교회의 영광을 묘사한다. 물론 시온의 대적들은 멸망한다(사 63장). 이방인들이 진리의 빛을 따라 메시야 통치의 축복에 동참할 것이다(사 60:1-3). 공의와 평강이 풍성한 나라가 될 것이요, 하나님 자신과 함께 거하게 되는 축복 중의 축복이 이루어질 것이다(사 60:15-22). 하나님께서 중보자를 세우시지 않고 직접 다스리시는 나라가 올 것이다. 물론 이런 예언은 바벨론 포로에서의 귀환으로 일차적인 성취를 가져오지만, 궁극적으로는 장차 진리로 오실 그리스도를 통하여 하나님의 교회가 온 인류에게 진리를 밝히게 될 때를 가리킨다.

흩어져 근심하는 자들을 다시 시온으로

1. 하나님은 절기로 인해 근심하는 자들을 다시 모으시겠다고 약속하신다.

3:18 내가 ―'근심하는 자들' (נוּגֵי–야가, יָגָה 의 분사형)을 **모으리니**
/절기로 말미암아
그들은 **네게 속한 자라**
그들에게 지워진 짐이 치욕이 되었느니라

1)엘리자베스 악트마이어, 현대성서주석, 나훔-말라기, 한국장로교출판사, 139.

(1) 이 구절은 17절과 연결되지 않는 내용으로 난해 구절 중의 하나이다. 그래서 어떤 학자는 18-20절은 신명기 사가가 후대에 스바냐서에 덧붙여 놓은 첨가 구절일 가능성이 높다고 했다.[1)]

(2) '절기(모에드, מוֹעֵד)로 말미암아(מִן) 근심하는 자들'이란 누구를 말하는 것일까? '모에드'란 '정한 때, 장소, 모임'을 가리킨다. 그러므로 여기서는 '정한 장소'로서 성전을 가리킨다(애 2:6, 주께서 그의 초막을 동산처럼 헐어 버리시며 그의 **절기**를 폐하셨도다 여호와께서 **시온에서 절기와 안식일**을 잊어버리게 하시며 그가 진노하사 왕과 제사장을 멸시하셨도다). 그러니까 시온(성전이 있는 곳)을 떠

나(מִמּוֹעֵד, מִן +모에드), 흩어져 근심하며 유리하는 자들을 다시 '모으시겠다'[1]는 말이다. '야가'(יָגָה -괴로워하다, 고통을 겪다)란 말은 분사형으로 고통과 슬픔으로(흩어진 자녀들이 특별히 시온을 생각하며 슬퍼했다) 근심하는 자들을 가리킨다. 그러므로 '근심하는 자'란 참 이스라엘인 '남은 자'를 가리킨다(습 3:12, 13).

1) 아사프(אָסַף)- 모으다, 받다, 소집하다 / 칼 동사 완료

(2) 그런 자들은 누구에게 속한 자라고 했는가? "네게 속한 자라"(מִמֵּךְ הָיוּ 2인칭 여성 단수) '네게'(여성 단수)란 여기서 시온을 가리킨다. "그들에게"(עָלֶיהָ 3인칭 여성 단수) 즉 시온에게 '지워진 짐'(마쓰에트, מַשְׂאֵת)이 치욕(헤르파, חֶרְפָּה-비난, 경멸)이 되었느니라."

2. 이제 그런 치욕을 다 지나갈 것이다. 새 시대에는 수욕 받는 자에게 영광과 찬송을 받게 하실 것이다.

3:19 보라(הִנְנִי) - 주목하라(Behold!)

내가 — 다 **벌하고**(עֹשֶׂה- 칼 분사)

/그 때에(at that time, בָּעֵת הַהִיא)

/너를 괴롭게 하는 자를(אֶת־כָּל־מְעַנַּיִךְ[2])

저는 자를 **구원하며**

쫓겨난 자를 **모으며**

칭찬과 명성을 **얻게 하리라**

/온 세상에서 수욕 받는 자에게

3) 아나(עָנָה) - 괴롭히다, 천하게 하다, 압제하다 / 피엘 동사, 분사 / 여기서는 피엘(강조)형으로 쓰여, 많은 고통을 준 자라는 뜻으로 썼다.

(1) '그 때에'는 구원의 날을 말한다. 그 때에 '이스라엘의 남은 자를' ('너를') 괴롭게 한 자를(피엘형 분사, 몹시 괴롭한 자들) 다 벌하실 것이다. 또 '저는 자'[3]를 구원하며, 쫓겨난 자(나다흐, נָדַח)를 모으며(카바쯔, קָבַץ-끌어 모으다), 세상에서 수모를 당하는 자에게 칭찬(테히라, תְּהִלָּה- '찬양, 찬송, 예배, 감사'라는 뜻도 있다)과 명성(쉠, שֵׁם)을 얻게 하실 것이다.

3) 이스라엘의 쫓겨난 자를 양떼들로 생각하고 그렇게 표현했다.

(2) 19절에서 말한 내용을 다시 한 번 강조하고 있다.

3:20 내가 그 때에 너희를 **이끌고** 그 때에 너희를 **모을지라**

내가 너희 목전에서 너희의 사로잡힘을 돌이킬 때에

너희에게 천하 만민 가운데서 명성과 칭찬을 **얻게 하리라**

여호와의 말이니라

그렇다면, 이러한 축복이 언제 이루어질 것인가?

1. 가깝게는 하나님의 징계를 받은 후, 바벨론에서의 귀환을 의미할 것이나, 멀리는 그리스도의 초림에서 이루어질 것이다. 물론 더 멀리는 주님의 재림으로 완전 성취를 가져올 것이다.

(1) 스바냐에 의해서 전해진 심판의 소식, 그 여호와의 심판의 날이 다가오고 있다. 그 날은 구원의 날이 아니요, 진노의 날이 될 것이다. 재앙과 고통의 날이요, 파괴와 멸망의 날이 될 것이다(습 2:15). 하나님은 예루살렘을 '더럽고, 오염되고 억압받는 성' 이라고 하셨다. "주의 말씀을 듣지도 않고, 가르쳐도 따르지 않았다. 여호와를 의지하지도 않고, 자신의 하나님을 섬기지도 않았다. 성 안의 관리들은 으르렁거리는 사자와 같고, 재판관들은 아침까지 남기지 않고 먹어 치우는 저녁의 굶주린 늑대와 같다"(쉬운성경, 3:1-3)고 하셨다. 이제 유다에게 심판은 필연적이다.

(2) 그러함에도 불구하고 하나님은 그의 백성(남은 자)을 위한 새로운 세상을 말씀하신다. 심판과 동시에 거기에는 소망과 회복의 메시지가 동반된다. 만약 이런 파멸 후의 소망과 회복의 약속이 없었다면, 백성들은 선지자들의 메시지를 거부했을지도 모른다.

2. 하나님은 온 백성으로부터 남은 자(새 언약 백성들)를 예비하신다. 여호와의 모든 축복은 이 겸손한 남은 자들에게 속할 것이다(습 3:11-13).

(1) 그 남은 자들에게 하나님은 용기와 기쁨, 평온과 즐거움, 구원과 명성을 주실 것이다. 두려움은 추방되고 칭찬(찬양)과 명성으로 바뀔 새 날이 올 것을 약속하신다. 이 모든 약속을 한마디로 표현하면, 그것은 '회복'이 될 것이다(습 3:20). 그런데 이러한 회복과 갱신은 그 출발점이 심판이라는 데에 두려움이 있다. 그런데 어찌할 것인가! 유다는 지금 그 심판 앞에 서 있는데….

(2) 주전 7세기의 소선지자들(나훔, 하박국, 스바냐)의 메시지는 범세계적인 강력한 심판에 나타난 하나님의 공의에 초점을 맞춘다. 스바냐 선지자는 특히 유다와 주변국에 대한 심판을 노아 홍수에 버금가는 세계적 재앙의 일부로 보았다. 그러나 하나님은 이러한 심판의 정화 과정을 통해서 예루살렘에 다시 공의(정의)를 세우실 것이다.

스바냐 3장 요약 정리

Summary

예루살렘에 대한 심판 선언

- 2장의 내용은 무엇인가? 3장에서는 예루살렘을 심판하실 것을 선언하신다. 예루살렘은 열방과 비교해서 더 나은가? 예루살렘이 전에는 어떤 곳이었나? (사 1:21)
- 지금 예루살렘은 어떤 모습으로 변했는가? (3:1)
- 예루살렘의 패역들을 네 가지로 언급하고 있다. 어떤 죄악들인가? (2절)
- 유다 공동체에는 누가 문제였을까? 4부류의 지도자들은 누구인가? (3, 4절)
- 그러함에도 불구하고 여호와는 왜 예루살렘 성중에 거하시는가? (5절)
- 이방나라가 멸망한 것은 전투력이 약해서인가? 아니라면? (6절)
- 예루살렘은 열방들이 어떻게 망했는가를 보고 교훈을 삼아야 했다. 그러함에도 불구하고 예루살렘은 어떻게 반응했는가? (7절하)
- 이제 하나님은 남은 자들을 통하여 구속 역사를 계속하실 것이다. 남은 자들은 어떻게 준비해야 할까? (8절)

영원한 메시야 왕국

- 온 세상이 여호와의 진노의 불에 소멸될 때에 남은 자들은 어떻게 될 것인가? (9절)
- 그 날에는 흩어진 열국들이 다시 여호와께로 돌아올 것이다. 하나님의 새로운 민족이란 어떤 구성원들인가? (10절)
- 새로운 시대의 구성원들은 어떤 삶을 살게 될 것인가? (11절)
- 예루살렘에 심판은 필연적이었다. 하나님의 궁극적인 목적이 심판이 아니라면 왜 심판을 내리시는가? 심판은 무엇의 출발점인가?
- 새로운 시대의 백성들은 곤고하고 가난한 백성들이 될 것이라고 했는데(12절), 이런 사람들의 특징은 무엇인가? 여호와에 대한 신뢰의 관점에서 설명해 보라. 이들의 특성을 말해 보라(13절).
- 그 날에 있을 영화와 기쁨에 대해서 말해 보자(14-20절).

백투더바이블 출간 계획(구약)

1-1 창세기(상)
1-2 창세기(하)
2 출애굽기
3 레위기
4 민수기
5 신명기

6 여호수아
7 사사기
8 룻기
9 사무엘상
10 사무엘하
11 열왕기상
12 열왕기하
13 역대상 · 하
14 에스라 · 느헤미야

15 욥기
16-1 시편(상)
16-2 시편(중)
16-3 시편(하)
17 잠언
18 전도서
19 아가서 · 에스더

20-1 이사야(상)
20-2 이사야(하)
21-1 예레미야(상)
21-2 예레미야(하)
22-1 에스겔(상)
22-2 에스겔(하)
23 다니엘

24 호세아
25 요엘 · 아모스
26 오바댜 · 요나 · 미가
27 나훔 · 하박국 · 스바냐
28 학개 · 스가랴
29 말라기

▶ 2012. 3월 현재 고딕은 출간 완료

▶ 출간 순서와 번호가 바뀔 수 있습니다.

백투더바이블(나훔 · 하박국 · 스바냐)

2012년 4월 5일 초 판 1쇄 인쇄
2012년 4월 10일 초 판 1쇄 발행

저 자 · 장 종 길
발행인 · 조 경 혜
발행처 · 도서출판 그리심

도서출판 **그리심** · since 1998
등록번호 / 제7-258호(1998. 4.23)
● Home page: grisim.biz
● E-mail: grisimcho@hanmail.net
서울특별시 동작구 사당동 196 인정Apt B-b01 (156-763)
TEL : 523-7589(출판), FAX : 523-7590(출판)

* 저자와 협의하여 검인을 생략함

ISBN 978-89-5799-297-5 94230
ISBN 978-89-88291-07-7 94230(세트)

값 : 뒷표지에

* 이 책의 일부라도 저자나 출판사의 허락없이 사용할 수 없습니다.